本书由澳门特别行政区政府文化局及

澳门基金会策划并资助

澳门丛书

近代澳门外报史稿

李长森◎著

廣東省出版集團
广东人民出版社
·广州·

JINDAI AOMEN WAIBAO SHIGAO

图书在版编目（CIP）数据

近代澳门外报史稿／李长森著．—广州：广东人民出版社，2010．7

（澳门丛书）

ISBN 978-7-218-06468-0

Ⅰ．近…　Ⅱ．李…　Ⅲ．外语—报纸—文化史—澳门—近代　Ⅳ．G239．295

中国版本图书馆 CIP 数据核字（2009）第 201156 号

近代澳门外报史稿

李长森著

出 版 人：金炳亮

责任编辑：张贤明　柏　峰

封面设计：张　望

出版发行：广东人民出版社

地　　址：广州市大沙头四马路 10 号（邮政编码：510102）

电　　话：（020）83798714（总编室）

传　　真：（020）83780199

网　　址：http://www.gdpph.com

经　　销：广东省出版集团图书发行有限公司（www.gdpgfx.com）

印　　刷：恒美印务（广州）有限公司

书　　号：ISBN 978-7-218-06468-0

开　　本：787mm×1092mm　1/16

印　　张：25　**插　　页：**2　**字　　数：**364 千字

版　　次：2010 年 7 月第 1 版　2010 年 7 月第 1 次印刷

定　　价：49.00 元

如发现印装质量问题影响阅读，请与出版社（020—83795749）**联系调换。**

售书热线：（020）83790604　83791487　**邮购：**（020）89667808

目　录

序　言　汤开建（1）
绪　论（1）
　一、研究澳门外报的意义（1）
　二、澳门外报史研究现状（5）
　三、关于澳门报业发展的分期（13）
第一章　澳门外报产生的历史背景（20）
　一、19世纪的欧洲报业与澳门（20）
　二、葡萄牙近代新闻出版制度（31）
　三、葡属领地的报业发展（51）
第二章　澳门外报的产生与发展（61）
　一、澳门外报的产生（61）
　二、澳门外报的发展（75）
第三章　澳门外报与澳门土生报人（126）
　一、澳门土生报人出现的背景（126）
　二、澳门土生报人的出现（146）
　三、报人与印刷业（170）
第四章　澳门外报与澳门社会（197）
　一、澳门外报对社会的影响（197）
　二、澳门外报与教会（213）
　三、澳门外报与汉学研究（225）
第五章　澳门外报对近代中国的影响（246）
　一、澳门外报市场向港沪及远东其他地区的扩张（246）

二、澳门外报与新文化的传播 (271)
三、澳门外报对中国报业的推动 (278)
结　语 (305)

附录一　19 世纪初至 20 世纪中期在澳门出版的外报 (313)
附录二　澳门土生葡人在香港出版的外报 (322)
附录三　澳门土生葡人在广州出版的外报 (326)
附录四　澳门土生葡人在上海出版的外报 (327)
附录五　葡萄牙近代报刊名录 (329)
附录六　果阿 19 世纪至 20 世纪中期发行的报刊名录 (362)
附录七　19 世纪非洲葡属殖民地创办的报刊（至 1885 年） (373)

参考书目 (377)
后　记 (388)

序　言

汤开健

继《明清时期澳门土生族群的形成发展与变迁》一书出版后，李长森教授又推出了他的第二部澳门史研究专著《近代澳门外报史稿》。前者是国人研究澳门土生葡人历史唯一的重量级学术著作，后者则是前者的分支和衍生。

余研习澳门历史经年，故常与澳门外报有所接触，深感中国学术界对澳门外报的冷漠与忽视。我想，最重要的原因就是语言的阻隔。由于国内学术界懂葡语又能从事学术研究的人才实在太少，他们无法获知以葡语为主的澳门外报究竟有着什么样的内涵，故对澳门葡文报刊作出了很多与事实大相径庭的判断与评价。我注意到一个问题，这就是国人（包括日本学者）研究中国近代报刊史，虽然均将1822年澳门出版的《中国蜜蜂报》（*A Abelha da China*）视之为中国近代报刊的起源，但《中国蜜蜂报》之后于1835—1844年间产生的《恒定报》（*O Invariável*）、《澳门土生公正报》（*O Macaísta Imparcial*）、《澳门政府宪报》（*Boletim Official do Governo de Macau*）、《澳门土生邮报》（*Correio Macaense*）、《真正爱国者》（*O Verdadeiro Patriota*）、《商报》（*O Commercial*）、《商业行情报》（*Commercial Price Correne*）、《澳门周刊》（*Gazeta de Macau*）、《葡萄牙人在中国》（*O Portuguez na China*）、《澳门土生灯塔报》（*O Farol Macaense*）、《澳门土生曙光报》（*A Aurora Macaense*）、《中国孤独者》（*O Solitário na China*）、《澳门土生代言者报》（*O Procurador dos Macaistas*）等13种葡文报刊除了在通史性著作中提及其名外，基本上没有引起中国新闻传播史学界的重视。在不到10年的时间内，在澳门这一弹丸之地上，居然前仆后继地出版13种葡文报刊，其中《商报》出版长达4年，《葡萄牙人在中国》长达4年，《商业行情报》长达5年，《澳门土生曙光报》则长达6年，其出版时间之长均超过了《中国蜜蜂报》。而且，这10年时间正是中国近代新闻报刊业形成的重要时期，当时除了基督教新教传教士和英商创办的几份中、英文报刊外，中国境内别无其他报刊。这些葡文报刊从数量上超过了教会和英商创办报纸的总和；从类型上看，既有政府的官方宪报，又有民间的私人报刊，既有专门的商业报刊，又有政治新闻性刊物，既有月刊、半月刊，又有周刊，表现了近代报刊形成时期的各种特色。故知，这些葡文报刊的出现对于形成时期的中国近代新闻报刊业来说其重要意义应是不言而喻的。然而，史学界除程曼丽教授首创对葡文报刊《中国蜜蜂报》进行专题研究外，再也未见第二位“吃螃蟹者”。致使这13份在极为重要的历史时期产生的极为重要的葡文报刊至今仍处于无人认识的混沌与蒙昧之中。这应是中国新闻传播史甚至是澳门史研究的非正常现象。中国新闻史和澳门史学界总是满足于鸿篇巨制型的“通史”，而无人或少人对那些具有一定难度的“专题”进行深入的开拓。我希望这一现象获得改变。当然改变这一现象的前提必须是，有精通葡语的专业人才。

李长森教授《近代澳门外报史稿》一书的完成又一次证明了精通葡语的专业人才在澳门历史研究中的优势。在30余万言的煌煌大著中，李长森教授在文德泉（Manuel Teixeira）神父与白乐嘉（J. M. Braga）教授的研究基础上全面系统地介绍了澳门近代外报起源、形成与发展，并将澳门外报的发展过程分四个时期，在分期上提出了与前人不同的观点。由于澳门外报主要为葡文报刊，英文报刊及其他语种较少，而葡文报刊的创办人多为澳门土生葡人。因此，长森教授又辟专章介绍了澳门土生报人，包括澳门土生报人出现的历史背景，澳门知识群体的形成及澳门土生报人在澳门外报发展中的重要作用。由澳门近代报刊业而带动兴起的澳门近代印刷业也是作者关注的重要内容，书中从教会印刷机构、政府印刷机构和私人印刷机构三方面叙述了澳门印刷业发展过程，其中内容均为国人印刷史著作所无。

利用葡文档案文献内涵的知识信息补充人们对澳门近代报刊业发展的认知当然是李著的长人之处，但我认为，该书另一重要价值就是批判锋芒直指传统型的中国新闻通史，从《蜜蜂华报》报名的误译到对《澳门政府宪报》的误解，直至到将各种早期葡文报名的误引。更重要的是，他对目前中国新闻传播史学界流行两个观点进行了否定和颠覆，一是学界普遍认为“中国近代报刊始于教会”，教会办报是中国近代报刊的主流，李提摩太甚至称当时报刊“十之六系教会报”。这一说法是完全无视澳门外报发展史实的结果。长森教授以其拥有的丰富葡文史料雄辩地说明，不仅中国境内第一份近代报刊《中国蜜蜂报》不是教会创办，而且19世纪初至20世纪初的100年时间中，由澳门土生葡人在中国境内（以澳、港、沪三地为主）创办的各类报刊达117种之多，完全超过了教会创办报刊的总量，故可知，19世纪中国境内的教会报纸不一定占主导地位。二是中国新闻史界认为：澳门早期葡文报刊主要注视本国斗争，对中国事务的反映居于次要地位，“因此，它的发展自成一体，和在华外报的发展联系并不密切”。长森教授认为，这种说法完全与事实不符。澳门不仅是中国境内外报诞生的发祥地，还是它们的避难所。在澳门创办的葡文报刊，无论是早期的《中国蜜蜂报》、《澳门周报》及后来陆续出现的其他报刊均十分关注中国的重大事件及中国历史的发展进程，特别是佩雷拉家族创办的《大西洋国》和飞南第家族创办的《镜海丛报》，更是把中国作为主要新闻报道及追踪对象。据作者的研究结果表明，澳门葡文报刊的兴起与发展，不仅仅对澳门社会产生重大影响，而且由于澳门外报市场向港、沪两地的扩张，而直接推动在华外报事业的发展，从1846年澳门报纸进入香港，至19世纪末，香港外报共19种，其中葡文报刊就达14种；从1867年至1874年上海最早创办的7种外报中，有6种即由澳门来的土生葡人创办。甚至在19世纪影响极大的一批英国人创办的报纸《德臣

西报》、《孖剌西报》均以葡萄牙人为主编，故可知“澳门外报和在华外报发展的联系并不密切”这一结论是完全错误的。透过李长森教授的研究，我们可以清楚地认识到，不研究澳门外报发展的历史过程，不深入了解澳门外报的广阔内涵及历史背景，就不可能对中国近代新闻传播事业发展的历史作出准确的评价与判断。就此而言，李长森教授的《近代澳门外报史稿》一书的完成，应是填补了中国近代新闻传播史研究的一项重大“空白”，为推动中国近代新闻传播史研究的深入发展作出了非凡的贡献。

同时，长森教授的著作也给予我们很多启发和思考：一是中国新闻传播史研究者应该迅速进入“澳门外报”这一尚未被人开垦的报业史研究处女地。117 种澳门外报的内涵能给“在华外报”的研究提供多少宝贵的资讯及报业史史料？我们无法给予准确的估量。我曾指导过两名博士生对《广州记录报》和《华友西报》两份英文报刊的研究，其结果表明，这些早期报刊研究不仅仅可以解决报业发展史上存在的一些问题，而且提供一个时代的第一手历史资料之丰富与广泛也是同时代的其他文献所无法提供的。二是澳门史研究者应该对“澳门外报”中所蕴藏的丰富澳门史料展开深入的挖掘。以往，我们对葡文史料的关注大多在一些传统的文献及各档案馆收藏的档案中，对澳门葡文报刊的利用极少。而萨安东（António Vasconcelos de Saldanha）《葡萄牙在华外交政策：1841—1854》一书中大量利用《澳门土生曙光报》和《大西洋国》（Ta-Ssi-Yang-Kuo）的资料，文德泉（*Manuel Teixeira*）《澳门的教育》一书中大量使用《人民回声报》（O Echo do Povo）的资料及古万年、戴敏丽《澳门及其人口演变 500 年：1500—2000》一书中大量引用《澳门政府宪报》资料的案例已清楚告诉我们，澳门葡文报刊是研究澳门史（特别是澳门近现代史）的另一史薮，其中提供的澳门政治、经济、文化及社会史料均为其他档案文献所不及，特别是反映澳门葡人上层社会内部矛盾与斗争，其资料则更为精彩。如若研究澳门土生葡人思想史，这些报刊恐怕是唯一的源泉。我们应该给予以高度的重视并进行深入的研究。三是海

外汉学研究工作者对“澳门外报”也应该进行一次系统的清理与挖掘。以往的海外汉学研究对于中国近代报刊的关注主要集中在几份早期出版的中文报刊上，对外报的关注则仅对《中国丛报》（The Chinese Repository）展开过一定的研究，而澳门葡文报刊中的西方汉学研究成果基本没有进入国人海外汉学研究的视野之中。可以说，在19世纪中期至20世纪中期，澳门葡萄牙人创办的报刊中都或多或少会发表一些西方汉学研究成果，而《大西洋国》、《澳门教区通讯》（Boletim Eclesiástico da Diocese de Macau）、《复兴杂志》（Renascimento）及《信仰与祖国》（Religião e Pátria）这几份报刊所发表的海外汉学研究的资讯和成果为量甚丰，涉及面亦广，玛利亚（*José de Jesus Maria*）、佩雷拉（*António Feliciano Marques Pereira*）、博克塞（*C. R. Boxer*）、白乐嘉、文德泉、潘日明（*Benjamim António Videira*）等一大批葡、英汉学家的优秀成果，特别是他们对澳门档案及中西关系史档案的研究整理与公布。如博克塞教授在1940年1月的《澳门教区通讯》上公布的他于1939年在里斯本书店里买到的18世纪耶稣会士玛利亚《中国和日本的亚洲》的手稿共352页。这是一部极为重要的早期中西关系史、澳门史、远东天主教史、海外汉学研究著作，其中保存16—18世纪中西关系史的史料极为丰富。正因为“澳门外报”拥有一批如博克塞、白乐嘉、潘日明等著名的汉学家成为其主要撰稿人和编辑，因此，在一段时间内，澳门亦成为海外汉学研究成果出版的重要阵地。

李长森教授研究著作的贡献甚多，但也给人留下了一些遗憾。以其所介绍葡文报刊的内容来看，主要来源于文德泉神父20世纪60年代编写的《葡萄牙远东期刊录》（Imprensa Periódica Portuguesa no Extremo Oriente）一书。由于该书介绍葡文报刊的内容十分简略，且有讹误，故今天的读者对这些报刊仍然是处于无知的状态。长森教授如果能利用其精通葡文的优势对这些原始葡文报刊展开更深入开掘的话，我想对于早期葡文报刊历史地位的认识应比现在要更加深刻、更加具体化。遗憾之二是，全书的第一章尽管只是介绍“澳门外报”产生的历史背景，但决非多余赘述，乃是十分重要的一章。应该说，这一章的写作水平是很高的，把握亦十分准确到位，但可惜的是全章直接征引的史料仍显不足，有些资料没有注明出处与来源。葡萄牙近代新闻检查制度的变化，对于澳门报刊业的发展具有何等重要意义！而这一点恰是中国学者不熟悉或完全无知的。如果有更多资料予以印证，相信会使书中所言史实及论述更加具有说服力。

最后，我想借此机会呼吁：应该深入展开对“澳门外报”的个案研究，一份一份报纸的展开，不仅仅是中国新闻史的研究者，亦包括澳门史及海外汉学史的研究者。我相信，随着“澳门学”在澳门及国际上的逐步推广，“澳门外报”研究一定会获得更深入的发展。但是，这就需要一个前提，即必须花大力气，投大资金培训精通中、葡双语的专业史学人才，像本书作者李长森及金国平、吴志良、崔维孝一样的专业人才。这样，我们的“澳门学”才会勃发其长时间的生命力。

于澳门氹仔徐日昇寅公马路第一座

二〇一〇年三月十日

绪 论

一、研究澳门外报的意义

中国报学研究历史悠久，应该说自报业发展形成规模之日就有人对其进行研究。西方报业自不用说，在中国，自19世纪末大江南北形成民间办报高潮后，即有许多人开始对各种报纸期刊进行研究，这中间最突出者的当然是报纸本身的编辑人员。他们或出于借鉴，或出于竞争，或出于论战，或出于创新，总要对其他报纸进行各种研究，从而提高办报质量或制定出自己的办报方针和策略。久而久之，就会产生对整个社会有价值的研究成果。然而人们普遍认为，中国正规系统的报业研究应该始于戈公振先生。

近代中国报刊的出现是清末西风东渐的产物。戈公振先生在《中国报学史》一书中就曾说过："我国现代报纸之产生，均出自外人之手。"① 对中国近代报刊研究，当首推戈公振先生。其于20世纪20年代中期出版的《中国报学史》，可谓开系统研究中国报学之先河。继戈先生之后，不少人投身报学研究。近些年人们对报学的研究更加深入具体，成绩斐然。然而，综观报学史的研究，不难发现学界在研究我国报业史的时候有这样几个特点：一是注重华人办报，二是注重教会在华办报，三是

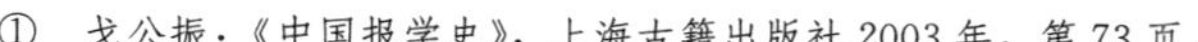

① 戈公振：《中国报学史》，上海古籍出版社2003年，第73页。

注重英美等列强在华办报。在各种研究中很少提及或者强调澳门在这方面发挥的作用。

值得注意的是，19世纪末在中国掀起的办报热潮中，活跃着一个特殊的群体。是他们，在中国的澳门创办了第一份报纸；是他们，首先进军刚刚开埠的香港，并在那里掌控了最初的新闻及印刷行业；是他们，大量移民上海并首先在那里创办各种外文报纸并参与创办华文报纸。这个在中国向西方开放的沿海城市中极其活跃的群体，就是澳门葡裔土生人。毫无疑问，澳门土生葡人在港沪创办发行各种外文报刊，对开埠初期香港和上海的文化、社会及新闻事业的发展起到了推动作用。

在欧洲民主自由之风的推动下，特别是在葡萄牙东方统治中心印度果阿的影响下，1822年创刊的《中国蜜蜂报》在当时还不知报纸为何物的东亚地区一枝独秀。以此报为先导，澳门的新闻业开始蓬勃发展。澳门半岛面积不过几平方公里①，葡裔人口不过数千②，然而，在19世纪初《中国蜜蜂报》问世后的100年时间里，居澳葡人竟然创办了近百种各类报纸杂志，这不能说不是中国近代史上的一个奇迹。

为什么要研究澳门外报？从1822年《中国蜜蜂报》创刊到1893年中文《镜海丛报》创刊的近80年时间里，在澳门一直是以葡文为主的外文报纸一统天下。当中虽有个别出版物会冠以中文报名，如1872年创刊的 *Gazeta de Macau e Timor*（直译为《澳门帝汶报》）在标题下用小号中文字注明“澳门新闻纸”，但与其说是译名，倒不如说是一种点缀。因为整份报纸不再见任何一个中文字。80年在中国近代不是一个很短的时间，它意味着数代居澳葡人致力于报业的发展，并且通过他们的努力使澳门报业从无到有，从小到大，从幼嫩到成熟，从本土到外埠，进而影响到整个中国报业的发展。因此，可以这样认为，

---

① 1840年澳门半岛面积仅有2.78平方公里，后经填海至20世纪80年代末才达至6.05平方公里。见元邦建、袁桂秀：《澳门史略》，中流出版社1988年，第1—2页。

② 关于该时期的人口，1856年记录的居澳葡人有5037人。见李长森：《明清时期澳门土生族群的形成发展与变迁》，中华书局2007年，第129页。

澳门近代外报史就是澳门的报业史，对澳门近代外报的研究，就是对澳门整个报业史的研究。也就是说，如果把澳门外报研究清楚了，澳门报业史也就清楚了。

澳门新闻业的蓬勃发展对近代中国有重大意义。香港和上海这两个中国近代史上的重要城市在新闻业方面的发展均得益于澳门。是澳门新闻业的发展以及澳门土生报人在香港及上海的活动为上述两地提供了经验，同时也为上述两地提供了最早的新闻人才。尤其重要的是，民主革命先驱孙中山先生和《盛世危言》作者郑观应先生均通过在澳门的实践体会到报纸的重要性，从而以报刊为武器推动民主思想在中国的发展，在民主革命中发挥了重大作用。

澳门土生葡人在创办各种新闻报刊的过程中发挥了重要作用，出现了一大批十分活跃的报人。他们不仅在澳门办报，而且足迹遍布港、粤、沪等鸦片战争后最先向西方开放的商埠。从澳门葡人创办的百多种报刊中，可以看出其中绝大多数报人及主笔都是澳门土生人，甚至报纸的印刷也多由土生葡人开设的印刷公司承担。然而，应该说在以往的研究中这一点往往被学者们所忽视。

澳门土生葡人是澳门社会中一个特殊的群体，其形成及发展的过程极其复杂，内地人对这一提法十分陌生。只有亲临澳门才能知道这个群体的存在，但仍无法对其产生与发展有更深的认识。笔者曾在过去几年中对这个问题进行了较为深入细致的研究，并写出 50 多万字的专著《明清时期澳门土生族群的形成发展与变迁》，于 2007 年 9 月由中华书局出版。简而言之，澳门土生葡人是葡萄牙东来的五个世纪中，欧洲人从印度到远东与一系列亚洲国家的人联姻而产生的后裔，并且最后在澳门定居繁衍发展。具体地讲，在澳门生活了四个半世纪的澳门土生族群主要由四部分人构成：一是纯血统的葡人后裔，这在土生人中占极少数；二是葡人与华人血缘混杂而产生的后裔，在土生族群中占绝大多数；三是纯血统的华人，但已在祖上归化葡国，认同葡国文化，在人群中亦占极少数；四是其他种族血缘混杂后产生的后裔。澳门土生族群中真正文化精英的出现是

18世纪末以后的事，特别是19世纪由于交通和资讯的改善，推动了文化事业的发展及大批知识分子的出现。思想及文化的活跃与欧洲法国大革命后的欧洲政治变革也不无关系。

有鉴于此，对清末民初澳门外报的研究具有十分重要的意义。主要有：①通过研究澳门外报的出现和发展过程，以及促成外报发展的历史和社会背景，在舆论层面对以往澳门近代史的研究提供补充；②系统展现澳门外报的发展脉络，确定其在中国报业发展史中的定位；③通过研究使华人尤其是中国内地居民对澳门外报及澳门近代社会有所认识和了解；④对澳门外报的研究可以为澳门史诸多专题的系统研究提供线索和资料；⑤揭示澳门外报对近代中国的影响，特别是外报对近代中国民主思想的发展和民主革命的间接推动作用，这应该是澳门史研究的盲点；⑥澳门外报研究中会涉及许多土生葡人，因而有助于对澳门土生族群进行民族学和人类学研究；⑦通过对澳门土生葡人办报的研究可以认识该族群在澳门社会历史发展中的作用；⑧对清末民初港沪两地葡文报纸的研究可以了解澳门土生葡人辗转迁徙的历程。

当然，本项研究并非要澳门近代报业在地位及影响方面与香港和上海一争高下，更不是否定香港和上海对中国近代报业发展所发挥的作用和产生的意义。港沪两地是鸦片战争后新崛起的商埠，其在经济、政治、社会、文化等方面对近代中国乃至整个亚洲地区的影响不容置疑，因而其在报业方面的作用当然也很重要。本项研究只是想通过对澳门外报的产生、发展和流变过程的分析，弄清中国近代报刊发展的完整脉络和连接。比如，既然认为《中国蜜蜂报》是中国近代的第一份报刊，那么它与后来的“第二份”、“第三份”以及其后更多的报刊有什么关系？既然是“中国近代”，那么它与这个近代“中国”的关系究竟是什么？难道它就是孤零零自生自灭的一份葡文报纸吗？这中间似乎缺少了许多连接，从而使关心它的人深陷迷茫，在报学研究中误入歧途。程曼丽也说：

> 在对洋人办报这段历史进行考察时，我们的研究者更多注意的是其中的中文报刊（这是可以理解的）、

英文报刊、法文报刊以至日文报刊，而对《蜜蜂华报》（即《中国蜜蜂报》）和在它之后出现的葡文报刊却很少留意，即便提起，也是将其打入“另册”，仿佛它们对中国报业的影响可以忽略不计，“……葡文报刊因基本上在葡萄牙统治下的澳门出版，与鸦片战争前后形势的变化关系不大，故暂不计入。”① 这就不能不使人产生一种误解，似乎人们只须观赏长河入海的壮美景象就足够了，对它的源头大可不必究诘。②

正是由于缺少了这些连接，在有些研究著述中会出现诸多错误。比如山东画报出版社 2003 年出版的《晚清报业史》一书第三节在谈到商业报纸的初创及外报情况时，就曾谈到：“1864 年，英国商人罗郎也（Noronha）在香港创设中文报纸《近事编录》。”③ 其实，罗郎也并非英国人，而是从澳门去香港的报商。他是在澳门生活了四代的土生葡人，于鸦片战争后看准商机赴港创业，不仅在香港办报纸，而且还发展印刷行业，对香港开埠初期的报业和印刷业发展贡献颇大。④ 但由于人们对澳门报业的历史和香港开埠后的人口结构等情况认识不清，难免会把在香港的一切都说成是英国人干的。仅从这一点，即可看出对澳门报业开展研究的重要性。

二、澳门外报史研究现状

澳门近代报业发展规模可观，然而纵观中国报学史的研究，对澳门报业发展情况的谈论少之又少。虽然人们公认中国近代

① 方汉奇主编：《中国新闻事业通史》（第一卷），中国人民大学出版社 1992 年，第 285 页。

② 方汉奇：《〈蜜蜂华报〉研究·序》，载程曼丽：《〈蜜蜂华报〉研究》，澳门基金会 1998 年，第Ⅲ页。

③ 陈玉申：《晚清报业史》，山东画报出版社 2003 年，第 33 页。

④ 罗郎也（Delfino Joaquim Noronha），又译作朗诺也，均为粤语译法，现代标准译法应为诺罗尼亚，是该家族第四代澳门土生人，1824 年生于澳门大堂区，1900 年殁于香港。参阅 Jorge Forjaz, *Famílias Macaenses*, Vol. II, p. 820。

报业始创于澳门的《中国蜜蜂报》，但有关澳门报业的总体介绍和著述却寥寥无几。同大陆和港台报业发展史的同类研究相比较，用“空白”两字形容并不过分。关于澳门报业的研究现状，还是应该首先从近代中国报业研究的鼻祖戈公振先生谈起。

戈公振（1890—1935），原名绍发，字春霆，号公振。江苏东台人。新闻记者。出生于书香世家，1904 年以第一名毕业于东台高等学堂。1912 年在《东台日报》任图画编辑。1913 年南下上海，入有正书局当学徒，后任《时报》总编辑。1920 年首创《图画时报》。1921 年上海新闻记者联合会成立，戈公振任会长。1925 年起在各大学教授新闻学。1927 年 1 月赴欧美、日本等国考察新闻事业。1928 年返国，任《申报》总管理处设计处主任。1933 年 3 月到苏联访问。1935 年 10 月 22 日病逝于上海，终年 45 岁。著有《中国报学史》、《新闻学撮要》、《新闻学》等具有开创意义的学术著作。应该说是戈公振先生首先在《中国报学史》中提到澳门报业，指出“外国之在我国办报……语其时间，以葡文为较早”①，然而由于当时条件的限制，仅仅对澳门的报业做了极其简单的介绍。短短几行字所列报纸不过 6 种，而且多处误引。

自戈公振先生之后，陆续有人研究报业。然而报业的研究高潮则始于中华人民共和国成立之后。新中国成立之后的报业研究大师首推方汉奇先生。方汉奇，祖籍广东普宁，1926 年 12 月生于北京。1950 年毕业于苏州国立社会教育学院新闻系。1951 年起先后在圣约翰大学、北京大学和中国人民大学任教至今。曾任国务院学位委员会第三届新闻传播学学科评议组成员，中国新闻史学会会长。现任中国人民大学新闻学院教授、博士生导师。他的专著《中国近代报刊史》和他主编的《中国新闻事业通史》，被学界公认为是与戈公振的《中国报学史》齐名的中国新闻史学研究中的经典著作。

是方汉奇先生首先注意到澳门报业的重要性，但直到 1994 年看到《中国蜜蜂报》影印本之前的 50 多年中，他对该报的认

① 戈公振：《中国报学史》，上海古籍出版社 2003 年，第 92 页。

识也仅仅限于戈公振先生《中国报学史》中的30多个字。他从一位香港朋友那里得到照相翻印的《中国蜜蜂报》之后，如获至宝，“披卷摩挲，大喜过望。因为终于可以一亲芳泽，瞻仰她的风采了”。① 他认为应该对该报进行系统深入的研究，以揭开该种葡文报纸的神秘面纱。由于当时年事已高，加之“不懂葡文，难窥堂奥”②，便将这项重要工作委托给他的学生程曼丽教授，并对其进行悉心指导。程曼丽教授克服重重困难，经过数年努力，终于在澳门回归前完成了关于澳门报业的第一部研究专著，并且提出了澳门《中国蜜蜂报》在中国报学史上占有“三个第一”的观点，指出《中国蜜蜂报》是“中国境内出版的第一份近代报纸；外国人在中国领土上创办的第一份外报；澳门有史以来的第一份报纸”。③ 意义深远。

然而，虽然程曼丽教授做了突破性的研究，开《中国蜜蜂报》系统研究之先河，但她的著作《〈蜜蜂华报〉研究》涉及的仅仅是澳门19世纪的一份报纸，对于澳门报业的整体发展、流变及其对近代中国报业的影响所谈甚少。人们依然对澳门近代的报业发展情况“雾里看花”，无从了解，更谈不上把澳门整体报业的发展同近代中国的报业联系起来。报学研究继续把香港和上海看成是中国近代报刊的发祥地。

除了程曼丽教授的《〈蜜蜂华报〉研究》这部专著外，有关澳门报业的研究仅散见于其他相关研究之中。其中吴志良等人也对《中国蜜蜂报》做过较为细致的研究。查阅近年有关中国报业史的研究著作，据笔者所见，提到澳门出过《中国蜜蜂报》的仅有陈玉申的《晚清报业史》、李谷城的《香港报业百年沧桑》、王林的《西学与变法——万国公报研究》等，在这种情况下，人们知道的依然仅仅是《中国蜜蜂报》和《澳门钞报》等两三种报纸。

---

① 方汉奇：《〈蜜蜂华报〉研究·序》，载程曼丽：《〈蜜蜂华报〉研究》，澳门基金会1998年，第Ⅰ页。

② 方汉奇：《〈蜜蜂华报〉研究·序》，载程曼丽：《〈蜜蜂华报〉研究》，澳门基金会1998年，第Ⅰ页。

③ 程曼丽：《〈蜜蜂华报〉研究·前言》，澳门基金会1998年，第1—3页。

澳门有些学者亦对澳门近代报业情况进行了各方面的研究，在此方面做出努力的有邓耀荣、林玉凤、谭志强、老冠祥等人。他们撰文就澳门不同时期的报业发展情况作过研究，发表了很有见地的看法。

相比之下，葡国方面研究澳门外报的著述颇多，而且较为深入完整。其实，葡人对澳门外报的研究远早于中国学者。早在19世纪末就有一位名叫加布里埃尔·费尔南德斯（Gabriel Fernandes）的澳门土生报人对澳门的外报做了较为深入的研究，他的父亲就是澳门19世纪《大西洋国》杂志的创办人。他应该是研究19世纪澳门报业的第一位西方人士。

继加布里埃尔·费尔南德斯之后，澳门外报的重要研究者就是从1924年即在澳门定居的文德泉神父（Pe. Manuel Teixeira）①，他于20世纪60年代中期编写的《葡萄牙远东期刊录》（*Imprensa Periódica Portuguesa no Extremo Oriente*）可以说是研究澳门近代报纸的应用大全。他从《中国蜜蜂报》开始对19世纪初至20世纪中期澳门出版的百多种外文期刊进行了详细深入的研究。由于他本人就是报人，长期编辑各种教会期刊，特别是对《澳门教区通讯》倾注了许多心血，几十年来对报刊的创办、经营、编辑、印刷过程十分熟悉，因而他的这部著作对澳门报业的研究有很重要的价值，至今尚无其他著作能与此相比。该著作由前澳门政府文化司署于1999年重新影印出版。然而该著作用葡文写成，虽然可在葡文读者中流传，但也正是因为有了这部著作，葡人对澳门报业的研究兴趣已大不如前，因为没有任何人能超越文德泉神父的研究。对于华人学者来说，虽然该著作对澳门近代外报的研究极有价值，但碍于语言不通，无法使用。

另外，需要指出的是，碍于当时的编辑及印刷条件限制，文德泉的著作中排字及印刷错误颇多。如果不具有相当的葡文水平及分析能力，对有些词语和段落较难理解。尤其是作为史

① 文德泉神父（Pe. Manuel Teixeira，1912—2003），生于葡萄牙山后省，是澳门著名历史学家，主要研究澳门早期史和澳门教区史。

料使用时更应小心谨慎，对有些资料必须进行必要的考证。

同时期还有一位研究澳门史的专家白乐嘉（José Maria Braga）亦对澳门出版业做过研究，但他主要涉及的是澳门早期耶稣会的出版物及印刷情况，还不能算作是报学研究。但他的研究对报业发展的重要条件之一印刷史的研究却有十分重要的参考价值。因此，在研究澳门报业史的时候，对他所提供的史料不能忽视。另外，他对香港开埠后的葡人在港办报的情况亦有研究，是对澳门近代报业研究的重要补充。

在当代澳门外报的研究者中，还有葡国学者恩里克·罗拉·施利华（Henrique Rola da Silva），他于20世纪90年代先后出版了两本关于澳门报业的葡文单行本著作。其中一本的书名就是《澳门华文报业》（*Imprensa Chinesa de Macau*），由澳门政府官印局于1991年印刷出版，专门研究从1893年《镜海丛报》开始直到今天的澳门中文报业的发展情况。西人研究华文报纸，当然也受语言限制，因而从内容来说，对华人学者并无太大参考价值。但如果从西人对华文报纸的看法这个角度看，亦是不错的参考书，更何况该著作对于葡人了解澳门华文报纸的发展与现状来说有一定用处。另一本是《澳门葡文报纸》（*Informação Portuguesa de Macau*），1992年由澳门华辉印刷公司（Welfare Lda.）印刷出版。该著作主要研究澳门葡文报纸的现状，即当代澳门的主要葡文报纸。这对我们研究澳门外报，具有一定参考价值，但并未深入研究澳门外报的发展历史，特别是对早期的报业情况很少涉及，令人遗憾。

从以上情况可以看出，目前对澳门报业发展史的研究虽然不能说是完全空白，但还是相当落后的。有待于各方继续努力，进一步发掘有关史料，将澳门报业发展的真实情况展现在国人面前。

其实，史学界对澳门研究的忽视并非仅限于报业，在20世纪80年代初澳门回归问题提到议事日程之前，对澳门其他方面的研究也是片言只语，很不完整。从印光任和张汝霖的《澳门纪略》，到屈大均的《广东新语》，对澳门的研究都是表象研究，或者说是表面文化特质的研究，很少深入葡人社会内在精神世界及社会关系的研究，因而人们所能感受到的也仅仅是“小西船到客先闻，就买胡椒闹夕[illegible]”[①] 或者“晚堤收网树头腥，蛮疍群沽酒满瓶”[②] 这种南国异地情趣。这种仅仅满足于好奇心的局限性，也影响了人们对近代澳门外报的研究。

近代很少有对澳门外报的研究，有关论著寥若晨星。这并不是中国史学家不愿做这项研究，而是开展这种研究存在许多困难。其中最主要的困难就是，对于任何人来说，如果不了解居澳葡人语言和文化的话，则很难将该项研究深入下去。在许多人看来，对澳门报业的研究，或者觉得无能为力，或者觉得山穷水尽，总之无法深入进行下去。在此情况下，笔者想大胆做一次尝试，对澳门近代报业的发展做一次全面研究。虽然谈不上是“第一个吃螃蟹”的人，但也深感研究的困难。为此，本研究将以收集、整理、阅读葡文原文史料为主，将华人所不熟悉的史料公布于众。在整理葡文史料的基础上，结合当时的中文史料进行比照，然后参照历史背景，理清历史脉络，从而得出较为客观的结论，至少能把澳门近代外报的发展脉络展现在读者面前。

澳门外报的出现对近代中国的发展具有重要意义。随着澳门回归祖国及澳门地位的提升，人们越来越关注澳门的历史。近年来亦有不少学者涉足澳门外报研究，并取得相应成果。然而由于客观条件的限制，对澳门外报系统的研究尚未完全展开。因此，本项研究拟采用以下方法，力求在研究中有所创新。

虽然此前有学者对澳门历史上某些报刊做了专题研究，但19至20世纪在澳门出现过上百种外刊，同时澳门土生葡人在香港及上海亦创办大量报刊，这是中国近代史上的罕见现象。然而，对此种现象的系统研究从未进行过。所以，这是第一次对澳门外报的系统研究，希望能在研究中做到宏观同微观相结

---

① 吴历：《粤中杂咏》，载章文钦笺注：《澳门诗词笺注》（明清卷），澳门特别行政区政府文化局、珠海出版社2003年，第28页。

② 吴历：《粤中杂咏》，载章文钦笺注：《澳门诗词笺注》（明清卷），澳门特别行政区政府文化局、珠海出版社2003年，第20页。

合，完整地展现澳门外报的发展过程。

采用与葡国学者不同的研究方法，注重史料的收集整理与分析研究，特别是对中外史料进行对比研究，从澳门历史的社会形态入手，描绘澳门报业发展轨迹并寻求澳门外报出现及发展高潮形成的原因。另外，在中文史料的使用上亦注意比较，通过推理分析解决其中的矛盾之处，或者订正有误的地方。

本研究把澳门土生葡人办报作为其中一个研究重点，透过澳门外报的动态研究说明 19 世纪澳门土生葡人的迁徙流变特点，以及澳门土生葡人在港沪两地的定居及活动情况。

通过史料全面、客观地分析澳门外报在澳门社会中所发挥的历史作用及其对近代中国的影响，特别是对中国报业发展的影响以及其在中西文化交流、西方汉学研究、西学东渐和东学西传中的作用。

在本研究过程中，除相关中文史料外，将直接使用葡文原文史料，这将提高研究的准确性。也就是说运用双语进行研究，对中葡文史料进行比较分析，去粗取精，去伪存真，尽量做到准确无误。另外，本研究对葡文史料的翻译与使用，可为不谙葡语的同行提供有关资料。

在此，为方便读者更好理解本项研究，还需要就三个问题做出说明。

第一，本书涉及的“报刊”和“期刊”的概念和定义问题。何谓“报刊”？“报”者，报纸也；“刊”者，刊物也。而现代对“报纸”的定义是“以国内外社会、政治、经济、文化等新闻为主要内容的散页的定期出版物，如日报、晚报等”①。“刊物”则指“登载文章、图片等的定期或不定期的出版物”②，看来“报”和“刊”除了是否“散页”以外无甚区别。“期刊”指“定期出版的刊物，如周刊，月刊，季刊等”③，属于“刊物”的一种。由此可知，“报刊”既包括报纸，亦包括定期或不定期

---

① 《现代汉语词典》（第 5 版），商务印书馆 2005 年，第 51 页。

② 《现代汉语词典》（第 5 版），商务印书馆 2005 年，第 761 页。

③ 《现代汉语词典》（第 5 版），商务印书馆 2005 年，第 1067 页。

的载有文章和图片的各种出版物。定义十分清楚。然而，本文研究的“近代澳门外报”并非现代意义的“报刊”。19世纪澳门处于报业发展初期，“报”和“刊”的区别并不分明，并不具备现代报刊定义的所有要件。不仅澳门如此，世界大多数地区亦如此。这是任何新生事物产生后必经的阶段。在当时的经济环境及技术条件下，多数新闻出版物似报非报，似刊非刊，或者说兼具“报”和“刊”的特点。初期报纸多为周报或月报，符合“期刊”的特点，但又多为“散页”，符合“报纸”的特点。因此，读者看到本书中的“报纸”、“报刊”或者“期刊”概念时，千万不要同资讯技术高度发达的今日报刊相互类比。

第二，本书研究的报刊绝大多数是新闻政治性报刊，但亦包括文学、历史等学术性期刊及其他专业性期刊。虽然这些刊物的发行范围及读者与新闻性刊物有很大不同，更与今天的学术性期刊不能同日而语，但仍具期刊性质，属期刊范畴。

第三，报刊名称翻译问题。本书许多地方都涉及澳门土生人及其创办的各种报刊，而19世纪至民国初年澳门许多葡文报刊名称都带有一个既是名词又是形容词的Macaense或者Macaísta的葡文词汇。虽然这是两个简单的葡文词汇，但准确译成汉语并非易事，其中的文化含义极其复杂。在葡萄牙语中，Macaense和Macaísta的词义都是“澳门人”或者“澳门的”。据此，报刊名称中所有Macaense或者Macaísta一词都可译成“澳门人”或者“澳门（的）”，如“Eco Macaense”译成“澳门回声报”，“Voz do Macaísta”译成“澳门人之声报”，“O Noticiário Macaense”译成“澳门新闻报”，“O Macaense”译成“澳门人报”，依此类推。然而，对于占澳门人口95%以上的华人来说，这两个词的内在含义实际上是指“澳门土生人”或者与“澳门土生”有关的事物。这个问题解释起来十分复杂。笔者在《明清时期澳门土生族群的形成发展与变迁》一书中专门对此进行了分析，希望能帮助读者理解其中的深刻含义。而本书则将有关词汇依照惯例译成“澳门土生人”或者形容词“澳门土生（的）”，以免产生歧义。

三、关于澳门报业发展的分期

对报业进行研究首先要弄清报业发展的分期。戈公振先生早在20世纪初就对中国的报业发展进行过分期，认为中国的报业发展分四个时期：即官报独占时期、外报创办时期、民报勃兴时期、民国成立时期。[①]后来，具有权威性的《中国新闻实用大辞典》把中国的新闻发展史分为古代、近代、现代和当代四个时期。虽然“报业”和“新闻”是两个不同的概念，但“报业”和“新闻”是密不可分的。显而易见，上述两种分期方法均着眼于全国范围及中华民族历史的主流，从宏观角度出发，因而不适用于澳门的特殊情况。

台湾地区近年加强了对报业的研究，新作不断出现。亦从全国范围对报业发展进行了分期，只不过比内地分期要详细得多。但对抗战胜利后的报业研究对象则仅限于台湾地区。香港作为中国近代历史中的一个特殊地区，其在报业研究方面与澳门相似，长期以来就没有明确地对报业发展进行过分期。近年李谷城先生尝试对香港报业进行了分期，认为香港报业发展分为近代报业时期、现代报业时期、当代报业时期，[②]似乎与《中国新闻实用大辞典》的分期相吻合，只不过由于香港开埠较晚，分期中并无古代时期。这种分期方法把香港纳入了全国报业发展的进程。

陈鸣先生在近年出版的《香港报业史稿》一书中亦对香港近代报业的发展进行了类似分期，认为香港报业发展应分为“一、大清国时期：1841年至1911年；二、中华民国时期：1912年至1949年（其中1941年12月至1945年8月为日本帝国主义者占领时期）；三、中华人民共和国时期：1949年至

---

① 见戈公振：《中国报学史》据《目次》部分整理，上海古籍出版社2003年，第1—4页。

② 李谷城：《香港报业百年沧桑》（*A comment on the Press of HongKong*），明报出版社有限公司2000年，第19—22页。

1997 年”。[①] 虽然介绍较为具体，但基本与前述分期方法相吻合，并提出其分期理由：“新闻事业与社会制度（经济制度、政治法律制度、文化思想意识形态等）的关系，至为密切。而社会制度和不同性质的政权更替有关。从中国近代一百几十年的历史看，大清国、中华民国、中华人民共和国是三个不同的历史时期，三种不同的社会制度。而香港是中国的领土，鸦片战争后受英国的殖民主义统治，但在经济、政治、文化等领域，仍离不开母体中国的深度影响，新闻事业尤其如此。就整体来说，上述香港报业分期，可能较为符合历史实际。”[②]

澳门的发展历史与香港有很大不同，因而对报业发展的分期也会有所不同，对澳门报业发展的分期也不如香港那么容易。澳门报业发展的分期是一个较为重要的问题，因为分期准确才能体现出报刊的时代特点。然而目前对澳门报业的分期却见仁见智，众说不一。究其原因，是由于澳门的社会形态及背景太过复杂，葡人管治澳门长达 400 多年，尤其是 19 世纪由于欧洲葡萄牙及亚洲周边地区形势的影响，使澳门的局势变得更加动荡不安。到目前为止，共发现有三种不同的分期方法。

第一种分期方法是由老冠祥和谭志强两位学者提出来的。他们依据澳门报业发展的自然规律将之分为三个阶段。①兴起期：从 1822 年《中国蜜蜂报》创刊至辛亥革命。② 转折期：从辛亥革命至 1949 年中华人民共和国成立。③蓬勃期：从 1949 年至今。[③]

第二种分期方法以澳门学者林玉凤博士为代表，认为澳门报业发展与葡萄牙本土关系密切，故将其分为四个阶段：①1822 年至 1910 年葡萄牙推翻君主专制建立共和政体；②从 1910 年至

---

① 陈鸣：《香港报业史稿（1841—1911）》，光华报业有限公司 2005 年，第 19 页。

② 陈鸣：《香港报业史稿（1841—1911）》，光华报业有限公司 2005 年，第 19 页。

③ 老冠祥、谭志强等：《变迁中的香港、澳门大众传播事业》，台湾“行政院”新闻局 1996 年；程曼丽：《〈蜜蜂华报〉研究》，澳门基金会 1998 年；邓耀荣：《〈蜜蜂华报〉研究的启思》，载《澳门杂志》1998 年第 7 期，第 95—96 页。

1930 年的葡萄牙政局动荡时期。③从 1930 年至 1974 年的葡萄牙“四二五革命”时期，即所谓的“新国家”时期；④从 1974 年至今。①

第三种分期方法是程曼丽教授在研究《蜜蜂华报》（即《中国蜜蜂报》）时提出来的。她根据葡萄牙在海外殖民的概念亦将澳门报业发展过程分为三个阶段：①1822 年至《中葡和好通商条约》签署的“准殖民地”时期。②1887 年《中葡和好通商条约》签署至 1999 年澳门主权回归祖国前的主权丧失时期。③1999 年至目前的新时期。②

毫无疑问，以上三种分期方法各有其道理，只不过考虑问题的角度不同。而且将来可能还会有其他的分期方法。正如程曼丽教授所说：“他们对澳门报业的阶段性划分都是有着充分的历史依据的，因而其正确性毋庸置疑。”③ 然而，在此次研究澳门外报史的过程中，笔者查看了大量资料，翻阅了数十种外文报刊，随着资料的积累，深深体会到澳门报业的发展确实与中国其他地区有很多不同的特点，因而对澳门报业的分期有了新的认识。由于这个问题十分重要，涉及本项研究的内容组织及结构安排，所以愿意在此谈谈对上述分期的看法，并提出自己关于澳门报业分期的新认识。

首先，第一种分期方法虽然“依据澳门报业发展的自然规律”而确定，但很明显是将澳门报业的发展与近代中国的历史进程联系起来，尤其是分期的时间界限均以中国近代划时代的里程碑为界。这种分期方法实际上与香港陈鸣先生的分期方法相似。然而，澳门同香港的历史有很大不同，报业发展情况迥异。这种分期方法似乎没有体现出澳门报业发展的自身特点。

对于第二种分期方法，显然是从相反的角度对澳门报业进

---

① 林玉凤：《澳门葡文报章发展的特点（1822—1999）》，载《澳门研究》第 10 期，澳门基金会 1999 年，第 117—163 页；程曼丽：《〈蜜蜂华报〉研究》第七章；邓耀荣：《〈蜜蜂华报〉研究的启思》等。

② 程曼丽：《〈蜜蜂华报〉研究》（第七章），澳门基金会 1998 年，第 201—202 页。

③ 程曼丽：《〈蜜蜂华报〉研究》（第七章），澳门基金会 1998 年，第 200 页。

行分期，而且专指葡文报刊，将澳门的报业同葡萄牙国内的历史发展进程联系起来。诚然，澳门与宗主国的政治联系比较密切，澳门报业的发展与欧洲及葡萄牙的国内形势有直接关系，但澳门远离葡萄牙万里之外。虽然居澳葡人在族群属性上认同葡萄牙，但由于在澳门四个多世纪的生存经历，使他们在血缘属性、社会属性和文化属性以至价值取向上与宗主国相去甚远。正因为如此，澳门历史上的“葡人”与宗主国的“葡人”矛盾冲突不断，有时还十分激烈。这些情况在澳门各个时期的葡文报刊中均有所反映。其实，澳门《中国蜜蜂报》的出现在表面上看是19世纪初澳门的保守和自由以及专制和民主之间斗争催生的产物，但实际上与本地澳门土生人同宗主国的矛盾不无关系。关于这个问题，在拙著《明清时期澳门土生族群的形成发展与变迁》中已有详细分析，在此不再赘述。只需要强调的是，葡萄牙国内近代历史的分期方法并不适用于澳门报业发展的实际情况。

第三种分期方法似乎注意到澳门的某些特点，特别是考虑到澳门政权更替及中葡外交中的重大事件对报业发展的影响，确实有其道理。但该种方法以葡萄牙的海外“殖民地”和“准殖民地”概念作为分期基础似乎不妥，而且分期表述也不十分清楚。首先，澳门与葡萄牙其他海外殖民地的历史和现状有很大不同，在报业发展上更是同美洲及非洲葡属殖民地的情况大相径庭。从严格意义上讲，澳门并非葡萄牙的殖民地。1887年的《中葡和好通商条约》也只是同意葡人“永居澳门”，这一点与香港有很大不同。而这一共识也是当年中葡两国政府关于澳门问题进行谈判的基础和先决条件。尽管葡萄牙在历史上确有在澳门“殖民”，但这种“殖民”同葡萄牙在非洲及拉美属地的殖民以及英国在澳洲的殖民有本质上的区别。葡萄牙确实从1887年起通过不平等条约一度取得澳门管治权（但不是主权），使其变为葡萄牙的一个“海外省”，但从大环境上看，其一直受制于中国的影响，而且华人始终是澳门人口的主体，澳门无论从政治到经济的生存空间及生态环境均取决于中国。澳门学者霍启昌先生的“澳门方程式”理论便是对澳门这种现象的概括与总结。

澳门历史的发展有其自身的特点。澳门报业的发展始终与中国及欧洲的两个大环境密切相关，但又具有本地区的特点。将澳门报业发展的历史与“殖民地”和“主权回归”等联系起来太过政治化，并没有反映出澳门各个时期外文报刊自身的特点，特别是不利于澳门外文报刊的研究。其实，连葡萄牙人自己也承认在澳门的殖民进程是不成功的。尤其是该分期的第二阶段有一百多年，时间太长。而该时期澳门所经历的变化和动荡是空前的，因而对报刊内容及编辑出版发行的影响也是巨大的。英人入侵、鸦片贸易、鸦片战争、苦力贩运、台风袭击、澳人迁港、二次大战、香港难民潮等灾难性的事件使澳门报业在不同时期反映出不同的特点，与上述分期阶段并不相符。

笔者认为，可将上述不同分期方法的合理之处结合起来，并依据中国、葡萄牙及其他严重影响澳门社会的历史背景作为澳门报业发展不同时期的界限，故尝试将澳门报业的发展分为以下四个时期：

第一阶段，从 1822 年《中国蜜蜂报》创刊起至 1849 年澳门总督阿马留遇刺身亡止，历时近 30 年。该阶段可视为澳门近代报业的初创期，其中包括阿马留上任后对新闻舆论实行严格控制的短暂沉寂期，该时期虽然创办报刊不多，但具有开创性意义。该时期澳门的报业发展有以下特点。首先，该时期的报纸均为外报，葡英两种期刊统霸报坛。除 6 种英文报刊外，其余为葡文报刊。然而，英文报刊发行对象并非本澳，读者多为在华传教差会与信众以及英美等国在华商人，由于清政府禁止在境内办报而被迫转移到澳门。其次，除政府支持的报纸能够发行较长时间外，多数私人报刊缺乏办报经验及资源，发行时间很短，有些甚至当年创办，当年夭折。这种现象亦与阿马留总督采取强硬管治措施，严格控制舆论有关。然而，虽然形势严峻，但澳门报人在此阶段的坚持，积累了办报经验，为鸦片战争后的报业大规模发展建立了基础，创造了条件。再次，开始出现最初的私人报纸印刷行业，为后来澳港沪的印刷业发展培养了技术人才。

第二阶段，从1849年起至1911年辛亥革命时止，历时60多年。这一时期的最大特点是澳门报业走出澳门，从小小的澳门半岛发展到新开埠的香港和上海，并对该两地的报业发展产生重大影响。促成该时期澳门报业蓬勃发展的标志性事件就是鸦片战争后中英两国政府签订了不平等的《南京条约》，不仅割让香港，赔偿巨款，而且五口通商，大开门户，使澳门葡裔居民从19世纪中后期大规模向香港及上海等新的通商口岸迁徙。毫无疑问，这对于定居澳门三个世纪的澳门土生人来说具有划时代的意义。随着港沪两地葡人社区的形成，葡人创办的报刊在澳港沪三地开花。不仅澳门本土的报业迅速发展，而且葡人凭借在澳门创办报纸及开设印刷厂的经验在港沪两地创办了大量葡英文报刊，成为外国人在中国创办报刊的先锋，形成澳门报业史上罕见的繁荣景象。据不完全统计，该期间澳门葡人在本澳创办报刊19种，在香港创办报刊15种，在上海创办报刊9种，在福州创办报刊1种，在广州创办报刊1种，共45种。故可称该时期为澳门报业的发展期。

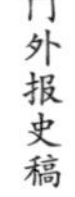

其实，文德泉神父对澳门19世纪的报业亦做过类似分期。他认为"19世纪澳门报业分为两个阶段：1822—1845和1863至该世纪末，中间有十八年的沉寂期将其分开"。①文德泉确定的第一阶段的时间起止点分别是1822年《中国蜜蜂报》的创刊和1845年《澳门土生代言者报》的停刊，而第二阶段的时间起止点则分别是1863年的《大西洋国》周报的创刊和19世纪末。显而易见，虽然这种分期方法缺乏连贯性，但亦是考虑到前面提到的澳门报业的发展特点。

第三阶段从1911年至中华人民共和国成立止。由于该时期政治形势的变化，特别是第二次世界大战的影响，面对外敌及战争带来的难民潮和物资匮乏，澳门社会内部的政治斗争相对稳定，政府和民众一致对外，共度时艰。在这种情况下，报纸作为党派斗争工具的作用逐渐削弱，战斗风格大不如前。对政

① P. Manuel Teixeira, *Imprensa Periódica Portuguesa no Extremo Oriente*, Instituto Cultural de Macau, 1965, p. 35-36.

府和教会的批评亦日渐式微。由于二战及连年的国内战争，难民大量涌入，物资极度短缺，经济的衰落影响到报业的发展。纸张质量粗劣，且经常断供，迫使报纸缩小版面，减少印张及发行量，甚至不得不停刊。日本特工的威胁亦使办报环境变得十分恶劣。尽管如此，澳门在此期间仍创办外报 40 种，同时中文报刊亦进入发展时期，此时中外报纸已经各占半边江山，在大多数情况下能相安无事，各自为自己的读者群服务，故可视为澳门报业发展的稳定期。

第四阶段从 1949 年起至 1999 年澳门回归时止，历时半个世纪。经过百多年的报业竞争，报纸和读者均十分成熟。优胜劣汰的结果使该时期报纸种类相对减少，但报纸的“春秋战国”时代结束，自律性及公民意识增强，开始尊重人权及个人隐私，19 世纪办报初期的人身攻击现象逐渐退出报坛。另外，形成拥有大量读者群的报业公司或集团。各报在市场中占有相对稳定的份额。从 20 世纪中期开始，以《华侨报》、《澳门日报》、《市民报》为代表的中文报纸开始主导报业市场，成为占澳门人口 95%以上的华人获取信息的主要平面媒体。由于市场份额大，发行量多，因而报价相对便宜，印张较大，版面较多。而以《澳门论坛报》（*Tribuna de Macau*）、《澳门报》（*Jornal de Macau*）、《今日澳门报》（*Macau Hoje*）、《句号报》（*Ponto Final*）等为代表的葡文报纸则仅为葡裔读者群服务。而且，由于近半个世纪的科学技术发展，报纸的编辑、排印、出版、发行以及传播手段有了很大改观，进入报业发展的现代化阶段，故可称为澳门报业发展的成熟期。

这种分期方法是否合理，还有待于学者讨论。但本项研究将依照此种分期方法进行，并且仅限于近代外报，不会涉及第四个阶段，因为该阶段已属于现代报业研究的范畴，无论是报纸的形式和内容，还是编采及印刷发行手段都与前三个阶段有很大不同，故可留待以后专门研究。

第一章　澳门外报产生的历史背景

一、19世纪的欧洲报业与澳门

翻开19世纪澳门的史册，展现在人们面前的是一幅幅混乱的画面。葡萄牙人在澳门定居后一个多世纪的黄金时期早已成为过眼烟云，而后的一个半世纪亦在惨淡中维持经营。18世纪末欧洲发生的变革对澳门半岛产生了重大的冲击，而19世纪远东的种种巨变也无不影响到小小的澳门半岛。然而，正是这乱世，催生出澳门外报，并且使之得到迅速发展。报纸的出现及其呐喊，使纷乱的社会更加浮躁，但也使社会变得更加五彩斑斓，并且在百家争鸣的气氛中探索着真理，推动社会不断向前发展。

近代报业的出现当由欧洲开其先河。由于澳门在历史上同葡萄牙长久的关系，在中国，近代报刊首先在澳门出现并不令人意外。在19世纪中期以前，澳门是中国唯一允许西方人士长期居留的两个商埠，同时也是中国同西方国家进行文化交流的唯一平台。华葡两族在澳门共同生活的三个世纪里，居澳葡人从来没有中断同宗主国的联系。随着西方工业的发展及社会形势的变化，特别是1783年葡萄牙加强了对澳门的控制，使其与欧洲的联系更加畅通，因而代表先进思想传播手段的报纸首先在澳门出现就不足为怪了。然而，欧洲报业的发展也并非一帆风顺，欧洲特别是葡萄牙报业发展的坎坷历程，当然也会对澳门报业产生深远影响。

欧洲近代报业的出现与两个因素有密切关系。一是德国人约翰内斯·古登柏格（Johannes Gutenberg）在15世纪发明活版金属铸模印刷技术①，为报纸的大量发行提供了技术上的可能；二是英国工业革命后，特别是法国大革命后形成的民主浪潮，为报纸的出现创造了良好的社会基础，报纸的出现成为历史发展之必然。这种可能性和必然性因素决定了欧洲报业从18世纪起一纸风行。正如《中国新闻事业通史》分析的那样：

> 日益发展的资本主义的商品经济，急剧增加的人际联系和信息交流活动，是它得以迅速发展的经济的和社会的基础；日益进步的造纸工业和印刷技术，是它得以大量发行的必要条件。②

到了19世纪，报纸的发展更呈现出燎原之势，并迅速传播到世界各地，特别是欧洲列强在世界各地的殖民地。而在远东，首先受其影响的，就是葡萄牙所管治下的印度果阿和中国的澳门。“外文报刊最先出现在澳门。葡萄牙人在澳门拥有充分的出版中文报刊的条件，可是他们对出版中文报刊并无多大兴趣。首先在澳门出版的是大量的葡文报刊。”③ 从某种意义上说，澳门近代报业的出现与发展，基本是与欧洲国家葡萄牙同步进行的。分析欧洲及葡萄牙报业的发展历程，无疑对研究澳门近代报业史有很大裨益。

（一）欧洲近代报业的兴起与发展

据作为研究生学习教材的《中国新闻事业通史》定义：“报纸或称新闻纸（Newspaper）是一种以报道新闻揭载评论为主，定期向公众发行的出版物。这种出版物，严格地说来，是在近

---

① 金属铸模印刷技术由德国人约翰内斯·古登柏格（Johannes Gutenberg）发明于15世纪，最初用于书籍印刷，从19世纪开始用于报纸印刷。

② 方汉奇主编：《中国新闻事业简史》，中国人民大学出版社1995年，第18页。

③ 方汉奇主编：《中国新闻事业简史》，中国人民大学出版社1995年，第185页。

代资本主义社会产生的。”[①] 报纸是一种载有各种信息向公众发行的散页出版物。在可以印制或复制的出版物出现后的数千年时间里，出版物都是由政府制作发行的。

人类最早的文字复制品是在西奈半岛和美索不达米亚发现的西元前 28 世纪用柱型印章拓印在蜡膏或胶泥上取得的。在同时期的中国，有一种“印纹陶”的陶器。这种陶器的特点是表面装饰各式各样由线条排列或交织而成的几何图案和花纹，然而这些图案和花纹，既不是描绘的，也不是刻画的，而是采用一种类似印版的印模拍印上去的。这种拍印技术，就是包括印刷术在内的复制转印术的最初形式，从而开印模复制术之先河。

在欧洲大陆，第一份公布消息的出版物是罗马皇帝奥古斯都于西元一世纪命令放到罗马公众讲坛上的《每日实录》(*Acta Diurna*)。该《每日实录》一般被固定在公共场所，公布各种军事、体育消息。而第一个刻在石板上的出版物是恺撒大帝 (Júlio César)[②] 于西元前 59 年命令制作的传递消息的物品。

西方一般认为第一份纸质出版物是公元 713 年（唐开元元年）在中国北京出现的手写宣传品。实际上就是指唐人记载中的“开元杂报”。唐代孙樵中进士来到京城长安，“得数十幅书，系日条事，不立首末”。[③] 并随意称其为“开元杂报”。许多学者认为这就是中国历史上记载的《邸报》，即进奏院状报。

虽然《邸报》不能同近代报纸同日而语，它只是传达朝政资讯、皇帝诏令和诸臣奏议的行政公文，但毕竟是具有传阅功能的纸质媒介物。1041 年，中国北宋时期的毕昇发明了活字印刷术，使出版物的印刷更为简便快捷。然而由于中国使用的是表意文字，需要的活字比欧洲多许多，从而使欧洲印刷技术的发展在后来逐渐超越了中国。

活版印刷术是中国发明的，并于 13 世纪前后经波斯传到西

① 方汉奇主编：《中国新闻事业简史》，中国人民大学出版社 1995 年，第 18 页。

② 即盖乌斯·尤利乌斯·恺撒，古罗马末期杰出的军事统帅、政治家。

③ （唐）孙樵著：《经纬集》卷三《读开元杂报》。

方，但西方后来的印刷技术则是沿着自己的道路发展的。1440年，在毕昇改进印刷术300年之后，德国人约翰内斯·古登伯格发展了金属活字印刷技术，用铅锑等金属合金制成字模，然后根据需要码在印版上，组成单词、句子、段落和文章。这种技术令使用拉丁文字的西方印刷业有了突破性的发展。

活版印刷迅速在莱茵河流域传播，很快遍及整个欧洲。从1452年至1470年，活版印刷术在法国、德国、意大利、西班牙等许多城市普及。10年后，在欧洲108个城市先后出现了印刷作坊，到了1500年，有印刷作坊的城市增加至226个。16世纪，印刷业尤其在高等教育发达的城市及商业中心迅猛发展。而从中世纪起商业活动十分繁忙的威尼斯在新闻业独占鳌头，然后是巴黎、里昂、法兰克福和比利时的安特卫普。

中世纪后期的欧洲，在资本主义较为发达的城市街道上已经出现载有文字的商业宣传品。西方报纸的名称之一“gazetta”（一般译为周报或钞报）便源于那个时期对外贸易发达的威尼斯。因为“gazetta”原是意大利的货币单位，而在街上载有商业消息的印刷品售价为每份一个“gazetta”单位。久而久之，人们就称报纸为“gazetta”。近代许多报纸更将“gazetta”一词作为自己的报名，特别是周刊。传教士郭实腊创办的《东西洋考每月统记传》也说：

> 在西方各国，有最奇之事，乃系新闻纸篇也。此样书纸乃先三百年初出于义打里亚国，因每张价是小铜钱一文，小钱一文西方语说“加西打”，故以新闻纸名为“加西打”，即因此意也。后各国照样成此篇纸，至今到处都有之，甚多也。①

中世纪印刷术的发展并未带动报纸的出现，作为能够自由发表言论的媒体，其出现还有待于社会政治环境的改变。因而，在古登伯格改进印刷术之后又过了一个半世纪，报纸才在欧洲出现。第一份定期出版的周刊 *Nieuwe Tijdinghen* 于1605年出

① 见《新闻纸略论》，载《东西洋考每月统记传》道光癸巳（1833年）十二月。

现在比利时的安特卫普[1]。接着，德文的第一份期刊《重大新闻事件记事报》[2]（*Relation aller fürnemmen und gedenckwürdigen Historien*）于1609年在斯特拉斯堡创刊，1615年，《法兰克福周报》（*Frankfurter Journal*）出版发行。

Num. 1
GAZETA
DE
LISBOA.
Com Privilegio de S. Magestade.
Terça feira 1 de Janeiro de 1743.
INTRODUCÇAM
As futuras noticias do presente Anno.

1743年的《里斯本周报》合订本

英国报纸的出现要略晚于欧洲。1621年，伦敦出现了第一张私人英文报纸《新闻报》（*The Corante*）。次年，英国、荷兰、德国等12家印刷作坊联合签署合作协定，决定相互交流新闻消息，首次出现了新闻媒体之间的合作。同年，纳撒尼尔·巴特勒（Nathaniel Butler）在伦敦创办了第一份英文周刊《每周新闻》（*Weekly News*）。从1638年起，该报成为第一个发布国际新闻消息的报纸。接着，法国人西奥弗拉斯特·雷诺（Théophraste Renaudot）[3] 于1631年5月30日在法国创办了《周报》（*La Gazette*）。1632年，在荷兰创刊的 *Courante uyt Italien ende Duytschlandt* 亦开始发布国际新闻消息，使媒体的报道范围跨越国境。在伊比利亚半岛的葡萄牙，第一份葡文报纸《里斯本周报》（*A Gazeta de Lisboa*）于1715年首先出现在葡萄牙首都里斯本。目前仍在发行的历史最悠久的报纸是瑞典于1645年开始发行的 *Post-och Inrikes*

① 安特卫普（*Antwerpen*）是比利时第二大城市，世界著名商港。安特卫普是世界著名石料及钻石加工及交易中心，人口约964,000。

② 又译作《通告——报道和新闻报》，葡文译作 *Relação de todas as notícias notáveis e rejubilantes*。

③ Théophraste Renaudot 是法国报人、医生及慈善家，1586年生于法国Loudun，是法国新闻业及报纸的创始人，于1653年去世。

Tidningar。该报发行至今已有 360 多年了。[①]

最初，报纸都是周刊、半月刊、月刊或者不定期发行，直到 1650 年才出现世界上第一份每日印刷的报纸，那就是在德国莱比锡创刊的《新闻汇集》(*Einkommende Zeitungen*)，从此出现日报。

Numb. 113.

The Pennsylvania Gazette.

Containing the freshest Advices Foreign and Domestick.

From Tuesday, January 5. to Tuesday, January 12. 1730-31.

1730 年 1 月的

《宾夕法尼亚周报》

在新大陆，第一份报纸出现在北美英属殖民地（即后来的美国）波士顿。1690 年出版了《大众新闻报》(*Publick Occurrences*)，但仅出一期即告夭折。从 1702 年至 1735 年，第一份英文日报《每日新闻报》(*Daily Courant*)，在北美发行，由萨缪尔·布克莱 (Samuel Buckley) 创办。1729 年，本杰明·富兰克林 (Benjamin Franklin) 的《宾夕法尼亚周报》(*Pennsylvania Gazette*) 创刊，这是第一份有广告收益的报纸。同年，西班牙文报纸《危地马拉周报》(*Gaceta de Guatemala*) 和《吉多文化成果》(*Las Primicias de la Cultura de Quito*) 发行，这是在拉丁美洲最早出现的报纸。拉丁美洲的第一份日报是 1743 年在秘鲁发行的西班牙文《利马报》(*Gaceta de Lima*)。

1728 年，在俄罗斯的彼得堡出现了《圣彼得堡新闻报》(*Санкт-Петербургские Ведомсти*)[②]，这应该是俄罗斯的第一份报纸，至今仍在发行，历史悠久。

---

① 据国外媒体报道，根据巴黎世界报业协会的纪录，全世界历史最悠久的印刷报纸——瑞典的 *Post-och Inrikes Tidningar* 从 2007 年 1 月 1 日起停止印刷版的发行，只保留网络版。该报于 1645 年由瑞典女王柯里斯蒂娜创建。不过，该报目前已经不是一份拥有大量订户的报纸，主要刊载一些公司、政府机构的新闻公报和声明，订户只有 1000 人左右。

② 英文译为 *St. Peterburg Vedomosti*。

18 至 19 世纪，各国的政治领袖都意识到报纸在发动民众方面的重要作用，从而利用报纸作为不同党派进行政治斗争的工具。在这一时期，最为出名的是 1785 年开始在伦敦发行的《泰晤士报》（*The Times*）。该报在创刊时的名称是《每日世界新闻记录报》（*The Daily Universal Register*），三年后改名为《泰晤士报》。

19 世纪，企业家亦发现报业所潜藏的巨大商业价值，因而对报业做出不同程度的投入，以便为他们的商业活动带来更大利润。自此，各种商业广告充斥报刊，并且延续至今。在美国，约瑟夫・布里泽（Joseph Pulitzer）和威廉・哈特（William Randolph Hearst）创办了大规模发行的报刊。1833 年创刊的《纽约太阳报》（*New York Sun*）是第一份大众型的报刊，因为其售价仅为一美分。在英国，发行量最大的是《卫报》（*The Guardian*），于 1821 年创刊，发行至今。在西方工业革命浪潮的影响下，东方的日本于 1871 年创办了《横滨每日新闻报》（*Yokohama Mainichi Shimbun*），从时间上看大大晚于澳门出现的《中国蜜蜂报》。然而目前日本却是世界上人均拥有报纸最多的国家。

在 19 世纪西方报业迅猛发展的同时，收集各种消息向报刊出售的商业机构应运而生，这就是后来的通讯社。1835 年 10 月 22 日，法国人查里（Charles-Louis Havas）创办了世界上第一家通讯社（Agence des Feuilles Politiques, Correspondance Générale），后来改名为法新社（Agence France-Presse）。1848 年，在美国同墨西哥战争期间，纽约报界联合组成了美联社（Associated Press）。1850 年，德国人保罗・朱利叶斯（Julius Reuter）创建了路透社（Reuters），次年路透社从德国迁往英国，后来跻身于世界四大通讯社行列。同年，美国的《纽约时报》（*The New York Times*）创刊，至今仍然是美国乃至世界最重要的报纸之一。

另一间重要的通讯社合众国际社（United Press International）于 1892 年创建。1915 年，为报道欧洲第一次世界大战战事，德国越洋通讯社（Transocean）创建。1949 年，德国三家通讯社合并组成德新社（Deutsche Presse-Agentur）。通讯社的出现大大节省了报社的资源，同时也丰富了报纸的消息来源，使千百年来人们梦寐以求的“秀才不出门，能知天下事”的理想真正变为现实。

1861 年的美国内战促进了报业技术的发展。战地文字和摄影记者的出现要求尽快把前线的消息发到报馆或者编辑部门所在地，因此电报传输新闻应运而生。同时，报纸出现了通栏大标题，以引起读者对战争等重大消息的注意。1871 年，英国曼彻斯特的《卫报》首先向普法战争的双方派出记者，从此在战火硝烟的战场上出现一批特殊的专业人员——战地记者。

1844 年莫尔斯（Samuel Morse）发明的电报使得新闻消息可以远距离进行传输。然而，电报传输业务直到 19 世纪后半叶成功铺设海底电缆后才得以迅速发展，真正把各大洲联系起来。1858 年，美联社第一次越洋将消息从美国经大西洋发至欧洲，1874 年，巴西同欧洲正式建立了电报传输系统。电报的使用，使各种新闻的传递更加方便快捷，提高了新闻的时效，使报纸越来越受到人们的欢迎。

在印刷技术方面，1847 年世界上第一台轮式印刷机在美国开始运转，大大提高了印刷速度。第二年，英国伦敦的《泰晤士报》发明了每小时可以印刷一万张报纸的轮式印刷机。1889 年，奥特·迈根泰勒（Otto Merganthaler）发明了莱诺排铸机，这一革命性的技术发明从根本上改变了传统的排版方法，极大地提高了工作效率。所有这些新技术的应用，为报纸的大规模发行创造了条件，报纸销量大增，商业效益可观。1880 年，照相技术开始应用于报纸等出版物，增强了新闻的视觉效果和可读性。德国是使用照片印刷画报的第一个国家。1973 年，开始使用电脑终端剪辑报纸，同时照相排版开始取代莱诺排铸技术。新技术的使用也使报馆分工细化，由单纯的文字编辑排印发展到采访、编辑、摄影、广告、美术设计、发行等多种分工的综合体。

（二）近代葡萄牙报业

葡萄牙的报业史可以追溯到17世纪初，于1626年出现的第一份新闻性的宣传品①。1641年出现一种月报，但主要是为了报道葡西战争的进展情况。② 该刊脱离原始印刷散发物的雏形，如传单、记录等，已经具有报纸的性质。然而，葡萄牙史学家公认的第一种近代意义的期刊是若昂四世时期的1715年在里斯本发行的《里斯本周报》（*Gazeta de Lisboa*）。该报由若瑟·马斯卡莱尼亚（José Mascarenhas）主编，每期6版，规格统一，出版定期，每期售价10分。该刊于1833年7月24日停刊，中间曾经中断一段时间。该报在报道1755年里斯本大地震灾情及城市重建方面发挥了重要作用。葡萄牙真正意义上的文学期刊也是1715年出现的。在葡萄牙报业始创之初，报纸多为发布消息传递新闻的纸介媒体，很少涉及敏感政治问题的争论。18世纪末以前，任何信仰上的分歧都不会在出版物上出现，更谈不上对王室或者教会进行批评。

GAZETA,
EMQVESE
RELATAM AS NOVAS
TODAS, QVE OVVE NESTA
CORTE, E QVE VIERAM DE
varias partes no mes de Nouem-
bro de 1641.

Com todas as licenças neceßarias.
E priuilegio Real.
EM LISBOA.
Na Officina de Lourenço de Anueres,

1641年葡萄牙出现的最早印刷报纸

到了18世纪末，情况发生很大变化。尽管在当时形势下葡

① 即由 Manuel Severim de Faria 于1626年在里斯本印制的有标题的无规律的纸质散发物 *Relação Universal*。

② 指葡萄牙布拉干萨王族于1640年12月1日发动的脱离西班牙菲利普统治的光复祖国的独立战争。至此，西班牙统治葡萄牙已有60年。

萄牙有严格的新闻出版检查制度，但法国 1789 年大革命后形成的自由民主思想还是渗透到了葡萄牙。在 18 至 19 世纪交替之际，葡萄牙出版的期刊中开始出现自由主义和极权主义两个派别。前者拥护社会及教会出现的深刻变革，而后者则鼓吹政治上的极权和宗教信仰的正统。1789 年出版的《信使报》（*Mercurio*）就坚决反对法国大革命，类似的还有《葡萄牙观察家报》（*Observador Portuguez*）等极右报刊。在自由派一方，则有 1811 年创刊的《葡萄牙研究者报》（*Investigador Portuguez*）和 1814 年创刊的《葡人报》（*Portuguez*）。然而，这两份葡文报刊在当时条件下还只能在英国伦敦出版发行，因为在国内的政治高压下仍不可能自由出版报纸，只能在海外躲避葡萄牙的新闻检查。在当时的伦敦，聚集了许多葡萄牙的自由派政治流亡者。

1820 年发生在波尔图的革命使新闻界受到极大鼓舞，暂时掌握政权的自由派人士创办的《政府日报》（*Diário do Governo*）便是在这种形势下于该年出现的。这些自由派报纸在初期主要反对极权主义，并不注重反对传统而保守的教会。然而，由于内战出现了两个不同的政治营垒，因此政治上的自由主义也就意味着信仰上的自由主义，反对天主教的思潮便日趋严重。这也是 19 世纪澳门许多民主自由派刊物围攻反对教会的原因之一。

到了 1823 年，葡萄牙的报刊几乎无一例外地卷入政治斗争，论战之激烈，气氛之火爆，前所未有。由加列特（Garrett）主编的《葡人报》领战群雄，该份宣传宪政的自由派报纸在论战中表现出极高的文学智慧。1827 年，终于在葡萄牙新闻界掀起反宗教的舆论宣传高潮，而保守派一方则极力反击，领军奋勇捍卫王室和教会传统权威的是若瑟·马塞多（José Agostinho de Macedo）神父主编的《强弩报》（*Besta Esfolada*），火药味颇浓。从 1829 年至 1833 年，又有一份教会报纸《耶稣会士日报》投入“保卫战”，然而在自由派取得胜利及米格尔王朝倒台后，他们全都败下阵来。

君主立宪派报纸从一开始就具有反宗教性质，在当时的思潮下，其他报纸也随声附和，形成强大的反宗教力量联盟。面对强大的攻势，教会一方的反应十分脆弱。他们本应站在教会的立场据理反击，从天主教的教义阐明他们一贯宣扬的“救世”精神。然而他们的大多数编辑都是没落的米格尔主义的追随者，期望王室能施加保护。因此，他们在论战中往往缺乏理智，使教会的反击太过政治化，反而被人们讥讽为王权的“卫道士”，从而成为逆潮流而行的“反动派”。然而，在整个欧洲民主大潮的冲击下，米格尔已经自顾不暇，如何能保护教会利益？最后结局是，米格尔不得不流亡海外，永世不得返回葡萄牙。在这种情况下，教会在论战中的彻底失败也就很自然了。

随着制宪派的胜利，一些保守派的报纸不得不退居海外继续负隅顽抗，其中最具代表性的，是流亡的米格尔的追随者创办的《半岛报》（*A Península*）。该报直到1872年仍在为天主教的极权主义进行辩解。而在另一方，从1840年至1892年，代表激进思想的主要报纸是《九月革命报》。

由于教会报纸得不到人们的支持，民间世俗报业开始迅猛发展，并且越来越表现出反宗教的精神和立场。这时的报纸已不仅仅是主张君主立宪，而是在宣扬民主共和了。民间舆论界强烈要求政教分离，主张宗教必须置于国家和法律的约束之下，并且按照阿吉亚尔（Aguiar）制订的所谓“教士杀手”法律[①]取缔天主教的不同组织。1910年的共和革命使这种态度更加强硬，舆论导向完全在崇尚自由民主的派别一边，从而导致几乎所有拥护君主制的报纸销声匿迹，一统天下的是反对宗教拥护共和的呼声。

通过以上分析，已不难看出为何在19世纪的澳门，许多民间报纸在批评政府的同时，敢于蔑视几个世纪以来一直使人敬畏的教会权威，甚至不择手段地对教会机构轮番展开批判和斗争，对教职人员进行讽刺打击，围攻谩骂，甚至导致人身攻击及人身伤害的事件发生，无所不用其极。

---

① 葡文为 Leis de “o Mata-frades”。

二、葡萄牙近代新闻出版制度

（一）王室和教会对言论自由的控制

研究澳门的早期外报，就不能不涉及到葡萄牙的新闻出版检查制度。葡萄牙的新闻出版检查制度历史悠久，在相当长的历史时期内严重限制并影响了社会及文化的发展，特别是阻碍了思想及文化的传播。这是因为葡萄牙是天主教保守势力的大本营，无论对社会还是王室都有着深刻的影响。这种影响的正面效果是促进了16世纪开始的海上大发现活动，使葡萄牙的里斯本代替了意大利的威尼斯成为通向世界的桥头堡。热衷于向全世界传播教义的欧洲天主教传教士纷纷聚集到里斯本，并从那里搭乘远赴东方的航船，义无反顾地奔赴亚洲各地传播基督福音。而其负面效应则是葡萄牙教会势力强大，对于幅员不大、人口不多的国家机器控制有加。正是因为如此，葡萄牙与法国大革命后的欧洲其他国家相比要保守得多，对新闻出版的控制也要严厉得多。

从费尔南多国王（D. Fernando）① 时代起，葡萄牙就在天主教会的影响下制定各种法律以限制言论自由。该国王曾致函教皇格利高里十一世（Gregório XI），请求建立教区言论检查机构。后来，这种审查权力扩展到文字出版物。从此，葡萄牙历届政权都十分重视这一控制思想传播的工具，延续数个世纪直到萨拉查的所谓“新国家”时期。虽然由于受到法国大革命的影响而使这种管制时紧时松，甚至不得不在名义上宣布废止新闻出版检查，然而在政治及社会形势纷乱的19世纪，葡萄牙王室对言论的控制始终没有放弃，在制定各种有关新闻出版自由法律的时候都格外小心谨慎，在大多数情况下都是限制有加。

---

① 费尔南多一世（D. Fernando I），葡国第九任国王，1345年10月31日生于里斯本，是葡萄牙佩德罗一世国王之子。费尔南多于1367年即位，于1383年10月22日去世。

纵观葡萄牙出现新闻出版印刷后的五个世纪里，有四个世纪都处在严格的新闻出版检查制度之下。与此同时，葡萄牙对新闻出版界的镇压迫害亦十分残酷，许多人都由于发表了与政府或者教会不相符合的言论而惨遭迫害，甚至被判监禁、流放或者死刑。

在正式报刊出现之前，对言论的控制主要体现在审查书籍等出版物上。14 世纪后半叶，应葡萄牙国王费尔南多一世的请求，教皇格利高里十一世同意在葡萄牙设立教区言论检查机构，由各教区主教具体负责。根据该种制度，约翰·维克莱夫（John Wycliffe）和杨·胡斯[①]（Jan Hus）的书籍首先在葡萄牙遭到王室查禁，并通过阿丰素五世（D. Afonso V）国王于 1451 年 8 月 18 日发布的命令将该书销毁。接着，曼努埃尔（D. Manuel）国王又对德国宗教改革运动的先锋路德[②]的思想传播进行镇压，教皇莱昂十世还为此于 1521 年 8 月 20 日正式致函曼努埃尔国王表达感谢之意。

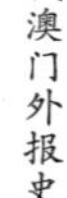

随着宗教裁判所在葡萄牙的设立，对言论自由的控制更加严密，因为在葡萄牙同时存在三种言论检查机构：宗教裁判所审查机构（Santo Ofício）、王室审查机构（Censura do Desembargo do Paço）和前面提到的教区普通审查机构。从此，这三个机构成为葡萄牙压制思想自由传播的三座大山。

在葡萄牙第一批经审查获批准印刷的出版物是包塔萨尔·迪亚斯（Baltasar Dias）和若昂·巴罗斯（João de Barros）的著作，后者仅仅是一部关于语法的学术性书籍。1540 年 11 月 2 日，枢机主教唐·恩里克（Cardeal D. Henrique）被国王若昂三世任命为裁判所大法官后，即命令对公私书肆出售书籍的种类进行检查，并禁止印刷任何未经预先审查的书籍。道明会由于该项措施而一直独揽书籍的再版与发行权利。直到 1598 年，裁判所总法官安东尼奥·马托斯·诺罗尼亚（D. António de Matos Noronha）才将该项特权分配给其他的天主教派别。

---

① 捷克人，中世纪的宗教改革者，后被教会处死。

② 德国神学家，中世纪的宗教改革者，发表大量言论抨击罗马天主教。

从 1547 年 7 月起，葡萄牙王室对印刷品的检查有所放松，但从此开始出现被禁书籍的黑名单。这种做法首先用于对进口书籍的控制。当宗教裁判所发现葡萄牙艺术学院的外国教师拥有一些禁书之后，对于书籍的监督和管制就变得更加严厉，并且扩展到海关，要求对所有进口的印刷物严加检查，以防他们认为“有害”的书籍或其他出版物流入国内。

1551 年 7 月 4 日，官方公布了另外一个禁书目录，该书单由比利时的神学专家所制定，而且第一次由葡萄牙的宗教裁判所印刷，并根据 1552 年 8 月 3 日的命令在全国广为散发。有关当局还到处张贴告示，要求所有拥有书单中所禁书籍者必须依时上缴，违者将受到严厉制裁。教皇保罗五世在限制言论自由方面以严厉著称，他在制定查禁书单时在许多方面都参照了葡萄牙的做法。

CATALOGO
DOS LIVROS QVE SE
prohibem nestes Regnos & Senhorios de
Portugal, por mandado do Illustrissimo
& Reuerendissimo Senhor Dom Iorge
Dalmeida Metropolytano Arcebispo de
Lisboa, Inquisidor Geral, &c.

Com outras cousas necessarias à materia da
prohibição dos Liuros.
Impresso em Lisboa per Antonio Ribeiro impressor
de sua Illustrissima & Reuerēdiss. Señoria. 1581.

1581 年里斯本宗教裁判所公布的禁书目录

1555 年，葡萄牙若昂三世（D. João III）国王在限制言论自由方面做出了极坏的榜样，他指使波尔图市政厅的地方法官对葡萄牙数学家本托·费尔南德斯（Bento Fernandes）在该年出版的《论运算技巧》这本纯自然科学的作品进行检查。1557 年，教皇保罗四世（Paulo IV）模仿罗维纳（Lovaina）大学和卡洛斯五世国王（Carlos V）的做法，命令设立罗马的查禁书目并于次年公布于众。科英布拉大主教若昂·苏亚雷斯（D. João Soares）在葡萄牙重申了该书目，并对拥有书目中所列书籍的违例者处以“自动退教”和“永世毁誉”的处罚。罗马教廷的严厉措施使整个欧洲掀起一股“文字狱”的迫害浪潮，许多出版商和知识分子受到株连，葡萄牙当然也不例外。

1561 年，道明会教士法兰西斯柯·佛雷洛（Francisco Foreiro）应罗马枢机主教恩里克（D. Henrique）的要求编制出

一部新的禁书目录，枢机主教还为该目录写了前言。该书目同以前相比不算太严厉，但仍要求对所有出版物进行预先检查。1561年10月21日，葡萄牙宗教裁判所大法官规定必须对所有外来船只从海上带来的印刷品进行检查。

宗教裁判大会当众处决异见者

葡萄牙国王唐·塞巴斯蒂安(D. Sebastião)对敢于违反言论审查制度的人亦制定了一系列十分严厉的惩罚措施。毫无疑问，葡萄牙的教士在协助国王制定法律方面发挥了十分重要的作用。由他们起草的十条戒律后来被全世界的天主教会所采纳，流毒甚广。

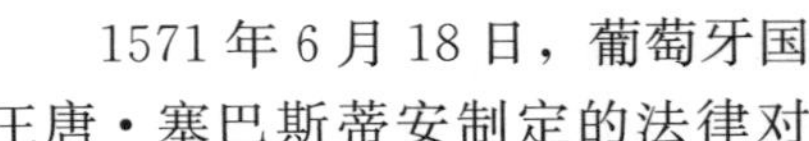

1571年6月18日，葡萄牙国王唐·塞巴斯蒂安制定的法律对葡萄牙新闻出版检查立法同样具有重要意义，规定对拥有禁书的人处以没收四分之一直至一半财产的处罚，情节严重者还要被流放到巴西或者非洲。最高处罚会导致死刑。1576年12月4日，又规定王室的检查是强制性的，即使通过了宗教裁判所或者教区的审查亦不例外。枢机主教恩里克去世后，宗教裁判所大法官唐·乔治（D. Jorge）还于1579年7月15日命令查禁书籍必须在宗教裁判大会上当众焚毁。这些规定使葡萄牙的出版业进入了最黑暗的时期。

宗教裁判所，又称异端裁判所，是西元1231年在罗马教皇格利高里九世授意下，由道明会（天主教托钵修会之一）设立的宗教法庭。该法庭负责侦查、审判和裁决天主教会认为是异端分子的人，有权对异见分子判处监禁或者死刑。在葡萄牙，宗教裁判所是根据1536年5月23的教廷命令设置的。最初设在王室所在地埃乌拉，并逐渐成为替王室服务的法院。从18世纪开始，宗教裁判所的势力逐渐衰弱，特别是庞巴尔[①]在执政期间一向仇视天主教的耶稣会，从而使宗教裁判所走上消亡的道路。1821 年，葡萄牙王室正式宣布取缔宗教裁判所。然而，据一些史学家研究认为，原始形态的宗教裁判机构通过新的宗教大会的形式在天主教内部依然存在，对内部异见者的处罚仍未见停止。

到了 18 世纪，报纸已经在欧洲各国出现并得到普及，因而对新闻出版的检查逐渐扩展到报业。1722 年 4 月 29 日，在葡萄牙新闻出版管制史上出现一个罕见特例，这在新闻出版管制最森严的时期是绝无仅有的。王室于该日颁布法令宣布取消任何检查，特别是取消了宗教裁判所的检查，而将此权限交给具有学术性质的皇家历史研究院（Real Academia de História）。作为学术性的机构，其对出版物的检查当然要理性得多。

随着自由体制的建立，以及宗教裁判所的消亡，教会对新闻言论的检查制度也自然不复存在。在指导政治取代宗教方面，可以说庞巴尔首相是葡萄牙新闻出版检查制度的第一个改革者。庞巴尔简化了对出版物和书籍的检查程序，把检查权限归于一个叫做皇家出版检查院的仲裁机构，并任命曼努埃尔·塞纳古罗（Manuel do Cenáculo）担任院长。正是曼努埃尔建议庞巴尔设立了葡萄牙国家图书馆，这也是出版物大量增多的结果。同时，他还放宽了对“异端行为”的检查尺度，仅针对“自由石工”（共济会）[②] 和耶稣会士，因为当时这些人被认为对王室

① 塞巴斯蒂昂·卡瓦略·梅洛（Sebastião José de Carvalho e Melo），人称庞巴尔侯爵。1699 年生于里斯本，1782 年殁于雷利亚，葡萄牙贵族及社会活动家。葡萄牙大地震后为里斯本城市重建贡献卓著。

② 共济会成立于 17 世纪的英国，英文字面之意为自由石工（Free-Mason），是 18 世纪欧洲的一种带有乌托邦性质及宗教色彩的秘密结社组织。作为世界上最庞大的地下组织，其总部设于伦敦市中心高芬园，宣扬博爱思想以及美德精神。追寻人类生存意义，号召建立和平理想的国家。世界许多著名人士都是共济会成员，包括孟德斯鸠、歌德、海顿、乔治·华盛顿、马克·吐温、丘吉尔等。共济会起源于西元前 4000 年，这一年被共济会称为光明之年。近代共济会正式出现的最早记载在 1717 年的英国。近代共济会摆脱了石工团体的实践性质，成为思想性的石工，亦即投身社会改革的政治团体。

具有威胁性。实际上，若瑟一世王朝最为关心的是消除对绝对王权的任何干预，他把这种权力视为是至高无上的，上帝赐给的，绝对独立的，因而对共济会一类的秘密结社组织和保守封闭的耶稣会十分警惕。

1768年4月5日，王室又稍稍收紧新闻出版控制政策，对一些所谓的有害书籍进行检查，但主要是对王权统治造成影响的政治方面的印刷品。在这种环境下，虽然1768年5月18日的皇家出版检查院制度仍然规定了对书店、图书馆和印刷厂以及报馆的检查，被禁止的包括宣扬迷信和政治异端的印刷品，但此时一些新教徒的著作在态度审慎的罗马天主教国家已经被接受。以前被认为宣传异端学说的胡果·格劳秀斯（Hugo Grotius）①、萨穆尔（Samuel Pufendorf）②、让·巴贝拉克（Jean Barbeyrac）等人的著作也可以出版了。总体而言，这时欧洲思想界的气氛趋于宽松。被法国人称为“法兰西思想之父”的伏尔泰在宣传他的启蒙思想的时候，也曾有被流放的危险，但最终由于道明会修士弗朗西斯克·本托（Francisco de São Bento）认为新闻出版检查不应该涉及历史等著作而没有成为事实。

1787年6月21日，葡女王玛丽亚一世（Dona Maria I）颁布法令用书籍审查委员会（Mesa da Comissão Geral sobre o Exame e Censura dos Livros）取代皇家出版检查院（Real Mesa Censória），并且请求教皇皮奥六世（Pio VI）赋予该机构对葡萄牙帝国全境的出版著作进行审查的权力。1793年12月17日，曾一度恢复皇家出版检查院的做法，区别是将审查权分散到教皇、王室和教区，使宗教裁判所的影响东山再起，重新扩展到葡萄牙各个地区。然而，毕竟时代不同了，一些报纸如1808年创刊的《巴西邮报》（*Correio Brasiliense*）、1811年创刊的《葡萄牙研究者》

① 胡果·格劳秀斯（1583—1645），出生于荷兰，是国际法的鼻祖，也是基督教护教学者。格劳秀斯的贡献主要是在法律方面，特别是海洋法与国际合作方面。他主张公海是可以自由航行的，为荷兰突破西班牙和英国对海权的垄断提供理论基础。他的法律基础是自然法。

② 萨穆尔（1632—1694），德国法学家。1684年变为贵族后改名为Samuel von Pufendorf。1694年逝世前几个月被封为男爵。

(*Investigador Português*) 和《葡萄牙冠军》(*Campeão Português*) 在此期间还是得以逃避官方审查而出版。在拿破仑大举入侵伊比利亚半岛的半岛战争时期①，法国占领者亦制定了与当时法国法律相似的严厉的新闻出版检查制度，但一些地下刊物仍秘密发行。特别是旅居伦敦的葡萄牙政治流亡者在当地葡商的支持下出版了大量文学刊物。他们翻译出版了许多反映自由主义思想的作品，如约翰·卢克（John Locke）、亚当·史密斯（Adam Smith）以及本杰明·富兰克林（Benjamin Franklin）等人的作品，并且创办了十几种报刊。

1820 年在波尔图发生的革命对葡萄牙的历史产生深远影响，并由此导致了巴西的独立。波尔图的商人对 1808 年颁布的"向友好国家开放港口"的王室法令②极度不满，根据该项法律，将国家的部分重要经济活动转移到巴西，因而损害到葡萄牙商人的利益。同时，军队对王室拖欠军饷也一直愤懑不已。商人和军人的不满情绪激发了这场革命。这一年的 8 月 24 日，由波尔图的陆军上校塞巴斯蒂昂·布里托·卡布拉尔（Sebastião de Brito Cabral）发动军事政变，并在毫无抵抗的情况下迅速蔓延到里斯本及全国各地，受到社会各界的同情和支持，甚至包括教士、贵族等阶层。这场革命甚至影响到葡萄牙的海外殖民地。除了巴西因此而宣布独立外，东方的果阿和澳门亦出现立宪派和保守派的激烈斗争，促成了澳门巴波沙中校发动政变夺取了政权。在这个意义上，1822 年在澳门发生的政变及《中国蜜蜂报》的出现与葡萄牙波尔图的这场革命不无关系。

里斯本和波尔图两个城市建立起临时军政委员会管理国家，

---

① 所谓半岛战争指 19 世纪初期发生在伊比利亚半岛的欧洲局部战争，参与战争的有葡萄牙、西班牙、英国、法国等国家。这场战争在欧洲反响巨大，并且推动了拉丁美洲的独立运动。

② 即《友好国家港口开放法令》(*Decreto de Abertura dos Portos às Nações Amigas*)，由当时在葡萄牙摄政的唐若昂王子（D. João）于 1808 年 1 月 28 日抵达巴西萨尔瓦多时颁布。当时正值伊比利亚半岛战争时期，在法国大军兵临城下的情况下，葡萄牙王室被迫迁往巴西。根据该项法令，巴西所有港口向葡萄牙友好的国家开放，英国便由此得到极大好处。该项法令实际上终止了欧洲国家早前签署的殖民地条约。

并且取代了暂时替葡萄牙王室管理国家的英国元帅洛德（Lord Beresford）① 的管理委员会。洛德当时刚刚从巴西返回葡国，然而面对这种形势迟迟不得登岸。政变者向葡萄牙国王提出以下要求：王室立即迁回葡萄牙，恢复宗主国的尊严；在葡萄牙建立君主立宪制；恢复对巴西贸易的专营权，重新执行殖民地条约②规定的条款；等等。

临时军政委员会立即召集全国制宪特别会议，以制定一部葡萄牙宪法。这场革命运动的结果导致王室从巴西回到葡萄牙，仅留下佩德罗一世在巴西摄政。然而由于该场革命的目标之一是恢复葡萄牙对巴西的经济贸易垄断权，这种做法无疑会损害移居巴西的葡人利益。巴西的离心倾向越来越严重，逐渐增强的压力迫使留在巴西的佩德罗一世王子于 1822 年宣布巴西独立，正式脱离葡萄牙王室的统治。

在愈演愈烈的自由民主思想的压力下，1821 年 3 月 31 日颁布的法令宣布正式取消在葡萄牙存在了几个世纪的宗教裁判所，认为其已经不符合宪法规定的基本原则。1822 年，葡萄牙宪法正式规定了新闻出版自由，至此，思想可以自由传播。虽然该法令规定在法律允许的形式下可以对滥用自由进行惩处，但已无须事先接受新闻检查。教会的情况有所不同，但也仅限于涉及教会的内部言论，对世俗的干涉能力已大大削弱。在政府方面则承诺会协助主教对违反教会言论规定的人进行惩处。

（二）时松时紧的新闻出版检查制度

宗教裁判所的彻底消亡为葡萄牙带来人们盼望已久的自由空

---

① 洛德（Lord Beresford），英国元帅。伊比利亚半岛战争期间参与指挥葡萄牙军队。在葡萄牙王室被迫迁往巴西期间，代理管理葡萄牙国家。

② 《殖民地条约》（*Pacto Colonial*）是欧洲国家共同签署的关于美洲殖民地贸易的条约，以便垄断各殖民地利润极高的原料生产和出口。条约规定各殖民地仅能同其宗主国进行贸易，这样一来，宗主国可以贱买贵卖，以极低的价格购买欧洲不能生产的产品。条约对殖民地的生产也做了限制，只能生产宗主国不能生产的产品。17 世纪荷兰的西印度公司和葡萄牙的马拉尼昂公司等垄断性商业公司就是在这样的理念下成立的。

气，然而，这一自由开放的时间非常短暂，一年后又恢复了新闻出版检查制度。1823 年 11 月 13 日，由于担忧国外新闻出版物宣传的革命激进思想会影响到本国，葡萄牙国王若昂六世宣布国外刊物须经王室检查后方能入境。这一措施引起知识分子的极大不满和反对，以阿尔梅达·加列特（Almeida Garrett）、亚历山德列·埃尔古兰诺（Alexandre Herculano）和若瑟·马加良斯（José Estêvão de Magalhães）为代表的一批知识分子强烈反对该项法令，并称其为“瓶塞法律”。毫无疑问，该法律也影响到远在东方的澳门，使恢复权力的保守派对《中国蜜蜂报》大举镇压。

1826 年的葡萄牙宪章再次提出要摒弃新闻检查，在其第 145 条中指出：“所有的人都可以通过语言及文字表达思想，并且通过印刷出版发行，无须接受新闻出版检查。”同时又指出“在根据法律规定的内容和形式行使该种权利的时候，必须对滥用权利的情况负责”。然而，政府很快就采取了更为严厉的新闻出版管制措施。1826 年 9 月 23 日，政府首脑弗朗西斯科·莫拉托（Francisco Manuel Trigoso de Aragão Morato）设立一个“宣传品及文字期刊审查委员会”。也正是这个时候，《果阿周报》和《澳门周报》相继停刊。1828 年 8 月 16 日，该委员会解散，将审查权限重新交回王室审查机构。

在葡萄牙君主立宪的体制下，担任法务大臣的若阿金·阿吉亚尔（Joaquim António de Aguiar）① 于 1834 年 12 月 22 日颁布法令取缔新闻出版检查，但仍然保留了关于滥用新闻出版自由损害罗马天主教和国家利益、有伤风化及对他人实施人身攻击的规定，并提出相应的惩处办法。

---

① 若阿金·阿吉亚尔（Joaquim António de Aguiar），1792 年 8 月 24 日生于科因布拉，1884 年 5 月 26 日殁于里斯本。葡萄牙君主立宪时期的政治家，宪章运动的主要领导人。曾三次担任葡萄牙政府首脑（1841 至 1842 年、1860 年和 1865 至 1868 年，其中最后一次是同进步党共同执政，称为联合政府）。此前，曾任内阁其他官职，特别是担任佩德罗摄政时期的法务大臣，颁布一系列对教会极其不利的法律，其中最重要的是 1834 年 5 月 30 日的法律规定取缔“所有修道院、学校、住院以及所有教派的其他任何设施机构”。同时将其所有财产没收充公。由于该法律的反宗教精神而被人称为“教士杀手法律”。

1840 年 2 月 3 日，印刷行业的东主向议会投诉当局不问青红皂白任意闯进工作场所，肆无忌惮地毁坏印刷设备。同年 8 月 11 日至 12 日，在里斯本亦发生几起骚乱事件。面对该种局势，玛丽娅二世宣布“暂时”收回给予民众自由的承诺，包括新闻出版自由。科斯塔·卡布拉尔（Costa Cabral）于 10 月 19 日制定的法律强制报刊出版人必须具保并接受“人品考察”后，被证明是“诚实可靠”的人时才能出版报纸。

在澳门，受到葡萄牙国内形势的影响，对新闻自由的开放亦出现前后矛盾的情况。一开始，“市政厅决定撤销出版物的监察和审查人员，宣布免除对新闻进行审查，仅令其置于 1837 年 11 月 10 日法律的规范之下。政府委员会亦采取了相同措施”。[①] 然而，到了 1844 年，又加强了对新闻出版的限制。据施白蒂说：“1844 年（彼亚度总督执政时期）恢复新闻出版检查制度，并一直保持至该世纪末。”[②] 从 1845 年 9 月 2 日《澳门土生代言人报》（*Procurador dos Macaistas*）停刊至 1863 年 10 月 8 日《大西洋国》（*Ta-Ssi-Yang-Kuo*）创刊的 18 年间在澳门无任何民间报纸出现，仅有《政府公报》填补该空白。在此期间，刚上任不久的总督阿马留在疯狂扩张领土的同时，更加严厉控制报纸的发行，迫使报人另寻发展之地。1852 年在广州出现的商业性报纸《真理和自由》（*Verdade e Liberdade*）就是在这种情况下发行的。另有更多的报纸迁往香港出版，如《人民回声报》（*Echo do Povo*）。在上海，则有 1888 年开始发行的《进步报》（*O Progresso*），这些报纸均为澳门境外出版发行的葡文报刊，以满足大量在那里定居的葡裔居民的需要。

澳门政府 1844 年的措施至 1910 年葡萄牙建立共和国后遭废除，前后执行了差不多 60 多年，但其间也并非全无变化。毕竟新闻出版自由已在欧洲成为人们的共识，而有关新闻出版自

---

① Beatriz Basto da Silva，*Cronologia de Macau*，*Século XVIII*，DSEJ，1842 年 8 月 11 日条，p. 108.

② Beatriz Basto da Silva，*Cronologia de Macau*，*Século XVIII*，DSEJ，1842 年 8 月 11 日条，p. 108.

由的法律也早已存在。虽然葡萄牙政局混乱，每个新上台的人不管是王室旧臣还是军人，都不能否认新闻出版自由的基本原则，只是在具体操作上做不同程度的限制，新闻出版自由的尺度亦会因为政局的需要而时紧时松。

萨安东公爵

比如葡萄牙于1850年8月3日公布另一个法律，承诺正式恢复新闻出版自由。然而舆论并不认为该法律符合宪章精神，尤其是该法律坚持规定许多严厉的惩罚条款，从而限制了作家和记者的创作自由。当时反对该法律的主要知识分子有亚历山德列·埃尔古兰诺（Alexandre Herculano）、阿尔梅达·加列特（Almeida Garrett）、安东尼奥·门东萨（António Pedro Lopes de Mendonça）、若瑟·马加良斯（José Estêvão de Magalhães）、拉丁诺·科埃略（Latino Coelho）等人。这种情况当然也会影响到澳门，对新闻出版的严厉控制依然如故。表面上不禁止办报，但规定了十分苛刻的条件，比如要缴付担保及作出各种保证和承诺。

后来，具有民主开放思想的萨安东公爵取得了政权。他重新领导政府，不久即宣布废除附加各种条件的"瓶塞法律"，从而使新闻出版界进入了前所未有的自由开放时期。1866年5月17日的法律全面取消了对报刊的任何担保要求和限制。这就是为什么从1868年起澳门具有独立思想的民间报纸又开始出现的原因，其中具有代表性的就是1867年8月创刊发行的澳门《独立报》和1869年10月10日出版的政治性周刊《东方报》。同时，飞南第家族也开办了澳门第一家商业性质的印字馆，专门从事为新闻出版服务的印刷工作。

到了若昂·佛朗哥（João Franco）统治时期，对新闻的控制再次严厉。该时期对新闻出版自由的第一次镇压是关闭了里

斯本的民主论坛[1]。该论坛原准备安排十次讲座。前五次顺利举行。就在第六次讲座即将开始的时候，人们赫然发现政府当局贴出公告宣布该活动为非法。当讲座主要发言人萨利文·萨拉加（Salomão Saraga）[2] 准备上台发表批评教会的演说时，演讲厅被当局封锁。当时在该场所经常发表演说的著名知识分子还有安泰罗·金达尔（Antero de Quental）、奥古斯托·索罗梅尼奥（Augusto Soromenho）、埃萨·格洛斯（Eça de Queirós）和阿道夫·科埃略（Adolfo Coelho）等人。事件引起巨大反响，引致 50 多名知识分子联名向政府提出抗议，安泰罗·金达尔和雅伊梅·列斯（Jaime Batalha Reis）还呼吁宣布封闭行为非法。

1890 年 3 月 29 日，又一项独裁法律规定要对报刊的出版者采取严厉的惩罚措施，包括累犯时要遭封闭。1896 年 2 月 13 日，海因兹·里贝罗（Hintze Ribeiro）[3] 政府甚至采取一项极其可笑的措施。根据该项措施，新闻检查制度是没有了，但警察可以任意查封批评王室机构的报刊。直到 1898 年 7 月 7 日另一项法律公布，才使得新闻出版业的环境稍微宽松。三个月后，该法令才传到澳门公布执行。“1898 年 10 月 8 日：海外总署于该日在澳门政府公报第 41 期公布关于新闻出版自由的调整法例”。[4]

---

① 里斯本民主论坛指 1871 年春天在里斯本举办的一系列讲座，该活动的发起人是诗人安泰罗·金达尔（Antero de Quental）。他在法国无政府主义者蒲鲁东（Proudhon）革命思想的影响下公开举办论坛活动，宣传民主自由思想。参加这些活动的知识团体被当时的人们称为“70 年代人”。这个团体的成员主要是作家以及年轻前卫的知识分子。

② 萨利文·萨拉加（Salomão Saraga），出生于富裕犹太家庭。在移居巴黎学习希伯来语期间结识了雷南（E. Renan）。1877 年创办了期刊《两个世界》（*Os Dois Mundos*），在葡国和巴西广为发行。该刊曾得到许多著名葡萄牙作家的支持，包括埃萨、安泰罗、巴托（Bulhão Pato）、戈麦斯（Gomes Leal）、拉马略（Ramalho）等人。

③ 海因兹·里贝罗（Hintze Ribeiro，1849—1907），葡萄牙君主立宪后期重要政治人物，复兴党领袖，曾任制宪政府首相。

④ Beatriz Basto da Silva, *Cronologia de Macau*, *Século XVIII*, DSEJ, p. 357.

然而，1907年6月20日，由于若昂·佛朗哥（João Franco）①的政变，任何对公共安全和秩序造成损害的文字、图画或消息均被禁止。各地长官可以命令查封违反规定的报刊。当曼努埃尔二世继位后，该项法令即被宣布废止。然而，对报业的镇压并未停止，每个刑事法院都设立了“黑色办公室”，专门监督各地出版的报纸期刊，以便禁止对政府的任何批评。

从上面的分析可以看出，葡萄牙的新闻出版检查制度由来已久，而且在长达一个世纪的民主思潮兴起的时期反反复复，时紧时松，反映了保守势力始终不愿自动退出历史舞台。这种特点当然也在19世纪澳门报业发展的过程中表现出来。其中最重要的特点就是在长达数十年的时间里，澳门报纸种类繁多，五花八门，不断涌现。虽然一般寿命较短，但有一种“野火烧不尽”的感觉。

从1910年10月5日起，随着葡萄牙共和国的建立，新的新闻法案很快出笼。1910年10月28日颁布的新闻出版法第13条规定重建言论自由，不得阻碍对政府行为及任何政治和宗教理论学说的批评。面对新制度建立的种种困难，新的共和政权又于1912年7月9日公布了一系列由司法、行政、警察当局查封出版物的情况及措施，但指出该种查封须对各种情况作出裁决后才能进行。根据该项法律，涉及色情道德、辱骂政府、妨碍国家安全的文字被禁止。在这种情况下，数十种反对共和制度的报刊被查封，包括保皇党、天主教以及一些工会、无政府主义的刊物，其发行人或遭逮捕，或被流放。

由于第一次世界大战爆发，德国于1916年3月9日对葡萄牙宣战。于是葡国政府于同年3月12日颁布法令再次设立新闻出版检查制度，宣布对所有损害国家安全或者鼓吹反战的文件予以查封。新闻出版检查由陆军部具体实施。由于该法实际上

① 若昂·佛朗哥（João Ferreira Franco Pinto Castelo Branco，1855—1929），葡萄牙君主立宪后期的政治铁腕人物。葡萄牙丰登（Fundão）地区人，科英布拉大学法律系毕业。曾任司法官员等多种职务。1884年被选为议员，很快便达到政治巅峰，领导葡萄牙内阁。

与宪法精神相抵触，因而一直被认为是特殊情况下的临时措施。士多鸟拜斯（Sidónio Pais）[①] 发动政变的部分理由就是利用了民众对新闻出版检查制度的不满情绪。当时报纸采用了后来十分流行的开天窗办法，在报纸上留出空白，让读者知道有关消息被禁止发布。然而，由于欧洲战事，士多鸟拜斯上台后不仅没有停止新闻出版检查，反而采取更加严厉的镇压措施，这种情况一直延续到第一次大战结束。

1926 年 5 月 28 日戈麦斯·科斯塔（Gomes da Costa）发动军事政变，并颁布 1926 年 7 月 5 日法令，承诺确保思想自由，免于任何新闻出版检查或者担保。虽然他也坚持规定禁止诋毁共和政体及任何破坏公共秩序的行为，但毕竟表面上还承认给予有限的自由。然而，没过几天，又为了终止共和国的宪法承诺而采取一项过渡措施。1926 年 6 月 22 日，宣布成立一个新闻出版检查委员会，于 7 月 29 日开始对各种出版物重新进行预先检查。新的军人执政者颁布的新闻出版法基本上重申了第一共和国新闻出版法第 13 条的规定，允许对法律和政治学说及政府行为进行批评和讨论，但附加的条件是该批评必须是以“明确而有准备的舆论帮助（政府）进行必要的改善”为目的。新闻出版检查委员会的要求十分苛刻：所有报纸期刊必须将每期的四份报样送新闻出版检查委员会存档；对于报纸上由于新闻出版检查而被删去的地方不准留空白（俗称“开天窗”）。这一措施引起报纸行业，特别是编辑人员的极大不满。1933 年，这一新的新闻出版检查措施被正式写入宪法。

萨拉查的新国家时期从来没有明确的新闻出版检查政策，而且回避该问题，很少将其拿到议会上去讨论。1927 年 5 月 27 日，修改的文学产权法曾企图保障文学作品的出版自由，完全摆脱新闻出版检查。1926 年 9 月 3 日的法令曾将新闻自由的理

---

① 士多鸟拜斯（Sidónio Cardoso da Silva Pais）葡萄牙共和国第四任总统，由于出身炮兵军官，执政手法强硬，甚至不通过国会就可以任意修改法律，被称为“国王总统”。他精通数学，曾在科英布拉大学教授微积分。1917 年 12 月 5 日发动政变，宣布为共和国总统，到次年 5 月 9 日举行普选后才合法化。

念扩展到海外殖民地，但仍须遵循宗主国制定的同一原则。这一原则体现在1927年6月27日颁布的法令中。1933年4月11日在公布新宪法的同时也颁布了第22469号法令，允许新闻出版自由。新宪法的第8条第4款规定“允许任何形式的思想自由”，在第20条中亦谈到将制定特别法律以“规范思想自由的实施”。然而，在开放自由的尺度上仍有些保留。显而易见，政府认为真实、公正及道德的原则更加重要，因而需要保留。第22469号法令亦明确规定要对所有出版的报刊设立预先检查，包括“各种传单、小册子、海报以及所有涉及政治及社会事务的任何出版物”。

1936年5月14日，萨拉查政权再次对报纸创办作了法律上的规范，同时禁止政府在一些报纸上刊登广告，以免形成政府对敌对报纸的财政支持。另外，还规定葡萄牙政府不能接受或者同意不符合政府规定的任何出版物进入该国家。

同年11月，葡萄牙政府通过了《新闻出版检查机构章程》，但并没有在政府公报上公布。该章程规定创办任何报纸或杂志必须得到该机构的同意。早在第一共和国时期，报纸上被新闻出版检查制度禁止刊登文章的版面就出现了“开天窗”的情况，使读者知道该报纸受到了检查。其实这是对新闻出版检查制度的一种无声抗议，同时还可以煽动群众的不满情绪。这种办法也被19世纪澳门的一些报纸所采用。到了新国家时期，萨拉查政权采取一切办法避免该种情况的出现，强制要求所有报纸在付印出版之前的几个小时内，把被删除的文章或者段落所空出来的位置重新排版填满。这在当时的技术条件下十分困难。浇铸的印版已经制好，重新调整费时费力，大大增加了报纸的成本。有些报刊仅仅因为这一做法而不得不停刊或者面临倒闭破产，更多的报刊则在困境中勉强维持。同时，新闻出版检查委员会对敢于违反规定的报刊当然会严加处罚。1944年，新闻出版检查委员会隶属于国家新闻总署（Secretariado Nacional de Informação），因而也就处于独裁者萨拉查本人的直接监督之下。

从此，各地区用“蓝笔”[①] 武装起来的新闻出版检查人员对报刊中认为不适宜的文章和内容大开杀戒。他们除了接受上司统一命令对一些敏感的问题严加防范外，还自行决定检查范围。因此，不同地区在检查尺度上自然会有很大差异，于是就出现了不平衡的情况。有些地方相对比较宽松，有些地方就镇压得十分严厉。造成这种情况的主要原因是各地检查人员的知识水准良莠不齐，十分混乱，有些人很快就能识别出版物中任何政治上“有危害的内容”，而有的人则对明显有严重颠覆倾向的文章也轻易放过。

书籍不在新闻出版检查管制之列，但很有可能在出版之后被查封。国家安全部门曾多次采取此类行动，派人到各书店进行检查。与此同时，邮局也可以控制书籍的流通。图书馆和档案馆的主管机构也会限制读者接触某些文献读物，比如不允许阅读巴萨因战争[②]（1732—1739）之后的任何有关葡属印度的文献资料，图书馆的索引目录也不能随便向读者公开。

（三）葡萄牙新闻出版检查制度的影响

葡萄牙的新闻出版检查制度在大多数情况下限制了人们自由思想的表达，并由此而造成文字狱。《东西洋考每月统记传》也说：

> 后则各国人人自可告官而能得准印新闻纸，但间有要先送官看各张所载何意，不准理论百官之政事。又有的不须如此，各可随自意论诸事，但不犯

① 葡萄牙规定新闻出版检查人员使用蓝色笔对被检查的文章进行修改或删减，后来人们就将“蓝笔”等同于葡萄牙的新闻出版检查制度。

② 指18世纪发生在葡属印度令葡国王室丢脸的一场战争。1732年，若昂五世国王任命佩德罗·马斯加莱尼亚斯伯爵（Pedro Mascarenhas）担任葡属印度总督。该伯爵上任时已有62岁，不仅年迈，而且十分无能。在他管理印度的8年时间里，灾难不断。最令葡王室心痛的是他连连失去葡属领地，其中包括最为重要的北部领地巴萨因（Baçaim），另外还有特拉波尔（Trapôr）和卡兰加（Karanjá）等岛屿，仅剩下达曼和第乌两小块地方。由于涉及王室丑闻及用人不当，故对巴萨因战事及其陷落的任何消息进行封锁。

律法之事也。[①]

葡萄牙著名诗人贾梅士（Luís de Camões）的《葡国魂》（又译为《卢济塔尼亚人之歌》）就曾接受设在圣多明格斯修道院的宗教裁判所一字一句的审查。当今天人们称赞葡萄牙这部最伟大的史诗的时候，很少有人知道他亦曾遭冷遇、检查的命运。这可能是葡萄牙最早接受新闻检查的文学作品之一，在葡萄牙文学史上开了极不光彩的先例。

1567 年 7 月 25 日，达米杨·戈伊斯（Damião de Góis）将要出版他的著作《幸福国王曼努埃尔传》第四部分，然而五年过去了，他的书仍没有出版，原因就是受到新闻出版检查的限制。在当时情况下，如果作品的作者和检查者之间有什么过节或者恩怨的话，有关作品想要通过检查就比登天还难，也就是说，检查人员滥用权力的现象十分严重。1665 年至 1667 年间，安东尼奥·维埃拉神父（Padre António Vieira）由于在著作中公开为新教徒辩护，并且批评裁判所道明会神职人员的所作所为而遭到逮捕。

在葡萄牙因新闻出版检查制度而发生的最严重事件，就是绰号为“犹大”的安东尼奥·若瑟·席尔瓦（António José da Silva）于 1726 年同母亲一起被逮捕，并遭到裁判所的残酷虐待。1737 年，他再次同母亲、妻子和女儿一同被捕，他本人被送上里斯本打谷场的宗教裁判大会断头台被处以死刑，然后焚尸街头。其母亲和妻子亦被活活烧死。在葡萄牙最后一名被宗教审判大会判处死刑的人是弗朗西斯克·奥利维拉骑士（Francisco Xavier de Oliveira）。他于 1761 年 8 月 18 日被判处死刑，但幸运的是他最终能够幸免于难，得以逃到荷兰避难，但教会方面还是把他的模拟像当众焚烧，以便对异见者产生震慑力。弗朗西斯克·奥利维拉的著作亦被查封没收。

在新国家时期，曾发生过著名的“三个马利亚”诉讼案。葡萄牙女作家马利亚·科斯塔（Maria Velho da Costa）、马利亚·特莱萨（Maria Teresa Horta）和马利亚·巴莱托（Maria

① 见《新闻纸略论》，载《东西洋考每月统记传》道光癸巳（1833 年）十二月。

Isabel Barreto）三人由于被迫卷入一宗诉讼而引起轰动，因为这三位女性联合出版了《葡萄牙新书简》（*Novas Cartas Portuguesas*）。该作品被指控为内容涉及色情和伤风败俗，道德低下。然而，这些内容在今天看来是完全可以接受的，因为这些作品具有高度的思想性，大胆地批判了葡萄牙传统的封建家长制，揭露了社会的黑暗面，生动地描绘了葡萄牙妇女的卑贱地位及她们在封建制度下的悲惨遭遇。语言辛辣尖刻，批判性强。

毫无疑问，残酷的政治迫害使知识分子人人自危，作家不敢就某些题材进行写作，记者也不敢就某些题材进行采访。因为他们不知道著作是否会在检查中获得通过，也不知道在出版后是否会被查封。对于新闻记者及报人来说，禁忌更多，他们一直是新闻检查制度的最大受害者，因为他们在从事新闻报道工作的时候顾虑重重，时时要做“自我检查”。他们往往会由于在报道中的一句话没有考虑周到，或者提法不妥而使印好的整批报纸无法发行，并因此而为经济或者政治上的损失承担责任。即使是不问政治的报刊编辑也如惊弓之鸟，在撰稿编辑时如履薄冰，分外小心。作家兼记者费雷拉·卡斯特罗（Ferreira de Castro）曾在1945年这样自嘲新闻记者的工作：“我们每个人在写作的时候，都要面对工作台想象如何进行自我反省和检查。”

面对这种形势，有些作者便绞尽脑汁想出一些招数来对付检查。在写作过程中玩弄文字游戏。比如将一些敏感的词汇用其他说法来代替。将“社会主义”一词写成“朝霞”，将“革命”一词写成“春天”，将“警察”一词写成“嗜血僵尸”，以此种装疯卖傻的态度躲避官方的检查。有些极富天资的作者会将直白的散文改写成隐讳甚至怪诞的诗歌，令人回味无穷。葡萄牙诗人戴维·费雷拉（David Mourão Ferreira）的诗作《佩尼谢的悲歌》（*Fado de Peniche*）由于女歌唱家阿玛莉娅·罗德里格斯（Amália Rodrigues）① 的绝妙演绎而家喻户晓，被人

① Amália da Piedade Rebordão Rodrigues（1920—1999），葡萄牙著名民间女歌手，被称为“法多”（Fado，一种葡萄牙悲凄的民歌形式）歌后，是该种民歌演唱形式的杰出代表。

称颂。这首诗歌的结尾是：

你至少还能听到风！
你至少还能听到海！

当读者看到这里时，毫无疑问就能心领神会，明白这里是指那些被关在佩尼谢要塞里的政治犯。因为佩尼谢要塞是葡萄牙大西洋沿岸孤悬海中的一座古堡，三面环水，一面连接陆地。在历史上长期用来关押政治异见者。他们在被关押的时间里与世隔绝，受尽残酷的肉体摧残和精神折磨，听到的只能是高墙外的风声和海浪声。另一方面，这种语言会引起读者的高度反省和疑问，思索及探寻字里行间的深刻含义，但在表面上却未留下任何文字痕迹。这是逃避检查及迫害最聪明的做法。

在葡萄牙 20 世纪萨拉查的法西斯统治时期，有一位深受人们欢迎的反独裁民间歌手名叫奇卡·阿丰素（Zeca Afonso）。[①] 他在演唱的新年民谣中有这样的歌词：

Pam，pa ra ri ri，
Pam，pa ra ri ri，
Pam，pam，pam…

深受欢迎的葡萄牙反独裁民间歌手奇卡·阿丰素

这种用摹声词在众人混伴下造成的谐音效果就变成：

Vão parar à PIDE，
Vão parar à PIDE，
Vão，vão，vão…

中文的意思就是：

① José Manuel Cerqueira Afonso dos Santos（1929—1987），艺名 Zeca Afonso，葡萄牙著名民间作曲家及歌手。在葡萄牙新国家时期创作了大量反对萨拉查独裁政权的歌曲和音乐。

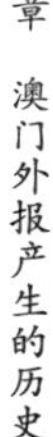

去打倒 PIDE[①]！

去打倒 PIDE！

去呀！去呀！去呀！……

这种歌唱形式会造成极其幽默的喜剧效果。政府官员或者警方密探即使明白其意也无可奈何。表面上只是人们随着演员合唱民谣，但实际上却是对政府及法西斯警察组织进行严厉批评和鞭笞的政治口号。

在严格的新闻检查制度控制下，葡萄牙有许多书籍被没收查封，被逮捕关押的作家不计其数。其中著名的作家和新闻工作者有佩雷拉·戈麦斯、阿吉里诺·里贝罗、若瑟·莱吉奥、马利亚·拉马斯、罗德里格斯·拉巴、乌尔班诺·罗德里格斯、欧维斯·雷多尔、亚历山德烈·卡布拉尔、奥兰多·科斯塔、亚历山德烈·内尔、奥伯特·费雷拉、安东尼奥·科埃略、维尔吉里奥·马尔蒂尼奥、安东尼奥·佛尔特、奥弗雷多·马加利多、卡洛斯·科蒂诺、卡洛斯·劳雷斯、阿马德乌·萨比诺、法蒂玛·毛多纳杜、埃里亚·科莱亚、拉乌·马贵斯等。

比如阿吉里诺·里贝罗 1958 年的作品《当狼群嚎叫的时候》被政府查禁，认为该书有辱葡萄牙国家形象。当局因此而对其进行刑事起诉。后来由于国家施行大赦及国际知名知识分子掀起联合抗议行动才只好作罢。特别是法国作家弗朗索瓦（François Mauriac）、路易（Louis Aragon）和安德烈（André Maurois）等人在营救运动中发挥了极其重要的作用。当阿吉里诺·里贝罗去世的时候，新闻检查当局还命令禁止报道任何关于他逝世及举办悼念活动的消息。萨拉查执政的葡萄牙新国家时期的新闻检查制之严厉由此可见一斑。

1965 年，葡萄牙作家协会曾突破禁忌，大胆将加米罗·布

---

① PIDE，是 Polícia Internacional e de Defesa do Estado 的缩写，译成中文是“国际及国家防卫警察”，该名称缩写在 1946 年至 1969 年十分流行。该组织于 1946 年 10 月 22 日在葡萄牙正式成立，属葡萄牙司法警察自治机构，其形式模仿英国的苏格兰场（Scotland Yard），但他实际上是对任何反萨拉查新国家政府的行为实施镇压的政治警察组织。1974 年“四二五革命”后改名为国家安全总局（Direcção-Geral de Segurança），功能亦随之改变。

朗库文学奖项授予安哥拉作家罗安蒂诺·维埃拉（Luandino Vieira）。这位作家由于出版《罗安达》一书而被判监禁，在大西洋的塔拉法尔（Tarrafal）① 服刑长达14年，受尽折磨。其罪名是在书中宣扬了争取安哥拉民族独立的“恐怖主义”思想。葡萄牙作家协会由于向这位非洲作家颁奖而遭到葡萄牙教育部的严厉惩治。协会办公地点被警方捣毁，同时禁止各报报道有关事件。当时18岁的年轻记者海梅·加玛（Jaime Gama）② 曾就此事件在《亚速尔报》③ 发表了一些看法，便立即被秘密警察组织PIDE逮捕。

从上面的分析可以看出，鉴于澳门与葡萄牙的密切关系，澳门报业的发展亦不会摆脱其他葡属领地的相同命运。在澳门报业发展的过程中，政府不断对有些报纸采取关闭查封的措施是有其历史根源的，而报界对新闻检查及控制的反抗也受到宗主国影响。尤其是19世纪交通和通讯变得更加方便快捷之后，凡是在葡萄牙发生的一切，很快就会在澳门有所反应。政府如此，民间也是如此。因此也就在澳门形成了政府屡禁不止，报纸屡封不停的戏剧性场面。

三、葡属领地的报业发展

葡萄牙从15至16世纪开始进行大规模海上扩张活动，该阶段在历史上被称为“海上大发现”时期。最初仅在非洲大西洋沿岸一带活动。瓦斯科·达伽玛经好望角发现印度航路后，便将势力范围迅速向印度洋及远东扩张。受其影响的有印度西

① 塔拉法尔（Tarrafal）是佛得角圣地亚哥岛的一个小镇，人口不到两万。该小镇由于曾经是葡萄牙的集中营而闻名。在萨拉查极权时代这里是关押政治犯的地方。1936年10月29日首批157名政治犯被送往塔拉法尔关押，其中40人在狱中死亡。该集中营曾于1954年关闭，但于1961年又重开，主要是用来关押非洲葡属殖民地的黑人政治犯，特别是争取民族独立的自由战士。

② Jaime José Matos da Gama，简称Jaime Gama，1947年生于亚速尔群岛圣米格尔市，葡萄牙政治家，年轻时曾在家乡亚速尔任小学教师及记者。1988年荣获葡萄牙最高荣誉基督军团勋章。现任葡萄牙共和国议会主席。

③ 该报后来改名为《东方亚速尔人报》（*Açoriano Oriental*）。

海岸、锡兰（斯里兰卡）、孟加拉、泰国、缅甸、马六甲、马来群岛、澳门、菲律宾、日本等几乎沿海所有地区。直至巴西于1822年独立之前，葡萄牙在海外的各主要大陆都有其殖民地或领地。这些殖民地包括美洲的巴西，非洲的安哥拉、莫桑比克、几内亚比绍、佛得角和圣多美及普林西比，在亚洲则有印度的果阿、达曼、第乌（早期还有孟买、巴萨因、特拉波尔等地），中国的澳门以及巽他群岛的梭罗、安汶、帝汶等地。

在19世纪之前欧洲报业尚不发达的情况下，这些殖民地在早期当然不会出现报纸。1820年葡萄牙波尔图发生的革命，标志着葡萄牙新闻出版业开始进入大发展的新时期。这种形势自然会影响到葡萄牙在海外的殖民地及领地。其中受影响最大的是经济文化比较发达的巴西、果阿以及中国的澳门地区。下面简单介绍一下19世纪葡萄牙海外殖民地的报业发展情况。

（一）巴西报业的出现

直到葡萄牙王室全家由于法国入侵引起的危机迁至巴西之前，巴西的任何出版物都在被禁之列，不仅包括报纸，而且包括书籍和宣传品。在当时的美洲，这种情况实属罕见，因为在美洲的其他欧洲国家属地自16世纪就开始出现各种印刷品。

在巴西出现的第一份报纸是1808年9月10日在里约热内卢正式发行的《里约热内卢周报》（*Gazeta do Rio de Janeiro*），由设在里约热内卢从葡萄牙迁来的皇家印刷所发行。这是葡萄牙流亡到巴西的政府官方报纸。然而，在此之前，流亡到英国的异见分子若瑟·科斯塔（Hipólito José da Costa）便在伦敦出版了《巴西邮报》（*Correio Brasiliense*），这才是巴西真正的第一份报纸，只不过不能在巴西境内发行。尽管该份报纸并不鼓吹巴西独立，政治态度相对偏于保守，但该报的创刊目的却是为了批评巴西的政府当局。

巴西在当时情况下对新闻实行禁止和检查基于以下理由，即当时的报纸并不像今天这样是以新闻报道为主导的媒体，而是宣传鼓吹党派政治观点的工具。这种现象在伊比利亚半岛战争后期尤为严重。波尔图的革命所引起的震撼使巴西分离主义思潮更加高涨，政治上的分野自然导致报纸的纷争。比如《巴西邮报》就热衷于意识形态的政治宣传，在读者中造成震荡效应。

巴西的独立促使新闻检查制度于 1827 年结束。佩德罗二世本人（D. Pedro II）亦反对对新闻采取镇压措施，承诺保证广泛的言论自由，从而在拉丁美洲实行共和制的国家中形成了前所未有的自由气氛。1824 年通过的宪法亦对这种自由作出了保证。在这种形势下，每一个政治派别都有他自己的代言媒体，当然，也有不谈政治的中立报纸，比如《里约日报》(*Diário do Rio de Janeiro*)① 就是一种态度中立的报纸，然而它却是巴西第一份每日发行的报纸。

N.° I.

GAZETA DO RIO DE JANEIRO.

SABADO 10 DE SETEMBRO DE 1808.

Doctrina sed vim promovet insitam,
Rectique cultus pectora roborant.
HORAT. Ode III. Lib. IV.

Londres 12 de Junho de 1808.

Noticias vindas por via de França.

Amsterdão 30 de Abril.

OS dois Navios Americanos, que ultimamente arribárão ao Texel, não podem descarregar as suas mercadorias, e devem immediatamente fazer-se á vela sob pena de confiscação. Isto tem influido muito nos preços de varios generos, sobre tudo por se terem hontem recebido cartas de França, que dizem, que em virtude de hum Decreto Imperial todos os Navios Americanos serão detidos logo que chegarem a qualquer porto da França.

Noticias vindas por Gottenburgo.

Chegárão-nos esta manhá folhas de Hamburgo, e de Altona até 17 do corrente. Estas ultimas annuncião que os Janizaros em Constantinopla se declarárão contra a França, e a favor da Inglaterra; porém que o tumulto se tinha apaziguado. —— Hamburgo está tão exhaurido pela passagem de tropas que em muitas casas não se acha já huma côdea de pão, nem huma cama. Quasi todo o Hannover se acha nesta deploravel situação. —— 50000 homens de tropas Francezas, que estão em Italia, tiverão ordem de marchar para Hespanha.

Londres a 16 de Junho.

Extracto de huma Carta escrita a bordo da Statira.

« Segundo o que nos disse o Official Hespanhol, que levámos a Lord Gambier, o Povo Hespanhol faz todo o possivel para sacodir o jugo Francez. As Provincias de Asturias, Leão, e outras adjacentes armárão 80000 homens, em cujo numero se comprehendem varios mil de Tropa regular tanto de pé, como de cavallo. A Corunha declarou-se contra os Francezes, e o Ferrol se teria igualmente sublevado a não ter hum Governador do partido Francez. Os Andaluzos, nas visinhanças de Cadiz, tem pegado em armas, e destes ha já 60000, que são pela maior parte Tropas de Linha, e commandados por hum habil General. Toda esta tempestade se originou de Bonaparte ter declarado a Murat Regente de Hespanha. O espirito de resistencia chegou a Carthagena, e não duvido que em pouco seja geral por toda a parte. Espero que nos mandem ao Porto de Gijon, que fica poucas leguas distante de Oviedo, com huma sufficiente quantidade de polvora, &c. pois do successo de Hespanha depende a sorte de Portugal. A revolta he tão geral, que os habitantes das Cidades guarnecidas por Tropas Francezas tem pela maior parte ido reunir-se nas montanhas com os seus Concidadãos revoltados. »

巴西 1808 年 9 月 10 日
《里约热内卢周报》创刊号

巴西报业发展的初期正值分离主义倾向最严重的时期，因而同葡萄牙的报坛情况有很大的不同。为了说明这个问题，不妨也把巴西 19 世纪的报业发展分为三个时期。

第一个时期从 1808 年《里约热内卢周报》创刊至佩德罗 1822 年 9 月 7 日宣布巴西独立。该时期的报纸主要是反对宗主国葡萄牙对巴西采取的政策。具有讽刺意味的是，在葡萄牙代表进步力量的波尔图革命者反而成为巴西报纸抨击的主要对象，使该报站在代表旧势力的王室一边。这是因为以佩德罗为代表的王室在巴西问题上代表了巴西人民的利益。该时期的报纸主要支持并鼓励佩德罗与葡萄牙中央政府分离。

第二阶段从巴西独立至 1840 年佩德罗二世正式即位，虽然

① 该报 1821 年创刊，1878 年停刊，发行 57 年。

他当时仅有 15 岁①。该时期的主要特点是巩固巴西的独立成果。巴西新闻界完全忠于从葡萄牙刚刚分离出来的新国家和佩德罗王室。很少有不同报纸相互对立的情况。报纸注重商业消息，报道巴西经济发展情况，同时积极发展广告业。

第三阶段从 1840 年至 1889 年 11 月 15 日佩德罗二世退位及共和制的诞生。在佩德罗二世统治的近半个世纪中，巴西的政治形势并不稳定，除了南里约格朗德州和东北部的伯南布古州内乱不断外，还同乌拉圭和巴拉圭发生了战争。然而也正是这一时期巴西的经济有了很大发展，同时废除了奴隶制，虽然这也导致了王室权力的丧失。该时期的报纸亦配合了经济及社会形势的发展。

然而，如同澳门一样，虽然巴西该时期报业发展十分繁荣，但明显新闻质素低下，缺乏专业精神。在共和运动的高潮时期(1870—1878 和 1886—1889)，出现了几十种各类报纸，但寿命极短，多数报纸每期不足 4 版，发行不到数月即告停刊。

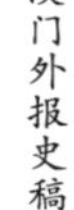

该时期报业发展的主要城市是当时巴西的首都里约热内卢，主要有《新闻周报》（*Gazeta de Notícias*）和《国家报》（*O Paiz*）。该两报不仅发行量大，而且发行时间长，直到瓦尔加斯时代。1889 年前其他较大的报纸还有《新闻日报》（*Diario de Noticias*）、《人民邮报》（*Correio do Povo*）、《里约城市报》（*Cidade do Rio*）、《商业日报》（*Diario do Commercio*）、《自由论坛报》（*Tribunal Liberal*）等。

漫画及插图画家兼记者安热罗·阿戈斯蒂尼（Angelo Agostini）在巴西新闻史中占有重要地位。1876 年，他创办了巴西第一份《画报》（*Revista Ilustrada*），这在照片十分稀罕及珍贵的当时十分不易。他以非凡的能力通过视觉形象反映了巴西的社会现实，并且使用王朝末期具有象征意义的肖像画作品把目不识丁的劳苦大众带入报刊欣赏的行列。这种创新性的突破使该报发行量大增。该报每周出版，行销全国，

① 佩德罗于 1831 年就把王位传给儿子佩德罗二世，但佩德罗二世当时仅有 5 岁。1840 年佩德罗二世宣布成年，正式开始管理国家。

在发行的22年中长盛不衰。这在19世纪报业相当发达的欧洲都十分少见。

（二）果阿葡文报业

由于果阿在历史上一直是葡萄牙在亚洲属地的统治中心，派往果阿的总督级别一直高于澳门。葡萄牙王室对果阿等印度属地的重视主要表现在以下几个方面：首先，葡萄牙人占领印度马拉巴尔沿海地区后立即派出总督实施管理，而在澳门定居后并非如此，澳门一直不设总督，一切服从果阿的领导，直到近70年后的17世纪初才正式由里斯本任命首位总督[①]；其次，里斯本派往印度属地的总督多为王公贵族，所以对有王室背景的总督用“Vice-Rei”的称呼，而派往澳门的总督多为军人，称呼仅为“Governador”。[②] 因此，在殖民地“二元论”的影响下，澳门的葡萄牙当局一直通过果阿接受并执行来自葡萄牙方面的所有指令，特别是在通讯尚不发达的年代里，因而澳门的报业发展亦受果阿的影响与控制。了解果阿的报业情况，有助于更好地理解澳门报业发展的历程。其实，澳门19世纪的报业发展与果阿有许多相似之处。总体来讲，近代葡属印度果阿的外报发展可以分为三个不同的阶段。

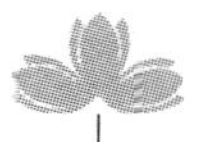

第一阶段。1821年12月22日《果阿周报》（*Gazeta de Goa*）的出版发行标志着葡属印度殖民地报业的出现。《果阿周报》是印葡政府的机关报，主要用于刊登政府的通告及各种官方文件，同时也报道宗主国葡萄牙及其他国家的各种新闻消息。因此其在财政上得到果阿市政库房及仁慈堂的支持。果阿文学

---

① 葡萄牙人于1501年开始在印度西海岸设立据点，1505年便派出首任总督D. Francisco de Almeida。于1557年开始在澳门定居，但至1623年才派出总督D. Francisco Mascarenhas，而且没有到任。见A. H. de Oliveira Marques编著*História de Portugal*, Vol. II, *Do Renascimento às Revoluções Liberais*, Palas Editores, Lisboa, 1984, pp. 469-475.

② 从1505年至1816年里斯本共向葡属印度派出98位行政长官，其中51名为王室成员，被称为Vice-Rei（直译为“副王”），47名被称为Governador（直译为“总督”），但目前汉译均为“总督”，实际上在葡文中是不同的词，在意思上是有区别的。见A. H. de Oliveira Marques编著*História de Portugal*.

活动的迅猛普及发展亦得益于《果阿周报》的发行。

《果阿周报》的第一任主编是医生安东尼奥·莱登（Dr. António José de Lima Leitão），后由政府官员路易斯·阿尔梅达（Luís Prates de Almeida Albuquerque）接任，再后来是若瑟·阿尼塞托·西尔瓦（José Aniceto da Silva）。自从其中一位有影响的编者路易斯·普拉特斯（Luís Prates）去世后，该报便失去最初的风格，变成政治派别斗争及论战的工具。1826年，接替印葡总督马努埃尔（D. Manuel de Câmara）权力的行政委员会（Junta）于1826年8月29日发布一项训令，命令《果阿周报》立即停刊。

由于公众的强烈反对，执政当局于1835年6月13日开始发行一种新的期刊《果阿宪政周刊》（*Chronica Constitucional de Goa*）。同第一份报纸一样，该报亦是官方周刊，仍由若瑟·阿尼塞托·西尔瓦担任主编。该报发行不久，即与孟买的葡文报纸《葡萄牙研究者》（*Investigador Português*）展开激烈论战，后者主编是若瑟·瓦莱里奥·加佩拉（José Valério Capela）。

O

CHRONISTA DE TISSUARY.

PERIODICO MENSAL.

NUMERO 1. JANEIRO. 1866.

PROLOGO.

—

HA já annos, que estamos em grande divida com o governo de Sua Magestade, e com a patria; ha já annos que um Ministro da Corôa, valeroso general, e amantissimo das glorias nacionaes, sem nos conhecer pessoalmente, e sem nós o esperarmos nem suspeitarmos, nos impoz um dever, não menos lisongeiro, que superior a nossas forças.

Em Portaria expedida pelo Ministerio da Marinha e Ultramar aos 31 de Maio de 1858, o Exm.º Visconde, hoje Marquez de Sá da Bandeira, no presupposto de que havia em nós cabedal bastante para sermos imitadores e continuadores de João de Barros, e de Diogo do Couto, nos proporcionava, em nome de Sua Magestade, os meios de colhermos nos proprios logares as memorias dos feitos dos nossos Portuguezes nestas regiões do oriente(a).

(a) Constando a Sua Magestade ElRei, que o Secretario do Governo Geral do Estado da India, o Bacharel em medicina Joaquim Heliodoro da Cunha Rivara, se propõe continuar os trabalhos historicos de Barros e Couto sobre as conquistas e dominio dos Portuguezes na Asia; [illegible] Paço 31 de Maio de 1858. — Sá da Bandeira.

果阿1866年出版的

《蒂苏阿里史学家》月刊

第二阶段。果阿报业发展的第二阶段始于贝尔纳多·弗朗西斯科·科斯塔（Bernardo Francisco da Costa）于1859年引进私人的印刷设备。私人印刷设备的出现促使果阿报业进入了蓬勃发展的时期。从1859年到1900年的40年时间里，在果阿出现了80多种各类报纸期刊。19世纪后半叶，由于律师茹里奥·贡萨维斯（Júlio Frederico Gonçalves，1846—1896）创办了月刊《果阿画报》（*Ilustração Goana*），带动了不同类型及特色报刊的大发展，特别是若瑟·阿布列乌（José Mariano de Abreu）、若瑟·库尼亚（José Gerson da Cunha）、苏

格拉特斯·科斯塔（A. Sócrates da Costa）、安东尼奥·费格雷多（António Gonçalves de Figueiredo）、加埃塔诺·米兰达（Caetano Francisco de Miranda）、雅辛托·米兰达（Jacinto Francisco de Miranda）和若瑟·纳扎列（José Maria do Carmo Nazaré）等人创办的刊物，刊载内容有短篇杂文、圣徒传记、神话传说、民俗介绍等等。形式多样的报刊出现无疑扩大了普通读者群，更加贴近民众的生活。这类便于携带的小型报刊到19世纪后期尤为繁荣。如1840年出版的《果阿通鉴》（*Almanaque de Goa*），以及后来的《基督指南》（*Almanaque do Cristianismo*）、《文学概览》（*Almanaque Literário*）、《休闲手册》（*Almanaque Recreativo*）等等。

该期间果阿有一份影响力较大的期刊《蒂苏阿里史学家》（*Chronista de Tissuary*）① 出版。施白蒂在《澳门编年史》中作了这样的记载：“1866年，由库尼亚·里瓦拉（J. H. da Cunha Rivara）负责在果阿出版了珍贵的月刊《蒂苏阿里史学家》”②。

《蒂苏阿里史学家》月刊之所以珍贵，是因为该刊是19世纪葡属印度的一种大型史学期刊。该刊在当时有很大影响力，在葡属领地及葡萄牙本土广为流传。除了果阿，还在孟买、达曼、第乌、莫桑比克、澳门、葡萄牙等地发行。该刊在澳门的订阅价格是每年2.5圆（Patacas），对后来澳门史学刊物的出现及发展起到很大示范作用。该刊每期24页，“若受到读者欢迎，将会增加版面，并且不会因此而多收取订阅者的费用”。③《蒂苏阿里史学家》月刊主要登载史学文章，特别是16世纪以

① 蒂苏阿里（Tissuary）是印度西海岸的一个岛屿，当地土著称其为蒂苏阿里，意为“三十个村庄”。葡萄牙人于1510年占领该岛后，在岛南河口处建城，称其为果阿。后又在该岛北部建新果阿，原城被称为旧果阿。该月刊取名蒂苏阿里，体现了该刊注重历史研究的特点。

② Beatriz Basto da Silva, *Cronologia de Macau*, *Século XIX*, DSEJ, 1995, p. 174.

③ 《蒂苏阿里史学家》（*Chronista de Tissuary*）月刊1866年1月出版的创刊号。

来葡人在远东活动的所有情况，不仅为当时的葡萄牙及其属地提供了东方葡人的各种信息，而且成为史学研究者十分宝贵的史料。对于西方人来讲，该刊是研究 16—19 世纪东方史的重要资料来源，为史学家必读文献。该刊信息量亦很大，从仅存的 22 期刊物看，就有 600 多页。澳门后来出现的《大西洋国》、《澳门教区通讯》以及《东方月报》等刊物在内容及风格上均受其影响，甚至引用及转载该刊的许多文章。

第三阶段。1900 年，以梅希亚斯・戈麦斯（Messias Gomes）的日报《宣战者》（*O Heraldo*）创刊为标志，果阿报业发展进入了第三个阶段。1899 年，果阿便具备了发行日报的条件，并为此做了积极的准备。1900 年 1 月 22 日，该报终于问世。1901 年，由于梅希亚斯・戈麦斯离开果阿赴葡，则由记者安东尼奥・库尼亚（António Maria da Cunha）接替主理报馆事务，直至 1908 年 5 月 8 日《宣战者》报宣布停刊。

与此同时，果阿亦出现了专业性的期刊，特别是具有文学特点的文集和期刊。如诗人曼努埃尔・若阿金（Manuel Joaquim da Costa Campos）的《马赛克》，若阿金・帕里亚的《文学习作》，诗人若昂・莱莫斯（João de Lemos）的《行吟诗人》等本地作家和诗人的定期刊物。这些人均受过良好的葡文教育，并精通拉丁文及葡国传统古典文学，以及葡萄牙文化传统。

（三）其他葡属领地报业的发展

除了巴西和印葡地区以及澳门等早期报业较为发达的地区外，其他葡属领地（主要指非洲领地）亦从 19 世纪中期陆续开始创办各种报纸。最先创办报纸的是安哥拉，于 1855 年开始发行《曙光报》（*Aurora*），而最晚出现报纸的是远在马来群岛的帝汶，直到 20 世纪中期才出现近代意义的报纸，而且种类极少。

表 1　19 世纪葡萄牙新闻法案通过后率先在葡属领地出现的报纸

地区	时间	报名	城市
印度果阿	1821.12.22	*Gazete de Goa*（果阿钞报）	新果阿官印局
中国澳门	1822.09.12	*Abelha da China*（中国蜜蜂报）	澳门
安哥拉	1855	*Aurora*（曙光报）	罗安达
莫桑比克	1868	*Progresso*（进步报）	莫三鼻给港
圣多美及普林西比	1870	*Equador*（赤道报）	圣多美
佛得角	1877	*Independente*（独立报）	普拉亚
几内亚比绍	1883	*Fraternidade*（博爱报）	比绍
帝汶	19 世纪末	脱离澳门后自办政府公报	帝力

资料来源：据 Pe. Manuel Teixeira，*Imprensa Periódica Portuguesa no Extremo Oriente* 整理。

从表 1 中不难看出，在巴西独立后的葡属领地中，印葡地区和中国的澳门是最早创办近代报刊的地区，而其他地区先后是安哥拉、莫桑比克、圣多美和普林西比、佛得角、几内亚比绍以及帝汶。

印葡和澳门不仅在时间上创办报刊为最早，在报刊种类及数量上亦名列前茅。根据里斯本地理学会布里托·阿拉尼亚(Brito Aranha)的研究并于 1885 年公布的资料，从 1821 年至 1885 年各葡属领地共创办各类报刊 149 种。下表显示 1821 年至 1885 年葡属领地报刊种类数量。

表 2　1821 年至 1885 年葡属领地报刊统计

地区	种类	排名	主要发行地
葡属印度领地	70	1	新果阿、潘金、达曼等地
英属印度领地①（葡文）	15	4	孟买、普纳
澳门	24	2	澳门、香港、上海、帝汶
安哥拉	19	3	罗安达、莫萨梅德斯
莫桑比克	10	5	莫三鼻给港、吉里马内
佛得角	6	6	普拉亚
圣多美及普林西比	3	7	圣多美
几内亚比绍	2	8	波拉马、比绍
总计	149		

资料来源：里斯本地理学会 1885 年资料。

上表显示，从 1821 年至 1885 年，在总数 149 种报刊中，印葡属地（包括英属印度）85 种，而居第二位的则是澳门的 24 种，虽与印葡相比差距较大，但却遥遥领先于其他葡属领地。而其重要意义还不仅在于此，因为在当时的远东地区，仅数平方公里的小小澳门在 60 多年中创办 24 种报刊，数量已相当可观。更何况在当时，澳门无论在面积、人口、宗教及其重要性方面均无法与葡属印度相比。

---

① 即印度孟买。原为印度西海岸的七个小岛，1534 年被葡人占领。1661 年英王查理二世迎娶葡萄牙公主凯瑟琳为妻，葡王室将该群岛作为嫁妆赠送英国。后经填海成为大都市，现为印度马哈拉施特拉邦首府，印度最大商业城市，2007 年人口达 1300 万。孟买虽于 1661 年变为英国属地，但葡人已定居百多年，形成有影响的葡裔族群和社区，故于 19 世纪出现多种葡文报刊。

第二章　澳门外报的产生与发展

一、澳门外报的产生

澳门是鸦片战争前中国对外开放少有的窗口之一，也是中国明清之际联络欧洲的重要通道。不仅西方的先进科学技术通过澳门传入中国，西方的民主思想亦须通过这块弹丸之地才能影响到中国。近代广东成为民主先驱聚集之地，先后出现了洪秀全、康有为、梁启超、郑观应、孙中山等影响中国命运的人物，皆与澳门这个联络西方的窗口有关。澳门在长达数个世纪的时间里与欧洲的葡萄牙保持着密切的关系，因而在19世纪欧洲发生巨变的过程中，欧洲大陆、葡萄牙、印度果阿、澳门、中国内地这几个地方便形成一条长长的信息链。欧洲发生的重大事件都会经过这条信息链在居澳葡人中得到反应，然后潜移默化地影响到中国内地，尤其是毗邻澳门的珠江三角洲地区。在相当长一段时间里，特别是法国大革命之后，澳门一直是中国官方及有识之士观察了解欧洲形势的晴雨表和观象台，除了对澳门进行实地观察外，更有效的途径就是通过阅读各种报纸，因此当时的澳门外报便成了了解这些信息的主要来源。

正因为如此，澳门在传播西方民主自由新思想及意识形态方面的作用不容低估。就澳门葡裔社会而言，随着欧洲民主思潮的发展以及澳门葡裔社会公民意识的成熟，各种思想十分活跃，对政府及社会的各种诉求亦日趋多样化，并且需要通过某种形式表达甚至宣泄出来，这就自然而然地孕育了报纸的出现，进而推

动澳门新闻事业的迅速发展，使19世纪的澳门报坛一片兴旺。

尽管我们看到在澳门有悠久的出版历史，特别是耶稣会在早期即开始印刷一些宗教书籍用于传教，但新闻出版业在社会中的蓬勃发展则是报纸出现以后的事。尤其是到了19世纪中期，各种文字的新闻出版物纷纷问世，形成了澳门早期的新闻出版业，使“澳门在大众传媒史上占有独特地位，他曾是早期在华外报的出版基地和‘避难所’”①。因此，对于中国来说，现代意义上的报纸才会首先在澳门出现。姜义华先生说：

> 澳门是近代中国新闻事业的发祥地。一八二二年以葡人为主的立宪派在澳门创办的《蜜蜂华报》（即《中国蜜蜂报》），在巴波沙中校主持下，配合他们所发动的民主运动，积极鼓吹立宪主张，抨击贵族保守派，成为中国境内第一份近代报刊。②

这一说法肯定了澳门在中国新闻事业发展史中的作用。事实上，在欧洲自由民主之风的推动下，特别是在葡萄牙东方统治中心印葡果阿1821年底创办《果阿周报》的影响下，以1822年创刊的《中国蜜蜂报》为先导，澳门的新闻业开始蓬勃发展。在当时还不知近代报刊为何物的东亚地区一枝独秀。据巴西学者若昂·奥维斯·内维斯（João Alves das Neves）研究，面积不大的印度果阿在葡萄牙统治时期曾有过327种报刊③。澳

A ABELHA DA CHINA.

NO. I. QUINTA FEIRA, 12 de Setembro. 1822.

澳门1822年出版的第一期《中国蜜蜂报》

① 赵永新：《论胡文化“汉化”与传教士“儒化”》，载《澳门日报》2003年12月28日第6版。

② 姜义华：《镜海丛报序》，载《镜海丛报》（影印本），澳门基金会、上海社会科学院出版社2000年，第1页。

③ João Alves das Neves, *A Imprensa de Macau e as Imprensas de Língua Portuguesa no Oriente*, Instituto Cultural de Macau, 1999, p. 51.

门半岛面积亦不过数平方公里，葡裔人口不过数千，然而，在19世纪初《中国蜜蜂报》问世后的100年时间里，居澳葡人竟然在澳港沪等地创办了100多种各类报纸杂志，其中绝大多数是澳门土生葡人创办或者担任主笔的报刊，这不能不说是中国近代史上的一个奇迹，同时也是值得学者研究的有趣现象。[①]

澳门近代报刊出现不久，即引起中国近代有识之士的注意，他们莫不关心这一新生事物的出现，敏锐地感受到澳门出现的新闻报纸在传播思想方面的重要性，认为“夷人刊印之新闻纸，系将广东事传至该国，并将该国事传至广东，彼此互相知照”，[②]并且开始了对外报的整理与研究。

然而，在当代报业史的研究中，澳门创办外报的事实却往往被忽视。这当然与澳门学者本身研究不力有关，但也说明学界对澳门外报的发展情况不甚了解。方汉奇等人在《中国新闻事业通史》对这种现象做了解释：

> 葡文报刊由于主要注视本国的斗争，对中国事务的反映退居次要地位，因此，它的发展自成一体，和在华外报发展的联系并不密切。这是我们所以没有把葡文报纸作为一个重要部分加以评介的一个主要原因。[③]

然而，与此同时，《中国新闻事业通史》却把香港近代的外报作为其中的一个研究重点，并且强调了其对中国近代报业发展的影响。《中国新闻事业通史》认为：

> 在外报发展的过程中，香港占有特别重要的地位。非常明显，鸦片战争后外报是从香港开始兴起的。最初的一个阶段，香港成为外人在中国办报的重要基地。在1841年至1850年间，它先后办有9种报刊（英文），而全国其他地区只有上海拥有1种（英文）。到1860年，它所出版的英文报刊和中文报刊仍然超过全

① 见João Alves das Neves：*A Imprensa de Macau e as Imprensas de Língua Portuguesa no Oriente*, Instituto Cultural de Macau，1999.

② 见《林则徐奏稿·公牍·日记补编》，中山大学出版社1985年，第101页。

③ 方汉奇主编：《中国新闻事业通史》（第二卷），中国人民大学出版社1992年，第193页。

国其他各地（包括上海）的总和。①

毫无疑问，这种说法是不公允的，在近代外报研究中采取了双重标准。这说明了中国学界在近代外报研究中对澳门的外报发展存在认识上的偏见和误区，忽视了澳门葡文报刊在中国报业发展史中的作用。对于澳门早期外报，应该对以下几个方面进行重新审视。

《中国新闻事业通史》认为澳门葡文外报的发展“自成一体，和在华外报发展的联系并不密切”的说法并不符合事实。首先，澳门是中国境内外报诞生的发祥地和庇护所。目前内地及港台等地研究外报的热点在港沪的英文报刊，多数人认为中国近代外报兴起在港沪两地，然后波及内地。这种研究及看法很不全面。不管英文报刊出现如何之早，亦不管其规模及影响如何之大，他们都与澳门有着密切的关系。因为在鸦片战争之前，外国人能够立足的地方仅有澳门。英人早期在广州创办的报刊均由于清政府的不容而迁至澳门发行，而香港开埠后最早出现的报纸亦从澳门迁往。因此，说澳门是中国早期外报的发源地和避风港并非过分。中国近代报业的源头在澳门这一事实不容置疑。

外报从低级到高级，从一枝独秀到一纸风行的发展一定要有一个过程，而这一过程中的每个链结必须相互连接。澳门在香港开埠之前的30年发展报业的过程中，培养了一大批熟悉业务的报业人才。这些人在香港开埠之初各种人力资源极度匮乏的情况下及时充实到香港的报业之中，使香港的报业从开埠之日起就形成规模，并呈现出繁荣的景象，为香港报业的发展作出了非常重要的贡献。赴港葡人中有些人本身就是报人，他们创办报刊，开设印馆，更多的人则成为报业发展中的技术或者业务骨干，如担当编辑、记者、文员、排字、印刷等工作。叶农先生认为：

> 对于香港来说，有如此之多的葡籍新闻出版业的

① 方汉奇主编：《中国新闻事业通史》（第二卷），中国人民大学出版社1992年，第195页。

从业人员（如果算上其他国籍，包括华人在内，人数将更多）是一个令人吃惊的现象。很显然，在这众多的从业者中，澳门葡人是主体，至少在19世纪70年代以前是这样。①

至于《中国新闻事业通史》认为“葡文报刊由于主要注视本国的斗争，对中国事务的反映退居次要地位，因此，它的发展自成一体，和在华外报发展的联系并不密切”的说法就更欠妥当了。之所以有这样的看法，是由于语言障碍所致。国人中谙熟英语的人很多，研究外报的学者中亦有不少英文精英，能够在研究中熟练运用英文阅读甚至写作。看得懂外报原文，当然会了解报纸内容，因而能做出深入的研究。反观葡文外报，历来华人中能阅读者凤毛麟角。对其有兴趣的研究者更是十分少见，甚至连报名也会译错。比如自戈公振先生起就把Macaísta Imparcial译成“帝国澳门人报”，继而以讹传讹，所有研究澳门外报的人都把其说成是“帝国澳门人报”，将这一不合逻辑甚至显得有些可笑的报名留传至今。② 其实，如果能用葡文阅读的话，就会发现在上百种葡文报刊中，其内容并非“主要注视本国的斗争”，更没有“对中国事务的反映退居次要地位”。无论是早期创刊的《中国蜜蜂报》，还是后来陆续出现的其他报刊，均十分关注中国的重大事件及发展进程。尤其是19世纪中期出现的《大西洋国》和飞南第家族创办的《镜海丛报》，均把中国作为主要新闻报道及追踪对象。更何况有些葡人还参与创办了读者群主要为华人的中文报刊。有些杂志如19世纪末的《大西洋国》和后来的《复兴》、《东方》等期刊甚至成为汉学研究的学术园地，许多国际上的著名学者如博克塞、白嘉乐、高美士等人长期为这些刊物撰稿，使其成为19至20世纪西方研究中国的国际性平台，这是许多同时代的英文报刊所不及的。

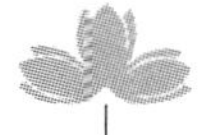

---

① 叶农、严忠明：《鸦片战争后移居香港的澳门葡人》，载《澳门历史研究》第5期，澳门历史文化研究会2006年，第64页。

② 估计戈公振先生不识葡文，在翻译报名时请人帮助，而译者将葡文报名Macaísta Imparcial中的形容词imparcial误读为imperial。葡文中形容词imparcial是不偏不倚之意，而imperial才含有帝国之意。

（一）《中国蜜蜂报》的出现

要研究澳门外报史，就不能不提到《中国蜜蜂报》。谭志强和吴志良在《中国领土上的第一份外文报纸》一文中说：

> 《蜜蜂华报》是一份以葡萄牙文印刷，在澳门出版发行的政治性周报，出版时间是1822年9月12日至1823年12月26日，前后共出版了67期。它不但是当时葡萄牙立宪党澳门分部的机关报，也是当时以立宪党为执政党的澳门葡人自治机构（即议事会，今称市政厅，俗称金巴喇 Câmara）的政府公报。①

澳门第一份报纸《中国蜜蜂报》的出现并不是偶然的，它与当时澳门的政治形势有密切关系，更是欧洲发生的剧烈变化导致的结果。在18世纪末法国大革命的影响下，整个欧洲旧大陆民主空气正在酝酿，形成“山雨欲来风满楼”的动荡局面。在葡萄牙，由半岛战争而引发的1820年波尔图革命，使君主立宪思想深入人心。吴志良等人也认为：

> 自1807年到1834年，由于法国大革命的影响，葡萄牙在这二十七年内，政局一直处于动荡不安状态之中。这些重大的内部震荡，便通过其殖民统治体制，在当时的物质条件下，以帆船贸易所能达到的最快速度，迅速地自里斯本传播到葡萄牙的海外属地、领地，令葡萄牙的海外属地、领地政局，出现前所未有的巨变。②

这种形势为报纸在澳门的出现创造了必要的条件。这也是前述从欧洲到中国的信息链所产生的效应。

另外，对澳门报纸出现具有重要意义的是，葡萄牙的弗兰西斯科·佛朗哥博士（Dr. Francisco Soares Franco）在1821年

---

① 谭志强、吴志良：《中国领土上的第一份外文报纸：澳门葡文〈蜜蜂华报〉(1822—1823)》，见《新闻学研究》第57期，1998年，第213—228页。

② 谭志强、吴志良：《中国领土上的第一份外文报纸：澳门葡文〈蜜蜂华报〉(1822—1823)》，见《新闻学研究》第57期，1998年，第213—228页。

提交的新闻出版自由法案被通过，以及庞巴尔首相于1768年制定的王室新闻出版检查制度被废除。这两件事为言论及出版自由创造了较为宽松的环境。葡萄牙新闻出版自由法案的通过使葡属殖民地的思想禁锢被打破，于是报纸纷纷出现，而在澳门，就是1822年9月12日出版的《中国蜜蜂报》。

《中国蜜蜂报》发刊于1822年9月12日，停刊于1823年12月27日，由鼓吹立宪思想的自由派军人保利诺·施利华·巴波沙（Paulino da Silva Barbosa）中校①创办，并聘请天主教道明会修道院修士安东尼奥·贡萨洛·阿马兰特（António de S. Gonçalo de Amarante）担任主编。由于《中国蜜蜂报》是政治斗争的产物，因而从发刊第一期起就表现出明确的政治性，是为澳门立宪派摇旗呐喊的政治性周刊。该报的这种性质也决定了它的寿命不会很长。

中国的报学研究专家都注意到这份报纸，并且认识到该报创刊的意义。戈公振先生在《中国报学史》中指出：

> 我国现代报纸之产生，均出自外人之手。……语其时间，以葡文为较早；数量以日文为较多；势力以英文为较优。……A Abelha da Chine（意译《蜜蜂华报》）发刊于一八二二年九月十二日。②

当代报学专家方汉奇先生在《中国近代报刊史》中指出：

> …… 近代报刊在中国的出现是与西方国家的入侵和中国的半殖民地化同时开始的。……最先在中国境内出版的近代化报纸，都是外国侵略者首先创办起来的。……其中，《蜜蜂华报》是在中国境内出版的第一份外文报纸。③

《中国新闻事业通史》（第一卷）也指出：

① 关于保利诺·巴波沙（Paulino da Silva Barbosa）的军衔在不同著作里说法不一，有的说是少校，有的说是中校。在文德泉神父的研究中称其为中校。

② 戈公振：《中国报学史》，上海古籍出版社2003年，第93页。按：原文中“Chine”应为“China”之误引。

③ 程曼丽：《〈蜜蜂华报〉研究》，澳门基金会1998年，第1—2页。

在中国，近代化的报刊，是外国人首先创办起来的。①

并且说：

1822 年 9 月 12 日创办的《蜜蜂华报》(*Abelha da Chine*)，被认为是在中国出版的第一份外文报纸。②

如此之多的报学专家都会在研究中国报业之始的时候谈到《中国蜜蜂报》，可见其在中国报业史中所占的地位。

关于《中国蜜蜂报》的报名，谭志强和吴志良等学者均认为其寓意深刻：

这份新政权的喉舌，大力主张立宪主义，像蜜蜂般狂螫澳门的保皇党人，迅速地变成为澳门立宪党人的象征。③

专门研究该报的程曼丽博士这样说：

顾名思义，蜜蜂会咬人，而被咬的当然是旧有建制和保皇忠君的人了。④

的确如此。在当时政治斗争十分激烈的情况下，用蜜蜂作为报纸名称是最合适不过了。蜜蜂这种动物的特点和习性是人所共知的。它是一种群居的社会型昆虫，不仅勤劳智慧，而且组织性强，纪律性强，战斗力强，富有自我牺牲精神。然而，该报以“蜜蜂”为报名还有外来原因。这是因为以“蜜蜂”为报名者绝非澳门仅有，在 19 世纪民主与专制激烈斗争的葡萄牙及其印度属地，有许多报刊都以蜜蜂命名。仅从现在能够查阅到的资料就已经知道，在葡萄牙曾有 6 种以蜜蜂命名的报纸⑤，

① 方汉奇主编：《中国新闻事业通史》，中国人民大学出版社 1992 年，第 166 页。

② 方汉奇主编：《中国新闻事业通史》，中国人民大学出版社 1992 年，第 185 页。

③ 谭志强、吴志良：《中国领土上的第一份外文报纸：澳门的葡文〈蜜蜂华报〉(1822—1823)》，见《新闻学研究》第 57 期，1998 年，第 213—228 页。

④ 程曼丽：《〈蜜蜂华报〉研究》，澳门基金会 1998 年，第 2 页。

⑤ 这 6 种以“蜜蜂”为名称的报刊即葡萄牙的《午间蜜蜂报》或《蜜蜂午报》(*Abelha do Meio-dia*)、《葡萄牙蜜蜂报》(*Abelha Portuguesa*)、《蜜蜂报》(*Abelha*，1836 年创刊)、《蜜蜂报》(*Abelha*，1856 创刊，波尔图出版)、《蜜蜂报》(*Abelha*，1885 创刊) 和《蜜蜂报》(*Abelha*，1894 创刊)。

而在葡属印度果阿和前属地孟买亦有两种，即《果阿蜜蜂报》（*Abelha de Goa*）和《孟买蜜蜂报》（*Abelha de Bombaim*）。按此推理，“A Abelha da China”的准确翻译不应该是《蜜蜂华报》，而是《中国蜜蜂报》。“蜜蜂华报”虽然听起来优雅，但在翻译手法上过于“归化”，不知情的人会以为是一份中文报纸。另外，用作报名的叮人昆虫还不仅是蜜蜂。在当时的葡文报刊中还有以“蚊子”为报名的，想来也是出于同一理由。

Num. I.

ABELHA DO MEIO-DIA.

Veritatis amas

LISBOA 31 *de Julho de* 1809

NO Norte da Europa se imprime, ha muitos annos, huma Gazeta muito acreditada, intitulada *Abelha do Norte*; á sua imitação julgamos conveniente publicar tambem huma Gazeta do mesmo nome no Meiodia da Europa. Além disso tem sahido a publico, ha alguns tempos, tantos Periodicos de varias fórmas, e figuras desconhecidas, que não se reputará estranho, que saia tambem á luz huma *Abelha*, insecto tão util, e industrioso, que anda colhendo de flor em flor o que ellas possuem de mais precioso.

Este pequeno papel se publicará unicamente tres vezes na Semana, ás Segundas, Quintas feiras, e Sabbados. Servirá de escolher as noticias verdadeiras das falsas, regulando o criterio de todas ellas, conforme a origem donde procederem.

SUECIA. *Gottemburgo 24 de Junho.*

Aqui tem circulado huma carta, que se refere a noticias de Dantzik, e Colberg, na qual se diz, que fòra deposto o Imperador da Russia, ficando sua Mãi a governar como Regente. Que os Ministros do partido Francez forão sacrificados, etc. Esta noticia não merece credito, vem de Gottemburgo, que he hum Paiz inimigo; funda-se na carta de hum particular, que não se sabe quem he: em fim até o mesmo Redactor de Gottemburgo lhe não dá credito algum.

葡萄牙里斯本1809年7月31日出版的《蜜蜂午报》

关于澳门的《中国蜜蜂报》，程曼丽教授已经做了深入细致的研究。她的《〈蜜蜂华报〉研究》已于1998年澳门回归前夕由澳门基金会出版。方汉奇教授对这项研究作了极高的评价：

> 作者对《蜜蜂华报》创办的历史背景、创办的客观原因、她的内容，她的信息的传播渠道传播手段，她的特色以及她的影响的论述和分析，是十分深入的。她已经接近完美地完成了对这份报纸的全面研究，给渴望了解这份报纸，对这份报纸的各方面情况存有种种疑问的读者，特别是其中的中国新闻史教学研究工作者，提供了一个很好的答案。①

① 方汉奇：《〈蜜蜂华报〉研究·序》，载程曼丽：《〈蜜蜂华报〉研究》，澳门基金会1998年，第Ⅱ—Ⅲ页。

的确，《中国蜜蜂报》是一份葡文报纸，正因为如此，虽然人们都知道他是中国近代报业之始，但碍于语言不通，人们并不识它的庐山真面目。作为并不谙熟葡萄牙语的程曼丽教授能把这份报纸研究得如此深透，实属难能可贵。方汉奇教授说：

> 本书作者的外语基础很好，俄语英语都十分娴熟，但从来没有碰过葡语。为了完成这一选题的研究，她下决心突击学习葡语，结果只用了不到一年的时间，整部《蜜蜂华报》就都能够看下来了。①

这种评价一方面说明了程教授的外语天分，另一方面也体现了她为研究《蜜蜂华报》而付出的艰辛努力及锲而不舍的执著精神。

（二）关于《中国蜜蜂报》的几点补充

由于程曼丽教授的《〈蜜蜂华报〉研究》已经对该报的历史背景、创办原因、编辑发行、资讯传播、文风特色等方面做了较为深入的分析研究，而吴志良博士、谭志强博士、林玉凤博士等学者亦从不同角度对其作过专门研究，并提出各自的结论和看法，而且有些看法颇具新意，故本文不再对该报多作介绍，以免重复累赘。现仅就几个方面作一些补充，以飨读者。

第一，关于《中国蜜蜂报》的译名，这是一个十分重要的学术问题。然而由于戈公振先生在《中国报学史》中将该报名称勘定为《蜜蜂华报》后，以后所有的研究著述均将其说成《蜜蜂华报》，在中国报学研究中似乎是一个不容讨论的定论，谁也不会怀疑它的正误。表面上看这似乎是翻译的问题，不必对此较真。然而这种翻译有原则上的错误，涉及报纸的性质问题，在报学研究中绝对不容忽视。所以，在《蜜蜂华报》译名使用了 80 多年后的今天，有必要对此进行讨论及订正。

无论从语言学的角度，还是从报业研究的角度，《蜜蜂华报》的译法均为不妥。首先，该报葡文名为 *A Abelha da China*，

---

① 方汉奇：《〈蜜蜂华报〉研究・序》，载程曼丽：《〈蜜蜂华报〉研究》，澳门基金会 1998 年，第Ⅱ页。

而根据葡文文法，名词“China”（中国）通过介词和定冠词结构“da”修饰另一个名词“Abelha”（蜜蜂），即相当于汉语中定语修饰名词，其意义是指“中国的蜜蜂”。但译成《蜜蜂华报》后，葡文中的“China”就变成修饰“报纸”了，其意义就是“中国报纸”、“华人报纸”或者“中文报纸”。同时，“蜜蜂”一词亦成了修饰“中国报纸”的定语。推理的结果是，葡文报纸 *A Abelha da China* 在汉语里变成了一种名字叫“蜜蜂”的中国或者中文报纸。从报业史研究的角度看，这种译法也有错误。近代报刊为西人所创，继之出现华文报刊。为了区分这两种报刊，国人往往称外文报纸为“西报”，如香港早期的《孖剌西报》、《德臣西报》等，而称中文报纸为“华报”，如广州早期的《国华报》和19世纪末在澳洲出现的《广益华报》等。目前“华报”一词更是海外华侨中文报刊使用名称的首选，如《环球华报》、《美洲华报》等。澳门于1822年首创的报纸《A Abelha da China》是葡文报纸，属西报，所以称其为“华报”是一个概念上的错误。

1915年创刊的《国华报》

正如前文所述，在19世纪的葡萄牙曾有过6种以蜜蜂命名的报纸，而葡属印度果阿和前属地孟买亦有两种，即《果阿蜜蜂报》（*Abelha de Goa*）和《孟买蜜蜂报》（*Abelha de Bombaim*），形成了葡文“蜜蜂”家族的系列报纸。显而易见，澳门“蜜蜂”报种的出现，不仅受到上述情况的影响，继承了当时葡文报

纸的传统，而且属于该家族系列。报名中的“China”实在与中文或者华人无关，只不过说明该种“蜜蜂”系列的报纸是在“中国”出版发行的。按此推理，“A Abelha da China”的准确翻译不应该是“蜜蜂华报”，而是“中国蜜蜂报”。

第二，《中国蜜蜂报》的创办人保利诺·施利华·巴波沙中校在澳门19世纪初立宪派和保守派的激烈斗争中，代表了澳门本地土生葡人的利益，但他并不是澳门土生葡人，而是出生在巴西的葡裔人士。他之所以成为立宪派的领军人物，是因为他来自巴西。他成长的时期正是巴西摆脱葡萄牙统治的思想活跃时期，亲历了欧洲民主思想对巴西的影响，容易接受新思想。同时，他又是澳门军政机构（军队和市政厅）中身居高位的人，在澳门社会有相当的话语权及号召力。他在政治观点上与葡萄牙立宪派是一致的，要求废除独裁专制，呼吁建立民主宪政。但在澳门的具体反映中，便与澳门土生族群长期同葡萄牙派来的总督及果阿派来的大法官等官员之间的矛盾有关联，同他们的斗争目标相吻合。所以，一向由澳门土生葡人主导的市政厅便成为立宪派开展斗争的大本营。而保利诺·施利华·巴波沙中校也就能同市政厅站在一起反对保守的行政当局。《中国蜜蜂报》能够在市政厅的印刷所印刷，原因即在于此。

第三，在当时情况下，葡萄牙的国内形势对立宪派是极其有利的。澳门以巴波沙为首的立宪派遭到镇压是保守的果阿当局直接干预的结果。也就是说在里斯本—果阿—澳门这根政治管治链条上，是中间环节出现了不协调的现象。在葡萄牙和澳门均被卷入争取民主实现宪政热潮的时候，果阿则相对风平浪静。王室的统治权威在果阿依然如故，未受任何冲击和动摇。所以才能在澳门的危机当中果断派出以包也（Joaquim Mourão Garcez Palha）为司令，满载士兵的战舰“沙拉曼德拉号”（Salamandra）驶往澳门，迅速平息事件，恢复旧政权。并且逮捕巴波沙等人送往果阿受审。当然，保守派的复辟也与6月初葡萄牙本土发生的复辟政变有关。

第四，《中国蜜蜂报》聘请天主教道明会修道院修士安东尼奥·阿马兰特任主编并非完全因为安东尼奥·阿马兰特个人的能力，而是因为道明会的许多教士在当时澳门的政治形势中坚定地站在制宪派及自由派一方，成为该场斗争的可靠支持者。阿马兰特本人就是道明会修道院的教长。徐萨斯说：

这份报纸是巴博萨（即巴波沙）创立，由多明我会（即道明会）的领导人编辑，通篇都是这一派教士惯有的煽动性言辞，真让那些保守派觉得如芒刺在背一般。①

也正是因为如此，保守派重新夺回政权掌握报纸后要做的第一件事，就是将该报主编换成奥古斯定教派的安东尼奥·罗沙（António José da Rocha），接着就将报纸改名为《澳门周报》。

第五，从1822年8月至1823年9月的一年时间里，保利诺·施利华·巴波沙中校叱咤风云，抢尽风头，震撼整个澳门政坛。尤其是创办《中国蜜蜂报》，以报纸为武器向旧制度宣战，在澳门近代史上留下浓重的一笔。如果说《中国蜜蜂报》是中国境内第一份近代报刊的话，那么就可以说保利诺·施利华·巴波沙是近代在中国利用报刊进行政治宣传鼓动的第一人。然而，对于这样一个人，他是如何从巴西来到澳门的，他在澳门是否有家室，被押送到果阿后又是如何处理的，后来的命运又如何，至今无人知晓，可谓来无影去无踪，昙花一现，令人感到十分神秘。若昂·奥维斯·内维斯说：

许多人都对他进行了研究，然而至今仍没有弄清楚他后来的去向，甚至连他何时来澳门也一直是个谜。②

他在澳门的所作所为“很可能是受到他的故乡争取自由独立思潮的影响，因为那一年正好是佩德罗王子宣布巴西脱离葡萄牙正式独立”。③

第六，在中方所有记录澳门总督的名录中，都把保利诺·施利华·巴波沙列为1822年至1823年执政的“总督”，虽然有

① ［葡］徐萨斯著，黄鸿钊、李保平译：《历史上的澳门》，澳门基金会2000年，第181页。

② João Alves das Neves, *A Imprensa de Macau e as Imprensas de Língua Portuguesa no Oriente*, Instituto Cultural de Macau, 1999, p. 78.

③ João Alves das Neves, *A Imprensa de Macau e as Imprensas de Língua Portuguesa no Oriente*, Instituto Cultural de Macau, 1999, p. 78.

时会冠以“独裁统治”四个字。[①] 这实在是一个不应该犯的错误。保利诺·施利华·巴波沙实际上是通过政变取得政权的，他在该时期执政从来没有合法的头衔，也没有得到正式的官方认可，因而不具有“合法性”，他只不过是掌控议事会的一名市政厅委员。葡萄牙的政局虽然对其十分有利，但保守派和制宪派正在浴血奋战，制宪派虽然势力强大，又得到人民的支持，但并没有真正掌握政权，无暇顾及澳门发生的事。保守的果阿政权更不可能承认这个“民间”选出来的“新生民主政权”。1822 年 8 月 19 日的议事会选举确实由巴波沙操纵，但在他提议下任命的所谓“军事总督”[②] 并不是他本人，而是 1817 年就已经担任澳门总督的海军准将卡布拉尔·阿布克尔克（Castro Cabral Albuquerque），而且由议事会通过选举来任命“军事总督”实在缺乏法律依据。更何况没过几天，巴波沙便怀疑卡布拉尔·阿布克尔克参与所谓的未遂政变，免去他“军事总督”的职务，并把他连同其他“军官和大部分驻军都关了起来，最后押送往果阿接受审判”[③]。施白蒂在《澳门编年史》19 世纪卷的《总督名录》中是这样记录的：“1822 年 8 月 19 日——市政厅，政府被篡权。”[④] 这说明虽然该时期在澳门实际执掌政权的是市政厅，而其代表人物又是巴波沙，但却是通过篡夺总督权力而取得的。这是比较符合史实的说法。

① 如黄启臣著《澳门通史》的澳门总督名录中将其列入总督栏目中，并标示为“独裁执政”，见黄启臣：《澳门通史》，广东教育出版社 1999 年，第 420 页；元邦建、袁桂秀编著的《澳门史略》：“1822 年（清道光二年）巴尔博托（即巴波沙）领导的专制委员会执政，成为澳门第 71 任总督。”见《澳门史略》，中流出版社 1988 年，第 293 页；黄庆华著《中葡关系史》下册《中葡大事记》部分：“1822 年 8 月——巴波沙（Major Paulinho da Silva Barbosa）就任第七十一届澳门总督”，见黄庆华：《中葡关系史》（下册），黄山出版社 2006 年，第 1285 页。然而在葡文史料中并无这样的记载。

② 卡布拉尔·阿布克尔克本来就是里斯本依法任命的总督，掌管澳门的一切军政权力。巴波沙操纵议事会将其“任命”为“军事总督”，实际上是为了剥夺他管理澳门的行政权，只负责军事权，将其降至 17 世纪以前的“兵头”地位。

③ ［葡］徐萨斯著，黄鸿钊、李保平译：《历史上的澳门》，澳门基金会 2000 年，第 178 页。

④ Beatriz Basto da Silva, *Cronologia de Macau*, *Século XIX*, p. 378.

第七，中国人民大学出版社于2004年8月第三次重印的《中国新闻事业通史》第192页中说《中国蜜蜂报》“是葡萄牙激进党的机关报，是现政府的支持者。主编安东尼奥是澳门教会的领导人和葡执政党的领导成员”[①] 此种说法有误。首先，当时在澳门以巴波沙为首的党派虽然在行为上表现激进，但他们是争取君主立宪的派别，而非“激进党”。另外，说《中国蜜蜂报》“是葡萄牙激进党的机关报”可以理解，但说他是“现政府的支持者”则表述不清。在当时情况下，从法理上看，里斯本和果阿任命的政府才是“现政府”。“现政府”和“立宪派”是对立的两方。“现政府”应该指以阿利亚加为首的里斯本任命的极端保守的政府，而保利诺·施利华·巴波沙中校领导的立宪派则是澳门市政厅的部分人及一些澳门土生人，他们从来没有支持过“现政府”，一直与执政的保守势力作针锋相对的斗争。他们从来没有正式掌握过政权。即使是当时的葡萄牙，在波尔图发动革命的立宪派也没有真正掌握过政权，只不过被王室利用而成为党派斗争的工具。其次，基于上面的分析，说“主编安东尼奥是澳门教会的领导人和葡执政党的领导成员”也是错误的。报纸主编安东尼奥·阿马兰特是道明会修士，他只是道明会的负责人，而道明会只是天主教的一个派别，因此他并非澳门教会的领导人。

二、澳门外报的发展

以1822年9月12日《中国蜜蜂报》第一期刊行为标志，澳门便成为开近代中国报业先河的先锋角色。由于19至20世纪澳门的局势十分混乱，区内及国际关系错综复杂，因此很难对澳门近代报业的发展进行分期。依笔者一管之见，澳门近代报业的发展大致分为三个阶段。第一阶段从1822年《中国蜜蜂报》创刊至澳葡总督阿马留1849年遇刺。笔者认为是澳门外报

① 方汉奇主编：《中国新闻事业通史》（第一卷），中国人民大学出版社1992年，第192页。

发展的初创期。第二阶段从鸦片战争爆发及澳门葡裔居民大规模外迁至民国建立，与第一阶段有稍许重叠。这是因为该时期形势纷乱，许多重大事件相互联系，纵横交错，互为因果，而且时间跨度相当之长，但又无明确的事件作为时间坐标。笔者以为该阶段是澳门外报的发展期。第三阶段从民国建立至1949年中华人民共和国建立，应是澳门外报的稳定期。

在澳门报业发展的过程中，参与办报的有各阶层人士。不仅有政府的官方刊物，也有民间的各种报刊；不仅有教会的，也有世俗的。从报刊内容上看，也是包罗万象，涉及各个领域。从形式上看，有报纸，也有杂志。从体裁上看，有新闻政治性刊物，也有文学艺术性刊物及专业性刊物，甚至有专门给儿童阅读的刊物，在澳门的新闻出版界形成一种百花齐放，百家争鸣的局面。

在澳门报业兴起的初期，占主导地位的出版物当然是葡文刊物，包括用葡文公布的《澳门政府公报》，另外还有中文和英文刊物，以及极少数的法文和西班牙文刊物。19世纪40年代以前，澳门是中国准许外国人居住及创办报刊的唯一地方。为了促进澳门报业的发展，英国人皮特·汤姆斯（Peter Thoms）专门带来一部有拉丁字元的印刷机，以便改善报纸的印刷品质。1815年，英国东印度公司就是用这部机器印刷了由罗伯特·马礼逊（Robert Morrison）编著的《英华词典》，这是历史上第一部正规印刷的英汉词典，具有重要意义。汤姆斯首次在澳门使用金属字模使中国的印刷技术及新闻出版发生了革命性的变化，从而为第一批新闻报纸在远东的出现创造了有利条件。

另一方面，由于澳门是当时中国唯一允许外国人定居的地方，并且在葡人管治之下，社会空间相对自由，因而也是创办各种出版物的当然理想场所。

> 律劳卑事件后，美部会的传教士感到在广州印刷中文传教材料不安全，1835年12月，决定将卫三畏（Samuel Wells Williams）的印刷所迁到澳门。①

---

① 吴义雄：《在宗教与世俗之间：基督教新教传教士在华南沿海的早期活动研究》，广东教育出版社2000年，第82页。

在此之前，中国当局曾于 1817 年 9 月在澳门查封过汤姆斯的印刷机，迫使澳门的出版印刷业几乎陷入停顿。汤姆斯于 1825 年 3 月离开澳门返回伦敦，但他留下了那部使用活动英文及中文铅字的印刷机。[①] 吴义雄在谈到卫三畏将广州印刷所迁至澳门的另一原因时亦提到："……在澳门的另一个好处，是可以借用东印度公司的中文字模。"[②] 这是因为当时东印度公司的总部亦由于前面提到的原因而设在澳门。

从 19 世纪初至 20 世纪中期，澳门究竟有多少外报，碍于语言障碍，除了能够使用葡语进行阅读及研究的学者外，至今没有人能说得清楚。即使偶尔有西人对此进行研究，也是含糊不清，说法不一。

戈公振先生在《中国报学史》书中仅罗列出 6 种澳门外文报刊，其中包括《澳门政府公报》。虽然他强调是"外国报纸之比较知名者"，而且"其言教务者未列入"[③]，但仅 6 份报刊似乎并不能概括澳门 19 世纪报业发展的全貌。

方汉奇主编的《中国新闻事业通史》可以说是研究中国新闻发展史的资料大全。该书认为"鸦片战争前在澳门共出葡文报刊 8 种；鸦片战争后至 1894 年共出有葡文报刊约 25 种，计澳门 17 种，香港 5 种，上海 2 种，广州 1 种。"[④] 虽然在这里用了一个"约"字为统计数字的准确性及可能的增补留出了可接受的空间，但这个空间与实际情况相比仍显太小。

那么，从 1822 年至清末时期澳门究竟有多少外文报刊呢？经过笔者近几年的研究，根据翻阅中葡双方不同的史料及文献，发现该时期澳门共创办外报 40 种。在这 40 种清末报刊中，除

---

① Geoffrey C. Gunn，trad. de José António de Sousa Tauares，*Ao Encontro de Macau-Uma cidade-Estado portuguesa na periferia da China，1557-1999*，Macau，CTMCDP，1998，p. 75.

② 吴义雄：《在宗教与世俗之间—基督教新教传教士在华南沿海的早期活动研究》，广东教育出版社 2000 年，第 82 页。

③ 戈公振：《中国报学史》，上海古籍出版社 2003 年，第 93 页。

④ 方汉奇主编：《中国新闻事业通史》（第一卷），中国人民大学出版社 1992 年，第 194 页注 3。

裨治文、卫三畏等传教士在澳门经营的6种英文报刊外，其余34种均为澳门土生葡人创办的葡文报刊。与此同时，澳门土生葡人还在香港创办各种报刊16种（其中包括中文报刊《近事编录》），在上海办报9种，在广州办报1种，共64种，这中间还不包括澳门葡人在香港和上海主办或者参与合办的中文、英文和法文报纸。统计数字远高于《中国新闻事业通史》。至20世纪中期总数更达100多种。

据王林研究，“鸦片战争后，外人在中国的办报活动进入了一个新阶段。在19世纪40年代到90年代，他们先后创办了近170种中外报刊，约占同时期中国报刊总数的95%”①。不知王林提供的数字是否包括澳门土生人在澳、港、沪创办的报刊在内。即使没有包括，也说明了仅有数千人口的澳门土生葡人在清末时期办报能力之强。

不少外国学者亦对澳门的报业发展情况进行了研究。出生在澳门的葡裔学者加布里埃尔·费尔南德斯（Gabriel Fernandes）认为，澳门至1888年创办了25种报刊；已故葡国学者文德泉神父（Pe. Manuel Teixeira）曾整理出一份报刊名单，其中收录了近代101种报刊（包括13种英文报刊及1种中文报刊）；而澳门著名土生学者高美士（Luís Gonzaga Gomes）则认为至20世纪中期，澳门有100种报刊（其中包括6种英文报刊）及另外158种出版物（包括30种年鉴、15份澳门政府预算报告、7份政府年度报告以及其他出版物）。② 虽然以上学者得出的数字不同，但都说明了自清末以来的近代，仅有几千人口的澳门土生族群在澳、港、沪等地创办报刊的热潮中发挥了重要作用。

据笔者阅读大量资料研究分析后，认为近代澳门创办的各种外报林林总总有80多种，如果加上澳门人在香港和上海等地创办的葡文、中文以及英法文报刊的话，总数达118种。以下是根据各种史料、文献及专著查阅到的该时期的澳门外文报刊发展情况。

① 王林：《西学与变法——〈万国公报〉研究》，齐鲁书社2004年，第1页。

② João Alves das Neves, *A Imprensa de Macau e as Imprensas de Língua Portuguesa no Oriente*, Instituto Cultural de Macau, 1999, p. 57.

（一）外报初创时期

从1822年9月《中国蜜蜂报》创刊至澳葡总督阿马留1849年遇刺，该时期为澳门外报发展的初创阶段。该阶段在澳门发行的除葡文报刊外，由于英国当时尚未占据香港，但又渴望在华传教及开展贸易活动，因此澳门也成为英文报刊的发行地和避难所，形成葡英两种报刊在澳门并行发展的局面。以下是该时期的主要外文报刊。

1. 《中国蜜蜂报》（*A Abelha da China*）：1822年9月12日创刊，1823年12月27日停刊。该报创办人是保利诺·巴波沙（Paulino da Silva Barbosa）中校，执行主编为道明会修道院修士安东尼奥·贡萨洛·阿马兰特（António de S. Gonçalo de Amarante）。《中国蜜蜂报》是政治性周刊。发行67期后由保守派接管，不久改名为《澳门周报》。关于该报的详细情况，可参阅程曼丽的《蜜蜂华报研究》。

GAZETA
DE
MACAO.
N.º II 1824.

《澳门周报》

2. 《澳门周报》（*Gazeta de Macau*）：《中国新闻事业通史》将其译作《澳门报》。亦有人将其译为《澳门钞报》。该报前身就是1822年创刊的《中国蜜蜂报》，因此也是由澳门议事会负责出版的官方报纸。《中国新闻事业通史》说该报“是葡国保守党的机关报”① 欠妥。因为虽然该报的前身是《中国蜜蜂报》，但它并不是政党的机关报，而是市政厅管理下的政府官报，至多算得上是政府的“公报”。与《中国蜜蜂报》的性质有很大不同。关于该报的出版日期有两种不同说法。澳门土生学者加布里埃尔·费尔南德斯认为该报于

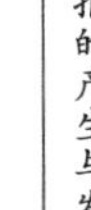

① 方汉奇主编：《中国新闻事业通史》（第一卷），中国人民大学出版社1992年，第192页。

1824 年 1 月 3 日创刊，而另一位葡国学者罗德里・马林（Rodrigo Marin）认为是 1824 年 1 月 1 日创刊[①]。查澳门民政总署图书馆现存该报并无第一期。但保存的第二期于 1824 年 1 月 10 日星期六出版。考虑到该报为周刊，可推定第一期应于 7 日前出版。故 1 月 3 日创刊说法为正确，而文德泉神父引用的马林记录有误。政府公布该报主编是奥斯定修道院的住院修士安东尼奥・若瑟・罗莎（António José da Rocha），但实际做编辑工作的是圣奥斯定修道院一名教授神学的修士。[②] 该报发行时间将近 3 年，于 1826 年 12 月由澳门市政厅宣布停刊。与其前身《中国蜜蜂报》一样，该报由市政厅自己的印刷所刊印。

3. 《广州记录报》（*The Canton Register*）：这是一份商业性报刊。方汉奇等认为《广州记录报》是"在广州出现的第一家英文报纸"。[③] 1827 年 11 月 8 日在广州创刊，但在香港开埠之前的大多数时间，报纸是在澳门发行的。报社位于澳门医院街（Rua do Hospital，现改名为伯多禄局长街，华人称其为白马行[④]）的渣甸洋行（即怡和洋行 Jardine Matheson & Co.）总部大楼内。报纸创办人是怡和洋行老板大鸦片商詹姆斯・马地臣（James Matheson），主编是才气横溢的美国费城人伍德（W. W. Wood），晚期则由琼・斯莱德（John Slade）主笔。该报发行 17 年，鸦片战争后迁港不久于 1844 年 3 月 30 日停刊[⑤]。

澳门土生史学家白嘉乐（J. M. Braga）认为该报大部分在澳门发行的原因是当时"外国商人在每个贸易季节结束后一定

---

① Pe. Manuel Teixeira, *Imprensa Periódica Portuguesa no Extremo Oriente*, Instituto Cultural de Macau, 1999, p. 12.

② 该种说法源于 Nicolau Rodrigues Pereira de Borja 神父于 1824 年 7 月 4 日的小册子，转引自 Pe. Manuel Teixeira, *Imprensa Periódica Portuguesa no Extremo Oriente*, ICM, p. 12。

③ 方汉奇主编：《中国新闻事业通史》（第一卷），中国人民大学出版社 1992 年，第 186 页。

④ 其原因是渣甸洋行正面墙上有一白马宣传标志。

⑤ 据余绳武、刘存宽主编的《十九世纪的香港》介绍，该报于 1863 年停刊。见该书第 321 页。

要离开广州”。[①] 因此，该报有半年在广州发行，半年在澳门发行。但在对华贸易出现困难或者麻烦时，便只能在澳门发行。报纸主编伍德是来自费城的美国人，于1825年来华，其父是颇有名气的作家。虽然是商业性报纸，但也刊登大量社会新闻，包括中国内地发生的重大事件和新闻，同时也报道澳门及居澳葡人的各种消息。《广州记录报》还邀请罗伯特·马礼逊（Robert Morrison）为其撰稿，为此每年付给他75英镑稿酬，以便其用于资助各种慈善活动。由于该报选题新颖，报道独特，深受居华外国人欢迎。1831年，伍德辞去报社职务，加入美资旗昌洋行（Russel & Co.）的印刷出版公司，并主编《中国差报与广州钞报》（*Chinese Courier and Canton Gazette*）。他在《广州记录报》的职务便由琼·斯莱德接替至1843年。《广州记录报》从1833年起有一商业副刊《广州行情报》（*Canton General Price Current*），不定期出版。香港开埠后，该报迁往香港，并于1843年6月20日改名为《香港广州记录报》（英文名 *The Hong Kong Late Canton Register*），由琼·凯恩斯（John Cairns）担任主编。

罗伯特·马礼逊

据方汉奇等人研究，“在广州，《广州记录报》是当时影响最大的外文报纸，也有不少海外订户。据1836年统计，每期有280份运往南洋、印度地区和英美一些主要商业城市”。[②]

4. 澳门早期还有一种报刊名为《依泾杂说》。关于该刊物的资料不多，仅见《中国新闻事业通史》提到该刊于1828年在

① J. M. Braga, *The Beginning of Printing at Macau*, *Separata de Stvdia n.°* 12, Julho de 1963, Lisboa, pp. 80—81.

② 方汉奇主编：《中国新闻事业通史》（第一卷），中国人民大学出版社1992年，第187页。

澳门创办，并认为“它是我国第一份中英文合刊的报刊，因讥讽官府被封”。[①] 关于该报的详细情况仍有待于进一步收集史料进行考证。

5.《广州杂文报》（*The Canton Miscellany*）：该杂志是一份文学月刊。文德泉神父认为该刊于 1831 年 6 月由英国东印度公司在澳门创办，1832 年 5 月停刊，仅发行一年。主编琼·戴卫斯（John F. Davis）和梅杰里班克斯（C. Majoriebanks）。瑞典史学家隆斯泰曾在该刊发表关于澳门的一系列文章。主要有《中国同外国早期往来》和《关于葡人在华居留》等[②]。这些化名发表的文章于 1832 年在澳门汇集成册以作者真名出版，成为今天研究澳门史的珍贵资料。《中国新闻事业通史》将该刊称为《广州杂志》，并认为该刊在广州创办，而且“印刷精美，绸缎封面，有著名作者为之撰稿”。[③] 笔者认为该刊“创”在广州有可能，但“办”在广州就有疑问，原因是当时中英两国由于鸦片问题而正处于争执之中，而英东印度公司名列鸦片贩运榜首，该公司资助的报纸能在广州站住脚令人生疑。更何况清政府在当时对外国人在中国境内办报的事一直持禁止态度。考虑到当时英国东印度公司总部设在澳门龙嵩街，笔者认为文德泉神父的说法更有道理。其实，《中国新闻事业通史》也说“鸦片战争期间，在广州出版的英文报刊全都迁至澳门继续刊行”了。[④]

6.《中国差报与广州钞报》[⑤]（*Chinese Courier and Canton Gazette*）：该报于 1831 年 7 月 28 日创刊，1833 年 9 月 23 日停刊。主编是美资旗昌洋行（Russel & Co.）的雇员伍德

---

① 方汉奇主编：《中国新闻事业通史》（第一卷），中国人民大学出版社 1992 年，第 193 页。

② Pe. Manuel Teixeira, *Imprensa Periódica Portuguesa no Extremo Oriente* ICM, 1999, p. 17.

③ 方汉奇主编：《中国新闻事业通史》（第一卷），中国人民大学出版社 1992 年，第 188 页。

④ 方汉奇主编：《中国新闻事业通史》（第一卷），中国人民大学出版社 1992 年，第 194 页。

⑤ 亦有人将该时期的报名“*Chinese Courier and Canton Gazette*”译为“中国信使报”。

(W. W. Wood)。与其亦曾担任过主编的《广州记录报》不同的是，该报是时事评论性刊物，特别是就重大事件及有关人物进行评论。1832 年 4 月 14 日，该报改名为《中国差报》（*The Chinese Courier*），但报纸的风格不变。该报有相当的版面报道欧洲的各种消息，其余为本地商业消息，包括介绍各种产品、机械等。据文德泉神父研究，该报的停刊似与其严厉批评东印度公司的某些措施有关。《中国新闻事业通史》亦认为该“报纸创刊后积极鼓吹自由贸易政策，反对东印度公司并为美国利益辩护，与《广州记录报》进行激烈争论。由于东印度公司和《广州记录报》在广州的西方社会中具有相当的影响，使《中国差报与广州钞报》失去了不少订户，给报纸带来经济困难”。[①]

7.《中国丛报》(*The Chinese Repository*)：是一份文学及历史月刊（杂志）。1832 年 5 月 31 日在广州创刊[②]，1852 年 8 月在香港停刊，前后共出版 20 卷。主编先是裨治文（Elijah Coleman Bridgman），后来是卫三畏（Dr. Samuel Wells Williams）。该报从 1842 年起至 1844 年 11 月在澳门印刷（《中国新闻事业通史》认为 1839 年 5 月迁澳门，鸦片战争后于 1844 年 10 月迁香港），1844 年 12 月号则在香港印刷。《大西洋国》杂志主编安东尼奥·马贵斯·佩雷拉（A. F. Marques Pereira）在谈到该报 20 卷合订本时认为，“这也许是本世纪描写中国历史、文学及民俗的最好著作”[③]。该报创始人及第一任主编是第一位来华的美国传教士裨治文，美国商人奥利凡特（D. W. C. Olyphant）为他提供了十分宝贵的财政支援，包括向他提供了广州的办报设施及购买了印刷设备。卫三畏是 1833 年加入该报的，主编报纸直到停刊。

① 方汉奇主编：《中国新闻事业通史》(第一卷)，中国人民大学出版社 1992 年，第 189 页。

② 方汉奇主编的《中国新闻事业通史》第 190 页认为该刊 1835 年创刊。估计为笔误。因为该《通史》于第 191 页又说“1833 年 10 月美公理会传教士卫三畏来到广州，主持刊物的印刷发行工作，随后也参与该刊的编辑工作”。在时间上有矛盾，但恰巧与文德泉神父指出的“卫三畏是 1833 年加入该报的”时间相符。

③ A. F. Marques Pereira, *Ephemerides Comemorativas da Historia de Macau e das Relaçoes da China com os Povos christãos*, 1868, cit. p. 42; Pe. Manuel Teixeira, *Imprensa Periódica Portuguesa no Extremo Oriente*, Instituto Cultural de Macau, 1999, p. 20.

该报主要撰稿人有罗伯特·马礼逊（Robert Morrison）、斯坦顿勋爵（Sir G. Stanton），大卫斯（J. F. Davis）、詹姆斯(James Legge)、包令（John Bowring）等人。虽然这是一份新教报纸，但它传递给读者的不仅仅是有关教会的新闻及信息，而是用大量的篇幅报道有关中国历史、文学、风俗以及时事等方面的新闻和评论。该刊发行量颇大，停刊后仍有大量库存，遗憾的是1856年12月14日香港外国商栈的一场大火将库存刊物全部焚毁。① 日本的丸善株式会社（Maruzen Co.）② 曾在东京将该报进行复制，并译成日文，但不幸的是第二次大战时由于大轰炸而损毁，仅抢救出第一至第十五卷。③

《中国丛报》以发表各类文章为主，所刊文章的体裁多种多样，有论文、游记、书信、大事记、调查材料、书刊评介、文件资料等等。此外，也刊载一部分消息和通讯。编者按的形式被该报广泛运用，偶有插图。鸦片战争后该报新闻栏取消。④ 1851年出版的《中国丛报》第二十卷还刊登了在华外国人名录，记录了五口通商后在广州、黄埔、香港、厦门、福州、宁波、上海等地定居的一千多名外国人。⑤

8.《澳门杂文编》（*The Evangelist and Miscellanea Sinica*）：该杂志是1833年（道光十三年）5月1日由马礼逊在澳门创办的新教刊物，主编是罗伯特·马礼逊（Robert Morrison），1833年8月1日被迫停刊，仅发行3个月。文德泉神父认为该杂志是月刊，共出6期，内地有些资料认为是周刊，共出4

① Pe. Manuel Teixeira, *Imprensa Periódica Portuguesa no Extremo Oriente*, Instituto Cultural de Macau, 1999, pp. 21-22.

② 日本丸善株式会社于1869年创于日本东京。

③ J. M. Braga, *The beginning of printing at Macao*, *separate de Stvdia*, n. 12, Julho de 1963, Lisboa, pp. 88-90.

④ 方汉奇主编：《中国新闻事业通史》（第一卷），中国人民大学出版社1992年，第191页。

⑤ Beatriz Basto da Silva, *Cronologia da História de Macau*, *Século XIX*, *DSEJ*, Macau, 1995, pp. 140-149.

期[1]，但根据1833年5月1日创刊至同年8月1日停刊3个月共出版6期的情况来看，应该是半月刊。

《澳门杂文编》创刊后在澳门的马礼逊亚本印刷所(Morrison Albion Press)印刷出版，有中英文对照栏目。由于该刊发行对象多为英美等国基督教教士及新教徒，宣传新教教义，天主教澳门总主教对此十分不满，便向澳门总督施压致函东印度公司，要求禁止该刊发行，并派员查封了亚本印刷厂，令该报不得不停刊。在澳门当局干预后，罗伯特·马礼逊被迫将该刊转移到广州印刷再出两期。

马礼逊于1833年10月10日致伦敦的信中曾讲述这一段历史：

> 去年我曾自费让伦敦运来一部先进的印刷机供我儿子约翰·马礼逊使用。

马礼逊在信中还提到曾向停泊在黄埔港的美国“马礼逊号”商船的船员散发小册子及四期宗教刊物《澳门杂文编》的情况：

> 有人向不懂英语的澳门罗马天主教主教控告这些小册子和《澳门杂文编》，于是他反对我和那些刊物，说不符合罗马天主教的教义。后来总督写信给（东印度）公司主管，要求停办该刊物，我不得不执行。东印度公司的印刷厂在澳门20年从未受到葡萄牙人干预，但这次他们却出面打击马礼逊印刷所出版这些刊物。继续到广州刊印同样前景堪虞。[2]

《中国新闻事业通史》认为“澳门的葡萄牙当局查封了亚本印刷厂，其理由是：1. 该厂所印书刊含有反对天主教的内容；2. 违反了葡政府有关在其领土上的印刷厂须经批准的规定”。[3]

---

① 见方汉奇主编：《报刊名录》，载《中国近代报刊史》，山西教育出版社1981年。

② J. M. Braga, ob. cit., pp. 110-111; citando as *Memories of the Life and Labours of Robert Morrison*, pp. 491-194，转引自 Pe. Manuel Teixeira, *Imprensa Periódica Portuguesa no Extremo Oriente*, Instituto Cultural de Macau, 1999, pp. 23-24.

③ 见方汉奇主编：《中国新闻事业通史》（第一卷），中国人民大学出版社1992年，第194页。

9.《澳门杂论》(*Chronica de Macao*):亦有人译为《澳门钞报》。半月刊,双栏排印。关于该刊的史料不多。据第一位研究澳门报业的葡国学者加布里埃尔·费尔南德斯认为,该刊于1833年10月12日创刊,1836年11月18日停刊,共出版45期。①但文德泉神父认为该刊直至1837年4月17日仍在活动,因为澳门市政厅在这一天致函该刊编辑,宣称公共财政厅已经没有《澳门杂论》的订阅者了。目前澳门民政总署图书馆仅存1835年出版的第11期和第20期。《中国新闻事业通史》认为该刊"创刊于1834年10月12日,初为周刊,后改为双周刊,刊登各类新闻和政治稿件。它的创刊曾引起广州报界注意,期望它成为《广州记录报》的积极竞争者"。②

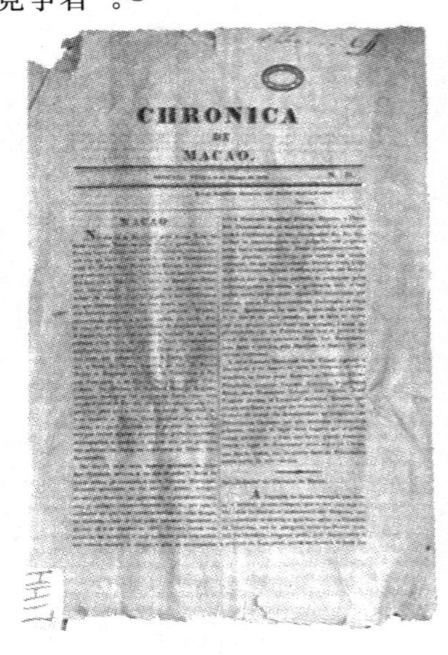

《澳门杂论》

10.《广州新闻报》(*The Canton Press*):英文报刊,1835年11月12日于广州创刊,后于1839年迁至澳门。其最后一期出版于1844年3月30日。《中国新闻事业通史》将该报译为《广州周报》,并指出"该报创刊于1835年9月12日",与葡文史料的月份不同。③ 首任主编是福兰克林(W. H. Franklin),后来是穆勒(Edmund Molher)。该报为周刊。1836年3月9日,澳门市政厅书记官曾致函《广州新闻报》编辑,要求该报提

① Pe. Manuel Teixeira, *Imprensa Periódica Portuguesa no Extremo Oriente*, Instituto Cultural de Macau, 1999, pp. 24-25.

② 方汉奇主编:《中国新闻事业通史》(第一卷),中国人民大学出版社1992年,第192页。

③ 方汉奇主编:《中国新闻事业通史》(第一卷),中国人民大学出版社1992年,第187页。葡文史料见Pe. Manuel Teixeira, *Imprensa Periódica Portuguesa no Extremo Oriente*, Instituto Cultural de Macau, 1999, p. 25。

供 3 月 5 日第 26 期发表的一篇具有攻击漫骂性质的假新闻作者的姓名。[①]《中国新闻事业通史》认为该报“是英商自由派的报纸，是《广州记录报》的主要对手。经济上受到颠地洋行（Thomas Dent and Co.）的支持。该报反对东印度公司，鼓吹自由贸易倾向”。[②] 该报注重对中国问题的研究，有关中国的新闻素材十分丰富。清末魏源编著《海国图志》中的许多材料都译自该报，说明该报对华人亦有重要的参考价值。

11.《恒定报》（*O Invariavel*）：葡文月刊，1834 年 8 月创刊。该报副标题为《新报》（Novo Jornal）。从第 3 期起改为半月刊。关于该报资料不多。

12.《澳门土生公正报》（*O Macaista Imparcial*）：葡文报刊，1836 年 6 月 9 日创刊，1838 年 7 月 4 日停刊，发行一年。《澳门土生公正报》是一种政治及新闻性综合刊物，每周两期，逢周一和周四出版。由澳门土生人费利克斯·菲利希安诺·克鲁斯（Félix Feliciano da Cruz）创办并担任主笔。关于该报宗旨，其编者在发刊词中做了这样的表示：

> 也许这份报纸会如同其他报纸一样并不值得受到欢迎，但我们承诺的公正性将捍卫政治和民主新闻的真实，如实报道进出（澳门）的客人和船只情况。…… 希望公众认可我们的工作。[③]

这也是为何该报取名使用“imparcial”这一形容词的原因。除社会政治新闻，该报还留出头版栏目专门刊登政府官方通告及法令。澳门市政厅曾就此向该报表示感谢，并于 6 月 10 日在该报刊登了几则通告。《澳门土生公正报》在菲利希安诺自己的印刷所（Tipografia Feliciano）印刷发行，双栏排印，发行至 1837 年 7 月 5 日后改为周报。1838 年 7 月，政府勒令该报停刊，至此共出

---

① Pe. Manuel Teixeira，*Imprensa Periódica Portuguesa no Extremo Oriente*，Instituto Cultural de Macau，1999，pp. 24-25.

② 方汉奇主编：《中国新闻事业通史》（第一卷），中国人民大学出版社 1992 年，第 187 页。

③ 发刊词，转引自 Pe. Manuel Teixeira，*Imprensa Periódica Portuguesa no Extremo Oriente*，Instituto Cultural de Macau，1999，p. 27.

版 158 期。现澳门存 1837 年的 25 期及 1838 年的 28 期。

需要指出的是，自戈公振先生起，中国的报业研究一直把该报译为“帝国澳门人报”，并且以讹传讹，使这个令人感到奇怪的名称流传至今。所以出现这种情况，是最初译者将葡文中的“imparcial”一词误当成是“imperial”。前者是“公正”之意，而后者是“帝国”之意。另外，葡文“macaista”一词指“澳门土生人”，故笔者将该报译成《澳门土生公正报》。《中国新闻事业通史》在谈到该种报纸时有这样的介绍：

O MACAISTA IMPARCIAL,
E
Registro Mercantil.

CIRCULAR.

1837 年 7 月 19 日
《澳门土生公正报》

> 有重要影响的则为《帝国澳门人报》（Macaista Imparcial）……1836 年末，在主要对手《澳门钞报》（即《澳门杂论》）停刊以后，它的社会影响更见增大，至 1838 年 7 月 24 日，终因触犯当道被澳葡当局封禁。①

13. 《澳门政府公报》（*Boletim Official do Governo de Macau*）：1838 年 9 月 5 日正式出版，出版 17 期后于该年 12 月 26 日停刊。② 1846 年复刊后延续至今。根据葡萄牙政府 1836 年 12 月 7 日法令第 13 条规定，要求各海外省出版政府公报。两年后，该法令才在澳门执行。于是由澳门政府秘书长负责编辑出版该种政府公报，俗称“宪报”。

然而，内地不少学者对《澳门政府公报》的内容和性质认识不清，把它同普通的民间报纸混同起来。由于该报是澳门一

---

① 方汉奇主编：《中国新闻事业通史》（第一卷），中国人民大学出版社 1992 年，第 193 页。

② 施白蒂认为该刊出版 5 期后于 1839 年 1 月 9 日停刊。按施的看法推断该刊是月刊，但实际上应是周刊。

份重要的官报，而且延续至今，因而有必要在这里澄清。《中国新闻事业通史》说：

> 在持不同政见的报纸不断遭扼杀的同时，1838 年 9 月 5 日，亲政府的《澳门政府公报》（*Boletim Official do Governo de Macao*）创刊了。它是在澳葡当局的庇护之下出版的，被认为是澳门政府机关报的先驱。1839 年 1 月更名为《澳门公报》，之后再更名为《中国葡人报》，约出至 1843 年停刊。①

BOLETIM OFFICIAL
DO
GOVERNO DA PROVINCIA DE MACAU E TIMOR
澳門地扪憲報
SEGUNDA-FEIRA, 24 DE DEZEMBRO DE 1894.—SUPPLEMENTO AO N.º 51
禮拜一日 壹千八百九十四年十二月廿四日 甲午年十一月廿八日 第五十一號附報
PARTE OFFICIAL

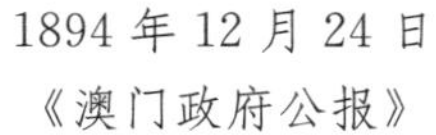

1894 年 12 月 24 日
《澳门政府公报》

以上这段介绍有诸多错误之处。首先，《澳门政府公报》是按照葡萄牙中央政府的规定和要求必须出版的官方政府公报，与“持不同政见的报纸不断遭扼杀”无任何关系。当时葡萄牙的所有“海外省”都必须出版“政府公报”；第二，由于《澳门政府公报》出版本身就是澳门总督领导下的行政当局运作的一部分，因而谈不上“亲不亲政府”的问题，更谈不上“在澳葡当局的庇护之下出版”，《澳门政府公报》的所有出版和编辑人员都是政府的公务员；第三，《澳门政府公报》只刊登政府法令、文书通告、政府合约、工程批给、人事任命等官方文件，从来不刊登新闻、评论、社评等一般新闻报纸的内容，不代表任何党派的利益，亦不存在一般政党报刊所需要的宣传民众动员民众的问题，因而它并不是政府或者政党的机关报，因此也谈不上是“机关报的先驱”；第四，该刊 1839 年 1 月暂时停刊，因而不存在所谓的改名问题，1846 年后曾多次更名，但从来没有过《澳门公报》的名称；第五，说“之后再更名为《中国葡人报》”

---

① 见方汉奇主编：《中国新闻事业通史》（第一卷），中国人民大学出版社 1992 年，第 193 页。此处外文报名引错，应为“Boletim Official do Governo de Macau”。

就更加荒唐了，被百姓俗称为“宪报”的《澳门政府公报》创刊至今已170年，澳门回归祖国后改名为《澳门特别行政区政府公报》，从来没有改变过“政府公报”的性质。而所谓的《中国葡人报》可能是指1839年9月2日创刊的《葡萄牙人在中国》（*O Portuguez na China*），这是一种私营的规模不大的新闻政治性期刊，是一种民间报纸，并且于1843年停刊。不知是何原因，《中国新闻事业通史》把风马牛不相及的这两种报刊混为一谈。最可能的原因是《葡萄牙人在中国》的创办人佩加杜亦曾编辑过《澳门政府公报》，故将两报混淆了。

《澳门政府公报》于1838年9月5日正式出版。文德泉神父认为该刊著名编辑人员有卡洛斯·高德拉（Carlos José Caldeira，1850年9月10日任职）和安东尼奥·马贵斯·佩雷拉（António Feliciano Marques Pereira，1860—1862）。但澳门历史档案馆庋藏的该报创刊号所记载的编辑者是著名澳门报人佩加杜（M. M. D. Pegado）。该刊由澳门土生印刷公司（Tipografia Macaense）印刷出版[①]。但施白蒂认为，澳门宪报至1839年1月9日仅出版5期。后停刊至1840年1月8日，似与前述有别。根据1836年12月7日法令第13条规定，《澳门政府公报》用于发布各种官方法令政令。1855年2月14日的训令又规定在该刊物上公布收藏的各种重要文件。《澳门政府公报》从1840年4月起先后由若干民间印刷公司承印，包括施利华·苏沙（Silva e Sousa）、约翰·史密斯（John Smith）、曼努埃尔·科多瓦（Manuel Cordova）、若瑟·施利华（José da Silva）等人的印刷所印刷。1870年，改由澳门土生人飞南第印刷所承印，直到1901年1月5日才交由刚组建的澳门政府官印局承印。最初的《澳门政府公报》每逢周六出版，3栏排印，其页数根据需要而定。1879年2月6日，澳门总督卡洛斯·科莱亚·施利华（Carlos Eugenio Correia da Silva）通过第25号训令规定“宪报”用葡中两种文字出版，但一般情况下只有内容涉及华人事务时才会

① 汤开建、吴志良主编：《澳门宪报中文资料辑录（1850—1911）》，澳门基金会2002年，第IX页。

有不完整的中文译文。

《澳门政府公报》的中文内容（并非中文版）是1850年才出现的。据吴志良认为：

> 在华洋共处分治时期，葡人只需维持内部自治而不必跟当地华人居民产生正式关系，完全可以不理会中文在澳门社会上的实际情况，而将官方语言仅定为葡文。为了推行殖民统治，澳葡当局就不得不跟“被殖民者”即人口占多数的华人居民打交道。而1850年正是澳葡当局加紧推行殖民措施的时候，《政府公报》部分译成中文出版，即在一定程度上从官方承认中文的客观存在及其地位，也就不足为奇了，且所刊大多数中文文告的内容基本上是关于缴税收租之类的事宜。①

澳门政府“宪报”在170年的漫长发展过程中，根据不同时期的形势变化及行政区域划分曾多次改名。

表3 澳门政府“宪报”不同时期的名称

年　代	葡文名称	中文译名（直译）
1838年创刊时	*Boletim Official do Governo de Macau*	澳门政府官方公报
1846—1856年	*Boletim do Governo da Província de Macao, Timor e Solor*	澳门、帝汶及梭罗省政府公报
1856—1866年	*Boletim do Governo de Macao*	澳门政府公报
1867年	*Boletim do Governo de Macau e Timor*	澳门及帝汶政府公报
1867—1890年	*Boletim da Província de Macau e Timor*	澳门及帝汶省公报
1891—1896年	*Boletim Official do Governo da Província de Macau e Timor*	澳门及帝汶省政府官方公报

① 汤开建、吴志良主编：《澳门宪报中文资料辑录（1850—1911）》，澳门基金会2002年，第XII页。

续表

年　代	葡文名称	中文译名（直译）
1896—1927年	*Boletim Official do Governo da Província de Macau*	澳门省政府官方公报
1928—1951年	*Boletim Oficial do Governo da Colonia de Macau*	澳门殖民地政府官方公报
1951—1999年	*Boletim Oficial de Macau*	澳门政府公报

除了上述主要报刊，在澳门外报的初创期还有以下几种葡文报刊。其中影响较大的有《澳门周刊》、《葡萄牙人在中国》和《澳门土生代言者报》等三种。其余报刊多数发行时间不长。

14. 《澳门土生邮报》（*O Correio Macaense*）：亦有人译为《澳门差报》，葡文政治文学月刊，于1838年10月创刊，1839年3月停刊，仅出6期。除文德泉神父提到该报外，其他史料不详。

15. 《真正爱国者》（*O Verdadeiro Patriota*）：葡文刊物，于1838年创刊，1839年停刊，共出10期。除文德泉神父提到该报外，其他史料不详。《中国新闻事业通史》将该报外文名误引为“O Verfadciro Patriota”。

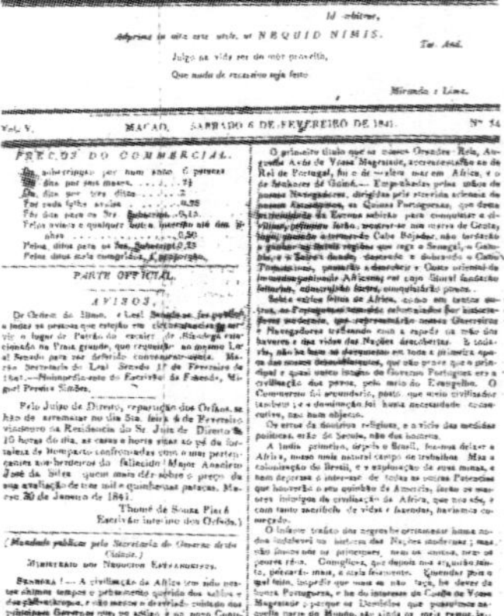

O COMMERCIAL.

NEQUID NIMIS.

Julgo na vida ser do mór proveito,
Que nada de excessivo seja feito

Miranda e Lima.

Vol. V. MACAO, SABBADO 6 DE FEVEREIRO DE 1841. Nº 34

PREÇOS DO COMMERCIAL.

PARTE OFFICIAL.

AVISOS.

1841年2月6日出版的《商报》葡文

16. 《商报》（*O Commercial*）：葡文刊物，于1838年创刊，1842年中停刊。除文德泉神父提到该报外，其他史料不详。幸运的是，澳门中央图书馆尚存1841年34—36期共3期，有待研究。

17. 《澳门周刊》（*Gazeta de Macau*）：葡文周刊，与1824年的《澳门周报》（*Gazeta de Macau*）同名，但并非同一刊物。1839年1月17日创刊，1839年8月29日停刊。双栏印刷，部分版面用于刊登官方文件。其前22期由澳门土生印刷所（Tipografia Macaense）承印，后 10 期由《澳门周刊》自己的印刷所承印。该新闻性周刊由澳门土生人曼努埃尔·迪亚斯·佩加杜（Manuel Maria Dias Pegado）担任主编。共出版 32 期。该报用部分版面刊登政府文件、葡国重要新闻，以及同中国政府官员就有关事务往来的信函译文等，其中部分内容涉及外国商人，特别是英国商人在广州经商问题、船只在伶仃洋停靠问题、鸦片贸易问题，等等。该报的另一特点是刊登船期消息，内容极其详细，包括船只进出港口的日期、船长姓名，有时还会公布搭乘轮船的旅客姓名及运送货物的有关资料。从 1842 年 3 月 20 日起，还公布广州交易货品的价格，以及澳门海关进出商品的详细记录。在提供商情资讯方面，比 15 年前的《中国蜜蜂报》有了很大进步。同时，该报还刊登有关人士的来往信函，包括著名的阿利亚加（Miguel de Arriaga）、西蒙（Simão Vicente da Rosa）、若昂男爵（Barão de S. João）、若昂·卡斯特罗（João de Deus de Castro）等人的书信。当本地消息匮乏时，该报会连篇累牍地刊登欧洲各地的新闻，如里斯本、马德里、巴黎、伦敦、巴塞罗那、罗马等城市的新闻，甚至有彼得堡、奥德萨、直布罗陀的消息。该报有时还会报道在日本、缅甸等地生活的葡侨情况。

18.《葡萄牙人在中国》（*O Portuguez na China*）：新闻政治性期刊。《中国新闻事业通史》将该报同《澳门政府公报》混淆。该报于 1839 年 9 月 2 日创刊，1843 年停刊。加布里埃尔·费尔南德斯认为该报于 1843 年创刊。但文德泉神父通过查阅澳门市政厅的档案，证明此说并不准确，因为该报主编佩加杜（M. M. Dias Pegado）曾于 1841 年致函市政厅送去出版的报纸，说明该报在此日前就已经存在。另外，1842 年 8 月 11 日市政厅决定结束对该报进行新闻检查，使该报在遵守

O PORTUGUEZ NA CHINA.

《葡萄牙人在中国》（期刊）

1837 年 11 月 10 日法律的前提下有较大发行自由。这些都说明该报创办早于 1843 年。鸦片战争刚结束，《葡萄牙人在中国》迅速公布了查尔斯·埃里奥特（Charles Elliot）于 1841 年 1 月 20 日宣布中英谈判结果，及向英国割让香港声明的葡文译文。该期报纸非常珍贵，因为今天已经不可能得到英文声明的原始文本。

19.《澳门土生灯塔报》（*O Farol Macaense*）：于 1841 年 7 月 23 日创刊，1842 年初停刊，发行不到半年。在费利克斯·菲利希安诺·克鲁斯（Félix Feliciano da Cruz）的“亚美尼亚印刷公司”出版。由于发行时间很短，其史料不详。《中国新闻事业通史》将该报外文名误引为“O Pharol Macaense”。

20.《澳门土生曙光报》（*A Aurora Macaense*）：政治新闻刊物。1843 年 1 月 14 日创刊，1844 年停刊，由费利克斯·菲利希安诺·克鲁斯的亚美尼亚印刷公司印刷出版。

21.《中国孤独者》（*O Solitário na China*）：周刊。1844 创刊，同年停刊，发行时间不长。该报在澳门土生葡人巴拉达斯（F. C. Barradas）的西西里亚印刷所印刷出版。

22.《澳门土生代言者报》（*O Procurador dos Macaístas*）：文学政治周刊。发行时间长达一年半，于 1844 年 3 月 6 日创刊，最迟在 1845 年 9 月 2 日停刊，因为澳门市政厅于该日要求《澳门土生代言者报》推举新的担保人。报纸主编佩加杜（M. M. Dias Pegado）于 9 月 9 日复函市政厅，指出原担保人若瑟·莱莫斯（José de Lemos）的担保期至 1846 年 3 月 6 日才能终止，故无正当理由不得中断。然而市政厅认为此属个人之间的协议，不予理会，坚持要求该报如果继续出

PROCURADOR DOS MACAISTA

Macao, Quinta feira 24 de Abril de 1845.

PARTE OFFICIAL.

Da Repartição do Governo.

O Governo Britannico, e Portugal.

1845 年 4 月 24 日

《澳门土生代言者报》

版发行，必须15天内提出新的担保人，否则立即停刊。鉴于市政厅档案并无记载新担保人的记录，所以该报的停刊日期应该是1845年9月2日。《澳门土生代言者报》由前述创办《葡萄牙人在中国》的土生报人佩加杜印刷出版。

（二）以《大西洋国》为标志的葡文报刊复苏

从鸦片战争爆发、澳门总督阿马留遇刺及澳门葡裔居民大规模外迁，至中华民国成立的差不多六七十年时间里，澳门报业经历了从沉寂到复苏的重大变化。其中从1845年至1863年，这18年无任何民间报纸在澳门出现。澳门此阶段报业发展的短暂沉寂主要有这样几个原因。一是由于葡萄牙国内复辟后的王室收紧了新闻出版政策，特别是印葡果阿政府极端保守，利用中国政府应付西方列强战争的机会，加强了对澳门的管理，伺机改变澳门地位；二是里斯本派来的新总督阿马留采取强硬政策，一方面大肆扩张领土，另一方面加紧对内的控制，使澳门形势变得异常紧张；三是阿马留遇刺后澳门葡裔居民人心惶惶，对前景失去信心，前途很不明朗；四是香港开埠为忧患中的居澳葡人带来希望，掀起迁港移民高潮。这样一来，直到1863年才以《大西洋国》周报创刊为标志，开始了澳门报业发展的第二阶段。

《大西洋国》（*Ta-Ssi-Yang-Kuo*）：新闻历史文学周刊。1863年10月8日创刊，1866年4月26日停刊。发行时间两年半。该刊由果阿出生的澳门土生报人若瑟·加布里埃尔·费尔南德斯（José Gabriel Fernandes）创办。该刊物使用了近似“官话”的中文译音刊名“Ta-Ssi-Yang-Kuo”（大西洋国）。刊名来自一个传说：据说利玛窦于1600年进入北京后，明神宗皇帝问他来自哪里，他便用“大西洋国”这四个字做了回答。《大西洋国》的主要撰稿人除了主编安东尼奥·马贵斯·佩雷拉（Marques Pereira），还有亚历山大·塔沃拉（Alexandre Meireles de Távora）、格里高利·里贝罗（Gregório José Ribeiro）、安东尼奥·奥古斯都教士（António Maria Augusto de Vasconcelos）、热罗尼姆·阿布克尔克（Jerónimo Osório de Castro Cabral Albuquerque）和曼努埃尔·桑巴约（Manuel de Sampaio）。虽然《大西洋国》仅发行两年，但该刊从 1863 年 10 月至 1866 年 4 月共出版 134 期。1995 年由澳门政府教青局和澳门基金会重新汇集影印成单行本出版。由于《大西洋国》刊登了许多历史及文学方面的系列文章，甚至对某些问题进行过深入细致的研究，故具有颇高的学术性，在推动澳门史甚至中国近代史研究方面，发挥了当时其他报刊所不能起到的重要作用。至今仍是学者研究澳门史不可或缺的史料来源。

有趣的是，《大西洋国》在历史上有两个不同版本，不仅内容有异，性质不同，而且不是同一地方出版。一个是 1863 年在澳门出版的新闻性质的周刊《大西洋国》，一个是 1899 年在葡萄牙里斯本出版的学术性质的半年刊《大西洋国》。这两个《大西洋国》虽然性质不同，时代不同，但却有着密切的渊源关系。也正是由于这个原因，《大西洋国》才会在澳门的报业史上占有重要地位。我们将在第四章作深入分析。

《独立报》（*O Independente*）：该报是一种政治新闻半月刊，3 栏排印。《独立报》于 1868 年 8 月创刊，1898 年 7 月 24 日停刊，发行 30 年，在澳门私人民间报刊中是历史较长的报刊之一。然而该报在 30 年中几经停刊，死而复生，发展历程十分坎坷。第一次停刊发生在创刊次年，由总督安东尼奥·苏沙（António Sérgio de Sousa）海军上将勒令停刊。《独立报》的创办人若瑟·施利华（José da Silva）是一位十分执著的澳门土生报人，虽然不惑之年才涉足报业，但面对社会及政治方面的重重困难，坚持不懈地发展他的新闻事业，从而在澳门报业发展史中独树一帜，他的《独立报》成为发行历史最长的报纸之一。这在当时政府和教会两面夹击的严酷政治形势下是十分不易的。据文德泉神父介

1898 年 4 月 17 日的澳门《独立报》

绍，该报编者若瑟·施利华曾多次由于在报纸上发表批评政府和教会的观点及看法而遭暴力袭击、罚款甚至被抓进监狱。《独立报》还编辑并出版了澳门第一部知识型年鉴，取名《澳门葡中通鉴》，在该报自己的印刷所印制。①

《澳门土生新闻报》（*O Noticiário Macaense*）：里斯本地理学会1885年的文件记载该报葡文名称为“O Noticiador Macaense”。《澳门土生新闻报》是一种政治性周刊。1869年1月11日创刊，1870年2月24日停刊。该报的创建人之一是著名澳门土生葡人伯多禄的五弟米格尔·艾理斯·施利华（Miguel Aires da Silva）。该报从创办到停刊仅一年。

《东方报》（*O Oriente*）：该报是政治性周刊。1869年10月10日创刊，1879年1月21日停刊，前后发行共10年。同一两年就停刊的大多数其他报刊相比，已属长命。尤其是该报的反政府及反教会倾向使其经营十分困难，曾于1872年被总督仁伯爵（Conde de S. Januário）查封。该报创办人及主编是澳门土生葡人弗朗西斯科·施利华·马加良斯（Dr. Francisco da Silva Magalhães）。马加良斯坚持捍卫本地土生人的利益，并为该种信念而努力，因此该报具有浓厚的反政府及反宗教倾向，不仅报纸被查封，马加良斯本人也被仁伯爵总督流放到帝汶。

GAZETA DE MACAU
E TIMOR
澳門新聞紙
SEMANARIO POLITICO, LITTERARIO, E NOTICIOSO
RESPONSAVEL—FRANCISCO DE SOUSA

1872年9月20日出版的葡文《澳门新闻纸》创刊号，葡文报名直译为《澳门帝汶周报》

《澳门新闻纸》（*Gazeta de Macau e Timor*）：直译“澳门帝汶周报”，该报是新闻政治性周刊。3栏排印，1872年9月20日

① Pe. Manuel Teixeira, *Imprensa Periódica Portuguesa no Extremo Oriente*, Instituto Cultural de Macau, 1999, pp. 40-42.

创刊，1874 年 3 月 20 日停刊，发行时间一年半。虽然该报名称包含“帝汶”一词，但其中很少有关于帝汶的内容，主要报道澳门的各种消息。报名包含“帝汶”，主要是因为当时澳门和帝汶在行政上被划为同一省份。取名“澳门帝汶周报”有利于在葡裔居民中提高该报的正统性及知名度。也正是因为如此，该报编辑选择中文译名时并未包含“帝汶”一词，而是使用了《澳门新闻纸》的译法。

报纸在澳门土生人飞南第家族的商业印刷公司（Tipografia Mercantil）印刷发行，每逢周五出版。创办人是弗朗西斯科·普拉谢（Francisco de Sousa Placé），由出生于波尔图的作家梅斯内尔（Pedro Gastão Mesnier）担任主编。由于梅斯内尔是总督仁伯爵的私人秘书，同时又是葡国驻中国、日本、暹罗等地外交使团的秘书，因而该报风格严谨，具官方倾向，代表的是葡国派来官员的利益，因而经常遭受自由主义报刊的攻击和谩骂，特别是受到代表本地土生葡裔利益的《独立报》和《大公报》的攻击。《澳门新闻纸》在迫不得已的情况下也会对这些报纸做一些回应，但一直保持审慎的态度，不做过多的纠缠。《澳门新闻纸》也登载一些有价值的文章，如 1872 年的《帝汶经济社会研究》，1872 年由若瑟·安德拉德（José Ignacio de Andrade）撰写的关于澳门土生人打击中国海盗及英军强行进入澳门的回忆录等①。

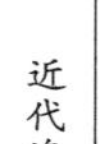

《大公报》（*O Imparcial*）。该报于 1873 年 4 月 5 日创刊，发行不久即停刊。具体停刊日期不详，但从《澳门新闻纸》于 1873 年 9 月 16 日评论《独立报》和《大公报》的文章中提到“《大公报》终于消逝了，他不是从天上掉到地下，而是自己跌倒了”② 的说法，该报最迟应该在该日前停刊。该报代表了世代在澳门居住的葡亚裔土生人的利益，因为其主要撰稿人多为澳门本地名流，包括律师安东尼奥·巴斯托斯（António

① Pe. Manuel Teixeira, *Imprensa Periódica Portuguesa no Extremo Oriente*, Instituto Cultural de Macau, 1999, p. 44.

② Pe. Manuel Teixeira, Cf. *Gazeta de Macau e Timor*, do dia 16 de Setembro de 1873, citado pelo, p. 46.

Joaquim Bastos)、塞尔高男爵（Cercal)、安东尼奥·梅罗（António Alexandrino de Melo)、维森特·保罗（Dr. Vicente de Paulo）以及萨拉特维奇·皮特（Salatwichy Piter）等人。从撰稿人的阵容来看，该报是澳门本地上流社会人士交流的园地。

《澳门报》(*Jornal de Macau*)：政治性报刊。于 1875 年 4 月 1 日创刊，1876 年 3 月 8 日停刊，发行一年。关于该报的资料不多。1931 年有同名报，为双日刊。

《澳门土生报》(*O Macaense*)：政治新闻文学周刊。从报名看，这是代表澳门土生人利益的报纸。于 1882 年 2 月 28 日创刊，先后由大众印刷公司（Tipografia Popular）和商务印刷公司（Mercantil）承印发行。每期 4 版，4 栏排印。先是半月刊，1882 年 6 月改为周刊。主编是澳门土生人曼努埃尔·施利华（Manuel José Maria Gonçalves da Silva)。虽然他生于葡国北部一个名叫“船栈”（Ponte da Barca）的小镇，但随当兵的父亲来到澳门时年仅 6 岁，因而是在澳门土生族群中成长起来的，逐渐融入澳门土生族群社会。他从圣约瑟学院毕业后在一所小学任教师，热衷于慈善事业，并于 1882 年创办了《澳门土生报》。

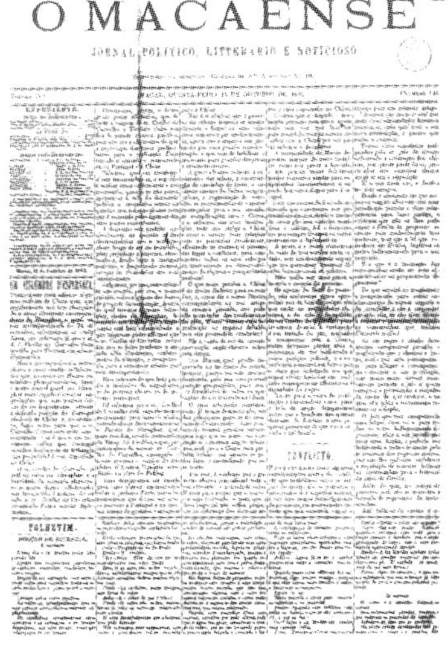

O MACAENSE

JORNAL POLITICO, LITTERARIO E NOTICIOSO

1885 年 10 月 15 日

《澳门土生报》

O MACAENSE

Jornal Politico, Litterario e Noticioso

報新鏡豪

EXPEDIENTE.

PREÇO DA ASSIGNATURA

ANNUNCIOS

NOSSOS CORRESPONDENTES

TRANSFERENCIA DO GOVERNADOR

AS REVOLTAS NA CHINA

1891 年 12 月 17 日含有中文报名的葡文《澳门土生报》，中文名《豪镜新报》

曼努埃尔·施利华于1885年10月21日英年早逝，年仅35岁。接替其担任主编的是澳门本地律师安东尼奥·巴斯托斯（António Joaquim Bastos）。主要撰稿人有澳门土生人伯多禄（Pedro Nolasco da Silva）、哈特·米内尔（J. L. Hart Milner）、卡斯提略·若瑟（Castilho e Patricio José da Luz）等人。由于《澳门土生报》的撰稿人多为了解本地情况的土生人，故文章内容颇具本地特色。如1883年12月27日登载的前葡国驻暹罗领事恩里克·普罗斯特斯（Henriques Prostes）的《关于东方葡裔社会的报告》；1884年1月24日的《澳门语言》；1884年2月7日的《澳门理事官名录》；1886年7月1日至8日连载的《澳门史概要（至1846年5月）》，该文转引自外科医生安东尼奥·马亚（António Maia）的《澳门自由港的回忆》（*Memoria sobre a franquia do porto de Macau*）；1883年8月分三次连载的《圣若瑟修道院》；1884年6月12日的《柬埔寨的葡萄牙人》等等。

在澳门中央图书馆发现两种不同的《澳门土生报》，后者自取中文名《豪镜新报》。前者从1882年至1886年，后者从1888年至1892年。报纸风格有很大不同，且报馆地址不同。是否同一报纸，待进一步考证。澳门中央图书馆存报至1892年。

《澳门邮报》（*O Correio de Macau*）：该报是政治新闻文学性周刊。于1882年10月15日创刊，1883年8月5日出完第43期后停刊。发行时间不到一年。《澳门邮报》分8栏排印，在《澳门邮报》自己的印刷所印刷发行。该报创办人及主编是马努埃尔·桑托斯（Manuel Joaquim dos Santos），后来赴帝汶担任教师，估计也是由于报纸的政治观点引起争议而被迫离开澳门。

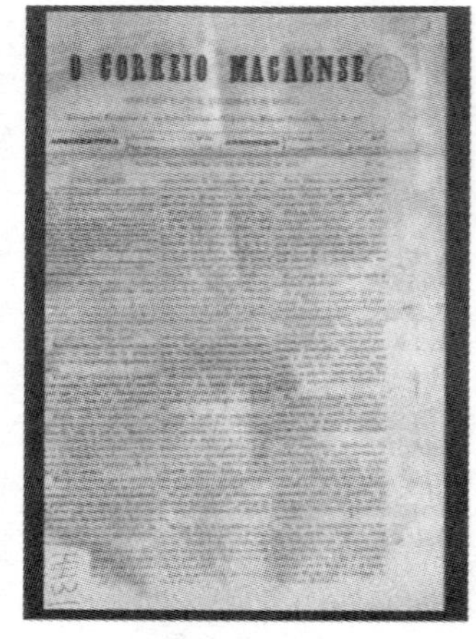
O CORREIO MACAENSE

《澳门土生邮报》

《澳门土生邮报》（*O Correio*

Macaense)：政治新闻文学周刊。于 1883 年 9 月 2 日创刊，由该报印刷所印刷发行，逢星期二出版。需要说明的是，早于 45 年前的 1838 年澳门亦出现过同名刊物。1883 年的《澳门土生邮报》由澳门土生人安东尼奥·特列斯（António Gomes da Silva Teles）创办并任主编。虽然该报冠以新闻及文学性，但大多数版面都热衷于本地的政治争论，因此该报并不受读者欢迎，订阅者甚少。《澳门土生邮报》曾于 1888 年停刊，但又于 1889 年 2 月 8 日复刊。直到该年 12 月该报仍在发行，但确切停刊日期不详。

《使徒之声报》（*A Voz do Crente*）：天主教周刊。于 1887 年 1 月 1 日创刊，1894 年 12 月 29 日停刊，逢星期六出版，发行时间近 8 年。共出版 8 卷（每年为一卷）419 期。澳门民政总署图书馆存报仅至 1893 年。该报由来自葡萄牙的修道院神父若瑟·马利亚·克鲁斯·西蒙（José Maria da Cruz Simeão）创办，安东尼奥·伯杰斯（António Borges）任主编，在圣若瑟修道院印刷所印刷。该报主要由神父编辑，但亦有世俗人士，包括当时的著名律师安东尼奥·巴斯托斯（António Joaquim Bastos）。从 1889 年起，该报仅限于报道本地琐碎新闻及沉闷的教会消息，读者渐渐对其失去兴趣。但该报也刊登过有研究价值的文章，特别是关于澳门、帝汶及东方葡萄牙人的消息和报道，如 1887 年 4 月 5 日的《帝汶的悲剧》，1887 年 5 月 28 日的《刺杀马亚总督案始末》，分别从 1887 年 4 月 16 日和 1887 年 7 月 2 日开始连载的报业研究专家加布里埃尔·费尔南德斯的两篇长文《澳门主教的报告》和《澳门报业研究》，等等。其中，《澳门报业研究》的发表说明对澳门报业的最早研究始于 1887 年。

A VOZ DO CRENTE
SEMANARIO CATHOLICO
MACAU
SABBADO, 1 DE JANEIRO DE 1887
EXPEDIENTE
AOS NOSSOS LEITORES

1887 年 1 月 1 日澳门《使徒之声报》创刊号

《自由报》(*A Liberdade*)：1890 年创刊。文德泉神父记录为 1893 年 7 月 19 日是笔误。因为紧接着他就提到该报 1890 年出版的报纸。主编为澳门土生葡人若瑟·施利华（José Cesário da Silva)。该报有两篇连载文章颇有研究价值：一篇是从 1890 年 8 月 30 日至 10 月 18 日连载的《澳门历史上的一页》，介绍英人登陆澳门的情况；另一篇是从 1890 年 9 月 13 日开始连载的《歼灭中国海盗的回忆》，内容记述歼灭海盗张保仔的经过。该文还涉及英军登陆澳门的情况。①

《葡萄牙东方报》(*O Oriente Portuguez*)：关于该报史料不多，仅知其于 1892 年 4 月 20 日创刊，1893 年底或者 1894 年初停刊，发行时间已不算太短。

《澳门土生回声报》(*Echo Macaense*)：政治新闻文学周刊。于 1893 年 7 月创刊，1899 年 9 月 24 日停刊，发行时间长达 6 年之久。创办人是孙中山在澳门的土生葡人朋友飞南第先生（Francisco Hermenegildo Fernandes)。从 1896 年 4 月 26 日起，该报由澳门土生文化精英伯多禄先生（Pedro Nolasco da Silva）担任主编，由康斯坦修·若瑟·施利华（Constâncio José da Silva）担任总监。从 1897 年 4 月 11 日起，由飞南第本人担任主编。1899 年，该报由于批评政府而遭勒令停刊，飞南第和另一位编辑巴斯托斯也遭到指控。

ECHO MACAENSE
SEMANARIO POLITICO, NOTICIOSO E LITTERARIO
N.º 63 MACAU 26 de setembro de 1897 5.º ANNO

1897 年 9 月 26 日
《澳门土生回声报》

虽然该刊经常被卷入政治争论之中，但不乏有价值的史学学术文章，其中最为突出的是长篇连载了瑞典史学家隆斯泰的

① Pe. Manuel Teixeira, *Imprensa Periódica Portuguesa no Extremo Oriente*, Instituto Cultural de Macau, 1999, p. 51.

《早期澳门史》（又译作《葡萄牙人在华居留史纲》）。该文是根据美国波士顿1836年出版的英文版本译成的葡文版本，从1893年开始在《澳门土生回声报》连载，至1896年12月才全文发完，历时3年之久。

接着，《澳门土生回声报》又于1897年12月19日开始连载汤姆森（J. C. Thomson）在英文报刊《中国记事报》（*Chinese Recorder and Missionary Journal*）上发表的长篇史学文章《澳门历史笺注》（*Historical Landmarks of Macao*），葡文版标题是"Notas Historicas sobre Macau"。1895年，该报开始连载关于澳门仁慈堂的一系列文章；1896年，刊登关于湾仔岛的三篇文章；1897年，刊登关于澳门人口的系列文章；1896年，刊登关于北京葡萄牙人墓地的文章。① 这些文章对研究澳门历史具有重要意义。

《卢济塔尼亚报》（*O Lusitano*）：亦可译为《葡侨报》，持独立观点周刊。1898年8月28日创刊，1899年12月停刊，发行时间1年4个月。报馆设在岗顶夜姆斜巷（Calçada do Gamboa）。该报是巴波沙（Artur Tamagnini de Abreu da Mota Barbosa）政府的御用报纸，主编为内维斯·塔瓦列斯（Elísio Fernandes das Neves Tavares）。一年后，内维斯赴葡参加药剂师考试，回来后开设澳门大药房。报纸于同年停刊。《卢济塔尼亚报》主要撰稿人多为澳门土生葡人，主要有若昂·卡布拉尔（João Albino Ribeiro Cabral）、奥拉修·博雅列斯（Horácio Poiares）、若昂·瓦斯科（João Pereira Vasco）等人。

《澳门教区通讯》（*Boletim Eclesiástico da Diocese de Macau*）：该杂志是澳门教区月刊。于1903年7月创刊，最初由圣若瑟修道院印刷厂承印，1907年转而在慈幼孤儿院印刷所（Tipografia do Orfanato Salesiano da Imaculada Conceição）印刷。该报由澳门主教若昂·保利诺·卡斯特罗（D. João Paulino d'Azevedo e Castro）创办。第一任总监及主编是马尔塞罗·若瑟·鲁斯

① Pe. Manuel Teixeira, *Imprensa Periódica Portuguesa no Extremo Oriente*, Instituto Cultural de Macau, 1999, pp. 54-55.

(Marcelo José da Luz)。1903 年 10 月发行第四期后，由弗朗西斯科·沙维尔·雷梅久斯（Francisco Xavier dos Remédios）任主编。1926 年末，在澳门出生的土生人教士若昂·罗萨里奥（João Clímaco do Rosário）曾担任主编；从 1928 年 9—10 月间，来自葡国的弗朗西斯科·布拉甘萨（Francisco Bonito Bragança）神父接任主编；1929 年 4 月由里斯本的教士安东尼奥·巴雷托（António Barreto）继任；1932 年 7 月，由马修斯·罗沙（Mateus Conceição Rocha）继任；1934 年 5 月，由文德泉神父（Pe. Manuel Teixeira）继任。

《澳门教区通讯》是清朝末年澳门创办的一种十分重要的教会刊物。创刊初期，该月刊仅有 22 页，第一期上仅刊载两份教会文件。到了 1932 年，该刊每期达 80 页，累积一年达一千多页，而且配有各种插图。1946 年 1 月，文德泉神父返葡休假，但仍担任主编，直到 1947 年 4 月由莫拉斯·萨尔门多（Moraes Sarmento）教士接替。后来，又相继由安东尼奥·努内斯·科斯塔（António Maria Nunes da Costa，1948）、拉米罗·布朗库（Ramiro Dias Branco，1954）、茹里奥·奥古斯托·马萨（Júlio Augusto Massa，1957，总监）、若昂·奥维斯·古特雷斯（João Baptista Alves Guterres，1957，主编，澳门土生人）及阿杜尔·内维斯（Artur Augusto Neves，1962）等神父担任杂志主编。《澳门教区通讯》所包含的史料十分丰富，不仅汇集了葡萄牙东方传教会的各种文件资料，而且记录了葡萄牙在澳门实施管治的许多资料。人们所熟知的澳门史学家文德泉神父研究澳门史的所有文章几乎都在该刊物上发表过。

《求实报》（*A Verdade*）：周刊。于 1908 年 11 月 19 日创刊，1911 年 4 月停刊。发行时间两年半。该报主编是康斯坦修·若瑟·施利华（Constâncio José da Silva），主要编辑人员有若瑟·莱戈（José Maria Ernesto Palmeira de Carvalho e Rêgo）和贡萨维斯（V. A. Gonçalves）。1910 年 12 月 7 日，该刊被政府当局查封停刊，次年 1 月，该报又复刊，但维持不到 3 个月，又再次停刊。至 1911 年 4 月 22 日，《求实报》共出版 123 期。该报主编康斯坦修·若瑟·施利华遵循其父亲若瑟·

施利华当年创办《独立报》时的方针，将该份报纸变成政治斗争的舞台，不断刊登攻击性的反教会文章。然而，康斯坦修·若瑟·施利华到晚年却改变了对教会的立场，变成一位十分虔诚的天主教徒。①

《新生活周报》（*Vida Nova*）：该报自取中文名《澳门新镜报》，是新闻政治周刊。于1909年1月3日由路易斯·诺拉斯库·施利华（Dr. Luiz Gonzaga Nolasco da Silva）创办，1910年11月27日停刊，发行时间近两年，共出版100期。路易斯·诺拉斯库·施利华是著名澳门土生学者伯多禄的儿子。该报秘书是弗朗西斯科·沙维尔·施利华（Francisco Xavier Anacleto da Silva），总监是恩里克·诺拉斯库·施利华（Henrique Nolasco da Silva），主编是路易斯·埃里斯·施利华（Luiz Aires da Silva），可见该报具有家族性质。②《新生活周报》逢星期日出版，4栏排印，在位于水坑尾巷9号的该报印刷所印刷发行。该报仅发行两天便由于报道澳门军队内部的骚乱事件而被政府勒令停刊，后又复刊。该报刊登的主要文章有《远东的葡萄牙》、《澳门历史笺注》、《中国重要文献》、《中国书简》、《路环海盗》等系列文章。③

VIDA NOVA
SEMANARIO
POLITICO E NOTICIOSO
澳門新鏡報

1910年9月18日葡文《澳门新镜报》，直译为《新生活周报》

① Pe. Manuel Teixeira, *Imprensa Periódica Portuguesa no Extremo Oriente*, Instituto Cultural de Macau, 1999, pp. 73-74.

② Pe. Manuel Teixeira, *Imprensa Periódica Portuguesa no Extremo Oriente*, Instituto Cultural de Macau, 1999, pp. 73-74.

③ Pe. Manuel Teixeira, *Imprensa Periódica Portuguesa no Extremo Oriente*, Instituto Cultural de Macau, 1999, pp. 74-75.

（三）澳门外报的稳定发展

从 1911 年的辛亥革命，至 1949 年中华人民共和国宣布成立的 38 年时间里，无论在国际还是国内都发生了天翻地覆的变化，伴随着这些变化，澳门的报业也如同世界其他地区一样进入了稳定发展时期。在国际方面，该阶段发生了对人类造成重大影响的两件大事：第一次世界大战和第二次世界大战。在中国国内方面，则经历了三次国内革命战争和抗日战争，其中包括所谓的“十年内战和八年抗战”。剧烈的社会动荡和战争带动的科技革命促进了新闻报业的迅速发展，办报技术和手段日趋先进和完善。这一时期的报纸排版精细，字模更加清晰美观，照相技术的发展使出版物变得图文并茂，电报及电传的运用使报纸的新闻时效大增，所有这些变化都使得澳门的报业发展越来越现代化，采访、编辑、排字、印刷、发行分工细化，日趋成熟。

葡萄牙和中国推翻帝制建立共和的革命差不多同时进行，也差不多同时取得成功。在此后的 1913 年 11 月 20 日，澳门又出现一种新的报纸《葡人报》（*O Português*）。关于该报目前能够查阅到的资料甚少，仅知其创刊和停刊日期。该报于 1914 年 1 月 10 日停刊，发行不足两个月即告夭折。

O PROGRESSO—20 DE SETEMBRO DE 1914

ELEGIAS CHINESAS.

III

SOBRE O TERRAÇO

IV

EM U-CH'ANG

在武昌作

登臺

LOCAL

1914 年 9 月 20 日《进步报》上刊载明代诗人王廷相和徐祯卿的五律诗歌及庇山耶的葡文译文

接着，具有独立倾向的《进步报》（*O Progresso*）于 1914 年 9 月 6 日在澳门创刊，该刊为周刊，逢星期日出版，至 1918 年 7 月 28 日出版至第四年第 48 期后停刊，由该报设于医院街（现白马行）7 号的自家印刷所印刷。该报创办人兼总监和主编是伯多禄家族的路易斯·诺拉斯库·施利华(Dr. Luiz Gonzaga Nolasco da Silva)。该报分四栏排印，其宗旨为捍卫远东葡人利益。诗人庇山也曾为该报撰稿。《进步报》在停刊时向读者发表告别信，指出在不受尊重的气氛环境下很难将报纸继续维持下去。①

《信仰与祖国》(*Religião e Pátria*)：这是一种天主教新闻月刊。在长达半个世纪的时间里，该刊经历十分复杂。于 1914 年 5 月创刊，1920 年 4 月宣布停刊。6 个月后于同年 11 月又复刊，至 1927 年 12 月又停刊，发行时间长达 13 年半，后迫于形势改名《肇庆使团之声报》继续出版。该刊发行时每期 20 页，至 1920 年 11 月复刊时改为 24 页，规格为 22.5cm×15.5cm。该刊创刊之初在香港中环干诺道 25 号诺罗尼亚（即有些专著中提到的朗诺也或罗朗也，葡文为 Noronha）的印刷所出版发行。该刊的创办人是澳门土生葡人若瑟·马利亚·佩雷拉（José Maria Gonzaga Pereira)。若瑟·马利亚·佩雷拉还出版若干其他教会刊物，包括通鉴，并且印制年历等。1925 年，该刊曾以《肇庆使团之声报》和《信仰与祖国》合刊的形式出现，同样在香港印刷。1931 年 5 月，《信仰与祖国》脱离《肇庆使团之声报》独立，并改为周刊在澳门出版发行。版面改为 8 版，由埃里亚斯·马尔萨（Elias Marçal）负责，报纸的编辑及管理隶属于澳门圣若瑟修道院，印刷工作则在慈幼印刷所完成。《信仰与祖国》发行 22 年后，于 1935 年 5 月由于财务出现困难又改为半月刊，每期仅 8 版。二战期间经营更加困难，不得不向政府请求支援。从 1953 年 7 月起，该报又改为周刊，版面增加为 24 版。从 1955 年起，潘日明神父担任《信仰与祖国》的发行人及主编。1963 年 1 月，该刊再次改版，由周刊改为半月刊，版面规格变小，但增加到 32 页，并增加了文学内容，以便吸引更多读者。令人不解的是，改版后不久，由于潘日明神父去欧洲度假，《信仰与祖国》竟然停刊了 5 个月，至 1963 年 7 月潘神父

① Pe. Manuel Teixeira, *Imprensa Periódica Portuguesa no Extremo Oriente*, Instituto Cultural de Macau, 1999, p. 77.

返回澳门后才得以复刊。至 1965 年，该报彻底停刊，历时 51 年，在澳门外刊中实属罕见。

民国初年，正值欧洲世界大战时期，又有一种教会背景的期刊在澳门出现。这就是教会月刊《东方月报》（*Oriente*）杂志。1915 年 1 月创刊，1915 年 12 月由于经费困难无法支持而停刊，发行时间仅 11 个月。该刊在慈幼孤儿院印刷所印刷发行。1 月至 12 月的合订本共有 588 页，并配有精美插图。该报创办人及主编是高若瑟神父（Pe. José da Costa Nunes），主编后成为澳门主教及罗马枢机主教。《东方月报》出版发行时间不长，但却是一份记录葡萄牙人在远东活动的珍贵杂志，文德泉神父称其“可以与若昂·马贵斯（J. F. Marques）的《大西洋国》媲美”。①

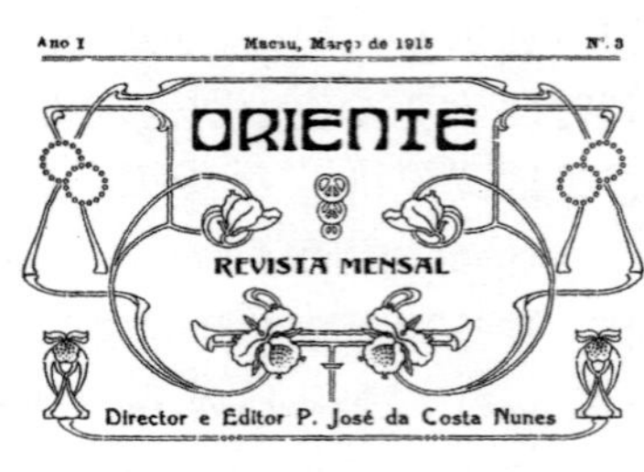

AS COLONIAS MACAENSES

Sam numerosas e importantes por todo esse Extremo-Oriente. Em quasi todas as cidades abertas ao comercio se encontra um filho desta terra, lutando, suando, trabalhando pela vida num esforço incessante e continuo.

Sam bocados da patria dispersos. Sam energias que nos pertencem, mas que a fatalidade das cousas empurrou do torrão natal. Sam actividades nossas postas ao serviço de estrangeiros, valorisando-lhes o comercio, as industrias e as artes.

É pena, mas é um facto perante o qual nos temos de curvar. E' pena, porque o macaense com as suas aptidões, com a sua facilidade de adaptação, com as suas qualidades de trabalho, com o conhecimento do meio oriental, poderia ser um elemento de valor no progresso desta terra, a que o ligam laços de sangue e patriotismo.

89

《东方月报》

与《东方月报》名称相似的还有一种报纸，即《葡萄牙东方报》（*O Oriente Portuguez*）。需要指出的是，该报与前面提到的 1892 年的《葡萄牙东方报》并非同一种报纸。该报于 1915 年 7 月 23 日创刊，但并无教会背景，其创办人是来自葡萄牙的律师卡洛斯·梅洛·莱登（Dr. Carlos de Melo Leitão）和凯萨·安德拉德（César de Andrade），主编是澳门市政厅的共和派土生人达米扬·罗德里格斯（Damião Rodrigues），总监是雅戈斯·加西亚斯（Jacques Gracias）。该报是一份持独立观点的周报，其创办目的是为了葡萄牙议会的竞选活动。具体地说，是助选卡洛斯·梅洛·莱登担任葡议会参议员，助选政府秘书

① Pe. Manuel Teixeira, *Imprensa Periódica Portuguesa no Extremo Oriente*, Instituto Cultural de Macau, 1999, p. 96.

长平托·莱洛担任众议员。后来两人成功当选，与该报的努力是分不开的。从该报人员组成来看，主要是澳门市政厅人员，因而代表的利益群体应该是澳门土生人。卡洛斯·梅洛·莱登本人亦曾担任澳门市政厅主席。《葡萄牙东方报》在相当长一段时间里卷入同《进步报》的争拗和论战。

《殖民地周报》（*A Colónia*）：该报于 1918 年 5 月 4 日创刊，1919 年 4 月 26 日停刊，发行一年。该报分 4 栏排印，社长兼总监是后来担任澳门政府官印局局长的马林·沙维斯（Rodrigo Marin Chaves），同年 8 月由安东尼奥·马丁斯·施利华（António Martins da Silva）担任报纸总监及主编。该刊为周报，至停刊共出版 52 期，发行整一年。《殖民地周报》曾刊载一些涉及澳门重大历史事件的纪念性文章或报道。如 1918 年 7 月 13 日专门辟栏纪念 1849 年关闸阿马留遇刺事件中的麦健达①，重温 1850 年在澳门流传的一些诗抄；1918 年 8 月 23 日用整整一个版面回忆 1850 年马利亚二世号战舰在氹仔发生爆炸的惨剧，等等。

《澳门报》（*Macau*）：该报于 1918 年 12 月 16 日创刊，1919 年 10 月 5 日停刊，发行不到一年。该周报以刊登艺术、文学、社会内容为主。主编翁贝托·塞维利诺·阿维拉尔（Humberto Severino de Avelar）毕业于葡萄牙科英布拉大学法律系，后来任澳门利宵中学教师。该报主要撰稿人有高若瑟（José da Costa Nunes）神父和曼努埃尔·门德斯（Manuel da Silva Mendes），他们均在利宵中学担任教师工作。由于他们的加入，使该报得以保持较为高雅的文学艺术风格。

---

① 麦健达（Vicente Nicolau de Mesquita），又译作维森特·尼古劳·梅斯基塔。澳门葡萄牙驻军炮兵中尉。1849 年 8 月，澳门总督阿马留在关闸附近被华人义士刺杀身亡后，麦健达率 32 名士兵攻占关闸外的北山岭清军炮台，并炸毁清军火药库。麦健达因此而晋升为上校。后被任命为氹仔驻军司令。不久因妻子情变而精神分裂，杀死妻女后投井自杀。其最小的儿子弗朗西斯科·梅斯基塔亦为报人，在上海任记者及《澳门土生邮报》撰稿人。前澳门市政厅广场曾立有麦健达全身纪念铜像，于“文化大革命”期间被澳门左派群众推倒。现澳门北区的美副将大马路（Av. Coronel Nicolau de Mesquita）和氹仔的美上校马路（Estrada Coronel Nicolau de Mesquita）均以其姓名命名。

《青年半月刊》(*A Juventude*)：该刊于1919年1月1日创办，1919年7月1日停刊，发行仅半年。该刊主编是阿杜尔·戈尔德伊罗（Artur Cordeiro），总监是卡洛斯·马尔萨（Carlos Marçal），主要编辑人员有澳门土生葡人维森特·努内斯（Vicente Nunes）等。从3月15日起，总监换为安东尼奥·卡洛斯（António Carlos），6月1日又换成维森特·努内斯。至停刊共出版13期。该报的主要特点是，办报人多为圣若瑟修道院将来不准备做神父的学生。该刊在第一期发刊时宣称，“这些青年人的目的是出版一本小杂志，以便为将来成为作家打好基础”[①]。正是因为如此，该刊更多地体现了文学性和艺术性。

《自由报》(*O Liberal*)：于1919年5月3日创刊，1924年1月19日出完第199期后停刊。该报为独立共和派周报，自1922年1月5日起第三年第一期改为每周两刊。报馆设在议事会前地17号。主编是安东尼奥·马尔丁斯·施利华（António Martins da Silva），从1922年1月5日起，由前参议员恩里克·瓦尔德斯（Henrique Valdez）担任主编，康斯坦修·若瑟·施利华（Constâncio José da Silva）担任社长，巴波沙·皮雷斯（J. Barbosa Pires）担任编辑部秘书。在这中间发挥重要作用的是军人出身的恩里克·瓦尔德斯[②]。这位创建了澳门航海学校的海军军官在《自由报》上撰写了许多文章。《自由报》曾在1922年的葡萄牙议会大选活动中为桑托斯·蒙特罗（Santos Monteiro）和博杰斯·德加杜（Borges Delgado）竞选参、众两院议员而造势，但最终双双落败。《自由报》在制造舆论方面不敌当时的另一份报纸《舆论周刊》是其中一个主要原因。

《澳门土生周报》(*O Macaense*)：19世纪末曾有同名报纸，但性质内容不同。于1919年5月11日创刊，1921年1月30日出至第二年第38期时停刊，发行不到两年。该报是共和派周刊，出版人是共和派人士达米扬·罗德里格斯（Damião

---

① Pe. Manuel Teixeira, *Imprensa Periódica Portuguesa no Extremo Oriente*, Instituto Cultural de Macau, 1999, pp. 102-103.

② 时任海军一级中尉，“祖国号”炮艇舰长。

Maximiano Rodrigues)，澳门土生人，行政总监是卡洛斯·阿尔梅达（Carlos Eugenio de Almeida)。

《爱国者》(*O Patriota*)：《爱国者》是葡文半月刊，于1919年7月1日创刊，1919年9月16日停刊，发行仅两个半月。出版6期。该报8栏排印，由市政厅前地17号《自由报》的印字馆印刷，其创刊人是澳门土生葡人阿杜·安东尼奥·博杰斯（Artur António Tristão Borges)，主编兼行政总监是尼古拉斯·博杰斯（Nicolas Borges)，出版人是弗朗西斯科·安东内斯（Francisco Antunes)。该报停刊主要是由于阿杜·安东尼奥·博杰斯退出。

《人民回声》（*O Echo do Povo*)：于1919年8月11日创刊，1924年8月23日停刊，发行5年。需要指出的是，该《人民回声》不同于19世纪在香港发行的同名葡文报纸。马林·沙维斯（Rodrigo Marin Chaves）集该报社长、出版人、编辑等职务于一身。该报为季刊，3栏排印，属赠阅性质。该报先在飞南第家族的商务印刷馆印刷，后在市政厅前地17号的《自由报》印刷所印刷。《人民回声》报是一份坚定的共和派报纸。

《学术报》(*A Academia*)：月刊，1920年10月5日创刊，1921年6月停刊，发行仅8个月。该报3栏排印，是澳门利宵中学的学术性校刊。令人奇怪的是，该报创办人为该校学生佩德罗·施利华（Pedro Correa da Silva)，而主编却是该校校长卡洛斯·伯杰斯·德加杜（Carlos Borges Delgado)。原因可能有三：一是该学生有才气，有能力负责该份期刊；二是

Orgão do Liceu Central de Macau

A ACADEMIA

FOLHA MENSAL

O Fim dos Romanof

Secção Historica

A Casa d'Habsbourg

澳门利宵中学的校刊《学术报》

学校希望学生通过办报提高语言及文学水准；三是该学生有其背景，因为其父亲是当时的澳门总督恩里克·施利华（Henrique Monteiro Correa da Silva）。但毕竟是学生刊物，经验不足。故由校长亲自担任主编，以保证刊物的质量。事实上，参与该报工作的学生中有许多人后来都成为葡萄牙或澳门的文学精英，其中上述澳门总督的第二个儿子若阿金·巴素·达尔古（Joaquim Paço d'Arcos，此为笔名）后来就成为葡萄牙的著名作家。

《舆论周报》（*A Opinião*）：该报是持独立政治观点的新闻周刊，于 1921 年 11 月 24 日创刊。，1922 年 5 月 25 日停刊，4 栏排印，发行半年，共出版 27 期。报纸在南湾街 7 号的印字馆印刷。其发行人是澳门土生葡人若昂·利马·格拉西亚斯（João Jacques de Lima Gracias），有党派背景。与《葡萄牙东方报》的情况相似，《舆论周报》亦为葡萄牙的大选活动造势而创办，其目的是推介弗朗西斯科·施利华（Francisco da Silva）和费雷拉·罗沙（Ferreira da Rocha）分别竞选参议员和众议员。该次大选于 1922 年 1 月 29 日举行，结果是弗朗西斯科·施利华战胜对手桑托斯·蒙特罗（Santos Monteiro）成功当选参议员，费雷拉·罗沙亦以 178 票对 158 票超出对手博杰斯·德加杜（Borges Delgado）成为众议员。报纸在党派政治斗争中的作用由此可见一斑，《舆论周报》名副其实。该报热衷于政治斗争，矛头直指澳门总督恩里克·施利华（Henrique Monteiro Correia da Silva），甚至称其为“执政航船的蹩脚舵手”。

A OPINIÃO

SEMANARIO INDEPENDENTE

EDITOR—JOÃO JACQUES DE LIMA GRACIAS

AOS ELEITORES

A GREVE DOS MARITIMOS

AS ELEIÇÕES

HERALDO DE GOA

1922 年 1 月 26 日的《舆论周报》

1921 年 12 月 8 日创刊的《欧华利》（*Nun'Alvares*）半月刊具有宗教背景，但它是以发表文学作品为主的半月刊，在教

Nun'Alvares
Publica-se duas vezes por mês

A imprensa

1921 年 12 月 8 日《欧华利》半月刊

会慈幼孤儿院印刷。印制精美。该刊于 1923 年 8 月 15 日停刊，发行不到两年。创办人是来自葡萄牙北部波尔图地区维堡（Viana do Castelo）的教士安东尼奥·萨尔门多（António de Morais Sarmento）。[①] 萨尔门多神父生于 1878 年，知识渊博，对历史有深入的研究，创报之初计划宏伟，可惜他没有坚持下来，致使本来很有前途的一份文学期刊过早夭折。该刊曾登载高若瑟神父及时任官印局局长的马林·沙维斯的一些文章。

《祖国报》（*A Pátria*）：该出版物是属于澳门教士团体的一份周刊，6 栏排印，于 1924 年 7 月 1 日创刊，1925 年改为日报，1928 年 4 月 30 日停刊，发行近 5 年。该刊名义主编是法兰西斯科·沙维尔（Francisco Xavier dos Remédios），具体由圣若瑟修道院安排行政管理、编辑印刷等业务，由天主教慈幼孤儿院印刷所印刷。该报撰稿人力量强大，而且涉及领域广泛。甚至国际上都有学者为其供稿，如英国史学家博克塞。撰稿人还有注重文学的澳门主教高若瑟，专门记述澳门趣闻轶事的卡洛斯·欧维斯（Carlos Alves）等人。[②] 香港的澳门土生学者白乐嘉亦偶尔用普拉东（Platão）的笔名为《祖国报》撰稿。

《战斗报》（*O Combate*）：政治及新闻性周刊。1923 年 12 月 6 日创刊，1927 年 7 月 24 日正式停刊，断断续续发行了三年半的时间。从该报副标题“为了祖国及共和”这几个字就知道

① Pe. Manuel Teixeira, *Imprensa Periódica Portuguesa no Extremo Oriente*, Instituto Cultural de Macau, 1999, p. 117.

② Pe. Manuel Teixeira, *Imprensa Periódica Portuguesa no Extremo Oriente*, Instituto Cultural de Macau, 1999, p. 119.

该报的办报宗旨。《战斗报》的出版人是来自葡萄牙波尔图的多明戈斯·罗沙·杜格（Domingos Gregório da Rosa Duque）上尉，总监是卡洛斯·阿尔梅达（Carlos Eugénio de Almeida)。虽然多明戈斯·罗沙·杜格是一名军阶不高的军官，但他孜孜不倦地为澳门报业工作了31年。[①]《战斗报》于1924年3月30日出版第19期后曾被迫停刊，一个多月后的5月8日又出第20期，1926年10月21日根据新的新闻出版法令又遭停刊，1927年1月6日再度复刊。由该报屡次遭禁可见《战斗报》的出版人员并没有吸取其他报刊停刊的教训，依然保持犀利辛辣的办报风格及对权势的批判态度。

多明戈斯·罗沙·杜格上尉

葡文的《澳门日报》（*Diário de Macau*）是新闻文学历史性刊物，这是澳门第一份每日出版的葡文日报。[②] 对澳门的报业发展具有划时代的意义。该报于1925年9月1日创刊，1925年11月29日停刊，共出版65期。该报开始为4栏排印，从第45期改为5栏排印。发行人是安东尼奥·马利亚·萨尔门多（António Maria de Morais Sarmento）。本来该报由克莱雅·门德斯（Correa Mendes）先生、安东尼奥·马利亚·萨尔门多教士和著名史学家白乐嘉（José Maria Braga）三人发起创办并编辑。由这三支不同领域的笔杆子加盟本应把报纸办得很好，更何况这是澳门第一份日报。如果能坚持下来一定是澳门非常有价值的一份报刊。然而这三个人始终坚持该报不问政治的原则，而参与办报的另一位教士路加士（Lucas）由于收取了一位参加

---

① Henrique Rola da Silva，*Informação Portuguesa de Macau*，GCS，1992，p. 96

② Pe. Manuel Teixeira，*Imprensa Periódica Portuguesa no Extremo Oriente*，Instituto Cultural de Macau，1999，p. 126.

政治选举的人的资助，一定要在报纸中加入政治内容，于是该三人宣布退出编辑工作，成为澳门报业史上的遗憾。从 11 月 19 日起，由达米扬·罗德里格斯（Damião Rodrigues）担任报纸主编。

《事实报》（*A Verdade*，葡文名称与 1908 年的《求实报》同名），持独立观点的报纸。每周出两期，逢星期四和星期日出版，分 4 栏排印，于 1927 年 7 月 31 日创刊，1929 年 4 月 23 日停刊，共出版 231 期。有趣的是该报登记的业权人（社长）是一位女药剂师，名字叫索菲娅（Sofia Agrebom），这很可能是澳门第一位名义上的女性葡裔报人。然而该报实际所有权属于曾创办过《战斗报》的军人主编多明戈斯·罗沙·杜格上尉。从 1927 年 10 月 4 日起，该报改为每周出 3 期，逢每周二、四、六出版。至停刊共出版 231 期。从时间和办报人员来看，除名称相同，该报应同 1908 年的《求实报》无任何关系。其实，该报的前身应该是前面提到的《战斗报》，因为在该报 1927 年 7 月 31 日的发刊词中这样写道："由于无法说明的严重原因，我们被迫在相当长一段时间里需要停止出版《战斗报》。"① 至于索菲娅是业权人，是由于根据当时法律，办报人必须具有高等学历，而杜格上尉行伍出身，不具资质，所以《事实报》的业主多明戈斯·罗沙·杜格只好聘请来自葡萄牙的药剂师索菲娅女士担任社长。②

《新概念报》（*Idea Nova*），半月刊，1928 年 9 月 6 日创刊，1929 年 3 月 31 日停刊，由若昂·费尔南德斯（João Gregório Fernandes）担任社长。若昂·费尔南德斯原是来自葡萄牙里斯本的军队指挥官，后在澳门定居并逝世。该报的业主及编辑是帕谢克·施利华（Piedade Pacheco e Silva）、若阿斯·洛佩斯（Joas Lopes）和贝尔纳多·维迪高（Bernardo da Silva Vidigal）。

---

① Pe. Manuel Teixeira，*Imprensa Periódica Portuguesa no Extremo Oriente*，Instituto Cultural de Macau，1999，p. 128.

② Sofia Agrebom Gonçalves，葡萄牙波尔图人，拥有波尔图大学医药化学文凭。1924 年 10 月 27 日来到澳门。索菲娅在澳门土生人殷里基（Henrique Nolasco da Silva）开设的民众大药房任技术主管，并在商业学校兼任教师。

由葡国来的费尔南德斯任社长可能也是由于法律规定报人必须具有高等学历的缘故。

《澳门报》(*Jornal de Macau*)，其前身是《事实报》，依然是每周三期，逢每周二、四、六出版。该《澳门报》(*Jornal de Macau*) 与 1918 年的《澳门报》(*Macau*) 并非同一报纸。该报 6 栏排印，于 1929 年 5 月 2 日创刊，1931 年 8 月 29 日停刊，发行两年多，至第三年共出版 358 期。社长是原《新概念报》的社长若昂·费尔南德斯（João Gregório Fernandes），业主和编辑依然是多明戈斯·罗沙·杜格，报馆秘书是埃尔曼·马沙多·蒙特罗（Hermann Machado Monteiro），总监是卡洛斯·阿尔梅达（Carlos Eugenio d'Almeida）。《事实报》同《祖国周报》的疯狂论战成为当时澳门半岛一大丑闻。后来佩雷拉·马加良斯（Dr. Pereira de Magalhães）为了制止两家的对骂，不得已做出这样的裁决：两家报纸同时停刊。在这种情况下，《事实报》才改头换面于 5 月 2 日以《澳门报》的名称出版。从《事实报》停刊到《澳门报》创刊仅隔不足 10 天，可见还是原班人马，换汤不换药。从这里我们亦可看出军人出身的多明戈斯·罗沙·杜格在创办报纸过程中的执著态度。从 1919 年 5 月参与创办《自由报》到 1931 年 9 月《澳门呼声报》发行，这位学历和军阶均不算高的葡国“北方佬”竟在十几年中先后改头换面创办了 5 种报纸，而且风格不改，斗志不衰。这在澳门外报史中实属罕见。《澳门报》由白乐嘉负责一个英文栏目，以供英文读者阅读。

《澳门档案报》(*Arquivos de Macau*)，这是一份政府月刊，因此由政府官印局印刷出版。1929 年 4 月 27 日第 268 号政府训令规定，创办该刊的主要目的是为了公布澳门新发现的重要历史档案，因此具有一定的学术性。1929 年 6 月创刊，1931 年 7 月停刊，1941 年 1 月复刊，同年 12 月，由于受到远东战事影响而再次停刊。由于属官方学术性刊物，担任主编的是毕业于科英布拉大学自然哲学专业的特洛·阿泽维多·戈麦斯（Dr. Telo de Azevedo Gomes），当时他是澳门利宵中学的教师。复刊后的主编为萨尔门多教士（A. M. Morais Sarmento），史学家白乐嘉

(J. M. Braga) 为主要撰稿人。该刊登载了许多对澳门历史研究十分有价值的档案资料。1964 年 2 月 1 日，澳门政府发布第 7457 号训令，责成当时任澳门图书馆馆长的高美士领导恢复澳门档案的整理及出版工作。该报为此项工作提供了许多重要史料。

《澳门视界报》（*The Macao Review*）：月刊，葡英双语刊物。1929 年 12 月创刊，1930 年 11 月停刊，由史学家白乐嘉创办，主编为伯多禄局长之子恩里克·诺拉斯科·施利华（Henrique Nolasco da Silva），白乐嘉负责英文版面，萨尔门多（Morais Sarment）教士负责葡文版面。恩里克·诺拉斯科·施利华本是药剂师，取得果阿医士学校的学位，后任澳门市政厅主席。今天仍在运作的殷理基洋行就是以他的名字命名的商业公司。[①] 该报在社会上名声很好，堪称典范，因为他遵守行业道德，作风严谨，报道真实，很少有当时其他报纸的恶劣手法。

《澳门呼声报》（*A Voz de Macau*）：共和派报纸。1931 年 9 月 1 日创刊，1947 年 8 月 16 日停刊，发行 16 年。逢每周二、四、六隔日出版，从 1931 年 10 月 1 日起改为日报，1945 年 1 月报馆遭日本炸弹袭击后，报纸被迫停刊。直至日本投降后于 1945 年 9 月 10 日复刊。[②] 报馆法人是恩里克·诺拉斯科·施利华（Henrique Nolasco da Silva），但真正的业主还是那位军人出身的多明戈斯·罗沙·杜格上尉。这已是他在澳门创办的第五种报纸

A VOZ DE MACAU

O AMBIENTE BELICO NA EUROPA PARECE ESTACIONARIO

《澳门呼声报》

① Pe. Manuel Teixeira, *Imprensa Periódica Portuguesa no Extremo Oriente*, Instituto Cultural de Macau, 1999, p. 138.

② 见 Pe. Manuel Teixeira, *Imprensa Periódica Portuguesa no Extremo Oriente*, Instituto Cultural de Macau, 1999, pp. 144-158.

了。虽然罗沙是行伍出身，但他是一位来自葡萄牙波尔图的有经验的报人，早年曾主办过军队报纸《葡萄牙陆军》，后来又创办过理工学校的学生杂志，在海外非洲服役时主办过《佛得角之声》，1912 年又创办《葡萄牙军曹杂志》，对办报有特殊的偏爱。1916 年在澳门定居后，更加热衷于报业，曾参与多份报纸的创办工作，如《自由报》、《战斗报》、《事实报》、《澳门呼声报》、《澳门报》，热心服务于报业直至 1947 年在澳门去世。罗沙为澳门的报业发展作出了重大贡献，并为此在澳门努力工作了 31 年。正是他在澳门历史上第一个将一份日报坚持办了 16 年，这份报纸就是《澳门呼声报》。意味深长的是，罗沙的去世和报纸的停刊是同一天：1947 年 8 月 16 日。

《澳门土生回声报》（*O Eco Macaense*）：周刊，1931 年 10 月 3 日创刊，1932 年 10 月 10 日被官方勒令停刊，发行正好一年，共出 53 期。从报纸名称看该报是代表澳门土生人利益的。社长阿道夫·阿德罗多·乔治（Adolfo Adroado Jorge）、主编若昂·科莱亚·阿松森（João Correia Pais d'Assumpção）、总监费尔南多·塞纳·罗德里格斯（Fernando de Sena Fernandes Rodrigues）等都是澳门土生人。其中若昂·科莱亚·阿松森是澳门律师。需要说明的是，该《澳门土生回声报》与 1893 年创刊的同名报纸并非同一报纸。这两种报纸名称译成中文相同，但外文有区别。1893 年的报纸使用了拉丁文“Echo”（回声）一词，而 1931 年的报纸则使用了葡萄牙文“Eco”一词。该报由飞南第家族的澳门商业印刷公司印刷。《澳门土生回声报》曾两次涉嫌“诽谤”而被卷入诉讼，但均胜诉。该报从创刊之日起就同《澳门呼声报》（*Voz de Macau*）论战不休。文德泉神父不无幽默地称该份报纸“不是‘回声’，而是‘呼声的回声’”。

《澳门集邮》（*Macau Filatélico*）：该刊属于国际收藏学会的刊物，1933 年 4 月创刊，1938 年 8 月停刊，发行 5 年多。是澳门第一种关于收藏邮品的期刊，比世界邮花联合会于 1918 年 2 月由白狄人主编出版的中国最早中文集邮杂志《邮志界》仅晚 15 年。《澳门集邮》先是在飞南第的澳门商务印刷公司印刷，从第 5 期起分别在孤儿院以及布里托（Brito Pais）、贝列斯

(Beires) 和古维亚 (Gouveia) 的印刷所印刷。该刊社长兼编辑是澳门土生人佩德罗·保罗·安热罗 (Pedro Paulo Ângelo)，1892 年生于澳门，1946 年经葡国去巴西，但途中染病，后在里斯本去世。

《达列古叔叔》(*Tio Tareco*)：儿童半月刊，1936 年 1 月 15 日创刊，1938 年 12 月 15 日停刊，由孤儿院印刷所印刷。这是澳门第一种读者为儿童的外文期刊。说明澳门报业已开始向专业化及多样化的方向发展。该刊创办者、社长、编辑等职务均由来自波尔图的葡萄牙人若昂·卡洛斯·麦斯基达 (D. João Carlos da Costa de Sousa de Macedo Mesquitela) 担任。他在澳门生活了很多年，颇有文采，曾为当时的几乎所有报刊撰稿。

《澳门画报》(*La Revue Illustrée de Macao*)：这是澳门历史上第一份专业性外文画报。《澳门画报》是月刊，但经常拖延，实际出版并不规律。1937 年 10 月创刊，1938 年 4 月停刊，发行仅半年。由弗朗西斯·维奇 (Francis Vetch) 创办并发行。该刊出版主要是为了满足澳门喜爱欣赏版画等美术作品以及想要学习美术的读者的需要，同时介绍美术艺术的发展历史和作画的基本技法，以及如何用于商业用途，等等。《澳门画报》用法文、葡文和中文三种文字出版发行。仅出 3 期即告停刊。

《体育运动》(*O Desporto*)：澳门外报中第一份体育专业周刊，1940 年 11 月 13 日创刊，1941 年 12 月 13 日由于太平洋战争体育活动减少而停刊，发行仅一年多，共出 57 期。该刊并非独立刊物，而是《澳门呼声报》的副刊。社长安东尼奥·贡塞桑 (António Maria da Conceição) 是本地澳门土生人①，文学学士。1941 年 12 月 17 日《澳门呼声报》发布消息说："由于目前的危

① 安东尼奥·贡塞桑 (António Maria da Conceição) 是居澳第三代澳门土生人。祖父 António Luís da Conceição 于 1855 年被派往澳门国民步兵营服役。1871 年退役在澳门定居。父亲 Leocádio Justino da Conceição 于 1870 年在澳门出生，1888 年亦在澳门国民步兵营服役。安东尼奥·贡塞桑本人曾赴葡留学并滞留葡国在一些商业学校从事教学工作。1939 年返澳任伯多禄商业学校校长 6 年。后任澳门政府教育司司长。参阅 Jorge Forjaz，*Famílias Macaenses*，Fundação Oriente e ICM，1996，vol. I，p. 776 e Vol. II，p. 519。

机本地体育活动停止，我们的副刊被迫暂时停止出版发行。”①

《复兴杂志》(*Renascimento*)：月刊，1943 年 1 月创刊，1945 年 9 月停刊，主编是来自里斯本的弗朗西斯科·莱戈（Francisco Palmeira de Carvalho e Rêgo）。该刊编辑阵容强大，其中许多人是当时澳门的著名人士，包括若瑟·卡瓦略·莱戈（José Palmeira de Carvalho e Rêgo）、白乐嘉、高美士和列奥波多·达尼罗·巴雷罗斯（Leopoldo Danilo Barreiros）。《复兴杂志》在澳门报业史中占有重要地位，至今仍是研究澳门史及西方汉学发展史的珍贵材料。该杂志注重史学研究及文学作品的发表，而且设计精美，图文并茂，很有收藏价值。澳门基金会已经将该杂志汇集成六册出版，遗憾的是不懂葡语的收藏者面对这厚厚六大本装潢精美的珍贵史料只能望洋兴叹。《复兴杂志》的编辑者们对该期刊的出版作了周密的计划和编排，所收录的文章多为高品质的学术论文，充分体现了在过去四个世纪里葡萄牙文化对东方的影响。② 关于此问题在第四章还会详细分析。

《复兴报》（*Renascimento*）：是《复兴杂志》附属的葡文日报，新闻副刊，1945 年 2 月 19 日创刊，1947 年 5 月 28 日停刊，社长及出版人是若昂·科斯塔·马谢多（D. João da Costa de Souza Macedo）。《复兴报》的主编由《复兴杂志》的主编弗朗西斯科·莱戈兼任。其余负责人有总监高美士（Luís Gonzaga Gomes）、设计主任埃乌热尼奥·费罗·贝萨（Eugénio Ferro de Beça），编辑人员有若瑟·卡瓦略·莱戈（José de Carvalho e Rego）、

"RENASCIMENTO"

1943

...SUMÁRIO...

Horoscopo	1
Homenagem a Sua Exa. o Governador...	5
Imprensa	7
Estudos colombinos	9
Educação	19
O canto coral nas escolas...	21
Lingua de Macau	25
A desautoração dum «Tchong-Ün»	39
Capitãis e Governadores de Macau, desde 1557 até 1770	47
Os diversos nomes de Macau	55
Espírito e bom humor	59
A virtude da mulher . . . na China	63
Secção poética	69
Marcos Antonio da Fonseca Portugal	71
Secção mundana	83
Our programme	85
Portugal is not a small country	89
Chapters on trade in Macao	95
The discovery of Zipangu	103

JANEIRO

《复兴杂志》

① Pe. Manuel Teixeira, *Imprensa Periódica Portuguesa no Extremo Oriente*, Instituto Cultural de Macau, 1999, p. 164.

② Pe. Manuel Teixeira, *Imprensa Periódica Portuguesa no Extremo Oriente*, Instituto Cultural de Macau, 1999, p. 165.

莱欧波多·达尼罗·巴莱罗斯（Leopoldo Danilo Barreiros）、高美士、白乐嘉等人。创刊初期，在市政厅旁侧东方斜巷《澳门呼声报》的印刷厂印刷，后来由于该刊编辑同《澳门呼声报》的发行人罗沙·杜戈（Rosa Duque）关系紧张，改为在政府官印局印刷。报馆则设在龙嵩街1号。

“复兴”期刊系列中还有一种英文版的《复兴报》，于1945年7月1日创刊，同年停刊，该报开始为周报，于每个星期日出版。不久，因应读者需要，改为每周两期，逢周三和周日出版。英文版主任及主编是维拉·弗朗加（D. J. Villa Franca），总监仍然是高美士。

《澳门先驱周报》（*Macau Herald*）：该报是《澳门呼声报》的英文副刊，每期8版，3栏排印，1943年2月21日创刊，同年6月停刊，发行仅4个月。由于第二次世界大战期间，有大量移居香港的澳门土生人回流澳门避难，这些难民由于在香港生活了数代，融入英人社会，精通英语但对葡语已经生疏。《澳门先驱周报》便是根据这些人的需要而诞生的。该报编辑主要有杜阿尔特·巴基斯塔（Duarte C. Baptista）和雷梅久斯（M. P. dos Remédios）等人。

《澳门论坛报》（*The Macau Tribune*）：该刊也是《澳门呼声报》的英文副刊，周刊，每周周日出版，1943年7月11日创刊，1945年1月16日停刊。毫无疑问，该报的出现亦与战争期间的香港难民有关。《澳门论坛报》的社论多由英国驻澳门领事约翰·包纳尔（John Pownell Reeves）撰写，偶尔也有居港澳门土生史学家白乐嘉的手笔。

英文《号角报》（*The Clarion*）：该报创刊于1943年6月20日，停刊于1945年6月24日。二战期间许多葡文报刊都开辟英文副刊，葡文报纸《宗教与祖国》也不例外，创办了英文副刊《号角报》，以满足成千上万涌至澳门的战争难民需求，特别是其中绝大部分是早年迁港的澳门土生人。为了解决当时回流澳门的香港葡裔难民子女继续求学的问题，澳门政府出面寻求爱尔兰耶稣会的一个宗教团体的帮助。该宗教团体采取两项措施：一是同澳门政府合作设立圣路易斯学校（Colégio de

S. Luís Gonzaga)，接受难民子女读书，使他们能够继续学习英文；二是创办英文《号角报》。英文《号角报》为月报，3栏排印，每期两版，从1944年12月8日起改为每期4版。该报编辑是路易斯·包美罗（Louis Pomeroy）。

THE CLARION

(ENGLISH SUPPLEMENT OF RELIGIÃO E PATRIA)

ORGAN OF THE SODALITY OF OUR LADY OF FATIMA

HIS EXCELLENCY THE BISHOP

MACAU

CITY OF MEMORIES

THE DIRECTOR'S COLUMN

THE PHILOSOPHY OF LIFE

WE NEED YOU!

澳门1943年创刊的英文《号角报》

葡文《号角报》（*O Clarim*）：该报是一种有宗教背景的葡文期刊，1943年6月创刊。由当时担任教区助理的文德泉神父创办。该刊原本是《宗教与祖国》的副刊，于1945年3月与其脱离关系，由曼努埃尔·科斯达·努内斯（Manuel da Costa Nunes）担任出版人。从1948年5月3日起，该杂志出版一种周报副刊，名称也是《号角报》。1950年，该报变为每周两期。1952年3月1日，又出版中文版的《号角报》。1955年5月26日至1956年2月5日，该报曾被当时的澳门总督史伯泰（Joaquim Marques Esparteiro）海军准将勒令停刊。1956年复刊后，该报继续遵循既定方针开设文学及电影专门版面，由一群热心的青年负责。

《联盟周报》（*União*）：该报是具有民族主义倾向的周刊，1944年1月1日创刊，1945年5月26日停刊，发行约一年半。该刊为澳门民族联盟机关报，报馆设在该团体所在地。该报在龙嵩街26号的澳门商务印刷所印刷，社长是从葡国返澳的土生人安东尼奥·贡塞桑（António Maria da Conceição），他曾主编过澳门的《体育运动》期刊。该报由于澳门民族联盟的领导层与澳门总督戴思乐（Gabriel Teixeira）之间不合而被迫停刊。文德泉神父曾想自己把这份报纸继续维持下去，等待该报新领导的组成，但事情一直没有进展，不知道要拖到几时。编辑部

在 1945 年 5 月 26 日最后一期中宣布："从本期起，本报不再向其创办者负责。"① 《联盟周报》创刊初期为每期 6 版，但根据需要会增加若干版面，并无限制。有许多作家和诗人为该刊撰稿。

《体育》（*Educação Física*）：该出版物是罗沙里奥体育学校编辑出版的月刊，1944 年 8 月 15 日创刊，1945 年 10 月停刊，社长是药剂师恩里克·诺拉斯库·施利华（Henrique Nolasco da Silva），创办者及主编是维利西姆·弗朗西斯科·罗沙里奥（Veríssimo Francisco Xavier do Rosário Júnior），均为澳门土生人。罗沙里奥体育学校是当时澳门唯一进行体育教学，培养体育人才的学校。因此，在某种意义上是该校的校刊，其编辑部设在得胜马路（Estrada da Vitória）12 号。该月刊第 1 至第 4 期在澳门美丽街 24B 号一家香港的公司（The Hong Kong Lithographic Co.）排印，从第 5 期起改在龙嵩街 26—28 号澳门飞南第家族的商务印刷所（Tip. Mercantil de N. T. Fernandes e Filhos）排印。从 1945 年 1 月第 6 期开始该刊开辟英文版面。

《幽默画刊》（*Ilustração Cómica*）：该刊于 1945 年 4 月创刊，业主是弗朗西斯科·沙维尔·巴谢科（Francisco Xavier Maria Pacheco Jorge da Silva），出版人为澳门土生葡人阿尔曼多·奥里维拉·夏加同（Armando Florêncio de Oliveira Hagatong），为《号角报》的文艺副刊。该刊发行期极短，主要原因是其发行人阿尔曼多·奥里维拉·夏加同离澳赴葡在里斯本大学读经济学学士课程，无法继续打理澳门的报馆事务。

《新闻报》（*Jornal de Notícias*）：该报于 1945 年 5 月 1 日创刊，1945 年 9 月 9 日停刊，发行期仅为 4 个多月。社长是澳门土生人阿德里诺·巴波沙·贡塞圣（Adelino Barbosa da Conceição）。《新闻报》的前身为《澳门呼声报》。由于有反日言论，日本特务于 1945 年 1 月 30 日在位于东方斜巷 6 号的《澳门呼声报》报社编辑部所在地引爆三枚炸弹。虽未伤人，但

① Pe. Manuel Teixeira，*Imprensa Periódica Portuguesa no Extremo Oriente*，Instituto Cultural de Macau，1999，p. 181.

报馆遭严重破坏，报纸被迫于2月9日停刊。后改为《新闻报》再次出版以作为过渡。日本投降后，于1945年9月10日恢复原刊名《澳门呼声报》。《新闻报》每期4版，分5栏排印。该报在发刊词中说："敬告各位读者知悉，本《新闻报》从即日起将在已停刊的原《澳门呼声报》报馆进行编辑及排印，而《复兴》杂志的新闻副刊将改在其地点编辑印刷。"①

《澳门新闻报》报馆及编辑部全体人员于20世纪40年代合影

《澳门新闻报》(*Notícias de Macau*)是一种日报，于1947年8月25日创刊，在东方斜巷6号的印刷所印刷。其创办人是埃尔曼诺·马沙多·蒙特罗(Hermano Machado Monteiro)，社长是澳门土生葡人卡洛斯·丰塞卡(Cassiano Carlos de Castro Fonseca)，总监若瑟·苏亚雷斯(José Soares)。《澳门新闻报》实际上是《澳门呼声报》的延续。之所以如此有以下原因：第一，《澳门新闻报》的报馆和印刷所就设在《澳门呼声报》原址东方斜巷6号；第二，创办人埃尔曼诺·马沙多·蒙特罗一直是《澳门呼声报》业主罗沙·杜格上尉的老朋友，决心在罗沙31年创业的基础上将澳门的日报发展下去。所以，《澳门呼声报》于1947年8月16日停刊后不久，《澳门新闻报》经过短短9天的准备就于8月25日创刊了。《澳门新闻报》是澳门近代十分重要的日报，对20世纪中期的澳门社会产生很大的影响。据文德泉神父认为，至60年代中期，《澳门新闻报》是澳门近代历史中发行时间最长的一种日报。②

《澳门杂志》(*Revista de Macau*)：经济社会研究半月刊，

① 《澳门新闻报》1945年5月1日第1期发刊词，引自Pe. Manuel Teixeira, *Imprensa Periódica Portuguesa no Extremo Oriente*, ICM, p. 187.

② Pe. Manuel Teixeira, *Imprensa Periódica Portuguesa no Extremo Oriente*, Instituto Cultural de Macau, 1999, p. 189.

1949 年 6 月 15 日创刊，1949 年 10 月 30 日停刊，由澳门政府负责经济的主要官员罗保博士创办，仅出 10 期。这应该是澳门历史上第一份经济领域的专门期刊。在帝汶出生的罗保博士是 20 世纪 40 年代澳门最重要的经济官员，他为解决二战时期澳门经济低迷、物资匮乏的困难作出了重大贡献。

圣母往见会学院（Instituto Salesiano，华人称慈幼学校）① 在 20 世纪初也创办过几种小型刊物。但作为澳门第一间教会职业培训学校，当时能办几种刊物应该是一种创举。主办刊物的编辑是来自意大利的陈基慈（Mário Aquistapace）神父。陈基慈神父文化素质极高，后任该校校长。由于属校刊性质，在澳门社会上影响不大，故留存资料不多。这些刊物主要是：《慈幼通讯》（*Boletim Salesiano*），1932 年创刊，1940 年停刊，1958 复刊；《慈幼校友报》，1932 年创刊，1940 年停刊，1955 年复刊；另外还有一种中文期刊，1932 创刊，先由陈基慈神父主编，1953 后由一位姓吴的华人神父主编。

需要指出的是，慈幼学校对澳门报业发展的最大贡献并不是前面提到的几种刊物，而是澳门报纸的印刷业。从该校前身孤儿院时代起，便附设印刷所承担了澳门许多报纸的印刷工作。同时，在孤儿院时期就设立了印刷职业培训机构，为澳门的印刷业培养了许多人才，其中的许多人后来成为香港报业发展的中坚力量。香港开埠之初创办及印刷报刊的技术力量主要依赖于澳门慈幼学校培养出来的排字和印刷工人。

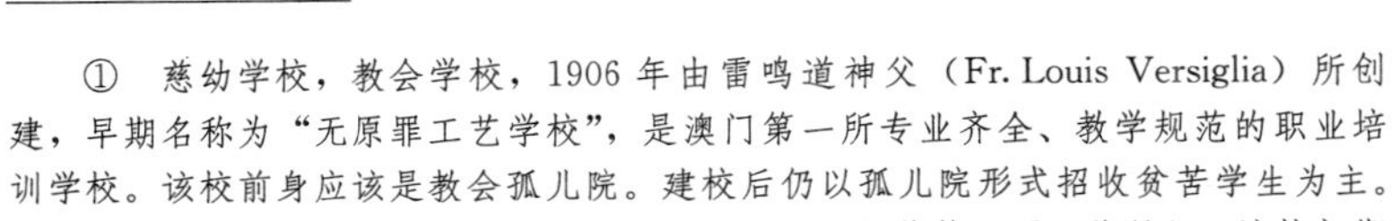

① 慈幼学校，教会学校，1906 年由雷鸣道神父（Fr. Louis Versiglia）所创建，早期名称为“无原罪工艺学校”，是澳门第一所专业齐全、教学规范的职业培训学校。该校前身应该是教会孤儿院。建校后仍以孤儿院形式招收贫苦学生为主。1910 年开始成立木工、缝纫、革履、排版、印刷、钉装等 6 项工艺课程。该校初期是葡文学校，1932 年开始扩充校舍，并扩办为完整的中小学校。

第三章　澳门外报与澳门土生报人

一、澳门土生报人出现的背景

（一）低迷而动荡的年代

葡人从16世纪中期定居澳门至19世纪初的两个半世纪中，经历了从“广通贸易，雄然一镇”①，“凡一舶，货值巨万”②，到“至入其境，见城无百堵，众无一族，家无积粟，凄凉满襟”，③甚至许多葡人“相率行乞于市，乞者常千人”④的巨大变化。从繁荣到萧条，从兴盛到衰落，局势多变，历尽坎坷。到了19世纪初期，澳门昔日的辉煌已成为过眼烟云，绝大多数的澳门人都生活在困苦之中。

澳门开埠至17世纪初是澳门值得骄傲的黄金时代，因而也是澳门在整个亚洲，特别是远东地区令人瞩目的时代。从16世纪初开始，东来葡人在中国粤、闽、浙沿海地区辗转活动了近半个世纪，终于在澳门站住脚，使其成为远东最重要的商埠之

---

① 该提法分别见《明史》卷三二五《佛郎机传》和（明）叶权著《贤博编》附《游岭南记》。

② 印光任、张汝霖著，赵春晨校注：《澳门纪略》（下卷）《澳蕃篇》，广东教育出版社1988年，第66页。

③ 陆希言：《澳门记》，法国国家图书馆藏康熙九年开天宝钥本。

④ 印光任、张汝霖著，赵春晨校注：《澳门纪略》（下卷）《澳蕃篇》，广东教育出版社1988年，第66页。

一。澳门至日本、马尼拉、巴达维亚（雅加达）以及澳门至印度和欧洲的贸易航线，使这块弹丸之地迅速发展起来。各族居民安居乐业、各国客商纷至沓来，形成了“自佛郎机得入香山澳为市，筑室建城，雄踞海畔，若一国然，多至万余人。暹罗、占城、爪哇诸国畏而避之”①的少有局面。

然而，自进入17世纪后，澳门半岛就厄运不断。最先是日本对耶稣会态度的转变，致使占澳门贸易主要份额的对日贸易完全断绝，大量天主教教士及信众被驱赶出日本，许多人流落到澳门。接着，荷兰占领马六甲及马来群岛，切断了澳门至巽他群岛及西去的贸易航路，使澳门的经济形势雪上加霜。在中国内地，正值明清政权交替时期，战乱不断，民不聊生，澳门处于兵荒马乱的局势之中，而且由于“礼仪”问题使天主教一个世纪的努力付之东流。“澳舶日少，富庶非昔比”②。刚刚建立的清政府为彻底消灭南明势力及防范东南沿海的反清武装，曾先后五次宣布禁海令及迁海令，致使广东番禺、顺德、新会、东莞、香山五县居民内迁五十里，沿海一带一片萧条，更使澳门小城“孤悬海中”，生计无着。

后来，清政府考虑到居澳葡人“非贸易无以资生”，于是对澳门采取了特殊政策，允许澳门葡裔土生人独揽中国与南洋各国的贸易权，独享贸易之利。这就是澳门历史上有名的“额船贸易”。这本是澳门葡裔居民绝处逢生的大好时机，并曾在一段时期内确实使澳门经济有所好转，以至于“由澳门至马尼拉及巴达维亚之船只，出入颇繁，澳门关税达二万两云。澳门市贸易既盛，人口之日增，自在意中”。③然而，这时的居澳葡人各种资源已极度匮乏，甚至连“额船贸易”规定的“准设二十五号洋船往来贸易营生，以资养育”④，如此少的船只数目都无法

① 印光任、张汝霖著，赵春晨校注：《澳门纪略》（下卷）《澳蕃篇》，广东教育出版社1988年，第51页。

② 印光任、张汝霖著，赵春晨校注：《澳门纪略》（下卷）《澳蕃篇》，广东教育出版社1988年，第58页。

③ 周景濂：《中葡外交史》，商务印书馆1991年，第132—137页。

④ （清）梁廷枬：《粤海关志》卷二九《夷商》四，台北文海出版社景印本。

支撑，使得该唯一的救命政策未能产生应有的效应。另一方面，葡王室对海外属地的贸易实施垄断，只有贵族才能把持，而葡规定的海外属地管理的“二元论”更加限制了澳门的贸易自由发展。还有一个致命的因素就是，此时英、美、法、西、荷的势力已经十分强大，弱小的澳门居民无以匹敌。在这种情况下，澳门短暂的复苏如昙花一现，终究难逃厄运。

到了19世纪，由于欧洲新兴列强大都向东而来，亚洲及中国的情况都发生了深刻变化。战火连绵，硝烟不断，西方列强瓜分世界的各种战争如火如荼。然而世界及周边形势的这种变化并没有为澳门的民生带来正面影响，澳门人的生活没有发生很大变化，继续生活在惨淡和忧郁之中，而且随着形势的发展越来越糟。19世纪的澳门之所以会形成这种局面，应该说与以下几个方面不无关系。

从周边环境方面看，18世纪末至19世纪初，澳门周边海盗肆虐。整个珠三角一带“海寇常劫掠民妇赀货，出没倏忽，不可踪迹，民苦之。”[①] 葡国学者施白蒂在《澳门编年史》18世纪卷中亦记录了海盗对澳门骚扰连续不断的许多事件，严重影响海防安全的匪患，迫使澳门与香山县大举进行联合剿盗行动。“夷人愤甚，禀靖香山县，愿以夷船出战”。[②] 根据同香山县达成的协议，澳门数千葡裔居民几乎动用了全部资源，包括仅有的几艘船只来对付数以万计的张保仔海盗集团。经过十多年艰难的清剿行动，终于取得了打击海盗的最后胜利，然而居澳葡人在清剿海盗张保仔的战争中付出了极大的经济代价，财力资源几乎耗尽，生活更加困苦不堪。

从1807年5月6日在澳门附近海域第一次与海盗交火，到1810年张保仔投降，澳门动用了6艘舰只同海盗苦苦斗了近3年的时间，而且除了“卡尔洛泰公主号”原是一艘战舰外，其余5艘均是征用澳门土生人的商船改装而成。虽然最终取得了胜利，但当时澳门仅有3000多葡裔居民，他们为了支持6艘舰

① （明）杨士奇：《东里文集》卷一五《香山县丞彭公墓表》，中华书局1998年。

② （清）袁永伦：《靖海氛记》（卷下）《郑一嫂》，道光十年（1831）碧萝山房本。

船3年的战争所付出的努力和代价可想而知。试想他们连“额船贸易”规定的25艘商船的定额指标都长期达不到，却征用5艘商船支持3年的战争，其困难程度可想而知。

在宗主国方面。这一时期，法国大革命后引起的葡萄牙政局动荡也影响到澳门，并且削弱了澳门社会的经济能力。19世纪初，波尔图以商人为代表的民众由于不满王室而发动的革命，使葡萄牙政局出现了危机。保守派和制宪派的斗争日益白热化，这种斗争也反映到澳门来。以王室法官阿里亚加为首的保守派和以巴波沙中校为首的制宪派激烈交锋，甚至不惜发动流血政变。巴波沙中校操纵市政厅取得权力后，制宪派在军人支持下控制了澳门，阿里亚加等保皇派被迫到广州避难，以寻求中国政府的支持。虽然保守派终于复辟，夺回权力，但不少人因此而被逮捕或流放。时隔不久，制宪派又获得胜利，这一次又轮到支持保守派的人遭撤职查办，流放的流放，入狱的入狱。社会终于进步了，但这种在仅有数千居民的葡人社会中长达数年的政治争斗和内耗，给澳门土生葡人的正常生活带来严重影响。[①] 当时的澳门《中国蜜蜂报》就是在这种形势下诞生的。

在与中国政府关系方面。从18世纪起，英荷等后起的海上西方强国就一直觊觎澳门的特殊地位。英国多次要求清政府给予同葡人一样的贸易优惠条件不果，便伺机占领澳门。19世纪初，英军终于找到借口，“虑法兰西入澳滋扰，因以兵来助”[②]，以“保护澳门”的所谓“盟友”身份入侵澳门，并堂而皇之地在澳门驻扎军队。事情的严重性在于清政府为此采取了一系列严重影响澳门居民心理的严厉措施，包括切断澳门急需品的供应，“于水陆两途严密布置官兵，示以克期进剿，并封禁进澳水路，绝其买办柴米日用”[③]。这种作法迫使大量华裔居民纷纷离

① 周景濂：《中葡外交史》，商务印书馆1991年，第132—137页。

② （清）王之春编著：《清朝柔远记》（卷六），嘉庆十三年秋九月，中华书局1989年。

③ 嘉庆十三年十一月初五《两广总督吴熊光等奏报英兵退出澳门住澳西洋人等安谧情形折》（军机处录副奏折）。见中国第一历史档案馆、暨南大学古籍所合编：《明清时期澳门问题档案文献汇编》，第五册，人民出版社1999年，第685页。

开澳门到内地躲避，造成居澳葡人心理恐慌。

到了19世纪中期，中国同帝国主义列强之间的战争连绵不断。国内各种起义此起彼伏，国家陷入极度混乱之中。民不聊生，饿殍遍野。广西的太平天国起义一开始就波及广东等地，更加使大批难民涌入澳门，一时间澳门人口以几何级数猛增。难民的流入对澳门的经济、治安均带来极大影响，人心惶惶，无以度日，使本来就十分脆弱的澳门经济更加风雨飘摇。

1846年，来自非洲殖民地的军人阿马留就任澳门第79届总督。他上台伊始即对中国采取强硬态度，疯狂推行殖民扩张政策。他利用清朝政府对列强战争连连失败，国力衰败的时机，命令修筑望厦炮台，占领路氹二岛。与此同时，强行修建从界墙经龙田村至关闸的马路，并借此占领界墙以外村落，扩张界外土地，甚至驱赶中国政府驻南湾税口官员，关闭粤海关监督行台，强行征税、编立户口，拒绝向广东官府缴纳地租，排斥广东官府对澳门的管辖，等等。以上种种倒行逆施加剧了与华人的矛盾，引起中国民众反抗，粤澳关系极度紧张。阿马留终于被华人义士刺杀身亡。这次事件造成澳葡军队与中国军队的严重对峙和冲突。毫无疑问，这种对峙和冲突在居澳葡人内部也引起震荡和不安。

广东官府面对上述侵略行径，虽几经商议而未对澳门采取大规模军事行动，但却提出“以商制夷”的对策，获澳门十三行支持，华商纷纷响应号召离开澳门迁往黄埔。此举给澳门经济带来沉重打击，使澳门“出现一片萧条的景象，澳门的经济地位更进一步下降”。① 阿马留的倒行逆施给澳门葡裔居民带来灾难性的影响，使他们丧失了对澳门未来的希望，纷纷移民至新开埠的港沪等地。

澳门曾经企图通过两件事改善经济情况，一是鸦片贸易，二是苦力贸易。但这两件事遭世人谴责，认为非人道性和不义之举会引起更为严重的后果。前者甚至把整个中国带入战争，

① 邓开颂、吴志良、陆晓敏：《粤澳关系史》，中国书店出版社1999年，第240—241页。

澳门不但未受其利，反而引起战后的移民高潮。当然，移民促进了香港和上海的发展，但澳门依然十分贫困落后。“一笑于今不相称，可怜穷已像波斯”。[①] 这就是19世纪澳门的总体情况。澳门的报业及报人就是在这样的时代背景下产生的。

（二）澳门知识群体的出现

办报一定要有知识，报业的发展也一定要依靠一批知识分子。那么19世纪的澳门具备这样的条件吗？为什么会在19世纪澳门动乱的年代出现一批热衷于办报的知识分子呢？这也要从澳门历史上找原因。

澳门在历史上是一个以渔业为主的小岛，由于西江泥沙淤塞逐渐形成一条小径（俗称莲花茎）与香山岛相连。葡人于16世纪中期定居澳门后主要发展海上贸易及航运业，逐渐使澳门从单一经营渔业的小渔村发展成为鸦片战争前中国对外开放的重要商埠。定居澳门的葡人以海上贸易和海上航运为生，所以，澳门葡裔居民中的绝大多数人不是商人就是航运者，其余则为军政人员或者质素不高的盲流。直到17世纪末才开始有大量闽粤移民填补其他的社会行业，形成今日澳门华洋杂居社会的雏形。然而，在教育方面，由于澳门远离葡国，海上交通十分不便，除欧洲来的传教士多具学识及文化外，世代在东方生活的葡裔居民文化教育程度并不高。

在澳门的史料中很少看到早期葡裔居民创办学校的情况，仅有的记载是早期建立的圣保禄学院及后来的圣若瑟修道院等教会教育机构。所以，对于绝大多数世代居住在澳门的葡裔人士来说，他们的祖先是如何接受教育的情况并不详细。除了教会的教育机构，很可能有不少人会到葡属印度等地区接受中等以上的教育。所以，在澳门历史上除了贾梅士、门德斯等来自葡国的极少数诗人、作家以及学识渊博的传教士外，很少有当

① 丘逢甲《澳门杂诗》之三，诗中注：“前明皆以葡萄牙为大西洋国，不知其为小国也。今驻澳葡人甚贫。”参阅章文钦：《澳门诗词笺注》（晚清卷），澳门特别行政区政府文化局、珠海出版社2003年，第220页。

地人成为文化名人。

到了19世纪，情况发生了很大变化。造成这种情况最重要的原因是工业革命后交通变得快捷方便了。蒸汽船的出现大大缩短了世界的距离，使得远渡重洋游历东方的梦想变为现实，任何人都可以毫不费力气地搭乘轮船在较短的时间里来到澳门。同时，文化的交流也变得方便迅速。这样，澳门葡裔族群的文化素质开始提高，在各个领域都出现了有文化的知识分子。

首先是从葡萄牙来了许多知识分子和文化人，他们中间有律师、教师、作家、医生、记者和演员，当然也有知识型的军人和官员，甚至有报业经验丰富的办报人员。他们中很多人都会选择在澳门定居，变成本地居民。另外，还有一些对澳门及东方十分感兴趣的欧洲其他国家的知识分子也在这一时期来到澳门，他们的文化素养也滋润了澳门本土文化的发展，推动了知识阶层的形成，其中具有代表性的就是英国画家钱纳利。

其次，是本地有条件的居民已经能够选择到葡国完成高等教育，如到科英布拉大学去修读医学或者法律等各种课程。也有人会到印度果阿甚至英国修读医学、艺术等科目，然后返回澳门服务。

这时澳门的教育机构也逐渐完善，不仅有科目齐全的圣若瑟学院，还设立了规范化的中小学以及各种职业学校，使更多的人得以选择在本地学习进修，从而培养起澳门新一代的文化精英。这些人大都在澳门早期报业的发展中发挥过作用，比如高美士就其中的佼佼者。

由于有上述三部分人结合在一起，就逐渐从19世纪初开始形成澳门葡裔社会的知识分子阶层。尽管在今天看来他们中的许多人只不过是小知识分子，但在风雨飘摇的年代里他们为澳门文化、教育、社会、艺术、政治、外交、经济、贸易等领域的发展作出了贡献，发挥了十分重要的作用，其中也包括澳门报业的发展，涌现出一大批报人。为了说明这一问题，现将该时期澳门葡裔中一些具有代表性的文化人物作一简单介绍。

卡洛斯·罗莎（Carlos Augusto Rocha D'Assumpção），取汉名宋次生，是一位19世纪研究中国问题的专家，他就是曾担任澳门立法会主席的著名澳门土生人领袖宋玉生先生（Carlos Augusto Corrêa Paes D'Assumpção）的祖父。宋次生于1862年生于澳门风顺堂区，1932年由于心脏病殁于香港九龙家中。关于他的情况，《澳门土生回声报》作了这样的报道："他是一位学识渊博的翻译员。1879年开始其翻译生涯，任原华人事务总署二级实习翻译员，1898年晋升为一级翻译员并担任署长。1887年春被派往葡国驻广州领事馆，处理横琴岛问题。1893年10月至1895年3月被派往葡萄牙驻上海总领事馆，协助处理两国之间一些悬而未决的问题。1901年12月至1902年10月作为外交使团成员赴北京工作。1900年10月陪同理事官赴香山石岐和斗门处理新基督教徒问题。"① 卡洛斯·罗莎对汉学很有研究，特别是在学习汉语方面有丰富经验，是他为澳门土生人编辑出版了第一部学习汉语的实用教材。② 新近出版的《清代外务部中外关系档案史料丛编——中葡关系卷》记录了宋次生（即卡洛斯·罗莎）以使馆译员身份分别致清政府外务部左丞和庆亲王的信函。③ 从其流畅的文言文语句，可以看出其汉文的深厚功底及对中国文化的了解。

著名飞南第家族的第四代小贝尔纳迪诺·塞纳·飞南第（Bernardino de Senna Fernandes Jr.）伯爵，1867年6月20日出生于澳门大堂区。其堂兄弗朗西斯科·飞南第（Francisco Hermenegildo Fernandes）就是孙中山先生的朋友及澳门著名报人。小贝尔纳迪诺年轻时曾负笈英国留学，后于1887年回澳门定居。小贝尔纳迪诺·飞南第伯爵精通数种外语，并且酷爱音乐，曾任暹罗驻澳门领事。④ 他担任该职亦是继承父亲

---

① 若尔热·福尔加斯：《澳门土生家族》（第一卷），东方基金会、澳门文化司署1996年，第295页。

② Jorge Forjaz, *Famílias Macaenses*, Vol. I, p. 195.

③ 见中国第一历史档案馆、北京大学、澳门理工学院编：《清代外务部中外关系档案史料丛编——中葡关系卷》（第一册），中华书局2004年，第一〇六至一〇七页影印件。

④ Jorge Forjaz, *Famílias Macaenses*, Vol. III, Fundação Oriente e ICM, 1996, p. 545。

(Bernardino de Senna Fernandes) 曾担任过的职务。该家族在澳门报业的发展过程中发挥了很重要的作用，特别是在出版印刷方面。他的堂兄弗朗西斯科·飞南第创办了著名的《镜海丛报》，伯父（Nicolau Tolentino Fernandes）尼古劳·飞南第创办了澳门商务印刷公司。

洛伦索·佩雷拉·马贵斯（Dr. Lourenço Pereira Marques）是19世纪驰名港澳两地的知识分子，1852年9月7日生于澳门花王堂区，1911年3月5日殁于花王堂区白鸽巢前地的家中。洛伦索·佩雷拉·马贵斯幼年时就读于圣若瑟学院，后在葡萄牙里斯本的坎波里德（Campolide）耶稣会学院学习，不久又转至都柏林的国王及女王学院学习医学，并于1877年在该校完成医学课程，取得医科学士学位。次年返回澳门，后在香港定居。最初任香港平民医院代理院长，后来任骆克医院①院长。在香港服务16年后，于1895年退休。他受到香港葡人社会的高度评价，居港土生葡人社团于1895年8月25日专门举行集会，表达他们的感激之情。②

埃米里奥·乔治（Emílio Jorge），第五代澳门土生人，1850年11月4日出生于著名的乔治家族。其祖先可以追溯到1700年在澳门出生的迪奥尼修·乔治（Dionisio Jorge）。其父亲若瑟·乔治是19世纪澳门著名航运商人，并获得丰厚的利润。埃米里奥·乔治后来去中国的上海发展，并于1906年起正式在上海定居。③

奥莱里安诺·古铁雷斯·乔治（Aureliano Guterrez Jorge）是埃米里奥·乔治的侄子。1875年9月13日生于澳门风顺堂区，后移民去香港，于1918年2月去世，葬于跑马地公墓。他是学习法律的，因而在香港担任执业律师。他在当时也是港澳

---

① 英文Lock Hospital，位于湾仔骆克道，香港早期医院，后关闭，现址为香港政府公共化验所。

② Jorge Forjaz, *Famílias Macaenses*, Vol. II, Fundação Oriente e ICM, 1996, p. 566.

③ Jorge Forjaz, *Famílias Macaenses*, Vol. II, Fundação Oriente e ICM, 1996, p. 259.

驰名的知识分子。①

19 世纪末澳门的一些知识分子
在离岛休闲度假

康斯坦修·若瑟·施利华（Constâncio José da Silva），澳门律师及报人，精通英文。1864年1月8日生于澳门大堂区，1947年9月24日殁于上海，终年83岁，葬于上海虹桥万国公墓。从康斯坦修·若瑟·施利华一生中所担任的职务即可看出他的超凡才能，可谓19世纪澳门土生葡人中的佼佼者。他担任过多种公私职务，包括律师、圣若瑟修院和市政小学教师、共和国检察官临时代表、华务司理事官、澳门政府官印局局长、澳门仁慈堂理事、澳门市政厅副主席以及葡萄牙驻上海领事馆参赞等。由于他涉及的领域颇多，加之其又是执著的报人，特别是长期主持澳门葡文《独立报》的编务工作，因而在澳门一直是一位极具争议的人物。②

德尔芬·里贝罗（Delfino José Ribeiro），1873年生于澳门风顺堂区，澳门著名风景酒店的所有人，曾任华务司理事官，澳门市政委员会成员，澳门警区民事助理。③

安东尼奥·若阿金·巴斯托（Antônio Joaquim Basto），1848年出生，《澳门土生报》（*O Macaense*）的主要编辑，曾任华务司理事官、检察院代理人等高级官职。④

---

① Jorge Forjaz, *Famílias Macaenses*, Vol. II, Fundação Oriente e ICM, 1996, p. 267.

② Jorge Forjaz, *Famílias Macaenses*, Vol. III, Fundação Oriente e ICM, 1996, p. 701.

③ Jorge Forjaz, *Famílias Macaenses*, Vol. III, Fundação Oriente e ICM, 1996, p. 162.

④ Jorge Forjaz, *Famílias Macaenses*, Vol. I, Fundação Oriente e ICM, 1996, p. 475.

19 世纪的巴斯托家族

安东尼奥·若阿金·小巴斯托（António Joaquim Basto Jr.）出生于1875年，曾赴英国伦敦修读法律课程并取得学士学位。返澳后任澳门及上海的中国海关专员、里斯本地理学会会员，这在当时的葡萄牙是一种很高的荣誉，一般只会授给在葡国科学研究中有名望的学者。①

庇山耶（Camilo de Almeida Pessanha）是澳门历史上一位著名的文化人。但他是学法律出身，本职工作是来自葡萄牙的行政官员，担任澳门物业登记局局长同时兼任利宵中学教师。来到澳门后很快融入土生族群社会，选择在澳门永久定居，在澳门留下中葡混血后代，并在19世纪与20世纪之交的动荡时期，成为澳门土生族群中的杰出代表。所以，葡国谱系学家福尔加斯将其收录于《澳门土生家族》第二卷的土生族群族谱之中，并专列了庇山耶的家族世系②。由于同样理由，澳门土生族群也一直把他当做本族群的优秀知识分子代表，并以他为骄傲。

庇山耶虽然从事行政工作，但博闻强记，兴趣广泛。不仅爱好葡国文学，特别是诗歌创作，而且还研究中国的历史与语言，热衷于收集中国的各种艺术品。庇山耶既具司法人员的逻辑推理，又有诗人的形象思维，并能将二者有机糅合于自己的职业和创作生涯之中，这在土生族群中极其罕见。毫无疑问，庇山耶的诗歌风格影响了许多澳门土生葡人。③

---

① Jorge Forjaz, *Famílias Macaenses*, Vol. I, Fundação Oriente e ICM, 1996, p. 477.

② Jorge Forjaz, *Famílias Macaenses*, Vol. II, Fundação Oriente e ICM, 1996, pp. 1061-1064.

③ 李长森：《明清时期澳门土生族群的形成发展与变迁》，中华书局2007年，第360页。

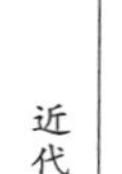

庇山耶从来没有参与过报业工作，但他却是许多葡文报刊尤其是学术性的文学期刊经常提到的重要人物。值得强调的是庇山耶的诗歌深邃隽永，给后人及评论家留下了广阔的思考空间。葡国史学家若瑟·莱格（José de Carvalho e Rego）曾对庇山耶的诗歌作品作了这样的评价：

> 作为诗人和司法人员，庇山耶的诗作值得赞扬……其怪异的形象，造就了他互相交错重叠的复杂性格，因而使他行为怪诞。也许由于这个原因，他从来不是一个热情奔放的人。然而，仅仅将他的现实生活与其某些诗作相比较，就会发现这中间有很大的反差，他的作品反而充满感情，令人迷惑。①

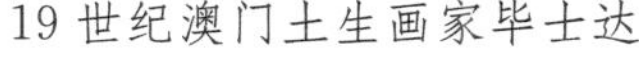

19 世纪澳门土生画家毕士达

在澳门新口岸金莲花广场旁有一条长不过百米的小马路，路不长却有一个很大气的名字：毕士达大马路，这是为了纪念澳门土生葡人画家马西安诺·安东尼奥·毕士达（Marciano António Baptista）。这位画家是毕士达家族第二代土生葡人。马西安诺·毕士达 1826 年 6 月 5 日生于澳门风顺堂区，同年 6 月 17 日在风顺堂接受洗礼，1840 年赴香港，1857 年正式在港定居，1896 年 12 月 18 日在香港居所去世。毕士达能够成为画家与来澳门的英国画家钱纳利（George Chinnery）有密切关系。虽不能说是青出于蓝而胜于蓝，但他在澳门艺术界的名气并不亚于他的老师钱纳利。他于 1838 年 6 月 30 日 12 岁时就读于圣若瑟学校，在此期间成为英国画家钱纳利的忘年之交。据学者塞萨尔·努内斯（César Guillén Nuñez）介绍，毕士达“总是跟着钱纳利，帮他做任何事情，甚至按照

---

① José de Carvalho e Rego，*Notícias de Macau* de 11-2-1962.

钱纳利的吩咐帮他调制颜料”。[①] 在钱纳利周围长期耳濡目染，很小就表现出艺术天分的毕士达，最终成为颇具名气的艺术家。现被誉为澳门土生葡人最为重要的西洋派画家之一。他的一些作品至今仍收藏在澳门艺术博物馆（原藏贾梅士博物院）。[②] 施利华·门德斯（Silva Mendes）曾这样评价毕士达：

> 毕士达是另一位出色的艺术家，特别擅长水彩画，功底颇为深厚，从师于钱纳利大师。他对景色的描绘准确深刻，尤其是他的大量作品反映了上个世纪中期香港殖民地迅速蓬勃发展的情况。[③]

直到19世纪，澳门土生人才开始重视本族群历史的研究，因此也出现了几位研究澳门史的专家。

澳门早期的著名史学家之一就是徐萨斯。徐萨斯的祖先是来自巴西的葡萄牙人。其曾祖父米格尔（Miguel de Jesus）生于巴西东北部巴拉州的贝伦市，于18世纪年幼时来到澳门，并且开始在澳门定居。祖父若瑟·曼努埃尔（José Manuel de Jesus）于1792年在澳门出生，曾任《西望洋号》商船船长，在苏门答腊与帝汶之间从事贸易活动。[④] 外祖父若瑟·马利亚·蒙塔托（José Maria de Montalto）是来自意大利的移民，因此徐萨斯全名中依然保留着意大利姓氏蒙塔托（Montalto）。

徐萨斯葡文全名是卡洛斯·奥古斯托·蒙塔托·热苏斯（Carlos Augusto Montalto de Jesus）[⑤]，简译成徐萨斯。他的父亲是最早移民香港的澳门土生人之一。徐萨斯1863年3月14日生于香港，1932年5月19日殁于香港，终年69岁。一直独身未娶妻室。

---

① César Guillén Nuñes, *Marciano Baptista-Sua Vida e Arte*, Revista de Cultura, n. 11/12, Instituto Cultural de Macau, pp. 172-177.

② Pe. Manuel Teixeira, *Toponímia de Macau*, Vol. II, ICM, 1997, pp. 380-381.

③ Pe. Manuel Teixeira, *Toponímia de Macau*, Vol. II, ICM, 1997, pp. 380-381.

④ 据澳门历史档案馆（A. H. M.），Leal Senado, Cód. 9, fl. 103。

⑤ 此处姓氏（Jesus）应译为热苏斯，但澳门土生人喜欢取汉字为姓，而该家族则取徐氏为姓。

徐萨斯是著名澳门史专家，其代表作就是用英文写成的*Historic Macao*（历史上的澳门），成为中外史学家广泛参考使用的史学资料。这部358页的重要著作于1902年首次在香港由别驾洋行公司（Kelly and Walsh）出版。后该书多次再版，主要有：1926年由澳门慈幼商业印刷出版公司（Salesian Printing Press and Tip. Mercantil）再版，这次出版经增补修订后，使该书增加到514页；1984年，由设在香港的牛津大学出版社第三次出版；1990年，澳门东方书局第四次出版该书（这也是首次译成葡文出版，书名为“Macau Histórico”）[①]；2000年，澳门基金会又组织翻译了中文版本，书名为《历史上的澳门》，印刷了1500册，广为发行，这是第五次出版。[②] 徐萨斯的其他著作还有《历史上的上海》（*Historic Shanghai*），1909年由上海美科利公司（Mercury Ltd.）出版。[③]

在成绩卓著的史学家中，还有罗莎家族的白乐嘉（José Maria Braga）。罗莎家族在东方发展的历史可以追溯到18世纪中期来澳门继承叔父家业的西蒙·维森特·罗莎[④]。该家族到曼努埃尔·罗莎一代本无后人接替香火，但西蒙·维森特·罗莎来到后则不但使家族得以延续，人丁兴旺，而且使该家族在澳门迅速发达，富甲一方。而白乐嘉就是该家族第九代澳门土生葡人。

中外学者中凡是研究澳门历史的人都会知道白乐嘉的名字，

---

① 译者为 Maria Alice de Melo Jorge，并由 Dr. Carlos Estorninho 作序。关于徐萨斯，可参阅文德泉：《伟大的澳门土生史学家徐萨斯》（*Montalto de Jesus o maior historiador macaense*），载于《澳门教区通讯》（*Boletim Eclesiástico da Diocese de Macau*），Vol. LXX，n.°-823，Abr. 1973，pp. 248-256；n.°-824，Maio 1973，pp. 333-339。

② 中文版由黄鸿钊、李保平翻译，并且由黄作译序。

③ Jorge Forjaz，*Famílias Macaenses*，Vol. II，Jesus 家族有关章节。

④ 白乐嘉家族原来姓氏为罗莎（Rosa），即属罗莎家族，到了18世纪末，该家族第四代的西蒙·阿拉乌茹·罗莎（Simão de Araújo Rosa）七名子女中第五代的次子小西蒙·阿拉乌茹·罗莎（Simão de Araújo Rosa Júnior）在其原姓氏后面加了个词，改为白乐嘉（Braga），从此罗莎家族中出现一个姓白乐嘉的分支。其原因不详，有人认为是由于“兄弟反目”而取新姓氏以划清界线，但文德泉神父认为尚无任何史料证明。详细资料可阅读 Jorge Forjaz，*Famílias Macaenses*，Vol. III，Rosa 家族一章。

但广为流传的还是其英文姓名杰克·白乐嘉（Jack Braga）[①]。白乐嘉于1897年5月11日在香港出生，在兄弟中排行第二。于1988年4月27日殁于美国三藩市。父亲若瑟·佩德罗·白乐嘉（José Pedro Braga）于1871年8月3日出生于香港，可见白乐嘉是移居香港数代的澳门土生人后裔。其曾祖父若昂·维森特·罗莎·白乐嘉（João Vicente da Rosa Braga）于1803年10月25日生于澳门大堂区，1853年10月21日在香港去世，是该家族第一位移居香港的人。

白乐嘉在澳门报业的发展中发挥了重要作用。由于他出生在香港，精通英语，故于1930年在自己创办的英文刊物《澳门视界报》（*The Macao Review*）上发表他史学研究的第一批文章。从此，他的史学专著就不绝于港澳沪各种报纸杂志。另外，他还与许多刊物合作，如：《复兴报》（*Renascimento*），《澳门先驱报》（*Macau Herald*）以及《澳门论坛》（*The Macau Tribune*）等，甚至包括太平洋战争时期的一些刊物。为了开展各种研究，他曾收集大量史料，包括200箱手稿，成千册各种书籍，香港、中国及日本的4000多幅照片，其中包括葡萄牙人各个时期在远东活动的历史照片。另外，还有100多卷各种报刊及澳门、中国、香港和葡萄牙的数百幅地图。这些珍贵史料仅有一小部分藏于澳门中央图书馆，而绝大多数则存于堪培拉的澳大利亚国家图书馆。白乐嘉所收集的这些文献，包括他自己的研究已成为人们研究澳门历史的珍贵资料，当然也是研究澳门报业发展史的重要资料。他的7名子女均出生于澳门，其中第五子安东尼奥·马利亚·白乐嘉（António Maria

澳门土生史学家兼报人
J. M. 白乐嘉

① 葡萄牙文中的男人名若瑟（José）相当于英文中的男人名杰克（Jack）。

Braga）曾任澳大利亚葡侨组织《澳门之家》主席。①

在汉学研究方面，有若瑟·马尔蒂诺·马贵斯（José Martinho Marques），亦有人译为马葵士。于1810年3月2日生于澳门风顺堂区，1867年7月4日殁于同一堂区。自幼在圣若瑟学校学习，精修汉语，后任澳门政府及多个外国使团翻译。他对汉语极其精通，于1852年先后编出《地理备考》（*Tratado de Geografia*）和《音乐基础读本》（*Principios Elementares da Música*）。另外，还留下一部尚未刊行的《汉葡词典》（*Diccionário China-Portuguez*）。由于其在法国驻华使团的出色表现，曾被法国授予使团荣誉勋章。②

若昂·伐利亚·马尔萨（João de Licópolis de Faria Marçal）是另一位精通汉语的翻译家。他是马尔萨家族第五代后裔。于1849年生于澳门大堂区，1898年殁于北京。他长期担任西班牙驻北京使团的中文翻译。由于澳门政府拒绝其担任华务总署翻译员的请求而决定在北京定居。虽然怀才不遇，但他在语言方面的天赋确实令人称奇。他能够准确流利地书写及操讲英语、法语、德语、西班牙语、蒙语、日语、拉丁语、希腊语，以及中国的官话（国语）和粤语、客家话、潮州话、宁波话等方言。他在学习这些语言的时候从来不需要专门的教师进行指导。③

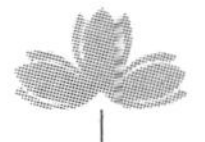

土生葡人安东尼奥·亚历山大利诺·梅罗（塞尔高男爵）也是澳门具有语言天分的知识分子。他在各个方面都表现出惊人的才能。语言方面，他精通法语、意大利语、英语和西班牙语，同时熟练掌握汉语；作为商人，他是梅罗公司的唯一股东，拥有5艘商船从事葡萄牙、巴西和澳大利亚之间的航运，他在澳门南湾拥有数栋建筑物，包括著名的圣珊泽宫；作为建筑师，他参与设计了澳门许多著名建筑物；他还是一位"业余"外交

① 见 Jorge Forjaz, *Famílias Macaenses*, Vol. III, Fundação Oriente e ICM, 1996, Rosa家族有关章节。

② Jorge Forjaz, *Famílias Macaenses*, Fundação Oriente e ICM, 1996, p. 577.

③ 见 Pe. Manuel Teixeira, *Galeria de Macaenses Ilustres* do Século XIX, Imprensa Nacional, 1942, p. 474。

家，为不同的国家服务，曾先后担任意大利驻澳门领事（1869年）、法国驻澳门副领事（1872 年）、巴西驻澳门领事（1875年）以及比利时驻澳门领事（1876 年），当然，这是与其在语言方面的天赋分不开的；在政治方面，他担任澳门政府许多重要职务，包括政府委员会常设委员（1869—1871 年）、法官（1870 年）、工务局技术委员会委员（1873 年）、工务局长；在社会方面，担任仁慈堂行政委员会主席（1875 年）；在军事方面，他从 1869 年起担任澳门国民步兵营的中校营长直到去世。① 作为在澳门出生的梅罗家族第三代土生人，其在各个领域的造诣和成就与澳门土生文化的浓郁氛围不无关系。

对中国文化颇有研究的澳门土生葡人还有阿比利奥·巴斯托（Abílio Maria da Silva Basto）。作为巴斯托家族的第五代澳门土生葡人，他是安东尼奥. 巴斯托（António Joaquim Basto）及其第一个妻子梅莉娜·佩雷拉（D. Áurea Melina Pereira da Silva）之子②。1889 年 10 月 29 日生于澳门大堂区。曾任华务司副司长，葡萄牙驻广州领事馆译员。曾出版一些书籍，有《中国的婚姻》、《中国的考试制度》等，对汉学颇有研究。1913 年 4 月 12 日在大堂区同热诺维娃·安东尼娅（D. Genoveva Antónia de Sequeira）结婚③，共育有 9 名子女，其中有 3 名生于广州沙面，说明他对中国文化的了解得益于其长期在广州的生活。

19 世纪的西方民主思潮及澳门土生文化的发展，催生了 20 世纪土生文学的兴起，使澳门在 19 世纪末至 20 世纪初这段时期出现了一批博学多才的土生葡人作家，并逐渐在澳门文坛形成一道亮丽的风景线。澳门土生文学在澳门文学中占有非常重要的地位。饶芃子说：

---

① 若尔热·福尔加斯：《澳门土生家族》（第二卷），东方基金会、澳门文化司署 1996 年，第 646、647 页。

② 若尔热·福尔加斯：《澳门土生家族》（第一卷），东方基金会、澳门文化司署 1996 年，Basto 家族章节 § 1.°，n.° IV。

③ 若尔热·福尔加斯：《澳门土生家族》（第三卷），东方基金会、澳门文化司署 1996 年，Sequeira 家族，§ 3.°，n.° VI。

澳门的土生文学，作为不同文化交流融汇的结晶，形成了别具一格的文化审美模式，这些作品从不同角度以不同的形式表达他们对澳门的感情，以及土生身份的特殊心态，是澳门这个跨文化场的一种非常独特的精神产品。①

纵观澳门历史上的土生文学作家，无不表现出这种特点。

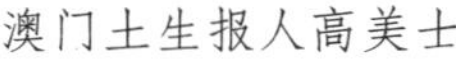

澳门土生报人高美士

说到澳门土生文学，就不能不提到高美士（Luís Gonzaga Gomes）。这是因为，高美士不仅是一位多产的作家，而且集史学家、文学家、汉学家、翻译家及新闻工作者于一身。高美士于1907年生于澳门。是庇山耶和曼努埃尔·门德斯（Manuel da Silva Mendes）的学生。担任小学教师及校长达20年之久，很早就精通中国语言和文化。曾任汉语翻译，并用汉语写成《向儿童讲述葡国魂》及《葡萄牙史概要》，同时还编纂了《粤葡词典》。创办《贾梅士学院学报》，主编《复兴》杂志，担任《澳门新闻报》秘书长。高美士最重要的著作是《澳门土生图书编目》，为研究澳门历史及文化提供了方便快捷的查阅途径。从1964年起开始编辑出版月刊《澳门档案》，其坚持该项工作一直到1976年去世。

高美士另一项功不可没的工作，是将印光任和张汝霖的《澳门纪略》译成葡语，成为研究澳门史的葡国及其他西方学者必读的参考书。另外，他还将中国经典著作《三字经》、《千字

① 饶芃子：《澳门土生文学作品选·序》，载汪春、谭美玲编：《澳门土生文学作品选》，澳门大学出版中心2001年。

文》、《孝经》、《孟子》、《论语》、《大学》、《中庸》以及老子的《道德经》等译成葡语，又将葡文、意大利文、法文等重要著作译成汉语，其中就包括曾德昭的《大中国志》，为西学东渐和中学西传作出了重大贡献，实为西人中所罕见。其他著作还有《澳门华人传说》、《中国的节日》、《澳门历史篇章》、《古代澳门传奇》、《中国风》、《中国艺术》、《澳门手稿目录》等。①

综上所述，世界及中国近代形势的发展与变化及欧洲的民主自由之风，在澳门土生族群中催生了一大批文化人及知识分子，特别是作家、史学家、汉学家、翻译家、画家、音乐家、园艺家、设计家以及报人和新闻工作者。由于语言及文化的阻隔，华人圈中对这些澳门土生知识分子知之者甚少，他们的文化成果长期以来并未得到华人的认可，但他们的双栖文化身份及在文化传播中的作用，是今天的华人应该了解并且加以肯定的。尤其是他们在中西文化交流中的作用是任何人所不能替代的。他们中的许多人之所以在清末民初成为推动澳门报业发展的精英，应该说与以下几个方面不无关系。

第一，交通及资讯的发展加速了新思潮的传播。

澳门土生文化的发展与繁荣出现在清朝末年至民国初年，这与当时欧洲工业化的发展不无关系。尤其是交通及资讯的发展，使他们能较快接受欧洲的新文化和新思潮。同时，欧洲列强通过战争打开中国数千年来封闭的大门，并开辟了自由通商口岸，在南部中国变得极不稳定的同时，也为澳门土生族群提供了较大的自由活动空间。

第二，自学成才，勤奋与努力。

该时期土生文化的多数代表人物并无很高学历，有的仅仅读完中学。知识的积累和学识的扩展全靠个人努力和勤奋。高美士一生未娶妻，默默无闻地将自己全部精力投入到研究、写作及翻译活动之中。在当时那个年代，除了本职工作外，能写

① Carlos Pinto Santos Orlando Neves, *De Longe à China-Macau na Historiografia e na Literatura Portuguesas*, Vol. III。另见 Luís Gonzaga Gomes, *Macau, Factos e Lendas*, Quinzena de Macau, 1979.

出30多部著作，为20多家报刊撰文，翻译十多部中国古典作品，是相当不容易的。另一位土生作家阿德（Ferreira Santos）自幼依靠社会救济才能完成中学学业，入职后担任低级文员工作，收入微薄。然而在这种困难形势下，他能锲而不舍，勤奋学习，成为研究巴图阿语的专家及作家。而毕士达更没有上过艺术学校，他在绘画艺术上的成就完全是在钱纳利指导下勤学苦练成才的结果。

第三，精通汉语和中国文化。

这些人多数都精通汉语。深厚的汉文功底使他们能够在两种不同文化之间往复穿梭，游刃有余。宋次生、伯多禄、马葵士、高士德均有在澳葡政府华务司担任翻译的经历，并且在澳粤接触甚至同北京政府的接触中发挥过重要作用。高美士还精通意大利语、英语、法语。精通双语甚至多语，使他们创作的天地更加广阔。

第四，广识博学，热爱文化活动。

这些人广识博学，精于专业，多才多艺，兴趣广泛，对于他们从事的研究及创作活动有很大补益。他们中的许多人都酷爱中国传统文化，喜欢收藏中国艺术品。高士德酷爱音乐，同时还热衷于诗歌朗诵，喜欢拉小提琴，研究音乐理论及音乐史。因此，他曾多年担任澳门电台音乐频道总监及澳门音乐文化团体的秘书。尤其是设计澳门若干建筑物的土生人中没有一个是专业设计师，是他们对建筑艺术的热爱和兴趣，才使他们展现其设计才华。在某种意义上，他们并非专家，而是“杂家”。

澳门土生人从事文化活动并非本职工作，因而并不完全是为了谋生。19世纪的澳门社会处在一个张扬个性及发挥个人才干的时期。这一时期的土生族群作家或者艺术家虽然作品颇多，但并非他们本行。他们都是依靠其他职业维持生计的。高美士和阿德长期在学校任教，伯多禄和马葵士均在政府任职，飞历奇担任校长和律师，白乐嘉先是在香港开设维多利亚大药房，后任澳门电灯公司主管[①]，甚至画家毕士达也要依靠在小学教

① 见若尔热·福尔加斯：《澳门土生家族》（第三卷），关于Rosa家族部分。

美术课才能养家糊口[①]。这些情况说明，虽然在19世纪澳门土生文化活动十分活跃，但多为个人自由创作活动，并无支持这些活动的文化机构或团体。但无论如何，这些活动的影响是巨大的。首先，这些个人文化活动为澳门历史文化的研究留下了珍贵资料，特别是高美士对澳门史料的整理对后人作出了重大贡献。其次，这些人带动了土生文化在香港及上海的发展，客观上起到了推动西风东渐的作用。澳门土生葡人当时在港沪两地大办报刊，一纸风行，就是明证。

第五，族群社团的积极协调也发挥了重要作用。

19世纪澳门土生文化的迅速发展与澳门土生教育协进会的成立有着密切的关系。该协会于1871年成立，其成立宗旨就是推动澳门土生族群教育及文化事业的普及与发展。澳门土生教育协进会成立之初，注册资本1万1千澳门元，共有31名股东。在这些澳门土生人股东中，葡籍22人、华籍7人、英籍1人，另有一个名额是公司法人，体现了族群的多元化。这十分有助于文化的交流与传播。需要指出的是，这些股东的大多数都是澳门土生人中的文化精英。[②] 澳门文化精英的出现，推动了澳门外报及报人的产生和发展。

二、澳门土生报人的出现

在清末澳门掀起的办报热潮中，活跃着一个特殊的人群。这个在中国向西方开放的沿海城市中极其活跃的群体，就是澳门土生人。那么什么是澳门土生人呢？澳门回归祖国至今10年

① 见若尔热·福尔加斯：《澳门土生家族》(第一卷)，关于Baptista家族部分。

② 福尔加斯经过研究，查到了发起组建澳门土生教育协进会的17名土生葡人股东的姓名。他们是：Albino António da Silva，José António dos Remédios，Maximiano António dos Remédios Jr.，Maximiano António dos Remédios Sr.，Andrónico Francisco Alves，Bernardino de Senna Fernandes，Bartolomeu António Gonçalves Pereira，João Maria da Silva，Domingos Clemente Pacheco，Filomeno Mário da Graça，João Eleutério de Almeida，João Joaquim Rosa Braga，José Francisco Homem de Carvalho，José da Silva Loureiro，Miguel António Aires da Silva，Lourenço Caetano Cortela Marques和Ricardo de Sousa。

多了，相信中国内地大多数人并不知道澳门土生人是什么意思。即使是澳门的华人亦仅略知一二，对其内在的深刻含义并非完全明白。关于此问题笔者经过几年的研究已经写成一部50万字的专著，由中华书局于2007年9月出版，书名是“明清时期澳门土生族群的形成发展与变迁”。虽然这是研究澳门土生葡人的第一部汉文专著，但笔者自认为并没有把澳门土生人的问题完全解决，不少领域还有待于学者进一步研究。

简而言之，澳门土生葡人是葡萄牙东来的五个世纪中，欧洲人从印度洋沿岸到远东地区与一系列亚洲国家不同族群联姻而产生的后裔，并且最后在澳门定居繁衍发展的人。

有趣的是，最早研究澳门新闻媒体的人也是澳门土生人，名叫若瑟·加布里埃尔·贝尔纳多·费尔南德斯（José Gabriel Bernardo Fernandes），他是出生于澳门的土生汉学家。1848年12月29日生于澳门风顺堂区。父亲若瑟·加布里埃尔·费尔南德斯（José Gabriel Fernandes）生于印度果阿，是澳门《大西洋国》葡文杂志的创始人。母亲茹莉安娜（Josefa Juliana Carneiro）生于菲律宾的马尼拉。这是一个典型的澳门土生家庭。若瑟·贝尔纳多·费尔南德斯于19世纪后半叶写了一篇题为《澳门新闻业》的文章，首先刊登于葡国的科英布拉，后来分别被新果阿的《真理报》（1885年8月7日）、澳门的《使徒之声报》（1887年7月2日）和《里斯本地理学会学报》（1888—1889年）转载。① 文德泉神父研究澳门报业的许多资料都来自若瑟·贝尔纳多·费尔南德斯的成果。加布里埃尔·贝尔南多·费尔南德斯出版过多部关于澳门及中国的著作，主要有《葡萄牙印刷术在中国及日本》、《澳门主教报告》、《澳门历史札记》等。②

19世纪的澳门在经济上困难重重，政治上风雨飘摇。自由派和保守派的激烈争斗产生了第一张政治性的报刊《中国蜜蜂

① Pe. Manuel Teixeira, *Imprensa Periódica Portuguesa no Extremo Oriente*, Instituto Cultural de Macau, 1999, p. 2.

② Carlos Pinto Santos Orlando Neves, *De Longe à China—Macau na Historiografia e na Literatura Portuguesas*, Vol. II, p. 659.

报》，而《中国蜜蜂报》又带动了一系列报纸的出现，从而产生了一大批澳门土生报人。从第二章罗列的报刊中可以看出一个共同特点，即绝大多数报刊的创办人及主编或者主笔都是澳门土生人，有的人担任几份报刊的主笔，有的人甚至在报纸被查封后再创新报。与此同时，还有的人专门开设印字馆以便印刷报纸。这些事实充分说明澳门土生葡人是当时发展新闻业的中坚力量。下面介绍的是澳门外报发展过程中出现的澳门土生报人。通过长长的名单及简历，可以看出澳门土生人在澳门报业发展中发挥的重要作用。

（一）澳门土生报人

毫无疑问，澳门外报行业的主体是澳门土生葡人。澳门外报种类繁多，其中有些报纸为一人所办，有些是几个从事报业及出版业的家族。如主要的伯多禄家族、施利华家族、飞南第家族、佩雷拉家族、诺罗尼亚（中文文献多译为唧啰吔）家族等。

首先要提到的澳门土生报人是费利克斯·费里希安诺·克鲁斯（Félix Feliciano Cruz），他以创办《澳门土生公正报》（*O Macaista Imparcial*）而闻名。该报在许多报学研究中被提到，特别是戈公振和方汉奇罗列的澳门仅有的几种报纸中都提到该报，可见其有相当的知名度，但遗憾的是该报报名一直被误译为《帝国澳门人报》。创办人费利克斯·费里希安诺是克鲁斯家族第三代土生葡人，1810 年生于澳门大堂区，1879 年 3 月 1 日殁于香港。他不仅创办报纸，而且还创建了以自己名字命名的印刷公司（Tipografia Feliciano），后改名为亚美尼亚印刷馆。《澳门土生公正报》初期为双周刊，后改为周刊，并以《商情摘录》（*Registo Mercantil*）为副标题。

澳门土生葡人曼努埃尔·佩加杜（Manuel Maria Dias Pegado）在澳门初期报业发展中作用显著。他是佩加杜（Pegado）家族第五代土生葡人，于 1805 年 9 月 29 日生于澳门，父母分别是曼努埃尔·西蒙斯（Manuel Dias Simões）和安娜·佩加杜（Ana Maria Ferreira da Costa Pegado）。其家族来源可以追溯到 1717

年赴印度从军的外曾祖父佩德罗·佩加杜（Pedro de Gouveia Pegado）。1720年至1730年之间到澳门定居。

曼努埃尔·佩加杜是19世纪十分勤奋、活跃且精力充沛的土生报人，致力于多种报刊的编辑出版工作。他最早创办的报刊是《葡萄牙人在中国》（1839—1843）。另外，他在港澳两地都有业务，在澳门创办了《澳门周刊》（*Gazeta de Macau*，1839）、《澳门土生代言者报》（1844—1845），在香港创办了《澳门呼声报》（1846）。这里需要提到的一件事是，当初美部会的传教士卫三畏（Dr. Wells Williams）曾为了出版《中国丛报》而在澳门设立了澳门印刷公司（Tipografia Macaense），但由于公司注册的法律手续问题，该公司表面上的经理仍然是澳门土生人曼努埃尔·佩加杜。

1899年的《大西洋国》编者若昂·马贵斯·佩雷拉

《大西洋国》周刊是澳门历史上一份重要的刊物，其创办者是果阿出生的报人若瑟·加布里埃尔·费尔南德斯。他于1848年1月11日在澳门同马尼拉出生的茹里安娜·卡内罗（Josefa Juliana Carneiro）结婚，组成一个西葡混血的土生人家庭。在身兼多职为政府及社会服务的同时，担当起创办《大西洋国》周刊的艰巨工作。其在澳门出生的儿子加布里埃尔·贝尔纳多·费尔南德斯虽没有亲自创办报纸，但终生从事报业，是著名的记者、史学家及报业研究专家，并为多家报纸撰稿。他所留下的文章稿件笔记亦成为研究澳门史的珍贵材料。

施利华家族在19世纪的澳门以创办报纸而著称。该家族第一位投身报业并且锲而不舍的人，就是于1867年创办出版《独立报》的澳门土生葡人若瑟·施利华（José da Silva）。《独立报》是澳门19世纪中期一份十分重要的政治新闻性报纸。若瑟·施利华于1824年1月26日生于澳门，1910年4月10日殁

于澳门风顺堂区。[①] 1880年曾任葡萄牙驻上海领事馆临时代办。

若瑟·施利华是澳门著名报人，从1867至1898年坚持办报长达30年之久，并且一直对政府持批评态度。受他的影响，他的两个儿子亦投身报业，并继承其辛辣尖刻的办报风格。次子康斯坦修·若瑟·施利华（Constâncio José da Silva）是《真理报》的主编，到他这一代已是施利华家族定居澳门的第三代土生葡人。他于1864年1月8日生于澳门大堂区，1947年9月24日殁于上海，葬于上海虹桥万国公墓。在澳门时曾任圣若瑟修道院及市政小学教师、共和国代理检察官、华务司理事官、官印局局长、仁慈堂秘书、市政厅副主席等职务。在上海时曾任葡领事馆秘书。除该份报纸外，他还经营父亲创办的《独立报》，同时还主持《澳门土生回声报》和《自由报》等自由派报纸。与其父亲若瑟·施利华（José da Silva）一样，猛烈抨击教会，崇尚民主，文风辛辣，是一位极具争议性的人物，曾多次因所谓滥用新闻自由被起诉。若瑟·施利华第五子若瑟·塞萨里奥·施利华（José Cesário da Silva）则是另一份葡文报纸《自由报》的主编。[②]

土生葡人伯多禄家族在澳门历史悠久。伯多禄是著名的土生汉学家及翻译家，并创办了澳门第一所商业学校，为澳门教育的发展作出重大贡献。在报业方面，该家族许多人都对创办报纸十分感兴趣。从伯多禄起有许多人投身报业。他本人就是《澳门土生回声报》的主要撰稿人之一，并且于1896年开始担任该报的主编。

伯多禄的五弟米格尔·艾利斯·施利华（Miguel António Aires da Silva）是《澳门土生新闻报》的创建人。他于1844年7月17日生于澳门，1886年9月17日殁于澳门。他是19世纪澳门著名的地产开发者，也是最早填海造地的商人之一。1877

---

① Jorge Forjaz, *Famílias Macaenses*, Vol. III, p. 700. 据 Jorge Forjaz 研究，西洋坟场墓碑上的日期4月29日为误。另见 Pe. Manuel Teixeira, *Imprensz Periódica Portuguesa no Extremo Oviente*, Instituto Cultural de Macau, 1999, pp. 40-42.

② Jorge Forjaz, *Famílias Macaenses*, Vol. III, Fundação Oriente e ICM, 1996, p. 700.

年向政府提出填海造地申请并得到批准，于是取得福隆下街至沙栏仔街之间内港海湾的填海开发权。填海工程于1881年3月4日开始，成为后来著名的内港海边马路填海区。1884年将部分填海地段赠给市政厅建一海鲜市场，将获得的利润用于教育事业。[①] 米格尔·艾利斯·施利华的大宅位于南湾街91—96号，澳门有两条街道用他的姓名命名，即Rua de Miguel Aires（中文名美基街）和Patio do Mercado Interior de Miguel Aires（中文名美基内市场围，又叫味机市）。米格尔·艾利斯·施利华的第六子路易斯·艾利斯·施利华（Luís da Conceição Aires da Silva）也是报人，于1909年创办了《新生活报》，即《澳门新镜报》。

伯多禄家族另一位报人是伯多禄的第五个儿子（伯多禄有六子四女），名叫路易斯·诺拉斯库·施利华（Luiz Gonzaga Nolasco da Silva）。他曾任《进步报》的总监和主编，是施利华家族第五代土生葡人。路易斯·诺拉斯库·施利华1881年12月14日生于澳门大堂区，1954年12月14日殁于大堂区。葡国科英布拉大学法律系毕业，澳门公证员及律师。1917年从另一澳门土生葡人曼努埃尔·费雷拉·罗莎（Manuel Ferreira da Rocha）手中买到东望洋山坡一幅土地建起豪宅，人们称之为"白宫"。该宅第由香港人设计，十分豪华，1960年该物业卖给宝血修院，现为澳门重点文物保护单位。[②] 路易斯·诺拉斯库·施利华还是新闻政治性期刊《新生活周报》的创办人。

具有反政府及反宗教倾向的澳门《东方报》主编弗朗西斯科·马加良斯（Dr. Francisco da Silva Magalhães）出生于帝汶，后在澳门定居。他本是一位学习医学的知识分子，毕业于葡萄牙科英布拉大学医学系，后来担任外科医生工作，这在当时澳门土生人中是十分罕见的。然而由于在葡国时就受到民主自由思想的影响，对现代医学的学习更使他相信科学与民主，于是

① Jorge Forjaz, *Famílias Macaenses*, Vol. II, Fundação Oriente e ICM, 1996, pp. 776-777.

② Jorge Forjaz, *Famílias Macaenses*, Vol. II, Fundação Oriente e ICM, 1996, p. 794.

回澳门后行医的同时投身报业，创办具有民主思想的报纸。由于屡屡与政府和教会的观点相左，反复遭政府打压，报纸经营十分困难。报纸被查封后，他被当时的仁伯爵总督放逐到帝汶。他在帝汶除了从事职业活动外，还喜欢研究动植物，并写出关于烟草种植及热带奎宁硫酸盐研究的著作。弗朗西斯科·马加良斯是澳门第一位将氯仿麻醉技术应用于外科手术的医生。

弗朗西斯科·苏沙·普拉谢（Francisco de Sousa Placé）是《澳门帝汶报》的创办人，是定居澳门的普拉谢家族的第三代土生人，1825 年 12 月 2 日生于澳门大堂区。从姓氏看其祖先应来自法国，家族于 18 世纪后期在澳门定居。① 弗朗西斯科·苏沙·普拉谢的父亲曾三次娶妻，因而他共有 11 名兄弟姐妹。与《澳门帝汶报》有密切关系的还有该报主编佩德罗·梅斯尼尔（Pedro Gastão Mesnier)。他是澳门总督仁伯爵的私人秘书，同时还任葡萄牙驻中国、日本、暹罗等国家的外交使团长。

1873 年 4 月创刊的《大公报》是澳门土生人文化圈子中的一份报纸，因而其主要撰稿人多为澳门土生葡人。其中比较著名的有安东尼奥·巴斯托（António Joaquim Basto)、安东尼奥·亚历山大利诺·梅洛（Antonio Alexandrino de Melo，即塞尔高男爵)、维森特·保罗（Dr. Vicente de Paulo)、萨拉特里奇·皮特（Salatrichy Piter）等人②。其中的安东尼奥·巴斯托是第四代澳门土生葡人，1848 年 7 月 12 日生于澳门花王堂区。家住南湾街 105 号。他曾任律师，除为《大公报》撰稿，和在《澳门土生报》的主编曼努埃尔·施利华去世后曾担任主编外，他还曾担任华务司理事官和检察院代理人。③

《澳门土生邮报》的主编安东尼奥·特莱斯（António Gomes da Silva Teles）是澳门特莱斯家族的土生葡人，1846 年

① Jorge Forjaz，*Famílias Macaenses*，Vol. II，Fundação Oriente e，Instituto Cultural de Macau，1996，p. 1079.

② Pe. Manuel Teixeira，*Imprensa Periódica Portuguesa no Extremo Oriente*，Instituto Cultural de Macau，1999，p. 46.

③ Jorge Forjaz，*Famílias Macaenses*，Vol. I，Fundação Oriente e Instituto Cultural de Macau，1996，pp. 475-476.

1 月 10 日生于澳门，父亲是地产商兼澳门炮兵营外科医生若阿金·特莱斯（Joaquim Cāndido da Silva Teles）少校，后来任澳门卫生司代理司长。安东尼奥·特莱斯还曾任澳门市政督察，1891 年任市政厅委员。

《澳门土生回声报》是 19 世纪末澳门一份颇具影响力的报纸。其创办人是澳门中葡混血的土生葡人飞南第先生。该报于停刊时发表声明向读者告别，认为“现在掌管澳门的‘瓶塞法律下的政府’阻止了该刊的继续发行”①。飞南第为著名澳门土生葡人，是孙中山先生在澳门的友人。

担任《卢济塔尼亚报》主编的是澳门土生葡人费尔南德斯·内维斯·塔瓦雷斯（Elísio Fernandes das Neves Tavares）。他曾于 1899 年 7 月赴葡考取药剂师证书，返回澳门后开设“澳门药房”（Farmácia Macau），在澳门同土生葡人阿拉乌茹（Araújo）家族的茹斯蒂娜（Justina Maria de Araújo）结婚。该报主要撰稿人多为土生人，包括若昂·奥比诺·卡布拉尔（João Albino Ribeiro Cabral）、奥拉修·波亚列斯（Horacio Poiares）、若昂·佩雷拉（João Pereira Vasco）等人。其中的若昂·奥比诺·卡布拉尔出生于 19 世纪中期，年轻时与另五名同伴来澳门圣若瑟修道院学习。但后来并未接受圣职，而是还俗并在澳门定居。曾任澳门财政厅司库并担任圣若瑟学院和利宵中学教师。

《信仰与祖国》虽然是一份天主教爱国新闻周刊，但它的创办人是澳门土生葡人若瑟·佩雷拉（José Maria Gonzaga Pereira）。他于 1858 年 11 月 27 日生于澳门，1927 年 11 月 28 日殁于香港。他办报十分用心和执著，甚至在去世之前仍坚持出最后一期。为了使报纸能继续发行，他将该刊托付给葡萄牙的耶稣会士，并将其在香港联合保险公司（Union Insurance）的 24 个股份留下用于办报。然而，以原报名重新出版则是 1931 年的事了。以后的编辑中多有澳门土生葡人。

《葡萄牙东方报》的创办人卡洛斯·梅洛·莱登（Carlos de

① Pe. Manuel Teixeira，*Imprensa Periódica Portuguesa no Extremo Oriente*，Instituto Cultural de Macau，1999，p. 53.

Melo Leitão)，1879 年 6 月 18 日生于葡国维塞乌省，1949 年 9 月 6 日殁于澳门。葡国科英布拉大学法律系毕业，于 1906 年抵澳，任澳门公证员及律师。莱登极其富有，拥有澳门著名的利维拉酒店（Hotel Riveira）、峰景酒店（Hotel Bela Vista，现为葡萄牙驻澳门领事馆官邸）和加比脱利奥电影院（Cinema Capitólio）等澳门标志性物业。其在葡萄牙有妻室，在澳门亦有三位夫人。这在信仰天主教的葡人家庭中十分罕见。由于妻室多，卡洛斯·梅洛·莱登共有 24 名子女，其中排行第十四的安杰拉·梅洛·莱登（Clementina Ângela de Melo Leitão，中文名黎婉华，1923 年 8 月 28 日出生）即为现任澳门旅游娱乐有限公司主席何鸿燊先生的夫人。

《青年半月刊》的主编维森特·努内斯（Vicente Nunes）于 1902 年 7 月 19 日出生，父亲马塞洛·若瑟·努内斯（Marcelo José Nunes）是商船船长，外祖父是弗朗西斯科·路斯（Francisco de Paula da Luz ）将军。

《澳门土生周报》的创办人达米扬·马克西米安诺·罗德里格斯（Damião Maximiano Rodrigues）于 1878 年 3 月 27 日生于澳门，1924 年 7 月 22 日殁于澳门。[①] 达米扬是一位热衷于政治的共和派活跃分子，对创办政治性报刊兴趣浓厚，因而一生中屡遭波折。达米扬子女颇多，成为澳门土生族群较大的家族。现任澳门土生教育协进会主席及世界土生联谊会主席的戴明扬律师就是达米扬的孙子。戴明扬的中文姓名来源于其父亲和祖父的葡文名字 Damião。

《爱国者》的主编阿杜尔·安东尼奥·博杰斯（Artur António Tristão Borges）亦为澳门土生人，于 1892 年 7 月 17 日生于澳门风顺堂区，1937 年 9 月 14 日殁于澳门。他本来是在里斯本学商业的，但兴趣广泛，涉足多个领域。特别喜欢运动，包括瑞典的体操，欧洲的花剑、溜冰、跳舞等各种活动。

① Jorge Forjaz, *Famílias Macaenses*, Vol. III, Fundação Oriente e ICM, 1996, pp. 260-262.

他很可能是将这类活动最早传进澳门的人物之一。①

《学术报》主编是澳门土生人佩德罗·科莱亚·施利华（Pedro Correa da Silva），其父亲是澳门第108任总督恩里克·科莱亚·施利华（Henrique Monteiro Correa da Silva）上尉。当时该总督有三个儿子在利宵中学读书。恩里克·科莱亚·施利华后来任莫桑比克总督及葡萄牙殖民部长。佩德罗·科莱亚·施利华的祖父海军中将卡洛斯·科莱亚·施利华（Carlos Eugénio Correa da Silva）爵士亦曾任澳门总督（即第90任总督施利华，任职时间从1876年12月31日至1879年10月17日）。《学术报》虽为一份主要由学生创办的中学校刊，但在学生中影响很大，许多参与报纸工作的人后来成为文学家或者作家，如主编佩德罗·科莱亚·施利华和主要撰稿人若阿金·科莱亚·施利华（Joaquim Correia da Silva），后者笔名若阿金·巴素·达尔古（Joaquim Paço de Arcos），澳门内港的巴素达尔古街即以其命名。

《舆论周刊》的主编是带有西班牙血统的澳门土生人，名叫若昂·雅格斯·利马·加西亚（João Jacques de Lima Gracias），于1879年8月30日生于澳门，1947年1月14日去世。作为澳门土生人的代表，他于弗朗西斯科·施利华（Francisco Xavier Anacleto da Silva）担任市政厅主席的时候，被选为市政委员。也正是因为如此，他的《舆论周刊》有市政厅的背景，特别是为市政厅主席弗朗西斯科·施利华参加葡萄牙议会选举制造政治舆论。

《澳门视界报》由澳门土生史学家白乐嘉（J. M. Braga）创办，而主编则是澳门土生伯多禄家族的恩里克·诺拉斯库·施利华（Henrique Nolasco da Silva），于1884年2月9日出生。

20世纪初的《澳门土生回声报》亦是以土生族群为基本读者的一份报刊，因而其编辑者多为澳门土生人。首先，其创办人阿道夫·乔治（Adolfo Adroado Jorge）就是乔治家族的澳门

① Jorge Forjaz, *Famílias Macaenses*, Vol. I, Fundação Oriente e ICM, 1996, p. 532.

土生人，于1905年7月26日生于澳门。主编若昂·科莱亚·阿松森（João Correia Pais d'Assumpção）亦出身于在澳门生活多代的大家族，是19世纪著名土生翻译家宋次生的长子，于1889年10月12日生于澳门。近代澳门社会名人宋玉生就是他的儿子。受祖父和父亲的影响，宋玉生亦创办了现代的《澳门论坛报》。若昂·科莱亚·阿松森当时任律师。其父亲宋次生也参与了《澳门土生回声报》的创办。与此同时，该报总监费尔南多·塞纳·费尔南德斯·罗德里格斯（Fernando de Senna Fernandes Rodrigues）亦是澳门土生人，属费尔南德斯·罗德里格斯家族的后人，父亲是著名的罗德礼（Fernando José Rodrigues）将军，澳门有以其命名的街名。费尔南多·塞纳·费尔南德斯·罗德里格斯于1895年9月25日生于澳门，1916年创建了罗德礼公司，经营海上航运业和保险业。雄厚的经济实力是使报纸能够正常运作的有力保障。①

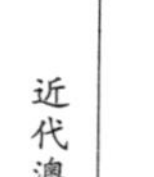

《澳门集邮》的主编是澳门土生人佩德罗·安杰罗（Pedro Paulo Ângelo），于1892年1月25日生于澳门大堂区。他是澳门政府的官员，但酷爱集邮和收藏，尤其喜好收集与澳门土生人有关的报刊杂志。于是在1933年在澳门创建了第一个集邮俱乐部，取名“国际收藏协会”，而《澳门集邮》则由该组织出版发行。②

《体育运动》创办人安东尼奥·贡塞桑（António Maria da Conceição）是澳门土生贡塞桑家族后人，于1910年2月26日生于澳门花王堂区，葡萄牙科英布拉大学语言学学士，毕业后在里斯本中学任教，1939年返澳，担任若干学校教师，并任澳门商业学校校长达6年。酷爱体育运动，尤其是足球和田径运动。在葡国时就曾为著名的“运动”足球俱乐部（Sporting）

① Jorge Forjaz, *Famílias Macaenses*, Vol. III, Fundação Oriente e ICM, 1996, pp. 255-257.

② 见 Jorge Forjaz, *Famílias Macaenses*, Vol. I, Vol. III, Fundação Oriente e ICM, 1996, p. 221.

效力，并获 4×100 米赛跑全国冠军。[①] 他还创办了另一份报纸《联盟周报》。

澳门《复兴杂志》是澳门 20 世纪中期一份重要的刊物，该刊为月刊，文化特色浓重，并且带有明显的地方色彩，因而在其编辑人员中，除其主编弗朗西斯科·埃尔内斯托·莱戈（Francisco Ernesto Palmeira de Carvalho e Rego）外，多是澳门土生人。而且集中了当时土生族群的精英。弗朗西斯科·埃尔内斯托·莱戈曾任澳门男子中心学校教师及商业学校附属小学的校长。[②] 弗朗西斯科·莱戈能够成为《复兴杂志》的主编与其家庭环境有密切关系。他的父亲若瑟·卡瓦略·莱戈（José Maria Ernesto de Carvalho e Rego）就曾担任《求实报》的编辑。而他的兄长若瑟·贡塞圣·莱戈（José da Conceição Ernesto de Carvalho e Rego）亦是十分活跃的新闻记者，与澳门的许多报纸合作，并且为里斯本的《辩论周报》撰稿。若瑟·贡塞圣·莱戈于 1890 年出生，年轻时在帝汶海关任抄写员（1906 年），后到澳门任工务司职员（1908 年）和财政厅抄写员（1912 年）直至退休。曾任政府委员会委员并代表澳门出席葡萄牙海外委员会行政一体化改革委员会会议。1968 至 1969 年在《澳门新闻报》（*Notícias de Macau*）发表题为《昔日人物》（*Figuras de Outros Tempos*）的系列文章，前澳门文化司署于 1994 年将该系列文章编辑成册出版。[③]

《幽默画刊》的创办人是澳门土生人阿尔曼多·夏加同（Armando Florêncio de Oliveira Hagatong），1922 年 9 月 26 日生于澳门大堂区。夏加同家族的祖上是进教华人，从姓氏分析可能姓夏。阿尔曼多·夏加同的父亲是弗朗西斯科·夏加同（Francisco Hagatong），曾任澳门大西洋银行的部门经理。他本人

① 见 Jorge Forjaz，*Famílias Macaenses*，Vol. I，Fundação Oriente e ICM，1996，p. 776.

② 见 Jorge Forjaz，*Famílias Macaenses*，Vol. I，Fundação Oriente e ICM，1996，p. 714.

③ 见 Jorge Forjaz，*Famílias Macaenses*，Vol. I，Fundação Oriente e ICM，1996，p. 712.

曾赴葡萄牙里斯本大学学习财经，并担任里斯本澳门之家值理。

《新闻报》的出版人是澳门土生人阿德里诺·巴波沙·贡塞圣（Adelino Barbosa da Conceição），于1909年2月17日生于澳门，父亲是茹斯蒂诺·贡塞圣（Leocádio Justino da Conceição），母亲是荷裔澳门土生人马赫（Maher）家族后代，外祖父是安东尼奥·马赫（Cap. António Mário Inocêncio Maher）。

《澳门新闻报》主编是澳门土生人卡洛斯·丰塞卡（Cassiano Carlos de Castro Fonseca），于1906年11月4日生于澳门，科英布拉医学院毕业。母亲埃莱娜·丰塞卡（Helena da Silva Fonseca）是澳门土生丰塞卡家族成员。

《澳门杂志》是澳门少有的专门研究经济的半月刊，因此在二战期间负责澳门经济工作的澳门土生葡人罗保博士（Pedro José Lobo）便担当起筹办该期刊的重任。罗保博士于19世纪末出生于帝汶，9岁来澳门定居。他长期担任澳葡政府负责经济的主要职务。其对澳门的主要贡献是二战期间在大量难民涌进澳门的情况下，解决了澳门的物资供应短缺问题。澳门有罗保博士街名表示对其纪念。①

《马赛克》的主编若瑟·巴达里亚（Dr. José Marcos Batalha）属澳门土生人巴达里亚家族成员，著名澳门语言学家及史学家白妲丽的丈夫。于1949年从葡国医学院毕业，为澳门山顶医院眼科大夫。

《社区报》的创办人是澳门土生人温伯杜·费尔南多·罗德里格斯（Humberto Fernando Rodrigues），于1921年2月18日生于澳门。

（二）香港报业的开拓者

鸦片战争后香港开埠，大批澳门葡裔居民赴港谋生，至19世纪末，澳门有四分之一强的土生人先后移居香港或者上海，

---

① 详细情况可阅若尔热·福尔加斯著《澳门土生家族》（第二卷）Lobo家族有关部分及文德泉神父著 *Toponímia de Macau*，Vol. II 有关内容。

而香港的外侨中澳门葡人数量甚至超过英籍侨民。[①] 据暨南大学叶农等人近期研究，“在香港开埠最初的20年里，居民中的澳门葡人至少有800多人”[②]。其中许多人受聘于港英政府，分布于港英政府的各个部门任职，甚至担任司长这样的高级官员。[③]

香港开埠，百业待兴。人力资源十分缺乏。澳门土生葡人看准机会，纷纷渡海到香港谋生。除了在政府及英商大公司任职外，新闻出版及印刷发行是澳门土生葡人从业较多的行业。仅香港1846年的年鉴（*Hongkong Almanak*），就记载了在香港从业于新闻出版行业的12位土生葡人。他们分别在《华友西报》（*The Friend of China*）和《德臣西报》（*the China Mail*）担任从文员到排字印刷的各种工作。

到了1859年，在英文报纸任职的人数有11位，其中的路易斯·阿泽维多（Luís d'Azevedo）还承担了英文报纸《华友西报》的印刷及出版工作。除了《华友西报》和《德臣西报》，《香港纪录报》也有不少澳门土生人在工作，主要有曼努埃尔·罗沙（Manuel da Rosa）、曼努埃尔·罗萨里奥（Manuel do Rozario）、安东尼奥·苏沙（António de Sousa）、安东尼奥·佩加杜（António Pegado）等。

而1861年，在报纸任职者达到19名，其中《德臣西报》有葡籍排字工人8名；《孖剌报》（*the Daily Press*）有葡籍工头1名，排字工人5名；《香港纪录报》有工头1名，排字工人3名，职员1名。[④]

---

① 见李长森：《明清时期澳门土生族群的形成发展与变迁》，中华书局2007年，第189—192页。

② 叶农、严忠明：《鸦片战争后移居香港的澳门葡人》，载《澳门历史研究》第5期，澳门历史文化研究会2006年，第62页。

③ 指澳门土生人Leonardo d'Almeida e Castro，1815年生于澳门，1875年殁于香港，其于1842年2月27日随英资公司移居香港，1843年即被任命为港英政府统计长。1860年港督包令曾想任命其为政务司，未果。参阅Jorge Forjaz，*Famílias Macaenses*，Vol. Ⅰ，p. 78.

④ 叶农、严忠明：《鸦片战争后移居香港的澳门葡人》，载《澳门历史研究》第5期，澳门历史文化研究会出版2006年，第63页。

从以上情况可以看出，香港开埠之初，澳门土生报人纷纷赴港创业。其中在香港出现最早的葡文报纸是1846年的《澳门土生之声报》（*A Voz do Macaista*）。《澳门土生之声报》在香港的出版带动了其他族群报纸的出现，并且推动了居港各国籍居民组织自己的社团。澳门土生人在港办报影响很大，甚至后来出现的英文报纸都在澳门土生葡人德尔菲诺·诺罗尼亚（Delfino de Noronha）开办的印刷厂印刷出版。德尔菲诺·诺罗尼亚是土生葡人诺罗尼亚家族成员，于1824年生于澳门，1900年殁于香港。其父亲是曼努埃尔·诺罗尼亚（Manuel José dos Remédios Noronha）。

《澳门土生之声报》的创办人是澳门土生人曼努埃尔·迪亚斯·佩加杜（Manuel Maria Dias Pegado），同时也是澳门的《澳门周刊》（*Gazeta de Macau*）和《葡萄牙人在中国》（*O Portuguez na China*）的创办人及主编。

苏沙家族亦在香港发展报业。在香港出版的葡文《真理与自由报》月刊的主编就是该家族的澳门土生葡人若瑟·苏沙（José Maria da Silva e Sousa）。他于1818年8月9日生于澳门大堂区。而香港的另一种报刊《人民回声报》（*O Echo do Povo*）亦由该家族创办，其主编安东尼奥·苏沙（António José da Silva Sousa）是苏沙家族第四代土生葡人，1838年3月17日在大堂区受洗。[①] 上述《真理与自由报》的主编若瑟·苏沙就是他的叔父。苏沙家族还在香港开办了印刷馆。

在香港出版的教会报纸是《天主教报》，其创办人是澳门土生葡人费尔南多·加里扬（Fernando Florêncio Carion）。费尔南多·加里扬于1847年11月20日生于澳门大堂区，1903年殁于上海，商业公司职员。先移民赴香港，后移民去上海，多名子女于19世纪末生于上海。[②]

香港葡文报纸《前景报》的编辑里斯贝罗·沙维尔

---

① 见若尔热·福尔加斯：《澳门土生家族》（第三卷），东方基金、澳门政府文化司署1996年，第656页。

② 见若尔热·福尔加斯：《澳门土生家族》（第一卷），东方基金、澳门政府文化司署1996年，第640页。

(Lisbelo Jesus Xavier）也是澳门土生人，于1862年1月1日出生于澳门，1909年5月20日殁于香港九龙家中。父亲是埃门内吉多·沙维尔（Hermenegildo Xavier)。里斯贝罗·沙维尔是香港瓦斯科·达·伽马俱乐部主席，香港1897—1898年纪念发现印度航路400周年庆祝活动执行委员会主席。沙维尔拥有自己的印刷公司。

在香港出版的《葡人报》（*O Português*）主编是澳门土生人安东尼奥·苏亚雷斯（António de Vasconcelos Soares)，为苏亚雷斯家族第五代土生葡人，1870年4月20日生于香港，一直未婚。其父亲马迪亚斯·苏亚雷斯（Matias da Luz Soares）早期移民香港，住在港岛西营盘，爱好植物栽培。[①] 他同德尔菲诺·诺罗尼亚一同引进了许多珍奇花草植物。澳门南湾花园的建设亦与其有关。

葡文报纸《信仰与祖国》由澳门土生人若瑟·佩雷拉(José Maria Gonzaga Pereira）创办，于1858年11月27日生于澳门风顺堂区，父亲是巴托罗梅尔·佩雷拉（Bartolomeu António Pereira)。

香港葡文报刊《爆破》的主编是澳门土生人伊西多罗·科斯塔（Isidoro Maria da Costa)，于1870年5月15日生于澳门，1937年1月19日去世，父亲是若阿金·科斯塔（Joaquim da Costa)。

香港葡文报刊《社区报》由居港澳门土生人雅努阿里奥·阿尔梅达（Januário Agostinho de Almeida）创办。他是居港土生葡人领袖，1887年2月22日出生，其父亲是阿尔梅达家族的卡洛斯·阿尔梅达（Carlos Eugénio Almeida)，母亲是澳门土生马贵斯家族的奥德拉伊德·马贵斯（Aldelaide Maria Marques)。香港葡裔联盟于1929年6月26日成立，其担任该组织主席至1937年。雅努阿里奥·阿尔梅达还担任香港葡文报纸《放逐者报》的主编兼总监。

---

① 见若尔热·福尔加斯：《澳门土生家族》（第三卷），东方基金、澳门政府文化司署1996年，第829页。

（三）在中国内地创业的澳门土生报人

在这里还要顺便提及在广州创办的葡文报刊。广州葡文报刊《真理与自由》的主编是前面提到的澳门土生报人若瑟·马利亚·施利华·苏沙（José Maria da Silva e Sousa）。广州的《真理与自由》应该与香港的同名报纸是同一份报刊，因为其编者和出版时间相同。根据几份资料可以证实该报在穗港两地都有发行，但需要进一步研究的是该报究竟在哪里编辑出版。联系到若瑟·马利亚·施利华·苏沙还于 1865 至 1866 年期间在香港创办了《文学脉搏》，可以推测《真理与自由》亦应在香港编辑出版。其所以能够在 19 世纪中期澳门最动荡的时期坚持在广州和香港办报应该得益于其家族的印务馆。老苏沙（João José da Silva e Sousa）生于 18 世纪末的 1780 年，早在《中国蜜蜂报》问世之前就创建了印字馆专事出版印刷工作。

在 19 世纪的上海，来自澳门的外侨移民主要是澳门土生人，在公共租界和法租界形成了以葡国语言文化为主的新的社区，因而许多澳门土生葡人都利用族群的优势参与了上海早期的报业发展，创办了多种葡文报刊。最早在上海出现的葡文报刊《东北风》的创办人就是澳门土生人奥比诺·西尔维拉（Albino da Silveira）。奥比诺·西尔维拉于 1823 年 6 月 29 日生于澳门大堂区，1902 年 10 月 31 日在澳门花王堂区去世，终年 79 岁。早年曾在广州做丝绸生意，后加入英商怡和洋行。不久，赴上海宝顺洋行工作。他活跃于澳穗港沪四地，涉足多个领域。他甚至担任过葡萄牙驻上海副领事，正是在这一期间创办了《东北风》报。其父亲是弗朗西斯科·佩雷拉·西尔维拉（Francisco António Pereira da Silveira）。①

上海葡文报刊《环岛》主编弗朗西斯科·布里托（Francisco Maria Brito）为第四代澳门土生葡人，1866 年 9 月 23 日生于香

---

① 见 Pe. Manuel Teixeira，*Galeria de Macaenses Ilustres do Século Dezanove*，pp. 452-453。另见若尔热·福尔加斯：《澳门土生家族》（第三卷），东方基金会和澳门政府文化司署 1996 年，第 801—802 页。

港，其两名子女生于上海。[①] 说明该家族经历了从澳门到香港和上海的澳门土生人典型迁徙过程。接着，主编一职由另一名澳门土生人卡洛斯·马沙多（Carlos Jacinto Machado）接任。其于1891年8月18日生于澳门。1927至1942年在上海任执业律师，1942年起任葡萄牙驻上海副领事。[②] 卡洛斯·马沙多在上海担任多家葡文报纸主编或主笔。在刊物上写了“中国及中国人”等一系列文学作品，每周还在当时上海最大的英国人电台用葡语或英语做清谈节目。

在上海出版的葡文报刊《为了祖国》报社社长甘地多·洛佩斯·奥索里奥（Cândido Emílio Lopes Osório）也是澳门土生人，于1867年1月20日生于澳门，1941年5月19日殁于上海。他于1886年去上海时只有19岁。先在Forrester & Co.公司工作，后来一直在银行做职员，包括美国花旗银行。甘地多·洛佩斯·奥索里奥是一位活跃的报人，除了主编《为了祖国》报外，还为《上海时报》（*Shanghai Times*）、《上海信使报》（*Shanghai Mercury*）、《中国周刊》（*China Weekly*）及《天主教评论》（*Catholic Review*）等各种英文报刊撰稿。

戈公振先生在《中国报学史》谈到上海早期报业的时候曾提到一种英文报纸 *The Celestial Empire*，中译名《华洋通讯》，并指出该报“系葡人陆芮罗所发行”[③]。那么陆芮罗是什么人呢？其实他也是来自澳门的土生葡人。经查阅史料发现，陆芮罗全名佩德罗·陆芮罗（Pedro Loureiro），祖上为葡萄牙中部马福拉地区人，后移居亚速尔群岛经商。其父若瑟·陆芮罗（Pedro José da Silva de Loureiro）1792年生于亚速尔群岛的德尔加达角，早年加入海军，19世纪前期被派遣到远东驻防，来往于果阿和澳门之间。1824年晋升为二级中尉，次年升为一级中尉，从果阿海军舰长职务退役后在澳门定居，并娶土生女子

① 见若尔热·福尔加斯：《澳门土生家族》（第一卷），东方基金会、澳门政府文化司署1996年，第596页。

② 见若尔热·福尔加斯：《澳门土生家族》（第二卷），东方基金会、澳门政府文化司署1996年，第469页。

③ 见戈公振：《中国报学史》，上海古籍出版社2003年，第102页。

为妻。阿马留总督执政时期任港务局长，并组织修建氹仔炮台。[①] 佩德罗·陆芮罗于1829年生于澳门风顺堂区，殁于上海。共有兄弟姐妹16人。妻子婕茜（Jessie Wild）是英国人，1847年生于伦敦，但1867年在澳门受洗加入天主教，并担任澳门圣罗莎学校的英文教师。该对夫妇于1871年之前到上海定居，6名子女中有3人生于上海。[②] 由于两人精通英语，故在上海创办了英文报纸《华洋通讯》。

（四）平民时代的文化精英

澳门文化有其自身的特点，许多人称其为“咸淡水文化”[③]，形象生动地说明了中西文化在澳门交汇的实质。而被“咸淡水”滋润的澳门土生文化精英，必然会表现出既“咸”又“淡”的特点。同时，随着咸淡浓度在不同时期的变化，有时会清淡无味，有时会咸味十足。这种情况尤其表现在土生汉学研究和文学创作方面。从飞历奇、阿德、江道莲的文学作品中均可品尝到这种咸淡适宜的美味。他们对咸淡浓度的掌握恰到好处，甚至胜过华人作家。

人们都认为澳门是中西方文化的交汇点，但人们对文化交流具体过程的研究却并非全面。近年来不少专家学者对此进行了许多研究，但目光却总是集中在耶稣会传教士以及后来的新教传教士身上，很少有人想到澳门土生族群在这方面发挥了什么作用。诚然，耶稣会传教士早期在华传教的同时，确实在传播西方文化科学知识方面发挥了相当重要的作用。中国近代自然科学的发展，比如数学、制图学、天文历学、西方医学、物理学、化学等近代各种学科知识的发展，与耶稣会传教士的努

---

① 见 Pe. Manuel Teixeira, *Militares em Macau*, p. 446.

② 见 Jorge Forjaz, *Famílias Macaenses*, Vol. II, p. 412.

③ 晴天站在澳门松山灯塔处居高临下，可以远远看到珠江入海口处的水面有一道明显的天然分界线。该线以东水色湛蓝，该线以西水色浑黄。其主要原因是沿珠江西岸的水道流速缓慢，泥沙淤塞所致。但人们却想象湛蓝的咸水代表连接西方世界的大海，而浑黄的淡水代表泄入海洋的江河。江水与海水的混合，正如同中华陆地文化与西方海洋文化的交融。

力不无关系。

东来的传教士进行的是高层面的交流，他们引进的西方先进自然科学技术及理学被少数中国知识分子所接受，并通过他们把这些知识变成推动社会向前发展的动力。文化交流的另一个重要层面是民间交流。这种交流往往是自发地，无意识地，以潜移默化形式进行的，因此也就不被人们所重视。但是，久而久之，这种交流就会对人们日常生活产生深远影响。澳门在相当长的历史时期内充当中国对外开放的重要窗口，因此，居澳土生族群就会不自觉地担当起民间交流的任务。从各种史料中可以看出，澳门土生族群在中西文化的碰撞中不仅成为中华文化的接受者，同时也成为西方文化的传播者，成为中西文化民间交流的重要媒介。

然而，土生族群对文化的承传又不同于直接从西方来的传教士。西方的东西往往在土生族群中经过一定时间的消化与积淀后，才逐渐传入华族社会。黎祖智曾生动幽默地比喻了这种交流过程："澳门华人极其欣赏的一道菜肴'葡国鸡'，在当年葡萄牙人离开里斯本时是一种味道，而几代船员经过数十年后把这道菜带到澳门的时候，已成了另一种味道。"①

从文化事业角度看，葡人居澳之初形成澳门土生族群后，还看不出在文化上有什么发展。至少在史料中尚缺乏有关具体个案资料的介绍。到了 17 世纪，虽然出现了一些美轮美奂的西式建筑，但文化事业还谈不上规模。文化交流仅在衣食住行婚丧娶嫁等较低层面以群体形式进行。澳门土生族群中真正文化精英的出现，是 18 世纪末以后的事，特别是 19 世纪由于交通和资讯的改善推动了文化事业的发展和大批知识分子的出现。

"历史已经证明，任何民族的自身文化与外界的诸种文化相互间的交流和碰撞，有利于自身文化的丰富、变革和自我完善；只有这样，才能跟上世界文化发展的潮流，也才能推进人类整

① 黎祖智 2004 年 10 月 7 日接待葡萄牙理工学院协调委员会代表团时的讲话，据笔者记录。

体文化水准不断提高”。[①] 对澳门土生族群来说亦如此。澳门毕竟不是欧洲。虽然他们的祖先来自欧洲旧大陆，但在葡亚裔形成后的近三个世纪里，他们同欧洲的文化联系已出现很大断层。因此，当19世纪的民主之风吹向亚洲时，对于已经形成自身文化模式的该族群来说，亦是一种新的文化碰撞。这时，如同他们在婚姻问题上出现“血缘回归”现象一样，在文化上亦出现了“回归西方”的趋势。这种情况的后果是，使近代澳门土生族群在文化方面，反而比他们祖辈更加带有西方特点。正是澳门这种特殊的地理及政治环境，造就了一批特殊的平民知识分子和文化人。他们既不同于欧洲的贵族骑士，亦不同于中国的文人墨客。地域狭小相对封闭的澳门小半岛，使他们呈现出与众不同的特点。在相当长一段时间里，澳门文化事业的发展，完全有赖于土生族群中的文化精英。

19世纪来澳门的葡人已不仅仅是商人，一些崇尚东方的知识分子亦会来到澳门，并在此地定居。这些人无疑会对土生族群文化发展产生推动作用。来自里斯本的安东尼奥·马贵斯·佩雷拉就是其中一位值得介绍的人物。

1863年《大西洋国》主编安东尼奥·马贵斯·佩雷拉

《大西洋国》周报的主编安东尼奥·马贵斯·佩雷拉虽然没有在澳门出生，但他年仅20岁就到澳门定居，并与在澳门定居了一个世纪的米兰达家族土生女子结婚，组成土生家庭，从而成为澳门土生社会中的一员。[②] 安东尼奥·马贵斯·佩雷拉少年博学，才气横溢，抵澳不久即于1862至1864年期间作为葡国外交使团的秘书被派往北京谈判

① 吴志良、章文钦、刘羡冰、陈继春、萧丰硕：《东西交汇第一门·编者的话》，中国友谊出版公司1998年，第3页。

② 详细资料可见 Jorge Forjaz, *Famílias Macaenses*, FO e ICM, 1996, Vol. II, pp. 617-618.

中葡通商条约，1863 年在澳门主编《大西洋国》周报时年仅 24 岁。他不仅主编《大西洋国》，而且还为刚刚创刊不久的《政府公报》和《独立者》报撰写大量稿件文章，并且还留下一批研究澳门史的珍贵著作，如 1868 年的《澳门历史纪念志》（*As Ephemerides comemorativas da historia de Macau*）、1870 年的《澳门的中国海关》（*As Alfandegas Chinezas de Macau*）和 1873 年的《中国的葡萄牙教区》（*Padroado Portuguez na China*）。外交方面的繁重工作不可能不影响到他的创作。不久，他被派往暹罗担任领事，后来，又先后被派到英国的殖民地新加坡和马来西亚担任领事，最后到英属印度任总领事。繁重的工作严重地影响到他的健康，1881 年 9 月 11 日在孟买英年早逝，年仅 42 岁。安东尼奥·马贵斯·佩雷拉把毕生精力投入到文学创作的理想未能实现。然而，他在从事新闻工作中留下的著述已经十分珍贵，正如他的儿子若昂·马贵斯·佩雷拉所说："这些研究和著述在我们同中国的关系史中具有很大的启示作用，直到今天，仍是致力于葡萄牙远东问题研究工作的人争相寻求的资料。"①

1899 年出版的《大西洋国》（与 1863 年创办的《大西洋国》周报不同，此为学术性质的半年刊）的主编若昂·马贵斯·佩雷拉于 1863 年 5 月 17 日生于澳门②，有趣的是他正好出生在其父亲创办澳门《大西洋国》周刊的那一年。若昂·马贵斯·佩雷拉的母亲贝拉米娜·米兰达（Belarmina Inocencia de Miranda）是米兰达家族在澳门定居的第五代土生人。③ 该家族自 1740 年起在澳门定居至 19 世纪中期已整整 100 年。家族的熏陶使他对澳门充满感情，也是其将毕生精力投入远东问题，特别是澳门问题研究的动力。

---

① J. F. Marques Pereira，*Ta-Ssi-Yang-Kuo*，*Arquivos e Anais do Extremo-Oriente Portugues*，Direcção dos Serviços de Educação e Juventude de Macau e Fundação de Macau，1995，p. 9.

② 详细资料可见 Jorge Forjaz，*Famílias Macaenses*，FO e ICM，1996，Vol. II，p. 619.

③ Jorge Forjaz，*Famílias Macaenses*，FO e ICM，1996，Vol. II，pp. 723-724.

说到19世纪的澳门报业，不能不提到澳门土生族群的伯多禄家族。在澳门中区有一条街道名为白马行，但葡文名叫伯多禄局长街，这是为了纪念历史上著名的土生葡人伯多禄（Pedro Nolasco da Silva）。伯多禄家族原来只有单姓施利华（Silva），后为了与澳门另一家族有所区别而将家族姓氏改为复姓诺拉斯科·施利华（Nolasco da Silva）。该家族于18世纪来到澳门，史料中记录的第一位在澳门出生的该家族成员是若昂·施利华（João da Silva），于1740年出生在澳门，从此该家族开始在澳门发展。到了100年后，形成一个人口众多的大家族。

伯多禄于1842年5月6日出生于澳门的大堂区，自幼机智聪颖，极富语言天分。后就读于澳门圣若瑟修道院，精通葡、汉、英等多种语言，并以实习生身份到澳门政府华务署担任译员，后来成为该署署长。[①] 1887年中葡两国就划界问题进行谈判时，曾作为译员随葡国全权公使索萨·罗莎伯爵赴北京谈判。这次出使的结果，是于该年12月1日签署了《葡中和好通商条约》。

伯多禄一家于19世纪末的合影

伯多禄曾任圣若瑟修道院和商业学校的中文教师，编辑若干语言教材，其中最为突出者是《澳门土生青年汉语教科书》。他还参与组建澳门土生教育协进会，以保障澳门土生人的各种权益。同时他也是澳门商业学校的创建者，并任该校第一任校长。后该校取名为“伯多禄商业学校”。[②] 他还曾担任澳门市政厅副主席和主席等职务。在此期间，组织改造了营地街市，并且为澳门所有街道

① 该署亦被华人称为“华务司”或“华务局”，故上述街名被译为“伯多禄局长街”。见 Jorge Forjaz, *Famílias Macaenses*, Vol. III, Silva 家族章节。

② 该校葡文校名为 Escola Comercial de Pedro Nolasco da Silva，可简译为“伯多禄商业学校”。

安装了街灯。

伯多禄家族多人是19世纪澳门著名的土生文化人，在澳门半岛影响颇大。他们尤其对澳门的报业发展贡献卓著。伯多禄本人曾任澳门《人民回声报》的主编，在移居香港的澳门土生人中发行，并且是澳门出版的《澳门土生人报》和《澳门土生回声报》[①] 的主编。同时，他还积极为《澳门土生报》（*O Macaense*）等报刊撰稿。人们最为欣赏的，是他对中国文化的研究及深厚的汉语功底，尤其是对中国古汉语掌握得十分娴熟，运用自如，具有相当出色的翻译能力。

伯多禄的五弟米格尔·施利华（Miguel Aires da Silva）也投身报业，他是1869年创刊的《澳门土生新闻报》的主编；伯多禄第七个儿子路易斯·施利华（Luiz Gonzaga Nolasco da Silva）[②] 是1909年1月3日创刊的《新生活周报》的创办者。《新生活周报》可以说是伯多禄家族的报纸，因为该报总监是伯多禄的第八个儿子恩里克·诺拉斯科·施利华（Henrique Nolasco da Silva）[③]，主编则是伯多禄的侄子路易斯·施利华（Luiz Aires da Silva）[④]。路易斯·施利华还于1914年9月创办了具有独立思想的《进步报》，而且自己兼任主编和总监。该报在自家的印刷厂印刷发行。恩里克·诺拉斯科·施利华（Henrique Nolasco da Silva）还于1929年12月协助白乐嘉创办了《澳门视界报》。

① 该两份报纸葡文名称分别为 *O Macaense* 和 *Echo Macaense*，在许多情况下被译成《澳门人报》或者《澳门回声报》。作为报纸刊名，一般来说这种译法并无错误，而且易被中国读者接受。但这种译法多少与葡文原文含义有些出入，或者有违报纸编者初衷。该两份报纸均使用了“macaense”一词，其意指在澳门世代定居的葡裔或葡亚裔人士，即澳门土生人。

② Jorge Forjaz, *Famílias Macaenses*, Vol. II, Fundação Oriente e ICM, 1996, p. 794.

③ Jorge Forjaz, *Famílias Macaenses*, Vol. II, Fundação Oriente e ICM, 1996, p. 798.

④ Jorge Forjaz, *Famílias Macaenses*, Vol. II, Fundação Oriente e ICM, 1996, p. 777.

三、报人与印刷业

（一）澳门印刷业的发展

中国印刷历史悠久。先秦时代即出现在织物上印花的凸纹印刷。隋唐时期，雕版印刷开始在书籍等领域推广应用。1041—1048年毕昇发明活字版印刷术，带来了印刷术的革命，使印刷在中原一带迅速普及，并成为令中国人引以为自豪的四大发明之一。然而，中国近代意义上的书刊印刷，却由外国人始于并非中国政治文化中心的澳门以及后来的香港、广州等地。

清政府长期执行闭关锁国政策，虽然西方传教士自明末起就坚持不懈地努力打进中国进行传教活动，但始终受到中国历届政府的严格控制。清初的“礼仪之争”使得对天主教的控制更加严厉，禁止西方传教士在中国境内传教。即使当时准许外国人进行贸易的通商口岸广州，也仅限于西方商人季节性逗留，更不允许传教士居住和从事传教活动，甚至不允许西方妇女停留。因此，书籍报纸的印刷只能在中国租让给葡人的澳门进行。1840年后，才进入香港及其他开放的通商口岸。

凸版印刷制版机械进入中国，当以明万历十八年（1590年）欧洲耶稣会士在澳门出版印刷拉丁文《日本派赴罗马之使节》为最早。既然在澳门排印，自然用的是从欧洲运来的铅印设备。这批铅印设备，有可能是日本大正年间（1573—1591年）天主教组成的“遣欧少年使节”从欧洲返回日本长崎时带来，后因幕府严禁信仰外教而转运到澳门的那批铸字和印刷设备。这批设备虽然进入中国年代较早，但因其在澳门，排印的又是西文，未对内地造成影响。还不能以西方近代印刷术及其设备最早传入中国相待。故西方近代铅印设备以19世纪初传入中国的说法较为适宜。

西方近代铅活字印刷术及机械设备进入澳门之后，何以在澳门停留200多年却没有向内地转移、渗透和推广？这在众多学者看来简直是个不可思议的问题。究其原因，不外有二：一是清朝政府对西方诸教进入中国采取了严加限制的政策，尤其是18世纪初罗马教皇与清朝皇帝在中国传教能否祀孔祭祖的礼仪问题上发生争执之后，限制愈发严厉；二是在中国排印中文书刊，需制作中文铅活字，而中国的汉字一字一形，笔画繁杂而又字数甚多，难以突破活字制作这一难关。

来自英国伦敦传道会的新教传教士马礼逊在印刷方面作出了重大贡献。他于1807年悄悄进入广州，躲在外国商馆中秘密筹备传播新教教义，风声紧时便来到澳门。为了用中文印刷出版新教宣传品，他秘密吸收雕版印刷技术技师梁发加入新教，一方面帮助他制作中文字模，另一方面培养他成为牧师。后因事情败露马礼逊同梁发等人不得不撤到马六甲，并在那里出版了第一份近代中文报纸《察世俗每月统记传》，尽管它并不是中国境内的第一种近代报刊。梁发于“一八二三年（清道光三年）十二月在澳门被马礼逊委为宣传士，成为新教第一个华人牧师”①。

1815年，马礼逊在设于澳门的东印度公司的资助下，用英国传教士汤姆斯根据《康熙字典》专门刻制的4万多个汉字铅合金活字，排印了自己编写的《华英字典》。这是中国境内最早出现的、用西方铅合金活字排印的第一本中文书籍。毫无疑问，虽然比罗明坚和利玛窦合编的《葡汉词典》晚了两个世纪，但这确实是中国有史以来第一部近代意义的汉英对照字典。《华英字典》在19世纪沟通中西文化方面起到了重要桥梁作用，成为后来中西各类辞典编纂的楷模。

当时的西方印刷技术虽然先进，但用于中文汉字印刷却十分困难。“为解决铅活字制作这一难题，西方各国都曾采取从中国购买木刻版、以木刻版作母型浇铸铅版，再锯成铅活字的办法。然此法费工费时，远远满足不了当时社会对铅活字的大量需求。”② 遂有英国传教士塞缪尔·戴尔（Samuel Dyer）③ 采用

---

① 《澳门百科全书》（修订版），澳门基金会2005年，第300页。

② 张树栋、庞多益、郑如斯等著：《中华印刷通史》，第十三章，网络电子版，第499—501页。网址：http：//www 2. pccu. edu. tw/chineseprint.

③ 塞缪尔·戴尔（1804—1843）是基督新教在华英国传教士，奉行公理会教义。曾经在马来西亚与华人共事。他于1827年到达槟城，后来与其妻玛丽亚及家人居于马六甲，最后迁往新加坡定居。他发明的钢冲压技术制作的中文字模经久耐用，推动了中文印刷业的发展。

钢冲压技术制作中文字模之发明。然而，铅活字制作技术难题，直到 1859—1860 年间姜别利牧师（William Gamble）在美华书馆发明电解法铸造中文字模才得以圆满解决。此后，手摇铸字机、自动铸字机、排铸机等铸字机械的传入和发展，使得制作中文铅活字的难题得以彻底解决。泥版、纸型铅版技术设备以及平台、轮转乃至高速轮转印刷机械的传入，更使铅活字印刷如虎添翼，书刊印刷遂以惊人的速度迅速发展和普及开来。①

（二）教会印刷馆

一）圣保禄书院

毫无疑问，作为天主教在澳门最重要的文化教育机构，圣保禄书院的印刷馆是 16 世纪末至 18 世纪中期最重要的印刷出版场所。传教士在这里印刷了大量传播教义的书籍和文献，并散发到中国内地、日本、越南等远东地区，在促进天主教的传教活动方面发挥了重要作用。国内外不少学者都对该学院进行了深入的研究，而该院印刷馆也是研究的内容之一。然而，在圣保禄学院存在的时期，澳门并无报刊出现，而当 19 世纪报刊出现时，该学院早已被大火焚毁，所以在此不再详述。

二）圣若瑟修道院

澳门圣若瑟修道院成立于 1728 年，同圣保禄学院一样是培训传教士的基地，有大批教会人员经过培训后奔赴中国内地、日本及亚洲其他地区传教。最初圣若瑟修道院课程的学术规格亦相当于大学。1758 年，该修道院建成一座具巴洛克风格的教堂，取名圣若瑟教堂，附属于该院。为了传教的需要，该修道院内很早就设有印刷所。

澳门圣若瑟修道院印刷所在 19 世纪的报业发展中发挥了重要作用。据《中国丛报》记载，“在澳门，有一家与圣若瑟学院相联系的葡萄牙文印刷厂。它装备了一套汉文活字。该印刷厂在本年出版了几种小型出版物”。“这家印刷厂应该有不少出版物，

---

① 见张树栋、庞多益、郑如斯等著：《中华印刷通史》，第十三章，网络电子版，第 499—501 页。网址：http：//www 2. pccu. edu. tw/chineseprint.

如江沙维的著作。它还印刷过周刊《信徒之声》”。① 施白蒂也说：“1894 年 12 月 29 日，由教士若瑟·克鲁斯（José Maria da Cruz）创办的周刊《使徒之声》停刊，该刊由圣若瑟修道院印刷发行。”② 圣若瑟修道院印刷馆还承印《澳门教区通讯》（*Boletim Eclesiástico da Diocese de Macau*）。

三）澳门慈幼孤儿院印刷馆

澳门慈幼孤儿院印刷馆（Tipografia do Orfanato Salesiano da Imaculada Conceição），承印的报纸有：《信徒之声报》（*A Voz do Crente*）、《澳门教区通讯》（*Boletim Eclesiástico da Diocese de Macau*）、《东方月报》（*O Oriente*），1919 年起承印《青年报》（*A Juventude*）、《学术报》（*A Academia*）、《祖国报》（*A Pátria*）、《澳门日报》等。澳门慈幼孤儿院印刷馆不仅是教会的重要印刷场所，而且也是澳门的主要印刷机构之一。更重要的是，该印刷馆还设有澳门唯一的印刷培训机构，专门培训排字、印刷、装订技工，后来成为慈幼职业学校的主要科目之一。澳门官印局的许多印刷技工都是该校培育出来的，甚至包括第六任官印局长海梅·罗巴斯（Jaime Robarts），他担任该职长达 26 年。

（三）私人印刷业的出现

一）澳门

一般说来，“近代报刊是采用西方传入的印刷术印刷的，差不多各报刊都有自己的印刷馆”。③ 澳门也不例外。除了政府和教会的印刷设施外，在澳门承担报刊印刷任务的主要是如雨后春笋般出现的私人印刷馆。这在仅有几平方公里的澳门小半岛是匪夷所思的。然而，如果人们看到以下几个方面的事实，就不会觉得奇怪了。

---

① 《中国丛报》第三卷第一期，第 44 页。

② Beatriz Basto da Silva, *Cronologia da História de Macau, Século XIX*, *Direcção dos Serviços de Educação e Juventude*, *Macau*, 1995, *p*. 377.

③ 张树栋、庞多益、郑如斯等著：《中华印刷通史》，第十七章，印刷出版社 1999 年，电子版第 704 页，http://www 2. pccu. edu. tw/chineseprint.

报刊的大量出现产生了对印刷设施和印刷场所的需要。报纸不同于其他商品，它是政府和不同党派宣传的工具，尤其是政治观点不同的时候，只有自己拥有印刷设备，才能准确及时地把舆论声音在第一时间传播出去。从技术上看，新教徒传入的先进印刷技术使印刷设施的获取成为可能，西文铸字机的使用使工人排版像打字一样轻松方便。另外，当时的印刷馆并非现代意义的大型印刷工厂。19 世纪的报刊印刷工序及印刷数量是不需要很大空间的。一个几十平方米的房间就能容纳所有印刷设备，一台排铸机和一台印刷机就是一个工厂。对于仅用拉丁字母印刷的外文报刊来说，一个印刷馆所需要的面积可能更小。同时，当时的印刷设备也特别容易拆卸和安装，这也有利于在需要的时候很快搬移到另一个地方。

摩诺排铸机

根据已经查阅到的资料，从 19 世纪中期以后，在澳门印刷外文刊物的私人印刷馆主要有以下 25 家：

1. 怡和洋行（渣打洋行）印刷馆，位于澳门医院街（今白马行，Rua do Hospital）。

2. 英国东印度公司印刷馆，位于龙嵩街十六柱（现慈幼学校），即东印度公司总部所在地，承印《杂文报》（*The Canton Miscellany*）。

3. 莫理逊印刷馆（Tipografia Morrison Albion Press），即亚本印刷所，承印《澳门杂文篇》（*The Evangelist and Miscellanea Sínica*）。

4. 澳门土生印刷馆（Tipografia Macaense），承印《澳门政府公报》（*Boletim do Governo de Macau*），1839 年承印《澳门周报》（*Gazeta de Macau*）。

5. 苏沙印刷馆（Tipografia de Silva e Sousa），承印《政府公报》（*Boletim do Governo*）等。

6. 约翰·史密斯印刷馆（Tipografia de John Smith），承印《政府公报》（*Boletim do Governo*）等。

7. 曼努埃尔·科尔多瓦印刷馆（Tipografia de Manuel），承印《政府公报》（*Boletim do Governo*）等。

8. 若瑟·施利华印刷馆（Tipografia de José da Silva），承印《独立报》（*Independente*）、《政府公报》（*Boletim do Governo*）、《东方报》（*O Oriente*）、《葡萄牙东方报》（*O Oriente Portuguez*）。

9. 飞南第商务印刷公司（Tipografia Mercantil de Fernandes），位于澳门龙嵩街（Rua Central）16—28号，承印《政府公报》（*Boletim do Governo*）、《澳门帝汶周报》（*Gazeta de Macau e Timor*）、《澳门土生报》（*O Macaense*）、《澳门土生回声报》（*Echo Macaense*）、《人民回声报》（*O Echo do Povo*）、1933年印《澳门集邮报》（*Macau Filatélico*）、1937印法文《澳门画报》（*La Revue Illustreé de Macao*）、1944印《联盟报》（*União* ）、1944年印《体育报》（*Educação Física*），1863年印香港的《运动报》（*O Movimento*）。该印刷馆由澳门土生家族的尼古拉·飞南第所建立。他看到蓬勃发展的报业所带来的商机，于1868年建立了自己的印刷馆。巴波沙曾这样形容尼古拉·飞南第的事业：“从1868年仅有一台小型印刷机起家，如今却变成为多家用户服务并且拥有齐全设备的大规模企业。”[①]

ECHO MACAENSE
JORNAL POLITICO, LITTERARIO E NOTICIOSO
鏡海叢報
PROPRIETARIO E RESPONSAVEL FRANCISCO H. FERNANDES
MACAU
30 de maio de 1894
1.° ANNO
EQUITABLE

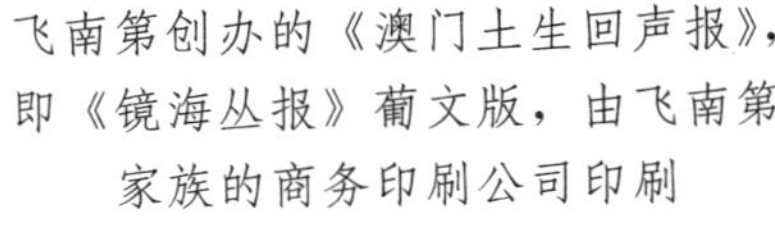
飞南第创办的《澳门土生回声报》，即《镜海丛报》葡文版，由飞南第家族的商务印刷公司印刷

① Pe. Manuel Teixeira, *Toponímia de Macau*, Vol. I, Instituto Cultural de Macau, 1997, p. 344.

10. 亚美尼亚印刷馆（Tipografia Arménia），业主是澳门土生人费利克斯·克鲁斯（Felix Feliciano da Cruz），承印《澳门土生灯塔报》（*O Farol Macaense*）、《澳门土生朝霞报》（*A Aurora Macaense*）。费利克斯·克鲁斯于1810年生于澳门大堂区，1879年殁于香港。创办“亚美尼亚印刷馆”和《澳门公正报》（*O Macaista Imparcial*）[1]。

11. 西西里亚印刷馆（Tipografia Cecília），承印《中国孤独者》（*O Solitário na China*）。

12. 佩加杜印刷馆（Tipografia de M. M. Dias Pegado），承印《澳门土生代言人报》（*O Procurador dos Macaistas*）、《葡萄牙人在中国》（*O Portuguez na China*）。佩加杜1805年9月29日生于澳门风顺堂区，佩加杜家族第五代土生葡人，在澳门和香港创办多种报纸[2]。

13. 大众印刷馆（Tipografia Popular），承印《澳门土生报》（*O Macaense*）。

14. 澳门邮报印刷馆（Tipografia do Correio de Macau），承印《澳门邮报》（*O Correio de Macau*）。

15. 澳门土生邮报印刷馆（Tipografia de Correio Macaense），承印《澳门土生邮报》（*O Correio Macaense*）。

16. 新生活报印刷馆（Tipografia de Vida Nova），位于水坑尾巷9号（Travessa dos Santos），承印《新生活报》，即《澳门新镜报》（*Vida Nova*）。

17. 进步报印刷馆（Tipografia Progresso），位于医院街（今白马行）7号，承印《进步报》（*Progresso*）。

18. 马林·沙维斯印刷馆（Tipografia de Rodrigo Marin Chaves），承印《殖民报》（*A Colónia*），马林·沙维斯后来担任澳门政府官印局局长。

19. 自由报印刷馆（Tipografia Liberal），位于议事亭前地

[1] Jorge Forjaz, *Famílias Macaenses*, Vol. I, Fundação Oriente e ICM, 1996, p. 965.

[2] Jorge Forjaz, *Famílias Macaenses*, Vol. II, Fundação Oriente e ICM, 1996, p. 977.

17号，承印《自由报》(*O Liberal*)、《爱国者报》(*O Patriota*)、《人民回声报》(*O Echo do Povo*)、《战斗报》(*Combate*)。

20. 南湾街7号印刷馆（Tipografia da Rua da Praia Grande)，承印《舆论报》(*A Opinião*)。

21. 风顺街5号①印刷馆（Tipografia na Rua dos Prazeres)，承印《战斗报》(*O Combate*)、《求实报》(*A Verdade*)。

22. 澳门呼声报印刷馆（Tipografia de Voz de Macau)，位于东方斜巷6号。1931年承印《澳门呼声报》(*A Voz de Macau*)、《体育运动报》(*O Desporto*)，1940年的《澳门之声报》副刊、葡文版的《复兴报》、英文版的《复兴报》、葡文综合性学术月刊《复兴杂志》、1943年的《澳门呼声报》的英文副刊《澳门先驱周报》(*Macau Herald*)、1943年至1945年的《澳门呼声报》的另一种英文副刊《澳门论坛报》(*The Macau Tribune*)、1945年的《新闻报》(*Jornal de Notícias*) 以及1947年的《澳门新闻报》(*Notícias de Macau*)。

23. 澳门土生印刷公司（Empresa Tipográfica Macaense)，1931年承印《澳门土生回声报》(*O Eco Macaense*)。

24. 布里托·拜斯印刷公司（Tipografia Brito Pais, Beires e Gouveia)，从名称看是一间规模不大的合伙公司，附属于孤儿院。从第5期开始承印《澳门集邮报》(*Macau Filatélico*)，1936承印《达列古叔叔》(*Tio Tareco*)。

25. 香港理氏印刷公司，位于澳门美丽街24B号（The Hongkong Lithographic Co.)，承印《体育报》(*Educação Física*)。

二）香港

在香港，随着澳门土生人的大量进入，澳门土生报人凭着多年从事报业的优势逐渐掌控香港印刷业，成为香港开埠后印刷业的主要力量。其中影响最大而且开业最早的是澳门迁港土生葡人德尔菲诺·诺罗尼亚（Delfino de Noronha，有学者译成

① 现该街名已不存在。澳门政府官印局于1954年迁至该街后将该街改名为官印局街。

郎诺也或罗郎也、啰唧也等)①。他不仅印刷出版葡文报纸刊物，而且承印英文刊物。香港开埠后的第一批英文报纸几乎全部是在他开设的印刷厂排版印刷的。

在诺罗尼亚的带动下，在澳门拥有印刷出版经验的其他土生人亦到香港开设印馆。到了1859年，澳门土生人在香港开设的印刷馆增加至3家，分别是克鲁斯（Cruz）印字馆、费雷拉（Ferreira）印字馆和诺罗尼亚（Delfino de Noronha）印字馆。其中在诺罗尼亚印字馆工作的澳门土生职员有3人。

1861年，来自澳门的土生葡人开设的印字馆增至4家，分别是威灵顿街的克鲁斯印字馆，文咸街的古铁雷斯（Gutierrez）印字馆，皇后大道的施利华（Silva）印字馆及中环干诺道25号的诺罗尼亚印字馆。其中古铁雷斯印字馆雇用了2名土生葡人，即里贝罗（R. Ribeiro）和罗沙（Filomeno Rosa）；诺罗尼亚印字馆雇用了6名土生葡人，即苏沙（J. J. da Silva e Sousa）、巴拉达斯（Vicente Barradas）、罗德里格斯（H. Rodrigues）、阿泽维多（L. d'Azevedo）、桑切斯（C. Sanches）和佩雷拉（H. C. Pereira）。

到了1866年，澳门土生葡人从事印刷业者人数更多。其中有许多人被聘到英商印刷行业工作，如孖些印字馆（Commercial Printing Office）和孖刺新闻纸馆（Daily Press Office）等。

这时又出现了葡资的苏沙印字馆（Sousa's Printer，又译作梳沙印字馆）和孖近低印字馆（Mercantil Printing Office），而诺罗尼亚印字馆的澳门土生职员增加到9人。

1884年，在香港印刷业从业者有更多的澳门土生人：士蔑新闻纸馆（Hongkong Telegraph）有2位，德臣印字馆有2位，孖刺新闻纸馆有6位，孖沙印字馆有2位，盖德斯印字馆（Guedes & Co.，又译作机地士印字馆）有12位，古铁雷斯印字馆（Gutierrez, R. F.，又译作葛爹厘印字馆，位于香港文咸街）有1位，诺罗尼亚印字馆（Noronha & Co. 位于香港 Zetland

① 诺罗尼亚（Delfino de Noronha），1824年生于澳门，1900年2月6日殁于香港，父亲是 Manuel José dos Remédios Noronha，母亲是 Ana Rita de Noronha。

街）有 14 位。

表 5　1866—1884 年在香港英资印刷机构工作的澳门土生人

印刷机构	姓名	职务
孖些印字馆	J. A. da Luz	
孖剌新闻纸馆 1866 年	L. J. da Silva	簿记
	J. da Silva	文员
	Pedro Barros	随船记者
	R. Vieira Ribeiro	排字
	J. do Rozario	排字
	J. M. dos Santos	排字
	P. de Mello	排字
	N. Siqueira	排字
	F. Almario	排字
	R. Martins	排字
	A. dos Santos	排字
	E. Siqueira	排字
	F. do Rozario	排字
	A. de Mello	排字
孖剌新闻纸馆 1884 年	E. P. Sequeira	校对
	A. V. Ribeiro	印务监督
	F. Almario	领班
	J. M. Sequeira	排字
	J. do Rozario	排字
	L. do Rozario	排字
孖近低印字馆 1866 年	E. Ferreira	业主
	C. Chaves	排字
	S. do Rozario	排字
	C. Delgado	排字
士蔑新闻纸馆 1884 年	José d'Assumpção	领班
	H. do Rozario	排字

续表

印刷机构	姓名	职务
德臣印字馆 1884 年	A. S. Souza	簿记
	N. Sequeira	监督
孖沙印字馆 1884 年	J. A. da Luz	
	C. J. Xavier	

资料来源：据叶农、严忠明及福尔加斯提供的资料整理。①

表 6　1866—1884 年在香港葡资印刷机构工作的澳门土生人

印刷机构	姓名	职务
梳沙印字馆 1866 年	J. J. da Silva e Souza	编辑
诺罗尼亚印字馆 1866 年	D. Noronha	经理
	H. L. Noronha	经理
	D. L. Noronha	经理
	J. P. Monteiro	领班
	L. Noronha	排字
	A. A. Pereira	排字
	F. F. Pinna	排字
盖德斯印字馆 1884 年	F. D. Guedes,	
	J. J. Sousa	
	S. A. Marçal	
	F. M. Franco	
	D. Marçal	
	M. Machado	
	A. Santos	
	E. A. de Souza	
	J. M. Jesus	
	J. Franco	
	E. M. Carneiro	
	J. M. Xavier	

① 见叶农、严忠明：《鸦片战争后移居香港的澳门葡人》，载《澳门历史研究》第 5 期，澳门历史文化研究会 2006 年，第 63、64 页。另据 Jorge Forjaz, *Famílias Macaenses*, Vol. I, II, III, Fundação Oriente e ICM, 1996.

续表

印刷机构	姓名	职务
古铁雷斯印字馆 1884 年	Gutierrez	经理
诺罗尼亚印字馆 1884 年	R. F. D. Noronha	簿记
	S. A. Noronha	
	C. A. Ozorio	
	B. P. Campos	领班
	F. F. Pinna	排字
	R. V. Ribeiro	排字
	S. Xavier	排字
	J. Gabriel	排字
	D. Ribeiro	排字
	F. Rodriques	排字
	A. Antonio	排字
	J. Afook	排字
	J. Ayock	排字
	S. Silva	排字

资料来源：据叶农、严忠明及福尔加斯提供的资料整理。①

从以上资料可以看出，在香港开埠之初，从事出版发行的澳门土生人非常之多。这在仅有数千欧洲人的香港岛实在有些令人费解。到 1897 年香港已经开埠五十多年，这时的香港欧裔人口总数仅有 5532 人。在长达半个世纪的时间里香港人口发展缓慢，至少欧裔人口是以平均每年 100 人的数字在缓慢增长。虽然到 1897 年澳门土生葡人达 2263 人，居香港各国欧裔人数

① 见叶农、严忠明：《鸦片战争后移居香港的澳门葡人》，载《澳门历史研究》第 5 期，澳门历史文化研究会 2006 年，第 63、64 页。另据 Jorge Forjaz, *Famílias Macaenses*, Vol. I, II, III, Fundação Oriente e ICM, 1996.

之首，但在1866至1884年间竟有近70名澳门土生人在香港从事印刷行业，加上各报的编辑、记者、撰稿、管理、财务等人员，相信数字会超过百人，有这么多的澳门土生葡人从事新闻出版行业，其规模之大令人叹为观止。这从另一个侧面说明了澳门报业在港沪等地开埠之前就已建立雄厚基础。这与澳门报业在《中国蜜蜂报》创刊后的数十年里迅猛发展不无关系。同时也说明，香港开埠之初来自澳门的土生报人是香港早期外报发展的主要力量。是澳门新闻出版技术人员在港沪两地的聚集为该两地开埠伊始就迅速形成报业发展的高潮奠定了良好的基础。这种看法并非过分。

澳门出版印刷人员能迅速聚集到港沪两地并立即成为报业主力的另一个重要原因是澳门早就有排字出版的培训机构，先是圣若瑟修道院的印刷培训班，后是澳门政府官印局的印刷学校。这些培训机构培养了一大批出版印刷技术人才。当然，这些机构培训印刷人才的初衷是为了满足澳门本身的报业发展和政府出版的需要，但出乎意料的结果却是填补了香港和上海开埠后对印刷人员的大量需求。澳门印刷出版人员奔赴新开埠的港口城市客观上将现代印刷技术和艺术从澳门传播到中国内地及远东其他地方。

专门研究早期香港史的澳门土生人白乐嘉（J. P. Braga）说：

> 更多具有进取心的排字工……来到香港、上海，以其自有的印刷文具业谋生。在1861年，香港葡萄牙籍的排字工数量达到了33人，对于（香港）这么一个小社区来说，不是一个小数目。对在香港的葡萄牙籍排字工数目不断增长的解释，可以发现是澳门圣若瑟修道院的印刷厂。在此，葡萄牙青年接受了排字工和出版者的培训。一些年轻的排版者在完成他们的学徒生涯后，应香港对排字工不断增长的需要，而跨海来港工作。……就这样，现代印刷艺术，就从小小的葡

萄牙殖民地，传播到了香港和远东其它地方。①

澳门土生报人于19世纪香港开埠后在香港印刷报刊的主要场所有以下葡资和英资印刷机构：

1. 葡资诺罗尼亚印刷馆（Tipografia de D. Noronha），位于香港中环干诺道25号，承印澳门的《宗教与祖国报》（*Religião e Pátria*）、1852年起承印香港的葡文《真理和自由报》（*Verdade e Liberdade*）、1902年承印《爱国者报》（*O Patriota*）。该印刷馆的创始人是澳门土生葡人德尔菲诺·若阿金·诺罗尼亚（Delfino Joaquim de Noronha）②。

2. 香港摩罗庙街的印刷馆（Tipografia Mosque Street），承印葡文的《人民回声报》（*O Echo do Povo*）。

3. 香港联合印刷公司（Tipografia Union Printing），承印葡文刊物《文学脉搏》（*O Impulso às Letras*）前四期。

4. 葡资安东尼奥·苏沙印刷馆（António José da Silva e Sousa），承印《文学脉搏》其他各期。安东尼奥·苏沙同时是香港《人民回声报》（1858—1869）及《中国回声报》的主编③。

5. 葡资费雷拉（E. Ferreira）的商务印刷公司（Tipografia Mercantil Printing Office），位于香港卑利街（Peel Street）13号，承印葡文《独立报》。

6. 香港圣萨尔瓦多学校印刷馆（Tipografia de Collegio de S. Salvador），承印《天主教报》（*O Catholico*）。

7. 葡资盖德斯印刷公司（Tipografia Guedes & Co.），属澳门土生商人弗罗里安诺·盖德斯（Floriano Duarte Guedes），位于香港德己利街（Aguilar Street）5号，从1885年起承印

---

① 据 J. P. Braga, *The Portuguese in Hongkong and China*, Macau, Fundação Macau, 1998, pp. 154-155. 转引自叶农、严忠明：《鸦片战争后移居香港的澳门人》，载《澳门历史研究》第5期，澳门历史文化研究会2006年。

② Jorge Forjaz, *Famílias Macaenses*, Vol. II, Fundação Oriente e ICM, 1996, pp. 820-821.

③ Jorge Forjaz, *Famílias Macaenses*, Vol. III, Fundação Oriente e ICM, 1996, p. 656.

《远东报》。

8. 皇后大道中 17 号的印刷馆（Tipografia em Queens Road Central），从 1891 年起承印葡文《快乐香港》（*O Hong Kong Alegre*）。

9. 葡资香港印刷公司（Tipografia Hong Kong Printing Press），业主是澳门土生葡人利斯贝罗・沙维尔（Lisbelo Jesus Xavier），公司位于香港德己利街（Aguilar Street）13－15 号，该公司规模颇大。从 1897 年 11 月 20 日起承印葡文报纸《前景报》（*O Porvir*）。利斯贝罗・沙维尔较早移民香港，曾任 1906 年在香港九龙成立的葡人娱乐总会第一任主席。[①]

10. 香港纳萨列印刷公司（Tipografia Nazareth），承印《肇庆传教会之声报》（*Ecos da Missão de Shiu-Hing*）。

11. 葡资古铁雷斯印字馆（Gutierrez），位于香港文咸街（R. F. ，Wyndham Street）。

12. 香港维多利亚印刷公司（Tipografia The Victoria Printing Press），位于香港都爹利街（Duddell Street）3 号，从 1928 年起承印葡文报纸《爆破》（*O Petardo*）。

三）上海

上海开埠之初报业的发展带动了印刷出版业的繁荣。既然在上海定居的澳门葡裔族群热衷于创办报纸，则一定要创建自己的印刷场所并购置所需要的各种设备。毫无疑问，居沪澳门土生人兴办报馆或印字馆多带有家族性。如盖德斯家族在香港和上海均设有印刷公司。而罗萨里奥家族则在福州和上海等地设有印字馆，并且创办各种报刊。当然有些小型报刊亦会利用英商资源达到报刊印刷发行的目的。经查阅有关资料，移居上海的澳门土生报人主要在以下印刷场所印刷报刊杂志。

1. 葡资上海商务印字馆（Tipografia Mercantil），业主是澳门土生人罗萨里奥（C. do Rosário）。该印刷机构位于上海山东路 13 号，承印葡文期刊《东北风》（*O Aquilão*）。

---

① Jorge Forjaz, *Famílias Macaenses*, Vol. III, Fundação Oriente e ICM, 1996, p. 1056.

2. 葡资上海盖德斯印字馆（Tipografia Guedes & Co.），属澳门土生商人弗罗里安诺·盖德斯（Floriano Duarte Guedes），位于上海圆明园路15号，承印葡文《进步报》（*O Progresso*）。

3. 上海信使出版印刷馆（Tipografia The Mercury Press），承印葡文报纸《为了祖国》（*Pela Pátria*）。

4. 上海时报印刷厂（Tipografia The Shanghai Times），承印葡文报纸《为了祖国》（*Pela Pátria*）。

从以上的分析不难看出，在19世纪澳门、香港、上海等地报业蓬勃发展的初期，澳门土生报人起到了开拓者和奠基者的作用。在印刷业亦是如此。在诸多印刷出版业者之中，具有代表性的是诺罗尼亚家族（Noronha）和飞南第家族（Fernandes）。

诺罗尼亚家族印刷业的创始人是德尔菲诺·若阿金·诺罗尼亚（Delfino Joaquim Noronha），他是在澳门定居的诺罗尼亚家族第四代后人。他的曾祖父包塔扎尔·诺罗尼亚（Baltazar de Noronha）出生于18世纪初，祖父若昂·诺罗尼亚（João de Noronha）于1735年生于澳门，后来同一名纯华人女子（教名Priscila de Queiroz）结婚，共生下7名子女。也就是说该家族从定居澳门的第三代起就有了华人血统，成为典型的澳门土生人。在这7名中葡混血的子女中，德尔菲诺·若阿金·诺罗尼亚的父亲曼努埃尔·雷梅吉奥斯·诺罗尼亚（Manuel José dos Remédios de Noronha）排行最小。父亲曾两度娶妻，而德尔菲诺·若阿金·诺罗尼亚就是第二房太太的儿子，排行第七，也是最小。

德尔菲诺·若阿金·诺罗尼亚于1824年7月30日生于澳门大堂区。香港刚开埠的1844年即赴香港淘金，是澳门最早在香港定居的葡人之一。年轻的德尔菲诺·若阿金·诺罗尼亚看到新开埠的香港所带来的商机，看准商业的发展必然带来报业的繁荣，于是居港不久便决定开办印刷馆。果然，他的印刷公司在相当长一段时期里都是这个英国殖民地最重要的印刷机构。不久，他又购置了上海的一家印刷公司，在那里发展印刷事业。从此，德尔菲诺·若阿金·诺罗尼亚在港沪两地都享誉盛名。

他在香港的印刷公司除多年定期印刷港英政府的公报（*The Hongkong Government Gazette*）外，还印刷了大量英葡文书籍，如1850年印制威廉·阿兰特（William Arrant）主编的《香港法律汇编》（*A Digest and Index of all the Ordinances of Hongkong*），1868年印制《香港法律》（*The Ordinances of Hong Kong*），1871年印制罗布切德（W. Lobscheid）的《中英词典》（*A Chinese and English Dictionary*），1879年印制普莱法尔（G. M. H. Playfair）的《地理辞典：中国的城镇》（*The Cities and Towns of China: A Geographical Dictionary*），1891年印制莱士（A. J. Leach）的《香港殖民地立法会文件，1844—1890》（*The Ordinances of the Legislative Council of the Colony of Hong Kong*, 1844—1890），以及1895年埃特尔（E. J. Eitel）的《中国广东方言词典》（*A Chinese Dictionay in the Cantonese Dialect*），等等。毫无疑问，从上述印刷的书籍中可以看出，诺罗尼亚的印刷公司对开埠初期的香港文化发展和法制建设作出了重要贡献。①

德尔菲诺·诺罗尼亚（后排右立者）与家人合影

诺罗尼亚是第一个在香港拥有地产的澳门土生人。他在油麻地购置了五公顷土地。由于开始并无明确土地用途，被人们

① Jorge Forjaz, *Famílias Macaenses*, Vol. II, Fundação Oriente e ICM, 1996, pp. 820-821.

称为“农场地段”[①]。后来，他同另外一名在香港上海等地发展的澳门土生实业家马科斯·罗沙里奥（Marcos Calisto do Rosario）组成联合集团，取名德马尔公司（Delmar），其中的“Del”和“mar”两个音节分别代表两个人的名字。

若阿金·诺罗尼亚对香港的贡献还不仅限于印刷业，他还是热心的园艺爱好者。据他的外孙，著名史学家白乐嘉（José Maria de Braga）回忆：他从澳大利亚等地引进当地植物绿化当时光秃秃的香港，特别是引进了冷杉和松树。这些树木迅速在香港得到大面积发展。他还从新加坡引进了椰子树。为了引种树木，他同另一位澳门土生园艺爱好者苏亚雷斯（Matias Soares）平均每周两三次付3毫钱从香港岛乘舢板摆渡到九龙，种植摆弄各种植物。到了夏天几乎每天都要去。在他们的努力下，种出了香港第一批凤梨。他们在油麻地种植的水果类植物有香蕉、桃子、芭乐等。

若阿金·诺罗尼亚对香港的另一贡献是第一个建立了香港岛至九龙的小轮摆渡业务。当时他经常来往于香港岛和九龙之间，深感过海的困难和费时，于是购置了“布兰奇号”蒸汽小艇，专门用于港岛和九龙之间的渡海服务。他是第一个拥有香港跨海渡轮公司的欧洲籍人。[②]

由于受到若阿金·诺罗尼亚的影响，其后人中不少人都从事报业。长子罗伦索·诺罗尼亚（Henrique Lourenço de Noronha）于1841年生于澳门，后随父亲移民到香港。由于协助父亲发展印刷业积累了丰富经验，1884年被新加坡英国殖民当局的秘书克莱门特·史密斯（Cecil Clement Smith）聘请在新加坡设立印务馆，以印制《海峡殖民地政府宪报》（*Straits Settlements Government Gazette*）。该刊最初由新加坡布道会印务馆印刷，后改为政府印务馆印刷。罗伦索·诺罗尼亚于1899年回到香港。由于对新加坡的特殊贡献，回香港后仍然享有英

① 英文为“farm lots”。

② J. P. Braga, *Pioneiros Portugueses de Hong Kong*, Instituto Cultural de Macau, 1987, p. 8.

国政府的终身年金。

若阿金·诺罗尼亚排行第五的儿子列奥纳多·诺罗尼亚（Leonardo de Noronha）在经商的同时也从事报业，于1902年在香港创办《爱国者报》，并且担任该报的主编。

他排行第八的儿子安东尼奥·诺罗尼亚（Secundino António de Noronha）于1850年生于香港，在父亲晚年及去世后，都是由他全权负责香港的诺罗尼亚家族印刷公司。

他的孙子亚历山大·诺罗尼亚（Alexandre Maria de Noronha）也投身报业印刷工作，成为澳门官印局局长；而他的外孙白乐嘉则是著名的史学家及报纸撰稿人，为20世纪初的《澳门档案报》、《复兴杂志》等多家报刊撰写学术价值极高的史学论文。同时还是《复兴杂志》的英文编辑，并且创办了葡英文双语报刊《澳门视界报》（*The Macao Review*），他自己负责英文版面的编辑。

飞南第家族也是典型的澳门土生家族。该家族的祖上可以追溯到18世纪的1740年，家族史同诺罗尼亚家族十分相似。澳门商务印刷公司的创始人尼古拉·飞南第的祖父安东尼奥·维森特·飞南第（António Vicente Fernandes dos Remédios）同妻子若瑟法·罗萨里奥（Josefa do Rosário Dias）于1785年3月24日在澳门诞下次子维森特·若瑟·飞南第（Vicente José Fernandes），即尼古拉·飞南第的父亲。尼古拉·飞南第本人于1823年生于澳门花王堂区，在家中排行第四。1881年，他同一位进教华人女子（教名Maria Isabel）正式结婚。[①] 因此他

① 玛丽亚·伊莎贝尔（Maria Isabel）于1841年3月21日出生，1890年3月9日在澳门风顺堂区去世，结婚前才在圣加辣堂受洗加入天主教，婚姻登记标注其父母是"华人异教徒"。说明她在40岁正式结婚前并非天主教徒，或者说正是由于她不是天主教徒，因而不能与飞南第的父亲结婚。婚后9年去世。据教区婚姻登记，玛丽亚·伊莎贝尔与尼古拉·托雷蒂诺·飞南第于1881年9月20日在风顺堂区结婚，在此前两人已有9名子女，而长子乔治·飞南第已经20岁了。结婚之前排行第九的维森特·若瑟（Vicente José）于1880年7月1日在风顺堂区出生。说明乔治·飞南第父母一直以同居形式生活。婚姻登记文件中特别注明"承认婚前所生子女"。详细情况可参阅 Jorge Forjaz，*Famílias Macaenses*，Vol. III，Fundação Oriente e ICM，1996，p. 542。

们的子女均为葡华裔混血。

尼古拉·飞南第在澳门创办了飞南第商务印刷公司（Tipografia Mercantil N. T. Fernandes）。该公司“是澳门唯一采用国际先进艺术印刷的葡人公司”①，专门承印《澳门政府公报》及几份葡文报纸和其他出版物，在当时的澳门颇具名声，并获得各种国际奖项，包括1931年的巴黎殖民地博览会荣誉证书。② 正是因为如此，该公司在澳门具有极大的竞争力，许多澳门报刊都由该公司印刷。

尼古拉·飞南第去世后，公司由其长子乔治·飞南第继续经营。需要在此说明的是，乔治·飞南第并非孙中山的朋友飞南第（全名弗兰西斯科·飞南第）。弗兰西斯科·飞南第虽然出生于报业家庭，但执掌家族印刷生意的应该是其兄长乔治·飞南第，乔治去世后，又由乔治的儿子卡洛斯·飞南第担任公司经理。卡洛斯·飞南第去世后，由其女儿马利亚·飞南第（Maria Georgina Fernandes）担任经理。而弗兰西斯科·飞南第的全职工作则是澳门政府华务司的翻译员，从来没有担任过商务印刷公司的经理。虽然如此，并不说明飞南第与报业无关，相反他是个积极的报业人士。他在澳门报业史的最大成就是创办了澳门的中葡文两种文字的《镜海丛报》。

为出版印刷书刊的需要，美国传教士还建立了一些印刷所。在鸦片战争前，最有名的就是卫三畏负责建立的“布鲁因印刷所”（The Bruin Press）。卫三畏1833年来到中国帮助裨治文传教，并以澳门为基地，负责传教士著作的印刷，同时指导传教著作的创作。布鲁因印刷所采用金属冶字印刷，主要出版了《中国丛报》及一些教会宣传的小册子及指南等。

（四）官立印刷事业

据许多史料记载，澳门政府的正式印刷机构是官印局，而

---

① Jorge Forjaz, *Famílias Macaenses*, Vol. III, Fundação Oriente e ICM, 1996, p. 542.

② Jorge Forjaz, *Famílias Macaenses*, Vol. III, Fundação Oriente e ICM, 1996, p. 542.

根据葡国王室法令该机构成立于1900年。然而文德泉神父在《葡萄牙远东期刊》（*Imprensa Periódica Portuguesa no Extremo Oriente*）一书中多次提到一个“政府印刷馆”承印澳门的第一份葡文报刊《中国蜜蜂报》及其改名后的《澳门周报》。[1] 其实这两份报纸都是由市政厅印刷馆印制的。市政厅在管理市民及市政方面虽有一定权力，但代表政府的是澳门总督。所谓的市政厅“政府印刷馆”应该是自行设立的内部机构，规模很小。从澳葡政府角度来看，一直没有正式的印刷机构。正因为如此，从1838年9月出版的《澳门政府公报》一直由私人印刷馆承印，特别是飞南第的商务印刷馆。

据总督衙门1890年2月26日第64号档案记载，澳门政府于1890年2月26日与飞南第的父亲尼古拉·飞南第[2]（Nicolau Tolentino Fernandes）就印制《澳门政府公报》及其他印刷品事宜签订一份合同，由该公司承印澳门政府公报及官方文告等文件。[3] 于是，澳门商务印刷公司就这样承担了政府的所有印务工作。商务印刷公司是由澳门土生葡人尼古拉·飞南第（Nicolau Tolentino Fernandes）创办的，从1898年1月起由其儿子乔治·飞南第（Jorge Fernandes）继续管理。

当时任政府顾问及财政厅总监的巴波沙[4]（Artur Tamagnini de Abreu da Mota Barbosa）认为政府应该拥有自己的印刷机构，于是在1891年11月27日向政府秘书长提出创办政府官印局的建议。他在建议中说：

> 毫无疑问，应在所有海外省创办一所政府印刷馆，因为经验表明，无论从哪个角度看，设立该机构对国家都是方便而有利的。然而，澳门目前是唯一将政府公

---

① 见 Pe. Manuel Teixeira, *Imprensa Periódica Portuguesa no Extremo Oriente*, p. 6、p. 12.

② 澳门土生葡人，1823年9月10日出生于澳门花王堂区，1898年1月17日在风顺堂区去世。

③ 见 Processo n.°-64, de 26-2-1890 da Secretaria-Geral do Governo。

④ Artur Tamagnini de Abreu da Mota Barbosa 是后来于1918年起曾三次担任澳门总督的 Artur Tamagnini Barbosa 的父亲。

报及所有政府机关的文件交付私人公司印刷的省份。①

他抱怨同私人印刷公司签订的合同条款对政府十分不利，合同中没有明确规定惩罚条款，因而使印刷工作经常无故拖延。作为政府的财政总监，他还算了一笔账：

> 每年付给商务印刷馆的费用是3500列伊，如果建立政府自己的印刷馆的话，费用仅为2239列伊。②

然而，巴波沙的执著一直没有结果，提出的建议杳无音信。而《澳门政府公报》依然由商务印刷馆承印，直到后来澳门政府秘书长奥弗雷多·平托·莱洛（Dr. Alfredo Pinto Lelo）③ 和乔治·飞南第④之间出现严重矛盾，才重新把老巴波沙的建议提到议事日程上来。

事情的起因是这样的，当时葡萄牙正在举行议会选举。按葡宪法规定，葡属海外殖民地（海外省）葡裔居民亦可按比例竞选国家议会两院的代表。奥弗雷多·平托·莱洛希望乔治·飞南第在澳门选区的选战中能够支持他，然而乔治·飞南第却支持了另外一个反对党派。由于这件事引起的隔阂，双方开始不断出现摩擦。乔治·飞南第不断拖延政府的紧急印务，于是澳门政府秘书长奥弗雷多·平托·莱洛决定摆脱乔治·飞南第，宣布要建立官印局。

此事从巴波沙提出成立官印局的建议到奥弗雷多·平托·莱洛下决心摆脱私立印刷所扰攘了差不多十年。1899年12月27日，葡萄牙海事及海外部终于发出第106号公文，同意成立澳门政府官印局。1900年11月12日，该部向澳门发出电报，于是当时担任澳门总督的高士德（José Maria de Sousa Horta e

---

① Processo n.° 162，de 27-11-1891，da Secretaria-Geral do Governo，转引自 Pe. Manuel Teixeira，*Toponímia de Macau*，Vol. I，Instituto Cultural de Macau，1997，p. 344。

② Processo n.° 162，de 27-11-1891，da Secretaria-Geral do Governo，转引自 Pe. Manuel Teixeira，*Toponímia de Macau*，Vol. I，Instituto Cultural de Macau，1997，p. 344。

③ 葡萄牙山后省人，1890年任莫桑比克省政府秘书长，1892年任澳门省政府秘书长。

④ 乔治·飞南第是孙中山先生的朋友飞南第（弗朗西斯科）的兄长。

Costa）于1900年11月16日发布省政府第150号训令，正式成立澳门政府官印局，并且临时任命澳门港务局的海事机械工程师若瑟·马利亚·洛佩斯（José Maria Lopes）担任官印局局长。[①] “1900年11月17日的第46期政府公报公布了该消息。新诞生的官印局于1901年开始运作”。[②]

训令规定了官印局的以下职责：

a）出版《澳门政府公报》；

b）向政府所有公共部门提供所需要的印刷图表及表格。

该训令还规定官印局从1901年1月1日起开始运作，并且从该日起终止同乔治·卡洛斯·飞南第签订的印刷《澳门省政府公报》的合同，同时提供各公共部门需要的表格。

训令还规定了官印局的人员组成：

排印主任（局长）1人；

一等排版1人：若昂·维克托·佩雷拉（João Vitor Pereira）；

二等排版1人：普拉西多·利诺·普拉谢（Plácido Lino Placé）；

一等中文排版1人；

二等中文排版1人；

学徒2人：塞菲利诺·贡萨尔维斯（Zeferino Gonçalves）和亚利山大·古斯蒙·佩雷拉（Alexandre Gusmão Pereira）；

印刷员1人；

轮机员1人；

散工服务2人。

官印局成立之初仅有中西文共4名排版人员及1名印刷人员，明显感到人手不足，困难重重。单是印刷政府公报就已经

① Pe. Manuel Teixeira, *Toponímia de Macau*, Vol. I, Instituto Cultural de Macau, 1997, p. 346.

② Beatriz Basto da Silva, *Cronologia da História de Macau*, *Século XIX*, Direcção dos Serviços de Educação e Juventude, Macau, 1995, p. 366.

不堪重负，这还不算其他印刷品，如统计表、本省预算及其他各种表格等。同时还要同私人印刷行业进行竞争，尤其是同经验丰富规模较大的商务印刷馆竞争。

澳门官印局排字工人使用排铸机排字

为了加强薄弱的官印局的力量，政府在成立官印局之初便积极筹划培训新的印务人员，创造各种条件成立印刷职业技术学校。1900 年 12 月 28 日，澳门省政府在该日出版的第 52 期《政府公报》颁布第 172 号训令，决定组建印刷学校。该校的招生对象主要是澳门土生人子女，特别是孤儿及家境贫困者，使他们掌握排字、印刷及装订技术。

该训令还批准首份澳门官印局章程和印刷职业技术学校章程。该校于 1901 年 6 月正式成立，校址设在官印局附近。1920 年 12 月，由于生源匮乏无人报读，以及两名教师转入官印局编制，仅运作 9 年就宣告关闭。但毕竟在这一时期为官印局输送了一些技术工人，以维持官印局的运作。毫无疑问，澳门印刷职业技术学校是中国最早的培训印刷行业专门人才的机构之一。

据《中华印刷通史》介绍，中国古代印刷术在漫漫的历史长河中，印刷人靠的是师徒之间的口传心授、耳提面命，才使这种手工技艺代代相传。而把印刷技术作为专业，兴办学堂，进行课堂教学培养人才只是到 20 世纪初才开始。清光绪二十八年（1902 年）清军咨府练兵处开设京师陆军测绘学堂，设照相、雕刻、电镀、印刷等课程，开创了中国近代印刷专业技术教育之先河。显而易见，这还不是正规的印刷学校，只能算陆军测绘学堂开设的一门课程。而

于红窗门附近（见箭头所指）的鸦片加工厂，官印局曾设在其内

最早兴办的技工学校则是出版总署委托上海市出版局于1953年10月创办的上海印刷学校。[①] 由此看来，澳门政府根据第172号训令成立的印刷学校应该是中国土地上建立的第一所培训正规技术人员的印刷教育机构。

澳门政府官印局在1901年成立后至1954年的半个世纪中几经搬迁。初建时其办公地点设在山水园巷（Travessa do Bom Jesus）3号莱奥先生（Dr. Leo）的居所地下。后搬至红窗门街（Rua da Alfândega）一间废弃的鸦片加工厂建筑物内。

1910年8月5日，官印局迁至卑第巷（Travessa do Pe. Narciso）慈幼学校（Instituto Salesiano）一楼。不久，又迁至医院街邻近拉菲尔医院（华人称医人庙）的一栋建筑物内，现已被拆毁。接着，又搬迁至鹅眉街（Rua de Inácio Baptista）。

1920年，马林·沙维斯（Rodrigo Marim Chaves）被任命为官印局局长后，对该局进行了大规模的改革，重组了行政及档案管理业务架构，并且增加了排版、印刷及装订人员，以满足日益增长的业务需要。

在官印局的历史中，有两次搬迁计划胎死腹中。其中第一次搬迁过程现在看起来十分可笑，并且匪夷所思。1927年，官印局在澳督府对面的摆华巷（Travessa do Paiva）选定新址，并投资兴建新官印局办公楼。然而新楼竣工之后，无论是通过门口还是通过窗户都不能把印刷机器搬进去。在无可奈何的情况下，搬迁计划只好放弃，建筑物也改作他用。之后，官印局又重新购置了一幢楼房。然而政府工务局曾于不久前在此大厦临时办公。在官印局准备搬迁的情况下，工务局局长抢先把工务局从原来的所在地贾梅士花园搬到该处，于是官印局不得不搬到工务局腾出来的贾梅士花园建筑物内。

1952年官印局开始在风顺街（Rua dos Prazeres）建新办公楼。1954年1月28日新官印局办公楼竣工落成，澳门总督

---

① 据张树栋、庞多益、郑如斯等著：《中华印刷通史》，印刷出版社1999年，第二十四章，《印刷技术与科研》电子版，第974—975页。网址：http//www.z. pccu. edu. tw/chinesepriut”.

史伯泰（Joaquim Marques Esparteiro）为新大楼揭幕剪彩，并发布命令将风顺街改名为官印局街（Rua da Imprensa Nacional）。1985 年 5 月 18 日，澳门官印局改名为澳门政府印刷署[①]。1999 年 12 月 20 日澳门主权回归时，澳门政府印刷署改名为澳门特别行政区政府印务局[②]。

1954 年落成的澳门政府官印局大楼

从 1901 年成立至 1999 年澳门主权回归近一个世纪的时间里，澳门政府官印局共有 10 任局长。其中任职时间最短的不到一年，而任职时间最长的是第六任局长海梅·罗巴斯（Jaime Robarts），从 1947 年至 1973 年长达 26 年。

海梅·罗巴斯是拥有华人血统的澳门土生人，从小就是孤儿，无依无靠，连到教堂接受洗礼都是由居住在大堂区的寡妇鲁克雷西娅·科莱亚（Lucrecia Correia）带他去的，后来成为他的教母。[③] 海梅·罗巴斯年幼时进入孤儿院接受教育。他就是前面提到的印刷职业技术学校从孤儿院挑选培养的政府印刷技术人员。1921 年，年仅 13 岁就进入官印局做三等排字员。由于勤奋好学，技术提高很快，4 年后升为二等排字员。1945 年又晋升为一等排字员。1947 年被任命为官印局局长。[④]

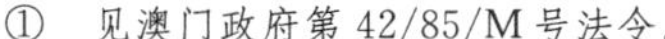

① 见澳门政府第 42/85/M 号法令。

② 见澳门特别行政区政府第 6/1999 号行政法规。

③ 据 Jorge Forjaz 研究，海梅·罗巴斯（Jaime Robarts）的父亲是出生在香港的荷裔澳门土生人弗朗西斯科·保拉·登博格（Francisco de Paula Danenberg）。登博格（Danenberg）应是荷兰姓氏。未婚，但同香港华人女电话接线员唐氏（Emily Tang）生有两个儿子，而海梅·罗巴斯就是长子。但父亲从来不承认这两个儿子。海梅·罗巴斯后来流落到澳门，并被送入孤儿院。但他同母亲和兄弟一直保持联系。父亲弗朗西斯科·保拉·登博格后来死于中国上海。可参阅 Jorge Forjaz，*Famílias Macaenses*，Vol. III，Fundação Oriente e ICM，1996，p. 204。

④ Jorge Forjaz，*Famílias Macaenses*，Vol. III，Fundação Oriente e ICM，1996，p. 205.

从平民升为官印局长的并非海梅·罗巴斯一人，第三任官印局长若昂·佩雷拉（João Vicente Pereira）也是从学徒做起。他是佩雷拉家族的第五代土生葡人，1868 年 5 月 11 日生于澳门大堂区，同诺罗尼亚和伯多禄两个从事报业的大家族均有亲戚关系。他从小进官印局当学徒，学习排字技术，至 1902 年时被任命为官印局局长。

另一位任职较长的是第五任局长亚历山德列·诺罗尼亚（Alexandre Noronha），从 1926 年至 1947 年长达 21 年。他也出生于澳门土生家族，是当时影响港澳两地的澳门土生报业大亨若阿金·诺罗尼亚（Delfino Joaquim Noronha）的孙子。祖父去世后，由其父亲安东尼奥·诺罗尼亚（Secundino António de Noronha）接掌香港的印刷公司。受到家族影响，亚历山德列·诺罗尼亚也投身报业，进入澳门政府官印局，终于在 34 岁时接任官印局局长一职。①

表 4　澳门政府官印局历任局长

	年　份	姓　名	中文译名
1	1901 年	José Maria Lopes	若瑟·马利亚·洛佩斯
2	1901 年	Constâncio José da Silva	康斯坦修·若瑟·施利华
3	1902 年至 1919 年	João Pereira	若昂·佩雷拉
4	1920 年至 1926 年	Rodrigo Marim Chaves	罗德里·马林·沙维斯
5	1926 年至 1947 年	Alexandre Noronha	亚历山德列·诺罗尼亚
6	1947 年至 1973 年	Jaime Robarts	海梅·罗巴斯
7	1973 年至 1982 年	Alexandre Silva	亚历山德列·施利华
8	1982 年至 1993 年	António de Vasconcelos Mendes Liz	安东尼奥·门德斯·利斯
9	1993 年至 1998 年	Eduardo Alberto Correia Ribeiro	爱德华·科莱亚·里贝罗
10	1999 年 2 月 24	António Ernesto Silveiro Gomes Martins	安东尼奥·戈麦斯·马尔丁斯

① Jorge Forjaz, *Famílias Macaenses*, Vol. II, Fundação Oriente e ICM, 1996, p. 837.

第四章　澳门外报与澳门社会

一、澳门外报对社会的影响

受欧洲及葡萄牙国内形势影响，澳门葡文报纸从一开始就表现出向极权及传统势力宣战的姿态，并且逐渐成为不同政治派别斗争的工具。《中国蜜蜂报》自不用说，第一期就发出向极权保守主义讨伐的檄文。从不少学者的研究中已经看出，虽然当时的制宪派和保守派先后掌控该报而使其前后立场截然不同，但并没有影响它的战斗风格。这在当时远东尚无近代报刊的情况下是难能可贵的。然而，由于该时期尚属澳门报业初创期，特别是到了阿马留担任总督时期实施极权统治，对言论自由大加限制，报纸的作用并未充分发挥，因而上述特点并不明显。澳门外报的以上特点主要表现在19世纪中期以后的外报发展繁荣时期，并且体现在反对极权和教会保守势力以及党派之间斗争这两个方面。

（一）反对极权和保守势力的有力武器

《中国蜜蜂报》从一开始就显现出新闻报纸的巨大杀伤力以及在民众中宣传鼓动的号召力，使人们立刻看到报纸在社会生活中的作用。然而，尽管该报笔锋犀利，十分张扬，充满战斗精神，但毕竟是当时唯一的报纸，在澳门“独霸”舆论讲坛，一花独放。充斥社会的只能是“一家之言”，因而不可能在舆论界形成激烈论战的火爆场面。

以王室法官阿利亚加（粤译雅廉访）为首的保守派控制《中国蜜蜂报》后不久即于1823年底停刊，但编辑部并没有关门。报纸仍由市政厅负责出版，改由奥斯汀教士安东尼奥·若瑟·罗莎担任主编。稍事整顿后即于1824年新年伊始改头换面，又以《澳门周报》名称再次出版。这时的《澳门周报》依然是“独家之言”，并无竞争对手。毫无疑问，该报是政府和教会联系澳门葡人社会的纽带。除与几种英文报刊一起点缀澳门新闻舆论市场外，大多数情况下都能做到井水不犯河水，和平共处，相安无事。《澳门周报》于1826年底由市政厅宣布停刊。自此，澳门葡文报坛一片沉寂，直到19世纪30年代，才又有其他葡文报纸出现。

其实这种情况并非澳门独有，在印度的葡萄牙属地果阿亦有相似经历。从1821年12月22日《果阿周报》（*Gazeta de Goa*）创刊至1835年6月13日《果阿制宪周报》（*Chronica Constitucional de Goa*）创刊，中间十多年并无其他报纸出现。同时，令人奇怪的是《果阿周报》在一枝独放五年后，也于1826年宣布停刊。为何澳门第一份报纸《中国蜜蜂报》的继承者《澳门周报》和果阿的第一份报纸《果阿周报》同时停刊，这不能不从宗主国葡萄牙方面寻找原因。

19世纪初在澳门和印度果阿发生的事件均与葡萄牙国内形势有关。葡属印度的《果阿周报》和澳门的《中国蜜蜂报》之所以能够创刊，都是葡萄牙波尔图1820年8月革命的间接成果。特别是1821年3月31日临时政府的法令宣布正式撤销统治葡萄牙长达数个世纪的宗教裁判所（Tribunal do Santo Ofício），以及1822年通过宪法正式规定了新闻自由，至此思想可以自由表达，信息可以广泛传播。《中国蜜蜂报》停刊亦是葡萄牙国内保守势力复辟的间接后果。到了1826年，虽然葡萄牙宪章在其第145条中指出“所有的人都可以通过语言及文字表达思想并且通过印刷出版发行”，但1826年9月23日，保守的政府首脑弗兰西斯科·曼努埃尔·莫拉脱（Francisco Manuel Trigoso de Aragão Morato）设立一个“宣传品及文字期刊审查委员会”，加强了对新闻报刊的控制，于是果阿和澳门的报刊随即宣布停刊。直至1834年12月22日颁布法令取缔新闻检查，才使得果阿和澳门的报刊得以恢复。

1834年主张君主立宪的强硬派人物若阿金·安东尼奥·阿基亚尔（Joaquim António de Aguiar）掌握政权，他的反宗教立场使他大刀阔斧地对现行制度进行改革。他在著名的1834年5月30日的法律中宣布，要铲除教会属下的所有修道院、学校、济贫院、孤儿院、育婴堂以及各教派的全部设施，并且要求将教会的所有世袭财产收归国有。他的这种强硬态度使他得到一个“教士杀手”的恶名。毫无疑问，这种动摇葡萄牙王室统治根基的措施助长了民主自由思想的发展，各种政治党派得以恢复公开活动。而1834年12月22日的法令更加放松了对新闻舆论的控制。各种报刊立即在各殖民地复苏。在澳门，从1833年后的十年间出现了12种葡文报纸（其中不包括澳门政府的《宪报》和在广州出版的英文报纸《广州新闻报》）。

葡国史学家施白蒂（Beatriz Basto da Silva）在《澳门编年史（葡文版）》18世纪卷中说：

> 1842年8月11日，市政厅决定撤销出版物的监察和审查人员，宣布免除对新闻进行审查，仅令其置于1837年11月10日法律的规范之下。政府委员会亦采取了相同措施。1844年（彼亚度总督执政时期）恢复新闻检查制度并一直保持至该世纪末。（1910年曾遭废除但并未执行）。从1845年（该年《澳门土生代言人报》停刊）至1868年（该年《独立报》创刊）的时间里，在澳门无任何新的葡文报纸出现，仅有《澳门政府公报》和亲政府的《大西洋国》（从1863至1866年）填补空白。然而，此期间于1852年在广州出现一份商业性报纸《真理和自由报》（*Verdade e Liberdade*），在香港则出版了《人民回声报》（*Echo do Povo*），该两份报纸均为在澳门境外出版发行的葡文报刊。1888年，《进步报》（*O Progresso*）在上海编

辑出版，以满足在那里大量定居的葡裔居民的需要。①

总体来讲，虽然该时期澳门外报并非一枝独放，但一般来说相安无事。之所以如此是由于该时期虽然有 10 多种外文报纸，但其中多数规模较小，而且发行时间不长，其中寿命最短的《澳门土生邮报》仅出 6 期即告停刊。另外，有些报刊纯属文学性质，不问政治。而仅有的几种少数新闻性报纸亦势单力薄，基本上没有受到政治派别的操控和影响。

从 1845 年起，澳门报坛进入沉寂期，到 1863 年《大西洋国》创刊的 18 年间无任何民间报纸出现。这与该时期亚洲其他地区如香港和上海等地报业蓬勃发展的大好形势形成极大反差，同时与其中国近代报刊发祥地的地位极不相称。造成这种形势的原因比较复杂，但主要体现在两方面。一是由于澳门总督阿马留推行的严厉压制政策；二是由于大批澳门土生人涌至香港、上海等新开埠的中国港口城市谋生并定居，造成报业精英人才大量外流。

1846 年 4 月 21 日，阿马留被任命为澳门第 79 任总督。阿马留利用鸦片战争后清政府的软弱，大举推行殖民政策。不仅肆无忌惮地扩张澳门领土，而且在澳门社会内部实行高压统治，严厉限制言论自由。因此，在他的统治下，民间报纸无法生存。在此以前，澳门创办报刊的申请本由市政厅批准，但阿马留上任后立即将审批权收回，必须由他亲自批准。文德泉神父曾举这样一个例子：在 1846 年 4 月 20 日阿马留上任的前一天，澳门土生葡人阿塔纳西·阿戈斯提诺·丰塞卡（Atanásio Agostinho da Fonseca）向澳门市政厅申请批准其在医院街的亚美尼亚印刷所出版报刊，该刊名称定为《世界主义者周报》（*Cosmopolita*）。在申请过程中，他提出请费利克斯·克鲁斯（Felix Feliciano da Cruz）作为该报的担保人。但市政厅当局提出担保数额不足，未予批准。后来他又以亚美尼亚印刷所业主作担保人。然而，市政厅拖到一个月后的 5 月 23 日才予以回

① Beatriz Basto da Silva, *Cronologia da História de Macau*, *Século XIX*, Direcção dos Serviços de Educação e Juventude, Macau, 1995, p. 108.

复，在批示中写到“请向总督阁下申请!”在这种情况下，该报只能胎死腹中。①

1849 年 8 月 22 日，总督阿马留在关闸附近遭遇埋伏被义士所杀，新闻管制有所松动，言论自由得以恢复。然而此时由于澳门经济形势恶劣，社会极不稳定，大批居澳几个世纪的葡裔居民纷纷迁移至刚开埠的香港、上海等地谋生，甚至他们的商业活动也几乎全部转移到香港。在这个过程中，首当其冲的自然是年轻文化精英。在这种情况下，留在澳门的土生葡人当然无能力支持任何报纸的创办与发行。

西方国家从 1851 年开始经澳门向美洲，特别是向秘鲁、古巴、夏威夷等地输出华工（即“苦力贸易”）曾为澳门带来短暂的繁荣，也确实使一些人发了大财，澳门似乎有了创办报纸的需求和能力。然而，由于澳门宣布废止奴隶制度，“于 1836 年 12 月 10 颁布法令宣布禁止从海上输入奴隶。1854 年 12 月 14 日又颁布法令禁止从陆路输入奴隶”②，这一系列措施使澳门再次陷入困境，社会形势极不稳定。另外，由于葡萄牙国内的局势，葡萄牙女王马利亚二世又要收紧政策，由科斯达·卡布拉尔（Costa Cabral）在 1850 年公布了人们所说的“瓶塞法令”，再一次限制了新闻自由。直到 1866 年开明的萨安东公爵取得政权后，才又一次颁布法律，使新闻自由得到前所未有的开放。至此，以安东尼奥·马贵斯·佩雷拉主编的《大西洋国》周刊为先导，澳门才又一次恢复了兴办报纸的生机。

飞南第的《澳门土生回声报》在澳门也是影响较大的一份报纸。由于该报代表的是在澳门居住了几个世纪的葡亚裔土生人的利益，加之该报的编辑阵容比较强大，其中包括当时著名的土生文化人飞南第、伯多禄、巴斯托斯等人，所以也经常发表批评保守势力的文章。该报撰稿人巴斯托斯是著名律师，曾

---

① Pe. Manuel Teixeira，*Imprensa Periódica Portuguesa no Extremo Oriente*，Instituto Cultural de Macau，1999，p. 36.

② Beatriz Basto da Silva，*Cronologia da História de Macau*，*Século XIX*，Direcção dos Serviços de Educação e Juventude，Macau，1995，p. 168.

协助孙中山先生从澳门偷渡到香港，然后转赴国外，以躲避清政府的追捕。他不仅熟悉法律，而且笔锋犀利，批判性的文章经常由他亲自执笔。由于该报推崇民主，强调维护澳门土生人的利益，经常批评来自葡萄牙的“京官”，使政府时时觉得芒刺在背，便寻找机会进行压制。

TA-SSI-YANG-KUO

國 洋 西 大

ARCHIVOS E ANNAES DO EXTREMO-ORIENTE PORTUGUÊS

Colligidos, coordenados e annotados

POR

J. F. MARQUES PEREIRA

1.º Official, chefe de secção, do Ministerio da Marinha e Ultramar; Official da Ordem de S. Thiago, do merito scientifico, litterario e artistico; S. S. G. L.

SERIE II — VOLS. III e IV

REDACÇÃO E ADMINISTRAÇÃO
73, Rua Garrett, 75
ANTIGA CASA BERTRAND — JOSÉ BASTOS, LIVREIRO-EDITOR
LISBOA
1899 - 1900

1899—1900 年《大西洋国》合订本第二卷

1899 年，《澳门土生回声报》刊登一篇文章，揭露并痛斥了贾也度（Eduardo Augusto Rodrigues Galhardo）总督政府办公厅发生的丑闻。其实这件事在取消新闻检查允许言论自由的 19 世纪后期并不算太大，然而王室检察官代表在该文中发现有谩骂总督的句子，于是对该报进行起诉。当时的法官马加良斯（Magalhães）对出版人和编辑判以超乎寻常的惩罚。虽然被告人向果阿当局提起上诉并得到宽恕，但担心会引起新的诉讼，于是不得不宣布报纸停刊。

《澳门土生回声报》于 1899 年 9 月 24 日发表声明，宣布停刊并向读者告别。声明不无遗憾地表示，“由于深深感到‘瓶塞法律制度’笼罩澳门，严重阻碍了报纸的出版与发行，因此难以为继”。① 该报的中文版《镜海丛报》亦随即宣布停刊。

分别于 1908 年和 1909 年在澳门发行的《真理报》和《新

① Pe. Manuel Teixeira, *Imprensa Periódica Portuguesa no Extremo Oriente*, Instituto Cultural de Macau, 1999, p. 53.

生活报》（即《澳门新境报》）发行时间都不算长，但都对政府和教会持批评态度。从两份报纸的历史背景来看，前者是《独立报》的继续，因为其创办人康斯坦修·施利华是《独立报》主编若瑟·施利华的儿子。后者则继承了《澳门土生回声报》的衣钵，因为该报的编辑人员多为伯多禄家族的人，代表世袭澳门土生人的利益。虽然两报都批评保守势力，但他们之间亦矛盾很大，论战不休。甚至两报于停刊后，其负责人依然在一些重大问题上观点相左，互不服气，甚至相互指责。

实际上，19 世纪末 20 世纪初的澳门政府在执行里斯本新闻自由法令方面是打折扣的。由于远离宗主国，加之亚洲地区，特别是中国的特殊形势，澳门政府对新闻界的干预始终没有真正停止。尤其是葡萄牙派来的总督权力越来越大，代表本地土生人利益的市政厅权力逐渐被削弱，这种矛盾就不可避免地在族群内部得到反映。政府不得不时时压制反对者的呼声。各种报刊不时被政府要求停刊。就在葡萄牙于 1910 年 11 月 5 日宣布大赦令，完全赦免新闻罪、选举罪和学术罪的同时，澳门政府仍在对新闻自由进行压制。[①] 先是责令《真理报》和《新生活报》停刊，继而迫使《进步报》和《信仰与祖国》停刊。

（二）党派斗争的工具

《大西洋国》周刊的出现，带动了 19 世纪后期澳门外报的发展。在其后的几年中，相继有《独立报》、《澳门土生新闻报》、《东方报》、《澳门帝汶报》（即《澳门新闻纸》）、《大公报》等 10 多种报刊先后问世。这一时期的报人逐渐成熟，不仅报纸质量有很大提高，发行数量有所增加，而且发行时间也相对延长。其中的政治新闻性周刊《独立报》甚至发行 30 年，成为澳门土生族群十分熟悉的一份报纸。然而，随着报业在澳门的发展，报刊种类的增多，加之各种报刊所代表的利益群体不同，相互之间的斗争亦日趋激烈。这些矛盾主要体现在教会和世俗

① ［葡］施白蒂著，金国平译：《澳门编年史》（中文版）20 世纪卷，澳门基金会 1999 年，第 46 页。

之间、保守和激进之间、竞选党派之间、政府和民众之间、本地和宗主国之间、市政厅和总督之间等。由于背景过于复杂，各报在许多问题上的争斗表现得十分激烈，甚至达到白热化的程度。由于报纸的宣传以政治为目的，因而为了政治斗争的需要，新闻报道严重失实，根本谈不上客观与公正。老冠祥和谭志强先生认为：

> 澳门各葡文报纸都有特定的政党（如社会党、社会民主党、民主中心党）作为支持对象，天天在版面上党同伐异，已是见怪不怪之事。尤其是当澳门总督不是本党人士出任时，澳门总督更是反对派报纸的主要“修理”对象。更因为澳门被葡国划分为里斯本市的一个选区，澳门所有葡籍公民都具有葡国国家议会和总统的选举权，可以在澳门进行海外投票，因此，每到葡萄牙国会大选或总统大选期间，这些葡文报纸就更加热闹，天天都有自葡国传来澳门的政坛秘闻大事见报……①

在这方面具有代表性的，就是1915年7月创刊的《葡萄牙东方报》、1919年5月创刊的《自由报》和1921年11月创刊的《舆论周报》。

《澳门帝汶报》（该报自己译名为《澳门新闻纸》）是一份具有官方背景的报纸，因此也就屡屡成为具有独立思想的报刊攻击的对象和目标。澳门土生报人弗朗西斯科·苏沙·普拉谢（Francisco de Sousa Placé）和澳门仁伯爵总督的私人秘书佩德罗·加斯滕·梅斯内尔（Pedro Gastão Mesnier）有感于当时的《独立报》十分张扬，经常以嘲弄手法攻击别人，于是认为有必要创办一份真正的澳门报纸。《澳门帝汶报》在1872年10月1日的一篇文章中说：

> 正派而有思想的澳门民众已经对这些报刊的鼓噪感到十分厌倦，这些宣传企图改变及颠覆他们的思想。

① 老冠祥、谭志强等：《变迁中的香港、澳门大众传播事业》，台湾“行政院”新闻局1996年，第31页。

我们不愿模仿那些所谓“独立者”的龌龊做法……①

显而易见，《澳门帝汶报》创刊伊始便把矛头对准了《独立报》。该报在发行期间，曾多次对《独立报》及其编辑人员的谩骂和人身攻击予以回应。

澳门《独立报》是一份十分“不安分”的半月报刊，在发行的30年中同许多报刊发生争执，因此也几遭停刊命运。1867年创刊不到一年，即被澳门总督苏沙（António Sérgio de Sousa）海军上将宣布停刊，仅差6期就可以辑成第一卷。1873年5月15日《独立报》复刊，但出版计划如同以前，仍为半月一期。编辑部设在龙嵩街1号。复刊后一年到1874年4月，改为周刊。1880年7月出完第五卷后即停刊。1882年11月20日再次复刊，出版该报第164期。1889年1月，由于报纸创办人若瑟·施利华（José da Silva）的健康原因，将报纸交给儿子康斯坦修·施利华（Constâncio José da Silva）管理，在第十卷第一期的报纸上正式取代《独立者》周刊的业主和主编地位。然而，没想到1891年，67岁的若瑟·施利华又东山再起，执掌帅印。他的名字在该年7月18日的报纸上再次以主编的身份出现。

若瑟·施利华的执著和倔强性格严重影响到《独立报》的风格。他自己本人也由于报纸刊登的文章而屡遭罚款、袭击、殴打，甚至被政府关进监狱。他的报纸经常批评政府，反对教会，并且对一些社会人士进行人身攻击。这些做法严重影响了报纸的声誉和价值。

1893年7月创刊的《澳门土生回声报》在最初几年也是困难重重，经过飞南第几年的苦心经营逐渐发展壮大，到了1897年在澳门已无人匹敌。没想到半路上杀出个程咬金，已经停刊的《独立报》于该年9月死而复生，再次出版发行。由于对《澳门土生回声报》敷衍的贺词十分不满，《独立报》在复刊后不久即向《澳门土生回声报》发难。为此，《澳门土生回声报》主编安东尼奥·若阿金·巴斯托斯（António Joaquim Bastos）

---

① 见1872年10月1日《澳门帝汶报》(*Gazeta de Macau e Timor*)。

亲自撰写了题为《致独立报的两句话》一文予以反击。[①] 然而，若瑟·施利华也不是软柿子，《独立报》连篇累牍地对《澳门土生回声报》狂轰滥炸。到了1898年3月，两报的论战趋于白热化。《独立报》称《澳门土生回声报》为“犹大”，而《澳门土生回声报》则反唇相讥，称《独立报》造谣生事，搬弄是非，无所不用其极。

Passemos agora a outro assumpto.

Duas palavras sobre o *Independente*.

Quando vimos o novo jornal, dissemos, insensivelmente, na expansão da espontaneidade do nosso espirito: Salve! novo paladino, novo collega. E' mais um campeão das publicas liberdades que surge, mais um companheiro nas pugnas da vida social, contra as insidias da fraude e contra os desacertos da ignorancia, mais um meio, emfim, de communicar ideias —esse doce entrelaçar da confraternisação d'espiritos e de entretenimentos tendentes ao bem geral.

Mas ao lermos o seu primeiro artigo em que se diz que "o seu programma é o mesmo e encontra-se elle escripto n'um passado de trinta annos" e que "a sua politica, será, portanto, a mesma," uma interjeição ia saindo dos nossos labios: Abrenuncio!

Bem depressa, porém, se nos dissipou a recordação do passado, com a leitura da profissão de fé, com o que perfeitamente nos conformamos, e pelo que nos congratulamos com o collega pela sua reapparição.

Aos seus esclarecidos redactores, pois, os nossos cumprimentos e a expressão da mais cordeal e sympathica consideração.

Na convicção de que o collega bem longe de se melindrar com quaesquer reparos que se façam nos seus bem elaborados artigos, ha de até estimar ver a critica d'elles, por isso que a discussão esclarece a verdade, dá vida ao jornalismo e agrada aos que escrevem de boa fé, seja-nos, por isso, licito fazer mui perfunctoriamente a apreciação d'alguns pontos sobre que ha discordancia de opiniões.

Com respeito á loteria da Santa

《澳门土生回声报》批评《独立报》的文章

在香港方面，蓬勃发展的葡文报刊并没有因为身居异地而放弃参与澳门半岛的政治斗争和对政府的批评。这也从另一角度说明移居外埠的澳门土生人虽然在他乡谋生，但依然十分关心澳门的政局发展和社会民生。不少报刊除了报道当地葡人社会的新闻消息外，还将相当篇幅的版面用于评论澳门政府的施政。《人民回声报》是一份于1858年就在香港发行的葡文报纸，是香港最早的报刊之一。需要说明的是，该报与1919年在澳门出版的另一份同名报纸无任何关系。[②]《人民回声报》创刊不久就卷入各种论战和派别斗争，对一些人士进行人身攻击，特别同《大西洋国》周报的主编安东尼奥·马贵斯·佩雷拉产生严重矛盾。

① Henrique Rola da Silva, *Uma Figura Polémica*, Revista Macau, II série, n.º 65, 1997, p. 80.

② Pe. Manuel Teixeira, *Imprensa Periódica Portuguesa no Extremo Oriente*, Instituto Cultural de Macau, 1999, pp. 109-110.

《人民回声报》的资助人原本是华人移民事务总监贝纳基诺·塞纳·费尔南德斯（Bernardino de Senna Fernandes），他出生于澳门土生族群的一个大家族。后来，原来的华人事务大法官改为华人事务理事官。而当时担任该职务的正是来自里斯本的安东尼奥·马贵斯·佩雷拉。1869年1月25日，《人民回声报》发表文章对这位理事官进行人身攻击，说他是没有文凭的外行人，并且批评在该部门没有检察院和法院的代理人。安东尼奥·马贵斯·佩雷拉立即通过《大西洋国》周报进行了反驳，以维护自己的声誉。然而，双方论战越来越激烈，《人民回声报》甚至于1869年5月3日指责安东尼奥·马贵斯·佩雷拉贪污受贿。伯多禄在后来的《澳门土生回声报》中撰文说：

> 正如人们所料，这篇文章的发表在港澳两地公众社会引起强烈震动。两地政府均要启动司法程序对其进行起诉。①

此时，澳门的《独立报》也出来推波助澜，站在安东尼奥·马贵斯·佩雷拉一边，同《人民回声报》展开激烈论战。结果是《人民回声报》的主编安东尼奥·施利华·苏沙（António José da Silva e Sousa）被香港法院判处罚款5000元并承担诉讼费用。

虽然《人民回声报》败诉了，但不能说该报的做法没有舆论监督的正面意义。澳门政府十分重视社会上的反应，根据《人民回声报》的报道内容对华人事务机构进行了调整。首先任命拥有法律学位的茹里奥·费雷拉·巴斯托（Júlio Ferreira Pinto Basto）代替安东尼奥·马贵斯·佩雷拉担任华人事务理事官。新理事官上任后的直接后果是，使安东尼奥·马贵斯·佩雷拉掌管华人事务后急剧上升的华人在押犯人数大大减少。据文德泉神父引用典狱长弗朗西斯科·巴罗斯（Francisco de Paula Barros）的统计数字，澳门监狱羁押的华人从1862年的433人逐渐增至1866年的995人。1867年突破四位数字，急增

---

① 见1869年5月3日香港葡文报纸 *O Echo do Povo*。转引自 Pe. Manuel Teixeira，*Imprensa Periódica Portuguesa no Extremo Oriente*，Instituto Cultural de Macau，1999，p. 267.

至1686人，1868年羁押华人达1843人，平均每月160多人。从1869年起，该数字开始大幅下降，前6个月被羁押华人总数仅为357人，平均每月不到60人。1869年1月份《人民回声报》发文指责华人事务机构时，澳门在押华人囚犯多达100人，之后的2月份大幅度下降至55人。这不能说不是《人民回声报》制造舆论的效果。是舆论监督在这里发挥了作用。《澳门土生新闻报》于该事件后的1870年10月3日也发表评论说，“如果没有《人民回声报》的文章引起澳门政府重视的话，被囚禁华人的数量还会急剧增加”。[①]

《独立报》于1867年在澳门创刊后不到一年便惹上官非，编辑遭逮捕，报纸被勒令停刊。发行人若瑟·施利华立即将报纸迁至香港继续出版。他本人也被剥夺民事和政治权利。若瑟·施利华对此极为不满，他撰文写道：

> 这次停刊十分奇怪，如果说仅仅是限制我出版《独立报》的权利，那末为什么又允许我以主编身份自由行使《宪报》的“民事”和“政治”权利呢？[②]

《独立报》被封后立即转移到香港继续发行，改由费雷拉（E. Ferreira）担任主编。该报依然坚持对政治的批判态度，直到1873年5月停刊，将报纸又迁回澳门继续发行。

在诸多对政府持批判态度的葡文报刊中，并非所有报人或主编都抱有明确的政治信仰或者代表某些团体的社会利益。在鱼龙混杂的时代，难免会有思想极端的个人主义者。由于个人目的没有达到，便转而毫无道理地批评时局，将矛头指向公共机构或者个人，甚至进行人身攻击。于1919年8月11日创刊的澳门《人民回声报》的唯一出版人和编辑罗德里戈·马林·沙维斯（Rodrigo Marin Chaves）就是这样的一个人。

罗德里戈·马林·沙维斯于1917年随同军队从葡萄牙来到

---

① 转引自 Pe. Manuel Teixeira，*Imprensa Periódica Portuguesa no Extremo Oriente*，Instituto Cultural de Macau，1999，p. 269.

② 转引自 Pe. Manuel Teixeira，*Imprensa Periódica Portuguesa no Extremo Oriente*，Instituto Cultural de Macau，1999，p. 272.

澳门，当时只是军队的军曹（上士）。他宣称自己是共和主义者、独立主义者、社会主义者和民主主义者集于一身的人。这种无知的自封正好说明他其实并无明确的政治目标和信仰，只是用时髦的政治名词将自己包装起来。他独自一人创办《人民回声报》以后，长时间同《澳门土生报》论战。《人民回声报》的打击面十分广泛，几乎所有的政府成员都是他的攻击目标。当时颇具影响力的澳门宋氏家族土生葡人若昂·科雷亚·阿松生先生（João Correia Paes de Assumpção）不得不将他告上法庭，追究他的刑事责任。然而这并没有使他闭嘴。他在失去工作的情况下，不得不于1920年9月去香港谋生，担任葡侨互救会（Associação Portuguesa de Socorros Mútuos）葡文学校的教师。然而即使在这样拮据的情况下也未能使他保持沉默，他继续撰写各种文章在当时香港的《放逐者报》上发表，给澳门政府脸上抹黑。直到澳门政府任命他坐上澳门官印局局长的官位，他才开始保持沉默。[①] 然而，政府这种息事宁人的软弱态度和做法开了极坏的先例，不少人也效仿罗德里戈·马林·沙维斯的做法向政府威胁要官。

香港葡文报纸《爆破》[②] 是一个更为极端的例子。担任该报主编的是澳门土生人伊西多罗·马利亚·科斯塔（Isidoro Maria da Costa）。他把编辑部设在澳门，时刻观察澳门的时局，寻找可乘之机，然后遥控香港的报纸对澳门政府进行攻击。这种谩骂式的攻击引起香港警方的注意，多次对报馆进行搜查。1929年12月，香港警员又一次对伊西多罗·马利亚·科斯塔在香港的住所进行了突击搜查，结果发现一些阴谋串联的信件。这些信件是澳门方面的有关人士寄给他的，向他提供各种资料，以便为他鼓吹推翻政府提供炮弹。澳门市政厅的秘书若瑟·爱德华·阿尔梅达（José Maria Eduardo de Almeida）甚至还把市

① Pe. Manuel Teixeira, *Imprensa Periódica Portuguesa no Extremo Oriente*, Instituto Cultural de Macau, 1999, pp. 109-110.

② 该报葡文名“O Petardo”，意即威力极大的一种爆竹，燃放后发出声响极大。中国北方叫“麻雷子”，南方叫“冲天炮”。该报取此名可看出其办报宗旨及意图。

政厅会议记录的原件寄给他，并嘱咐他迅速将原件退回，以免被发现。①

这次搜查行动引起澳门政府严重注意，总督立即命令采取行动逮捕涉嫌人士，包括市政厅主席达米扬·罗德里格斯(Damião Rodrigues)② 以及奥弗莱多·阿尔梅达（Alfredo do Almeida)、若瑟·马德拉（José Madeira)、若瑟·爱德华·阿尔梅达（José Maria de Almeida）等人。后来若瑟·马德拉被释放，奥弗莱多·阿尔梅达亦被释放，但被免去工务局的工作。而其他人的日子就没有那么好过了。根据1930年1月7日的训令，市政厅主席达米扬·罗德里格斯被判处流放帝汶14个月，若瑟·爱德华·阿尔梅达被判流放8个月。罪名是“煽动境外报刊进行损害政府及其公务员声誉的活动，破坏内部公共秩序，玷污国家主权”。③

为什么伊西多罗·马利亚·科斯塔要这样做呢？文德泉神父根据1930年12月14日《澳门报》④ 转载公布的香港警方查抄信件的内容，认为伊西多罗·马利亚·科斯塔的主要目的，是想学习《人民回声报》主编马林·沙维斯的先例，通过这种讹诈手段得到政府封官晋爵的许诺，以便获取较高的公职地位和权势。⑤

1915年7月创刊的《葡萄牙东方报》是代表党派利益的典型。创办者梅洛·莱登（Melo Leitão）的直接目的就是争得当

① Pe. Manuel Teixeira, *Imprensa Periódica Portuguesa no Extremo Oriente*, Instituto Cultural de Macau, 1999, pp. 283-284.

② 澳门土生人，1878年出生，1942年殁于花王堂区，曾任澳门政府邮政局和华务司官员，后任市政厅公证员、主席等职务。1930年1月20日被流放帝汶服刑一年，服刑期满后于1931年4月9日即返回澳门，于1942年在家中去世。晚年不问政治。曾有一段时间参加共济会，但后来脱离，成为虔诚的天主教徒。参阅Jorge Forjaz, *Famílias Macaenses*, Vol. III, p. 260。

③ Pe. Manuel Teixeira, *Imprensa Periódica Portuguesa no Extremo Oriente*, ICM, p. 284.

④ 该报前身是《真理报》。

⑤ Pe. Manuel Teixeira, *Imprensa Periódica Portuguesa no Extremo Oriente*, Instituto Cultural de Macau, 1999, p. 283.

年葡萄牙的议会选举，他本人想进入参议院，而担任政府秘书长的奥弗雷多·平托·莱洛（Alfredo Pinto Lelo）则竞选众议院。毫无疑问，《葡萄牙东方报》就成为他们参加竞选的舆论工具，这也就决定了该报肯定是短命的。使命完成了就会停刊。梅洛·莱登是来自葡萄牙的司法官员，他知道要想在葡国议会选举中取胜，就必须赢得澳门葡裔社会中绝大多数人的支持。因此，必须通过报纸扩大他在澳门社会中的影响。在筹划创办报纸的过程中，亦注意吸收土生葡人充实报纸的编辑阵容，其中包括有名望的澳门土生葡人达米扬·罗德里格斯和若昂·利马·加西亚（João Jaques de Lima Garcia）。[①] 为了取得动员民众的宣传效应，他将编辑部设在议事亭前地 11 号的大厦里。1915 年 10 月初，梅洛·莱登赴葡看望病重的妻子，之后不久，报纸停刊。

《殖民周报》是一份持独立立场的共和派报刊。其创办人就是于次年创办《人民回声报》的马林·沙维斯。由于其浓厚的共和色彩，该报经常卷入不同党派的政治论战，并进行人身攻击。该报尤其对教会采取批判立场，反对教会所有教派，特别对耶稣会极其反感，甚至喊出打倒耶稣会的口号。这种极端的态度经常使马林·沙维斯在街上成为民众殴打袭击的目标。

另一份保持共和立场的报刊是《自由报》。该报主编安东尼奥·马尔丁斯·施利华（António Martins da Silva）曾是《殖民周报》的主编，因无法承担马林·沙维斯拖欠的债务而宣布停刊，继而另开炉灶创办《自由报》，但报纸的宗旨与《殖民周报》相同。该报编辑部、行政管理及印刷均设在市政厅前地 17 号物业内。《自由报》在相当长一段时间里由自由派思想严重的

① 若昂·利马·加西亚的职业生涯始于澳门登记局私人助理一职，后来取得临时状师及律师执照。1912 年首次被选为市政厅委员，此后 6 次任市政厅副主席。曾为若干外报工作，包括任《独立报》周刊经理，《舆论报》经理（1921 年 11 月 24 日至 1922 年 5 月 25 日），并且还参与《葡萄牙东方报》（*O Oriente Português*）、《澳门土生报》（*O Macaense*）及《战斗报》（*O Combate*）等报刊的编辑工作。长期担任澳门主要华商的买办代理人，涉及行业有鸦片贸易及仓储、番摊及白鸽票赌博等。参阅 Jorge Forjaz，*Famílias Macaenses*，Vol. II，p. 133。

恩里克·特拉瓦索斯·瓦尔德斯（Henrique Maria Travassos Valdez）掌管。恩里克·特拉瓦索斯·瓦尔德斯原本是海军军官，职衔一级中尉，是驻守澳门的“祖国号”炮艇舰长。作为守澳驻军，他本不应参与本地政治活动，然而它却热衷于本地的党派斗争，支持本地的自由派。他在澳门期间建立了澳门航海学校，并且曾组织若干民间社团，十分热衷于澳门的社团活动。

恩里克·特拉瓦索斯·瓦尔德斯在报纸上撰写了许多文章对政府进行批评，并且对澳门总督进行攻击，因此被解除“祖国号”舰长的职务。1922年，他发表题为《为了澳门》的系列文章，用他自己的话来说就是为了反击对他的诬蔑。他的文章被多个报纸转载，包括《殖民周报》、《新闻日报》、《世纪报》等。

该报思想激进的另一个原因是由于澳门报业巨头若瑟·施利华（José da Silva）的儿子康斯坦修·施利华担任《自由报》的行政总监，因此他不可避免地继承了父亲的“霸道”作风。他同恩里克·特拉瓦索斯·瓦尔德斯（Henrique Maria Travassos Valdez）的结合无疑加强了《自由报》的战斗力。于是人身攻击的文章不绝于版面，甚至矛头直指当时的澳门总督罗德里（Rodrigo Rodrigues）和教会机构。该报的这种做法自然引起许多人的不满，暴力事件时有发生。1923年11月的一天，澳门居民若瑟·若埃·瓦斯（José Joel Vaz）就用拳头教训了康斯坦修·施利华本人，因为《自由报》对其父亲进行了侮辱性的人身攻击。

其实，《自由报》的政治观点并不明确，从该报的支持者来看也是乌合之众。有的称自己是卡马乔主义者①，有的称自己是阿丰索主义者，有的称自己是自由主义者，有的是共济会成员，甚至还有民主主义者、社会主义者、共和主义者，不一而足。虽然他们的政治理念并不统一，但谁要是反对他们的观点，便被诬蔑为“耶稣会士”或者“反动派”。

① 卡马乔（Manuel de Brito Camacho，1862—1934），葡萄牙发展部长及其创立的联盟党负责人。1921—1923年曾任莫桑比克高级专员。

二、澳门外报与教会

如果仅仅从印刷出版物来讲，其在澳门的出现并不比欧洲晚多少。虽然古登伯格改进的活版印刷技术并没有在第一时间被传教士带到澳门，但初来的神父们却意识到传播印刷出版物对传教的作用。相信以沙勿略为首的第一批传教士抵达中国上川岛的时候，就会随身带来印刷的出版物。古登伯格发明的金属字模及铸字技术于 15 世纪末在欧洲得到普及，而 16 世纪中期来到澳门的耶稣会士不久就把这种印刷技术带到这个小半岛。耶稣会传教士罗明坚到中国传教的时候，就曾“在澳门请一名中国师傅制作汉字字模。罗明坚神父用这种汉字字模印刷天主教教义并到中国散发”。① 应范礼安邀请于 1582 年来到澳门的利玛窦神父更在 16 世纪末结合中国的特殊情况将印刷技术做了改进，以适应汉字的印刷。② 在此后的两个世纪里，教会一直垄断着澳门的印刷业。但出于教廷对新闻的限制，印刷设施仅用于印制传播教义的书籍，不允许出版任何新闻类的印刷品。

19 世纪欧洲兴起的民主改革之风催生了澳门报业的发展，但长期控制人们思想的教会从一开始就成为新兴报纸讨伐的对象。

毫无疑问，19 世纪澳门教会的沉默与葡萄牙的形势有密切关系。早在 18 世纪后期，一向仇视耶稣会的葡萄牙首相庞巴尔利用 1758 年的塔沃拉事件③决定对耶稣会进行镇压，颁布法令

---

① *As Ruínas de S. Paulo, Um Monumento para o Futuro*, Lisboa-Macau, ICM, 1994, p. 41.

② *As Ruínas de S. Paulo, Um Monumento para o Futuro*, Lisboa-Macau, ICM, 1994, p. 41.

③ 塔沃拉事件：1758 年，若瑟国王和塔沃拉侯爵夫人乘马车夜归遇刺，首相庞巴尔利用此机会下令铲除政敌，逮捕了许多人，包括塔沃拉全家的男人，其中有侯爵夫人的丈夫塔沃拉和阿维罗公爵。阿维罗公爵在严刑逼供之下，把塔沃拉全家都牵连在内。许多人被判死刑，其中包括阿维罗公爵及塔沃拉侯爵的家庭成员。庞巴尔首相认为耶稣会在背后策划了这次刺杀事件，因而大举镇压耶稣会士。详情可参阅［美］查·爱·诺埃尔著，南京师范学院教育系翻译组译：《葡萄牙史》，商务印书馆（香港分馆）1979 年，第 287 页。

取缔耶稣会。1760 年下令没收耶稣会在全国的所有财产，包括教堂、学校和布道场所。两年后，命令传到澳门，澳门总督安东尼奥·门东萨·莱奥（António de Mendonça Corte Real）立即采取措施，将澳门的耶稣会士一夜之间全部赶出澳门，在亚洲享有盛名的圣保禄书院也被关闭。主要神职人员被押上“圣路易斯号”船送往葡萄牙里斯本受审，后来被关进特如河口的圣茹里昂（Torre de S. Julião da Barra）城堡的钟楼里①。1773 年罗马教廷也宣布取缔耶稣会，于是在澳门惨淡经营了 200 多年的耶稣会终于退出历史舞台。东方的传教事业遭遇空前危机。虽然教廷传信部于 1783 年命令遣使会接替耶稣会在华传教工作，但对信徒心理上造成的影响则非常之大。“1700 年全澳门的天主教徒有 1.9 万人，1818 年减至 5000 人，1834 年又减至 3000 人。并且从 1834 年起，澳门主教连续 13 年空缺……”②然而此时正是澳门报业开始发展的时候。

虽然从 16 世纪中期起在澳门活动的一直是天主教的各个派别，特别是耶稣会对整个亚洲地区的影响非常强大，并且一直拥有印刷技术，然而从近代意义的报纸来说，最先在澳门出现的却是新教的报纸《中国丛报》和《澳门杂文报》。直到 19 世纪后期的 1887 年，澳门教区的新闻性报纸《使徒之声报》才出版问世，而且直到该世纪末也就只有这一份报纸。由于过于死板，内容沉闷，与当时喧闹的报坛形成很大反差，至 1894 年不得不停刊。

然而，虽然近代澳门与天主教有关的宗教报刊很少，但应该说仅有的这些出版物都是报刊中的精品。第一，这些报刊从不介入政治派别的论战，始终保持正统严肃的办报风格，在 19 世纪反宗教思潮极度泛滥的情况下，一直保持低调，甚至编辑人员在街上遇到围攻殴打，也是打不还手，骂不还口；第二，报纸很少对时局进行报道及分析，仅限于教会事务及教徒精神

---

① 葡萄牙里斯本郊区的一个要塞，位于特如河口处，三面环海，一面接陆地，18 世纪作为关押要犯的地方。

② 黄启臣：《澳门通史》，广东教育出版社 1999 年，第 260 页。

生活，避免接触社会纷争；第三，报刊注重历史及文学的研究，撰稿人多为博学多才的神父教士，或者文学家和史学家，因此，学术性较高。

（一）《澳门教区通讯》

对于澳门教区来说，直到 1903 年 7 月才出版了教区的正式刊物《澳门教区通讯》（*Boletim Eclesiástico Da Diocese De Macau*），然而它却是澳门教会规模最大，发行时间最长的月刊，在澳门教会的发展史中具有重要意义。澳门史学家文德泉神父曾在 1934 年至 1947 年间主编该份期刊。

表 7　《澳门教区通讯》历任主编

任职时期	姓名	说明
1903.7—10	D. João Paulino de Azevedo e Castro Marcelo José da Luz（名义主编） F. X. dos Remédios（执行主编）	澳门主教，来自亚速尔群岛
1918.2	F. X. dos Remédios（主编）	
1926.10—12	João Clímaco do Rosário 教士	澳门土生人
	F. X. dos Remédios	
1928.9.10	Francisco Bonito Bragança 神父	来自葡萄牙埃沃拉
1929.4	António Barreto 教士	来自里斯本
1932	Mateus Conceição Rocha das Naves 神父	来自 Praia da Vitória 市
1934.5—1947.3	Manuel Teixeira（文德泉）神父	来自葡萄牙布拉干萨
1947.4	Moraes Sarmento 教士	
1948.1—1953.12	António Maria Nunes da Costa 神父	
1954.1—1956.12	Ramiro Dias Branco 神父	
1957.1—1962.7	Júlio Augusto Massa（社长） João Baptista Alves Guterres 神父（主编）	
1962.7—1965	Artur Augusto Neves 神父	

《澳门教区通讯》应该是澳门教区的机关报。创刊初期仅有22页，后来发展到每期80页。在第二次世界大战期间由于战争影响，资源缺乏，曾一度减少页数勉强维持。《澳门教区通讯》创刊时的名称是《澳门教区管理通讯》（*Boletim do Governo Eclesiástico da Diocese de Macau*），至1922年7月第20卷第228/229期时改为现名。该刊始终保持严肃的办报风格，注重教会事务及历史研究，是学术含量较高的期刊之一，至今对研究澳门史有重要价值。从1903年至1965年的60多年中，历任主编勤于笔耕，将澳门历史的方方面面展现在读者眼前。

从1903年创刊后不久，曼努埃尔·欧维斯·施利华（Manuel Maria Alves da Silva）神父就开始连续几年以《圣若瑟修道院》为题目连载介绍该学院的创建及发展历程。成为今天研究继圣保禄学院之后最重要的教会教育机构的珍贵史料。

该刊其他的栏目有加布里埃尔·费尔南德斯（Gabriel Fernandes）神父的《澳门主教记述》（1908）、若昂·保利诺（D. Joao Paulino）主教的《葡萄牙远东保教权》（1911）、《葡萄牙拉匝禄教士在中国》（1913）、《澳门主教座堂的教士会议》（1928）、《中国葡萄牙传教会财产》（1915）等。从1916年12月份起，精于文学和历史的法国传教士雷吉·杰瓦伊（Régis Gervaix）神父开始为该刊撰稿，在直到1925年的差不多10年间几乎每期都用法文供稿，不是文章就是诗歌。

《澳门教区通讯》

雷吉·杰瓦伊神父的作品深入浅出，通俗易懂，大多数内容涉及澳门民俗历史等题材，并配以插图。他还刊登关于澳门主教、印度总督及其他关于葡萄牙人在东方传教的系列文章。

1925 年，雷吉·杰瓦伊离开澳门去北京，这个关于历史题材的专栏就消失了。

在文学方面，有安东尼奥·若瑟·戈麦斯（António José Gomes）的长篇史诗《基督之歌》（Cristiada）的一些章节。该诗仿照葡国诗魂贾梅士的《卢济塔尼亚人之歌》（*Lusíadas*，又译作《葡国魂》）的形式，颂扬了传教士在东方传教的种种经历和重重困难。遗憾的是全篇作品至今下落不明。澳门主教高若瑟（José da Costa Nunes）也刊登了许多有趣的文章，包括其在远东的游记。如 1923 年的《赴果阿拜谒圣沙勿略灵柩之旅》、1924 年的《太平洋记行》、1928 年的《旅行印象》、1932 年的《在华人中间》、1933 年的《在马来亚人中间》等等。

从 1926 年 1 月起，《澳门教区通讯》开始登载系列关于 1746 年福建教难的文章，作者是耶稣会士若昂·加斯帕（João Gaspar Chanseaume），由若昂·罗萨里奥（João Clímaco do Rosário）教士译成葡文。1928 年，安东尼奥·马利亚·莫拉斯·萨尔门多（António Maria de Morais Sarmento）开始发表关于澳门的《教会记事》（*Memórias Religiosas*）。作者本想将文章集结成书，但最终未能如愿。

1929 年 7 月，安东尼奥·施利华·莱戈（António da Silva Rêgo）神父开始撰写关于许多专题的系列文章，主要有《关于罗马问题》（1929）、《发展与演变》（1930）、《改革和历史》（1931）、《马六甲十日》（1933）、《关于东方主义》（1935）等。其中的《马六甲十日》是一组研究马六甲葡萄牙巴图阿方言的文章，对于澳门巴图阿语的研究工作很有价值。

从 1931 年 12 月起，若昂·瓜隆纳（João Guarona）神父开始发表长篇连载文章《在中国传播基督福音》（*A Evangelização da China*）。1933 年，《澳门教区通讯》甚至还刊登了马里奥·加雷拉（Mário Carreira）的系列研究文章《共产主义和资本主义》，该文受到葡萄牙独裁者萨拉查的欣赏。

《澳门教区通讯》的编者似乎十分重视东南亚地区的研究，这也许与文德泉神父担任主编有关，因为文德泉神父来澳门之前曾在马来西亚生活了很长时间。从1934年起，《澳门教区通讯》关于东南亚的系列文章主要有《马来亚和马来亚人》（1934年7月）、《一个马来亚人的故事》（1934年10月）、《葡属马六甲和亚齐》（1936年1月）、《天主教在东方和马六甲教区》（1939年3月）等。1937年3月，《澳门教区通讯》还出版一期关于马尼拉第33届国际圣体大会的特刊。

《澳门教区通讯》还注重远东其他地区的研究。而其合作者多是20世纪初享有盛誉的历史学家。出生在香港的著名澳门土生史学家白乐嘉（José Maria Braga）从1937年4月开始同《澳门教区通讯》合作，发表一系列关于天主教在远东活动的学术研究文章，主要有：《博克塞书目》（1936年6月）、《圣保罗教堂》（1937年4月）、《澳门书目》（1937年6月）、《一八三七年七八月间的日本事件》（1937年11月）、《精通植物学的葡萄牙传教士若昂·罗雷伊洛神父》（1938年3月）、《澳门的巴洛克教堂》（1938年8月）、《澳门的道明会教堂和教士》（1939年5月）、《第一批葡人眼中的屯门》（1939年7月）、《1514年的东亚》（1939年12月）、《澳门的奥斯汀教堂和教士》（1940年6月）以及《亚洲的耶稣会士》（1955年1月），等等。

对澳门外报发展及研究贡献卓著的文德泉神父

英国学者博克塞(C. R. Boxer)从1937年4月起亦与该刊合作发表他的《历史研究新发现》，大大提高了该份刊物的学术价值，使《澳门教区通讯》成为国际上极受重视的一份期刊。他的主要文章有：《埋葬在教堂里的世俗死者（1937年4月）》、《主教山法国教堂记事》（1937年5月）、《回顾三百年前的澳门

(1631—1635)》（1937 年 6 月）、《杰出的澳门土生人——雅辛杜·德乌斯教士（1612—1681）》（1937 年 10 月）、《1685 年至 1686 年佩德罗一世国王和印度国总督奥沃罗伯爵弗朗西斯科·塔沃拉之间关于葡萄牙在中国传教会的信函》（1937 年 10 月）、《1715 年印度总督瓦斯科·费尔南德斯·梅内斯关于中国和澳门事务的信函》（1937 年 11 月）、《若瑟·达库尼亚·德萨关于 1710 年反对总兵头迪奥格·皮诺·特谢拉发动骚乱的一封信》（1938 年 2 月）、《澳门市与明朝的灭亡（1644—1652)》（1939 年 5 月）、《1622 年荷兰在澳门的失败》（1938 年 8 月）、《安东尼奥·阿布克尔克·戈埃略》（1939 年 1 月）、《葡军援助明朝抗击清兵的远征》（1940 年 3 月）、《弗朗西斯科·维埃拉·费格莱多和光复时期在望加锡及帝汶的葡萄牙人（1664—1668)》（1940 年 5 月）、《十八世纪初期安东尼奥·戈埃略·戈雷罗和澳门帝汶之间的关系》（1940 年 12 月）、《对日贸易船队及其船长们(1550—1640)》（1941 年 7 月、8 月、9 月），等等。

1940 年 1 月，博克塞还在《澳门教区通讯》上公布了他于 1939 年在里斯本戈埃略书店买到的《中国和日本的亚洲》珍贵手稿。这是 18 世纪的传教士若瑟·马利亚（José de Jesus Maria）留下来的著作手稿，共 352 页。该份手稿的前 83 页曾被若昂·马贵斯·佩雷拉公布在里斯本出版的《大西洋国》杂志上。这次博克塞准备重新公布这部手稿，并亲自为其做了注释。令人遗憾的是，由于太平洋战争的爆发而终断了该手稿的公布，所幸该手稿的其余部分后来刊登在澳门的《复兴杂志》上。

从 1937 年到 1941 年，由于博克塞的积极参与，使《澳门教区通讯》具有学术价值的史料极其丰富，名声大振，甚至可以同若昂·马贵斯·佩雷拉的《大西洋国》平分秋色。

值得强调的是，文德泉神父为《澳门教区通讯》的发展作出了卓越贡献。史学界都知道文德泉神父为澳门史的研究呕心沥血，勤劳一生，写出数百篇关于澳门的研究著作和文章，但很少人知道从 1933 年起，他的几乎所有关于澳门历史的研究文章都发表在《澳门教区通讯》上。他的研究文章涉及中国内地、帝汶、印度尼西亚、暹罗、交趾支那、东京（越南）、日本、朝鲜、海南（中国）等许多历史上与澳门有密切来往的地区，而涉及的人物则包括澳门的主教、神父及其他各界人士。文德泉神父的部分文章后来集结成册，书名是《澳门及其教区》。

通过以上介绍，可以毫不夸张地说，《澳门教区通讯》在整理几个世纪以来西方传教士在远东活动历史方面进行了深入而细致的研究工作，作出了重要的贡献。

（二）其他教会刊物

同《澳门教区通讯》相比较，天主教的《信仰与祖国》月刊属于私人创办的为教民服务的普及型期刊。其第一期发行于1914年5月。这份由若瑟·马利亚·贡萨加·佩雷拉（José Maria Gonzaga Pereira）主编的非官方教会报纸是在香港印刷的。1927年5月，在纪念该刊发行14周年的时候，《信仰与祖国》宣布要特别出版一期星期日号外，以便向信徒解释福音书。除了上述措施外，主编若瑟·马利亚·贡萨加·佩雷拉还决定出版类似中国通胜式的《年鉴》，而且还印制了年历。通过此种办法指导信徒的精神信仰及礼拜生活，争取更多读者。

《信仰与祖国》在发行的最初几年与另一份天主教报纸《肇庆使团之声报》关系十分密切，以至于很难分清这两家报纸。《信仰与祖国》曾于1927年停刊，于1928年初复刊时与《肇庆使团之声报》合刊出版，同年3/4月号再次合刊出版，统一由若昂·迪乌斯·拉马略神父（P. João de Deus Ramalho）主持。如此分分合合数次，直到1931年5月《信仰与祖国》脱离《肇庆使团之声报》独立出版。由于时局及财力的影响，该刊出版很不规律。出版初期是月刊，1931年改为周刊，后由于财政困难于1934年改为半月刊。1941至1945年期间，由于战争影响，该报财政情况十分拮据，但还是坚持下来了。1948年5月9日新上任的主编安东尼奥·贝尔纳多（António Bernardo）向政府争取到每月600元的财政补助，到1954年该资助减少到300元。后来，由于负责报纸的第五任主编安东尼奥·贝尔纳多·贡萨尔维斯（António Bernardo Gonçalves）神父被任命为葡属印度耶稣会教长，并且需要于1955年2月21日离澳赴果阿上任，于是潘日明神父于同年2月6日接替他担任该报主编，直到1965年停刊。

从1914年到1965年，《信仰与祖国》就是在如此困难的情况下坚持出版了51年。这在澳门报业史中是绝无仅有的。诚然，《澳门政府公报》和《澳门教区通讯》的历史都比他长，但这两种杂志均是有实力的官方期刊，前者是政府的刊物，后者是澳门教区的机关报，都有相对稳定的财政来源。而《信仰与祖国》则是私人经营的刊物。在长达半个多世纪的时间里，经历了中国内地的连年战乱，第二次世界大战期间日本的威胁和美军的空袭轰炸等影响，以及香港大量难民涌入澳门所带来的经济危机，在这种情况下仍能坚持下来，实属不易。

表8 《信仰与祖国》历任主编

任职时期	姓　名	出生地
第一任	若瑟·马利亚·贡萨加·佩雷拉 (José Maria Gonzaga Pereira)	澳门土生人，1851年生于澳门，1927年殁于香港。
第二任	若昂·迪乌斯·拉马略神父 (João de Deus Ramalho)	1890年生于葡萄牙白堡市，后任澳门主教。
第三任	埃利亚斯·马尔萨·佩吉诺神父 (Elias Marçal Pequito)	1898年生于葡萄牙卡尔塔市。
第四任	曼努埃尔·费尔南德斯·费雷拉神父①（Manuel Fernandes Ferreira）	1864年生于葡萄牙北部维安纳卡斯特罗市。
第五任	安东尼奥·贝尔纳多·贡萨尔维斯神父（António Bernardo Gonçalves）	1896年生于葡萄牙里斯本托雷斯韦德拉县。
第六任	潘日明神父 (Benjamim António Videira)	1916年生于葡萄牙托雷德沙马。

需要指出的是，潘日明神父担任主编后，《信仰与祖国》月

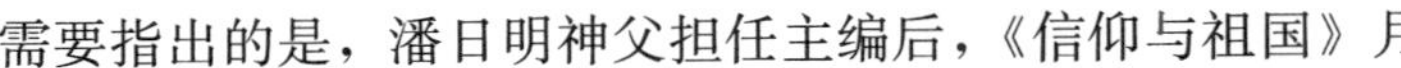

① Manuel Fernandes Ferreira神父为报纸的生存作出了重大贡献。因为他担任主编的时候是该报最困难的时期。当时正值第二次世界大战，该刊在香港的存款被日本占领军冻结。Ferreira神父几乎每天挨家挨户沿门乞讨，以便将杂志维持下去。

刊有了很大的改观。潘日明神父本人就是一位研究历史的专家，一生中留下大量著作。他特别注重葡萄牙人东方史的研究，他的著作《殊途同归》已被译成中文，成为研究耶稣会东方史的重要资料。他的《始于塔普罗班纳——葡萄牙人在亚洲》[①]（*Taprobana e Mais Além-Presenças de Portugal na Ásia*）更是全面描绘了葡萄牙人16世纪从斯里兰卡到印度支那、香料群岛以及远东其他地区的活动情况。潘日明为《信仰与祖国》撰写了许多有价值的史学论文，从而使该刊具有较高的学术性。1963年，他模仿葡萄牙里斯本耶稣会《圣母赞》杂志的风格，使该期刊更加大众化。

1915年1月发刊的《东方月报》是另一份天主教杂志。文德泉神父曾赞誉该刊“可以与马贵斯的《大西洋国》媲美”[②]，该刊的价值由此可见一斑。《东方月报》之所以有如此高的学术价值，是因为该刊主编是后来担任澳门主教的高若瑟神父（José da Costa Nunes）[③]。高若瑟虽然担任教区重要职务，但知识渊博，热爱文学和音乐。他在圣若瑟学院担任教师时所表现出来的才能给学生留下了深刻印象。

枢机主教高若瑟神父

① 塔普罗班纳（Taprobana）指锡兰（现斯里兰卡）。该词最早出现在贾梅士的长篇史诗《葡国魂》中。

② Pe. Manuel Teixeira，*Imprensa Periódica Portuguesa no Extremo Oriente*，p. 96.

③ 高若瑟（Dom José da Costa Nunes），1880年3月15日生于葡萄牙亚速尔群岛，1976年11月29日殁于罗马，终年96岁。年轻时即到东方传教，1903年至1906年任澳门圣若瑟修道院教师，1906年至1913年任澳门和帝汶教区总代理主教，并在此期间创办《东方月报》，1913年至1920年赴帝汶发展教务。1917年被任命为澳门主教。1962年被罗马教皇晋升为枢机主教。高若瑟不仅是教师，而且酷爱文学和音乐，创作许多文学及音乐作品。1997年，高若瑟遗骨被移葬于家乡亚速尔群岛的圣烛教堂（Igreja da Candelária）。

当时澳门总督的儿子、高若瑟的学生之一若阿金·巴素·达尔古①曾这样回忆他的老师："高若瑟老师来自亚速尔群岛的毕古岛，是位德才兼备的人。他形象好，气质佳，相貌端正，浓黑的胡须修剪得整齐而有个性。他的声音充满热情，言语循循善诱，讲课有条有理，生动活泼，非常富有亲和力。在众多的老师当中，是高若瑟老师第一个通过作文看出我的写作天分，从而非常明确地指明我要走的文学道路。"②

其实，高若瑟神父在亚速尔群岛时就是当地《呼声报》（*A Voz*）的主要撰稿人，积累了丰富的办报经验。他在澳门担任教职期间，意识到在澳门教区创办一份报刊的重要性。虽然1903年教区有了《澳门教区通讯》，但毕竟是教区的机关报。因此，有必要创办一份内容多样的普及型杂志，于是经过认真筹备后，于1915年新年伊始出版了第一期《东方月报》。

关于该月报的宗旨，在高若瑟神父亲自为《东方月报》撰写的发刊辞中这样说道：

> 《东方月报》是一本新杂志的名称，今天开始在上帝圣名之城发行了。我们之所以取了这样一个名称，并非仅仅由于体现地域色彩，更主要的是为了一个对葡萄牙和天主的精神来说十分特别的词汇。因为对于葡萄牙人来说，"东方"意味着卢济塔尼亚人用有价值的臂膀描绘出来的最壮丽的篇章，而对于天主来说，这个词意味着我们是在遥远的地方传播基督文明的先驱者……。正因为如此，我们热爱"东方"，我们热爱"东方"是因为他是我们祖国历史的归依，是我们人民特性的归依，也是我们民族心理的归依。我们热爱"东方"，是因为它会告诉我们什么是爱国主义，什么是勇敢精神，什么是葡萄牙的伟大和宗教情怀。我们

---

① 若阿金·巴素·达尔古（Joaquim Paço d'Arcos，1908-1979），澳门第108任总督科莱亚·施利华（Correia da Silva）之子。作家、葡萄牙外交部新闻官。

② Joaquim Paço d'Arcos，*Memórias da Minha Vida e do Meu Tempo*，收入Carlos Pinto Santos 和 Orlando Neves 编辑的 *De Longe à China*，*Macau na Historiografia e na Literatura Portuguesas*，Vol. 3，p. 1209。

> 热爱她就像热爱我们的心灵之物……。我们的刊物将力求做到图文并茂，再现我们的前人留下的爱国主义光荣历史，他们曾为此作出了巨大牺牲和贡献……①

从这篇发刊辞中，不难看出该刊主要刊登葡萄牙人海上大发现时期在远东的各种活动，以及天主教在该地区的各种经历。当然，出于不同的世界观和价值观，该刊宣扬的一定是葡萄牙人和传教士的“伟大壮举”，但对于今天的史学者来说，《东方月报》所刊登的文章无疑是研究葡萄牙东方史的珍贵材料。

虽然《东方月报》不会参与本地的政治斗争，但会适时报道远东葡裔族群的社会动向以及介绍欧洲的重大事件，让在澳门生活了几个世纪的葡裔居民适时了解自己赖以生存的周边人文环境的变化，以及“祖国”所在大陆的形势。该报第一期就用相当篇幅报道了欧洲发生第一次世界大战的情况。该期杂志以《社论》形式描绘了战争的血腥场面，到处是惨绝人寰的杀戮，硝烟弥漫，横尸遍野；指出战争破坏社会公义和人类和平。少数人为了野心和私利而把战争强加到人民头上，给人民带来无穷的苦难。“到处是饥饿和贫穷、泪水和痛苦、残垣和废墟。民生涂炭，惨不忍睹”。②《社论》最后希望战争能够尽快结束，祈求“1915年成为和平的使者，交战各方能够化干戈为玉帛，停止所有的仇恨和野心”。③

为了使杂志内容避免单调枯燥，《东方月报》还以文学形式传递信息。在1915年4月号的杂志上，就刊登一篇题为《天堂的电话》的文章。该文以人间同天堂之间通电话的形式，描绘了德意志皇帝发动第一次世界大战的经过，讽刺了战争狂人的

---

① Revista *Oriente*, n.°1, Janeiro de 1915, pp. 1-4; José da Costa Nunes, *Estudante/Jornalista*, *Colecção*, *Textos do Cardeal Costa Nunes*, Vol. I, ICM, 1999, pp. 77-78.

② Revista *Oriente*, n.° 1, Janeiro de 1915, pp. 4-6; José da Costa Nunes, *Estudante/Jornalista*, *Colecção*, *Textos do Cardeal Costa Nunes*, Vol. I, ICM, 1999, p. 81.

③ Revista *Oriente*, n.° 1, Janeiro de 1915, pp. 4-6; José da Costa Nunes, *Estudante/Jornalista*, *Colecção*, *Textos do Cardeal Costa Nunes*, Vol. I, ICM, 1999, p. 82.

扩张野心和丑恶行径。[①]

三、澳门外报与汉学研究

澳门外报的发展促进了澳门西方汉学的研究。说近代西方汉学发迹于澳门是一点也不过分的。作为明清时期中国唯一对外开放的城市，澳门为许多西方汉学家提供了理想的研究环境。澳门报人中许多人都是文学天才，他们目光敏锐，深入社会，具有涉足汉学研究的有利条件。因而报人中出现许多研究汉学的专家。美国报人卫三畏居留澳门期间除了担任《中国丛报》的主要撰稿人外，还掌握高超的印刷技术。他知识渊博，才华横溢，在澳门参与办报的同时，做了许多汉学方面的研究。他出版了不少著作，包括各种书籍、词典和指南，其中最为著名的就是1848年出版的《中国总论》。这本书是美国人写的第一部介绍中国历史、文化的英文著作。该书分为两卷，概括地介绍了中国政治、地理、人口、民俗等状况。在这本书里，卫三畏认为中国是世界文明古国，并高度评价中国的四大发明。不过，该书也有一些与史实有出入的地方，甚至有错误的观点。尽管如此，这本书在当时还是具有较深远的影响，曾被美国许多大学采用，作为中国历史的教科书长达一个世纪之久。卫三畏同时也因为该书而“确立了他作为中国问题权威的地位”[②]。

美国传教士在澳门进行的报业活动对19世纪的中西文化交流作出了重大贡献。传教士通过办报、著书立说等方式把中国的大量信息传到美国，使美国人对中国的认识得到进一步提高。“十九世纪的大部分期间，美国人是通过传教士的眼睛来观察亚洲的”[③]。与此同时，新教传教士也通过创办报纸的形式为鸦片

---

① Revista Revista *Oriente*, n.°1, Janeiro de 1915, pp. 4-6; José da Costa Nunes, *Estudante/Jornalista*, *Colecção*, *Textos do Cardeal Costa Nunes*, Vol. I, ICM, 1999, pp. 197-203.

② 韩德：《一种特殊关系的形成》，复旦大学出版社1993年，第30页。

③ ［美］泰勒·丹涅特著，姚曾廙译：《美国人在东亚》，商务印书馆1959年，第474页。

战争前后中国先进知识分子了解西方、认识西方、向西方学习提供了必要的知识来源。“传教士介绍西学的根本目的，是实现中国基督教化，这一目的没有也不可能实现，但为这一目的服务的手段——西学却得到了广泛传播，对近代中国历史的进展产生了直接而又深刻的影响。”①

林则徐被清廷任命为钦差大臣到广州查禁鸦片时，为了“探访夷情”，制定相应的对策，曾组织人员翻译从澳门收集到的《中国丛报》、《广州周报》等英文刊物，并将其编辑成《澳门新闻纸》。而译员中就有中国第一位新教牧师梁发的儿子梁秩，还有布朗创办的马礼逊学校的学生袁德辉。毫无疑问，《澳门新闻纸》的翻译和发行，在一定程度上帮助林则徐等中国官员及时准确地掌握英国等“夷情动态”，直接为其领导的禁烟运动和抗英斗争服务。

美国传教士在澳门创办报纸的活动，打开了一扇东西方人相互了解的窗口，客观上起到了推动中西文化交流的积极作用。

最早来华的美国传教士裨治文于1832年5月在广州创办了《中国丛报》（*The Chinese Repository*）月刊杂志。后来由于广州办报出现困难，他也因此而经常往来于澳门与广州之间。1839年5月，林则徐在广州查禁鸦片时该刊被迫迁到澳门出版发行，这是美国传教士在澳门出版杂志之始。该刊在澳门出版了5年。1844年《中国丛报》又迁往香港出版，后又迁回广州，1852年12月停刊。该杂志共出版20卷，每月1期，每年1卷。《中国丛报》共刊出各类文章1378篇，内容涉及中国各方面的情况，包括政府架构、政治制度、自然资源、历史知识、地理概况、语言文学、商贸活动、鸦片贸易、对外关系、中美关系、中英关系、亚洲各国状况、传教事业、宗教活动等30多个方面，涉及范围之广，实属罕见。

裨治文在创刊号中指出，其创办该刊的目的是通过该报广泛了解中国的各种情况，以便让在华的外国人更好地熟悉中国。由于《中国丛报》不仅以通俗的形式向外国人介绍中国的历史，

① 陈玉申：《晚清报业史》，山东画报出版社2003年，第20页。

而且还以编年体的形式记载了鸦片战争前后20年间处于激烈动荡与变革的中国的现状，因而，它不但对西方人了解中国有一定帮助，而且至今仍是研究该报历史不可多得的珍贵的第一手资料。

西方人通过外报不断了解中国，逐渐在西方掀起了研究中国的热潮，近代西方汉学研究由此而产生。在此方面发挥作用的不仅有上面谈到的《中国丛报》等英美报刊，还有澳门葡人创办的各种报刊。

（一）《大西洋国》周报和《大西洋国》月刊

《大西洋国》在澳门的报业史中是一份十分重要的刊物。如果说《中国蜜蜂报》是一份充满火药味的党派斗争的政治工具的话，那么《大西洋国》就是一份学术含量颇高的研究型报刊，尤其对今天研究澳门历史十分珍贵。《中国蜜蜂报》之所以名闻遐迩，是因为他是近代中国的第一份报纸，因而具有划时代意义，为许多专家特别是报学研究专家所关注。然而对于《大西洋国》知道的人则并不很多。虽然该刊取了个中文名称，而且前澳门政府教青局和澳门基金会于1995年分别将1863年和1899年版本的《大西洋国》影印出版，但由于厚厚的几卷都是葡文，阻碍了华人学者对他的研究。语言的障碍使人们很难识其“庐山真面目”。

需要指出的是，我们今天能够看到的上述三卷合订本是两个不同时期的《大西洋国》。第一卷和第二卷是1899年至1903年在里斯本出版的《大西洋国》月刊，第三卷则是1863年至1866年在澳门出版的《大西洋国》周刊。虽然两者相隔30多年，而且出版地点不同，但前者是后者的继续和补充，并且在学术上有更大的发展。但不少人会把这两份杂志混淆起来。首先，人们会以为澳门教青局和澳门基金会1995年出版的《大西洋国》合订本就是文德泉神父在《葡萄牙远东期刊》中提到的《大西洋国》；再者，即使细心的人发现两者出版时间不同，但也会以为前者是后者的再版。造成这种错误认识的原因主要有以下几个方面：

第一，两者刊名完全一样，都是用葡语字母拼写的汉语“大西洋国”（Ta-Ssi-Yang-Kuo）四个字。

第二，两者主编姓名相似。甚至在葡国学者的研究著作中都会混淆或者没有表述清楚。比如文德泉神父就将两个刊物的主编都写成马贵斯·佩雷拉（Marques Pereira）。然而1863年的《大西洋国》主编全名是安东尼奥·费里希安诺·马贵斯·佩雷拉（António Feliciano Marques Pereira），1899年的《大西洋国》主编是若昂·费里希安诺·马贵斯·佩雷拉（João Feliciano Marques Pereira），长长的名字中只有第一个词有区别。其实，这两个人有密切关系，后者是前者的儿子，也正因为如此，才能把停刊30多年的《大西洋国》延续下去。

第三，无独有偶，在葡国有关《大西洋国》研究的文章中经常会出现两个加布里埃尔·费尔南德斯（Gabriel Fernandes），而这两个人也是父子。父亲全名叫若瑟·加布里埃尔·费尔南德斯（José Gabriel Fernandes），是1863年《大西洋国》的创办人，儿子的名字几乎同父亲完全一样，叫若瑟·加布里埃尔·贝尔纳多·费尔南德斯（José Gabriel Bernardo Fernandes），中间只多了一个词“贝尔纳多”。他是研究葡萄牙东方报业史的专家，当然也研究《大西洋国》。

第四，虽然两个《大西洋国》的宗旨及风格不尽相同，1863年的《大西洋国》主要是新闻政治性周刊，兼有学术性版面。而1899年的《大西洋国》是文学、历史、文献性月刊，尤其是后者由于印刷及编辑技术的进步，信息量大增，并且增加了图片和插图。然而澳门教青局和澳门基金会在出合订本的时候并没有考虑到这种区别，更没有注意两者之间时代的差异，采用同样的规格和设计重新进行编辑出版，使不懂葡文的人分不出二者的区别。

关于《大西洋国》周刊，加布里埃尔·费尔南德斯（Gabriel Fernandes）在他的《澳门报业研究》中提到：“这份用汉字大西洋国（Ta-Ssi-Yang-Kuo）作为刊名的周刊于1863年10月8日创刊，发行不到3年于1866年4月26日停刊。”需要注意的是，除主编安东尼奥·马贵斯·佩雷拉外，为《大西洋国》撰稿的还有亚历山德列·塔沃拉（Alexandre Meireles de Távora）、戈理高利·里贝罗（Gregório José Ribeiro）、安东尼奥·奥古斯托牧师（António Maria Augusto de Vasconcelos）、热罗尼姆·卡斯特罗（Jerónimo Osório de Castro Cabral Albuquerque）和曼努埃尔·桑巴约（Manuel de Sampaio）等人。

伊诺森修·弗兰西斯科·施利华（Innocencio Francisco Silva）在《葡萄牙文献词典》（*Diccionário Bibliographico Portuguez*）[1]的有关词条中解释道：《大西洋国》“是 134 期周刊的汇集。原周刊对开 4 版，每期共 12 栏。合订本对于研究该葡萄牙属地的历史具有重要意义，因而十分珍贵”。[2]

对《大西洋国》的创办发挥决定性作用的人是加布里埃尔·费尔南德斯的父亲若瑟·加布里埃尔·费尔南德斯（José Gabriel Fernandes）[3]。文德泉神父在题为《葡萄牙远东期刊》的研究中提到：

> 这份新闻、历史、文学性周刊是由若瑟·加布里埃尔·费尔南德斯在澳门创办的。[4]

若瑟·加布里埃尔·费尔南德斯在澳门时从事律师工作，担任仁慈堂、圣若瑟修道院及北京、南京和新加坡传教会的法定代表人，同时也是未成年人、失踪者、平民被告人、被监禁的军人以及其他被限制自由人士的监护人和辩护人。他也是政府委员会成员。曾被王室授予贵族骑士等各种封号。他的儿子

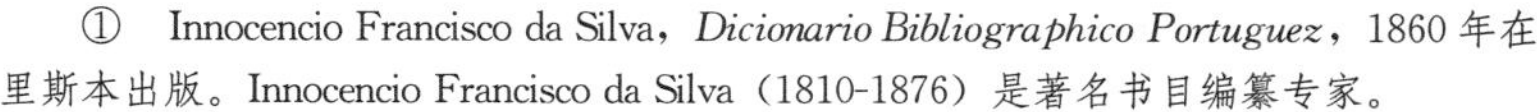

[1] Innocencio Francisco da Silva, *Dicionario Bibliographico Portuguez*, 1860 年在里斯本出版。Innocencio Francisco da Silva（1810-1876）是著名书目编纂专家。

[2] João Alves das Neves, *A Imprensa de Macau e as Imprensas de Língua Portuguesa no Oriente*, Instituto Cultural de Macau, 1999, p. 95.

[3] 若瑟·加布里埃尔·费尔南德斯（José Gabriel Fernandes），澳门土生人，是 19 世纪葡萄牙在远东的著名报人，出生于印度果阿，父亲是 André Avelino Fernandes，母亲是 Ana Joaquina Soares。1848 年 1 月 11 日在澳门同出生于马尼拉的 Josefa Carneiro 结婚。Gabriel Fernandes 有两个儿子，长子 José Gabriel Bernardo Fernandes 1848 年 12 月 29 日生于澳门，后来成为记者及史学家，次子 Carlos Avelino de Assis Fernandes 于 1851 年 2 月 17 日出生。若瑟·加布里埃尔·费尔南德斯曾在葡国科英布卡生活 10 年，专门督促儿子的大学学业。

[4] Pe. Manuel Teixeira, *Imprensa Periódica Portuguesa no Extremo Oriente*, Instituto Cultural de Macau, 1999, p. 37.

贝尔纳多·费尔南德斯是19世纪葡萄牙研究远东的著名记者和史学家，出版了许多关于澳门历史、澳门主教以及澳门报业的著述和研究文章。

《大西洋国》周刊第一期于1863年10月8日出版，主编是来自里斯本的安东尼奥·马贵斯·佩雷拉（António Feliciano Marques Pereira）①。1859年，年仅20岁的他来到澳门，与当地的土生女子贝拉米娜·米兰达（Belamina Inocência de Miranda）结婚。早在里斯本时期，他就是若干报纸的撰稿人，包括《国王与秩序》（*Rei e Ordem*）、《风景集》（*Arquivo Pitoresco*）、《表演杂志》（*Revista de Espectaculos*）、《里斯本杂志》（*Revista de Lisboa*）等，同时还有一些著述，包括小说。②

该刊物使用了近似"官话"的中文译音刊名"Ta-Ssi-Yang-Kuo"（大西洋国）。关于该刊为何取用中文刊名，《大西洋国》于1863年10月8日发行第一期时已经做了说明。安东尼奥·马贵斯·佩雷拉的长子若昂·马贵斯·佩雷拉在1899年再刊《大西洋国》时亦引用了其父亲发刊时的缘由：

> 据说利玛窦于1600年进入北京后，明神宗皇帝问他来自哪里，他便用这四个字做了回答。③

安东尼奥·佩雷拉认为这四个汉字在中葡关系史中具有重要意义，于是用"大西洋国"作为周报刊名。该刊从1863年10月至1866年4月共出版134期。

1899年，《大西洋国》在里斯本继续出版，但这次出版的是月刊④，并加上副标题《葡萄牙远东档案及年鉴》（*Archivos*

---

① António Feliciano Marques Pereira于1839年7月1日生于葡萄牙里斯本。由1860年3月20日至1862年4月，António Feliciano Marques Pereira还负责澳门政府公报（宪报）的印制工作。

② 关于安东尼奥·马贵斯·佩雷拉的情况在文德泉神父的《19世纪澳门土生精英录》（*Galeria de Macaenses Ilustres do Século XIX*）第587—595页有详细介绍。

③ J. F. Marques Pereira，*Ta-Ssi-Yang-Kuo*（《大西洋国》）*Arquivos e Anais do Extremo-Oriente Português*，Série I-Vol I-II，p. 16.

④ 见1899年10月15日《世纪报》，转载于J. F. Marques Pereira，*Ta-Ssi-Yang-Kuo*（《大西洋国》）*Arquivos e Anais do Extremo-Oriente Português*，Série I-Vol. I-II，p. 140。

e Annaes do Extremo-Oriente Portugues)，而创办人就是安东尼奥·马贵斯·佩雷拉的儿子若昂·马贵斯·佩雷拉，子继父业，很有意义。也许因为如此，若昂·马贵斯·佩雷拉亦选择10月份出版该刊。若昂·马贵斯·佩雷拉在再版的《大西洋国》的扉页中这样写道："纪念我的父亲安东尼奥·马贵斯·佩雷拉。"当时若昂·马贵斯·佩雷拉已经很有地位，任海事及海外事务部职位较高的官员，并且由于在文化事业中的贡献而受嘉奖。① 《大西洋国》月刊至1904年共出版上下两卷，每卷两册。澳门历史档案馆于1984年12月再版了1989—1904年《大西洋国》的影印本。1995年由澳门政府教青局和澳门基金会出版发行。毫无疑问，无论从其发行宗旨来看，还是从其内容来看，1899年的《大西洋国》都是1863年《大西洋国》的继续。正如若昂·马贵斯·佩雷拉在发刊时所说：

> 《大西洋国》的再次问世是为了发表具有重大意义的研究成果，以便完成父亲未竟事业。②

关于该刊的宗旨，若昂·马贵斯·佩雷拉在前言中说得很清楚：

> 这是一种发表历史文件档案的专辑，其中也包括未刊行的资料，内容涉及葡萄牙人在世界该地区（远东）的扩张。另外，本刊还致力于发表葡萄牙人过往及现在与该地区各国人民在历史、人文、民族、语言、民俗等方面的接触有关的各类文章。比如华人、马来亚人、暹罗人、日本人等等。可以这样说，这是一部将分散刊载于各种著作中的新闻逸事汇集起来的档案文集。特别是猎取一些罕见及难以收集的档案史料，如手稿、未刊行的文章以及图书馆和档案馆的资料。③

事实上，从若昂·马贵斯·佩雷拉主编的《大西洋国》的

---

① 葡萄牙海事及海外部处长，荣获圣地亚哥级科学、文学、艺术勋章。

② J. F. Marques Pereira，*Ta-Ssi-Yang-Kuo*（大西洋国）*Arquivos e Anais do Extremo-Oriente Português*，Série I-Vol. I-II，p. 12.

③ J. F. Marques Pereira，*Ta-Ssi-Yang-Kuo*（大西洋国）*Arquivos e Anais do Extremo-Oriente Português*，Série I-Vol. I-II，p. 12.

目录中就可以看出，该刊主要致力于澳门问题的研究。所以，在研究澳门报业史的时候，不能不提到1899年的《大西洋国》。

可能由于若昂·马贵斯·佩雷拉出生于澳门的缘故，他把《大西洋国》的命运同分布在远东各地的葡裔族群紧密联系起来，详细记叙这些葡裔居留地的社会生活，包括澳门、香港、帝汶、马六甲、新加坡、暹罗、日本、马尼拉，以及中国内地的上海、广州、福州等地。据1896年的统计，除澳门以外，分布在远东各地的澳门土生葡裔居民2371人，其中香港1309人，上海738人，横滨88人，新加坡71人，曼谷71人，广州68人，福州13人，长崎10人，泗水（印度尼西亚）3人。在这个意义上，《大西洋国》一直在为澳门土生人呐喊。若昂·马贵斯·佩雷拉说：

> 这些血缘相对纯正的葡籍居民并不包括加入其他国籍的具有葡人血统的人，如加入英国及荷兰国籍的人。如果将统计范围扩大，人数还会增加。在马六甲、爪哇以及巽他群岛等地都有许多早期在那里定居的葡人后裔。直至上个世纪（18世纪）中期，在巴达维亚（今雅加达）的郊区仍居住着许多葡人后裔。①

关于在上述群岛定居的葡萄牙人后裔，若昂·马贵斯·佩雷拉在发刊辞中引用了18世纪一位英国人游记中的一段话：

> 这些被称为葡萄牙人的人讲的语言比马来亚的葡人难懂得多，但穿着葡萄牙的服装。毫无疑问他们是第一批在此定居的葡萄牙人的后裔，并且与马来亚妇女有密切关系。他们的相貌与当地人略有不同，信仰基督。我在他们的教堂里看到他们和一位黑肤色的神父一起做弥撒，神气十足，热闹异常。②

若昂·马贵斯·佩雷拉认为，虽然该英国人的话有些夸张，

---

① João Alves das Neves，*A Imprensa de Macau e as Imprensas de Língua Portuguesa no Oriente*，Instituto Cultural de Macau，1999，pp. 100-101.

② *A voyage to the East India in* 1747-1748，publicada em Londres em 1762，p. 84. 转引自 J. F. Marques Pereira，Ta-Ssi-Yang-Kuo（大西洋国）Arquivos e Anais do Extremo-Oriente Português，Série I-Vol . I-II，p. 13 注释。

比如说神父的皮肤是黑色的，但这条消息十分新奇，值得记录下来。另一方面，“这些葡萄牙人及其后裔也使得大量的葡文报纸在亚洲广袤的范围内到处出现”。在谈到他创办的期刊为何也使用“大西洋国”作为刊名时，他解释说“首先是为了纪念父亲安东尼奥·马贵斯·佩雷拉当年创办了《大西洋国》”，另外一个目的就是提醒人们注意“葡萄牙是到今天为止中国给取名（指大西洋国这四个字）的唯一欧洲国家。这四个字像遥远而强劲的回声一样在辽阔的太平洋回荡！这声音美妙而富有战斗力，令人热血沸腾，意气风发！”① 毫无疑问，这段话道出了若昂·马贵斯·佩雷拉对中国称葡萄牙为“大西洋国”的认同和赞许，同时也表达了他们父子两人用“大西洋国”这四个汉字作为杂志名称的良苦用心。

1900 年出版的《大西洋国》第一卷（1899—1900 年卷）共 812 页，其中包括两册。第一册（1－6 期）收入 20 篇文章及 34 幅照片和插图；第二册（7－12 期）收入 23 篇文章，75 幅照片和插图。

表 9　第一卷第一册

序号	标　题	说　明
1	出版宗旨	
2	刊名来历	
3	阿马留遇害 50 周年和北山岭大捷	分六次连载
4	一次历史的复兴（一位耶稣会访问教士未刊行书简）	专栏
5	中国人如何称呼日本、主要欧洲国家以及他们自己的国家	
6	关于支持远东克里奥方言研究（关于澳门方言的文章及注释）	专栏连载
7	远东回声	专栏连载
8	关于荷兰攻打澳门	连载

① J. F. Marques Pereira，*Ta-Ssi-Yang-Kuo*（大西洋国）*Arquivos e Anais do Extremo-Oriente Português*，Série I-Vol. I-II，p. 12.

续表

序号	标　题	说　明
9	出版反应	专栏
10	对桑塔林爵士的询问	
11	一篇值得称赞的作品（致远东葡人的呼吁书）	
12	中国和日本的亚洲——被征服及被压制的澳门，若瑟·马利亚（José de Jesus Maria）教士的未刊行文件	连载
13	澳门的炮台	专栏连载
14	克里奥语的乐章——澳门土生民谣	专栏连载
15	关于葡萄牙东方保教权，作者卡西米罗·纳扎列（Casimiro Christovao da Nazareth）神父	专栏连载
16	中国风（关于"西洋鬼子"的注释）	
17	西班牙在远东及伊比利亚殖民能力的衰落	
18	猜谜语——澳门土生人的民间艺术	专栏
19	伊比利亚对摩鲁加群岛影响的模糊记忆——安汶岛和特尔纳特岛的民歌，作者戈麦斯·施利华（J. Gomes da Silva）	
20	第乌——两块古代的墓碑（第乌总督一级海军中尉A. R. Pereira Nunes）	未刊行笔记

表 10　第一卷第二册

序号	标　题	说　明
1	第一卷结束语	
2	中国和日本的亚洲——被征服及被压制的澳门	连载
3	关于葡萄牙东方保教权	专栏连载
4	澳门的炮台	专栏连载
5	第乌	连载
6	阿马留遇害50周年和北山岭大捷	连载
7	关于支持远东克里奥方言研究（关于澳门方言的文章及注释）	专栏连载

续表

序号	标　题	说　明
8	澳门圣保罗学院前壁	
9	猜谜语——澳门土生人的民间艺术	专栏连载
10	出版反应	专栏
11	贾梅士洞	连载
12	远东问题——中国的军队	
13	远东问题和葡萄牙在欧洲纷争中的作用	连载
14	中国风俗习惯——道教中的地狱	
15	中国风俗习惯——关于吉凶先兆的符号和表达	
16	远东回声	专栏连载
17	关于葡萄牙人发现澳大利亚的两个词	
18	一次历史的复兴	专栏连载
19	克里奥语的乐章——澳门土生民谣	专栏连载
20	中国的海军	
21	海南的基督教徒	
22	收到的刊物	
23	第一卷注释及勘误	

表 11　第二卷第三册

序号	标　题	说　明
1	东行漫记——葡萄牙人在中国和日本	连载
2	古代帝汶	
3	近看中国	专栏连载
4	第乌（一部未刊行书稿录）	专栏连载
5	贾梅士洞——印象和记忆	
6	远东问题和中国葡萄牙传教会	连载
7	回忆	专栏
8	巽他群岛和印度尼西亚	连载

续表

序号	标　题	说　明
9	东方葡萄牙的主教辖区	专栏连载
10	印葡艺术——铸炮	专栏
11	关于远东的出版物	连载
12	中国和日本的亚洲——被征服及被压制的澳门	
13	澳门地名——澳门街道名称	
14	猜谜语——果阿民间艺术	
15	远东回声（报摘），法国和澳门	
16	海南的基督教徒（碑刻和模糊的记忆）	专栏
17	关于支持远东克里奥方言研究——第九章：印葡达曼的方言	
18	中国的风俗和信仰——中秋节	专栏
19	克里奥语的乐章——澳门土生民谣	专栏

表 12　第二卷第四册

序号	标　题	说　明
1	中国的戏剧	连载
2	巽他群岛和印度尼西亚	连载
3	关于支持远东克里奥方言研究：达曼的葡语方言	专栏连载
4	东方葡萄牙主教辖区	专栏连载
5	关于远东的出版物	连载
6	托马斯·里贝罗在果阿	
7	东方史诗——拉马雅纳	专栏
8	出版反应	
9	贾梅士洞——印象和记忆	专栏连载
10	中国和日本的亚洲——被征服及被压制的澳门	专栏连载
11	果阿社会学摘抄	
12	从里斯本到第乌	
13	日俄冲突（预测和现实）	
14	红十字会的呼吁	
15	收到的刊物	

（二）《复兴杂志》

澳门的《复兴杂志》是一种学术性月刊，发行于1943年1月，至1945年停刊，发行两年多。编辑部设在澳门美丽街27号，由澳门政府官印局排字印刷。这一时期正是二次大战的混乱中澳门成为孤岛的时期。1941年太平洋战争爆发后，美国对日宣战，二战格局发生重大变化。同时日本加紧对太平洋岛屿及东南亚的侵略。香港于1941年底陷落，大批难民涌至所谓中立地区的澳门，使仅有几平方公里的小半岛一夜之间成为数万难民的收容地。在此后的几年中，周边的战火硝烟，严重的物资匮乏，险恶的生存条件一直困扰着澳门本地居民和内地及香港来的难民。然而，也正是这一原因，使得周边的文人聚集到澳门，为《复兴杂志》的出版创造了条件。

从《复兴杂志》编辑及撰稿人的阵容来看，是澳门报业史上空前的，其中甚至有世界级的专家。杂志内容涉及的领域包括史学、文学、社会学、语言学等领域。该刊主编是弗朗西斯科·卡瓦略·莱戈（Francisco Palmeira de Carvalho e Rêgo），撰稿时使用笔名弗朗西斯科·佩纳若亚（Francisco Penajoia）。其他编辑人员有著名土生汉学家高美士（Luíz Gonzaga Gomes）、土生史学家白乐嘉（José Maria Braga）、澳门葡语方言研究专家达尼洛·巴雷罗斯（Leopoldo Danilo Barreiros）、负责杂志出版工作的爱德华·雷伊斯（Eduardo Reis）。该刊还设有专门的美术编辑，名叫埃欧杰尼奥·贝萨（Eugénio de Ferro Beça），负责每期刊物报头、插图、花边、广告以及版面的设计。

为该刊提供稿件的还有英国著名学者博克塞（C. R. Boxer），这位研究葡萄牙东方史的专家在《复兴杂志》发表了一系列的学术文章。其中一个有意义的专题就是《1557年至1770年的澳门兵头和总督》。由于这些顶级专家的加盟，使《复兴杂志》月刊具有罕见的学术价值，从而成为当代研究葡萄牙东方史的重要参考资料。特别值得一提的是，该刊编辑及撰稿人的大多数都长期在远东生活，甚至是世代在澳门生活的土生葡人，他们对中国的历史、语言和文化十分了解，做了相当深入的研究，因而他们向西方介绍古老中国文化的内容和深度令人叹为观止。可以毫不夸张地说，他们是 20 世纪前期最优秀的西方汉学研究群体之一。

需要强调的是，在当时战争条件下坚持出版该种每期百多页的学术性期刊应该是困难重重。如果看一看许多其他刊物都由于社会经济形势的严峻而被迫停刊，就知道《复兴杂志》能够坚持到战争结束是多么不容易。在最困难的时候连印刷需要的纸张都无法寻觅到。然而，《复兴杂志》的编者们矢志不渝，始终坚持他们发刊时公布的宗旨，勇敢而艰难地维护着杂志的严肃性和学术性，使其一直保持着极高的历史、文学和科学价值。

由于《复兴》月刊在澳门史学研究中的重要作用，澳门基金会、前澳门政府教育暨青年司、澳门大学和澳门理工学院等机构合作，于 1998 年将该杂志分成五卷重新出版合订本，使该种由于 60 多年的岁月磨蚀而日渐稀少的澳门杂志重见天日，方便人们对它的研究。

翻阅《复兴杂志》所有期刊，会发现编辑部的莱格、高美士、白乐嘉和巴雷罗斯四人为杂志撰写了大量文章，在《复兴杂志》的“四大天王”中，两位是澳门土生人，两位来自葡萄牙，各有所长，配合默契，在不同领域从不同的角度为该杂志增色不少。现仅以 1943 年前半年的 6 期杂志为例，看一看该刊物的价值究竟在哪里：

表 13　《复兴杂志》1943 年 1 月号主要内容

序号	原文标题	标题译文
1	Horoscopo	发刊词
2	Homenagem a Sua Exa. o Governador	致总督先生阁下
3	Imprensa	新闻
4	Estudos colombinos	哥伦布研究
5	Educação	教育
6	O canto coral nas escolas	学校合唱

续表

序号	原文标题	标题译文
7	Língua de Macau	澳门语
8	A desautoração dum Tchong-Un	一个状元的失宠
9	Capitãis e Governadores de Macau，desde 1557—1770	1557—1770 年的澳门兵头和总督
10	Os diversos nomes de Macau	澳门的不同名称
11	Espírito e bom humor	精神与幽默
12	A virtude da mulher... na China	中国妇女的德行
13	Secção poética	诗苑
14	Marcos António da Fonseca Portugal	人物介绍
15	Secção mundana	照片新闻
16	Our programme	本刊计划（英文）
17	Portugal is not a small country	葡萄牙亚非小国(英文)
18	Chapters on trade in Macao	澳门贸易连载（英文）
19	The discovery of Zipangu	发现日本国（英文）

表 14　《复兴杂志》1943 年 2 月号主要内容

序号	原文标题	标题译文
1	Bons tempos aqueles nossos	我们那些好时光
2	Defesa nacional	国防
3	Estudos colombinos - O lento periodo de tirocinio	哥伦布研究
4	Dialecto Portugues de Macau	澳门的葡语方言
5	In Memoriam	回忆
6	Educar	教育
7	Casas de penhor	当铺
8	Capitãis e Governadores de Macau，desde 1557-1770	1557—1770 年的澳门兵头和总督
9	A virtude da mulher... na China	中国妇女的德行

续表

序号	原文标题	标题译文
10	O not*á*vel aguarelista Pe. Simão Xavier da Cunha S. J.	著名水彩画家 Simão Xavier da Cunha 神父
11	Espírito e bom humor	精神与幽默
12	Marcos António da Fonseca Portugal	人物介绍
13	Secção poética	诗苑
14	O desporto e a gente portuguesa	体育和葡萄牙人
15	Secção mundana	照片新闻
16	Macao in the Book World	世界书籍中的澳门（英文）
17	Chapters on trade in Macao	澳门贸易连载（英文）
18	Mendes Pinto at Macao	门法斯·平托在澳门（英文）
19	Picturesque Macao	风景如画的澳门(英文)

表 15 《复兴杂志》1943 年 3 月号主要内容

序号	原文标题	标题译文
1	Carta de Sua Exa. Revma. D. João de Deus Ramalho	D. João de Deus Ramalho 的信件
2	A felicidade tangivel	有形的幸福
3	Defesa moral	道德的捍卫
4	João de Deus	诗人 João de Deus
5	Dialecto Portugues de Macau	澳门的葡语方言
6	Ruinas da Igreja de S. Paulo	大三巴遗址
7	O orfeon académico de Coimbra	科英布拉的学生合唱团
8	A seda e os bordados chineses	中国的丝绸和刺绣
9	Capitãis e Governadores de Macau, desde 1557-1770	1557—1770 年的澳门兵头和总督
10	A virtude da mulher ... na China	中国妇女的德行
11	Espírito e bom humor	精神与幽默
12	Educação física	体育

续表

序号	原文标题	标题译文
13	Marcos António da Fonseca Portugal	人物介绍
14	Secção poética	诗苑
15	Estudos colombinos - As primeiras balizas dos navegadores portugueses	哥伦布研究——葡萄牙航海者最早的航标
16	Sessão solene de 24—2—1943	1943 年 2 月 24 日市政厅会议
17	Secção mundana	照片新闻
18	Macao Places Names	澳门的名称（英文）
19	The singer of Portugals Country-side	葡国大地的讴歌者（英文）
20	Macao's Temple of Ama	妈阁庙（英文）

表 16　《复兴杂志》1943 年 4 月号主要内容

序号	原文标题	标题译文
1	Momento primaveril	早春
2	Defesa política	政治的捍卫
3	Influência estrangeira para arte chinesa	外国对中国艺术的影响
4	Dialecto Portugues de Macau	澳门的葡萄牙语方言
5	A língua portuguesa no Extremo Oriente	远东的葡萄牙语
6	Santo Antero ... e o seu pecado	安泰罗和他的罪过
7	A luta chinesa	中国武术
8	Capitãis e Governadores de Macau, desde 1557-1770	1557—1770 年的澳门兵头和总督
9	A virtude da mulher ... na China	中国妇女的德行
10	Nacionalismo musical e a sua existencia em Portugal	音乐民族主义及其在葡萄牙的存在
11	Espírito e bom humor	精神与幽默
12	Secção poética	诗苑
13	Duarte Lobo	人物介绍
14	Notes on the Lingua Franca of the East	东方法语注释（英文）
15	Chapters on Trade in Macao	澳门贸易连载（英文）
16	Gem of the Orient Earth	东方之珠（英文）

表 17 《复兴杂志》1943 年 5 月号主要内容

序言	原文标题	标题译文
1	A hora presente	今日
2	Uma excursão academica	一次学术旅行
3	Influência chinesa na arte europeia no século XVIII	中国对 18 世纪欧洲艺术的影响
4	A virtude da mulher . . . na China	中国妇女的德行
5	Capitãis e Governadores de Macau，desde 1557-1770	1557—1770 年的澳门兵头和总督
6	Os cavalos chineses	中国的马
7	Espírito e bom humor	精神与幽默
8	Artur Napoleão	阿瑟·拿破仑
9	Dialecto Portugues de Macau	澳门的葡语方言
10	O museu do Sr. José Vicente Jorge	José Vicente Jorge 先生的收藏室
11	O Estado novo e a educação física	新国家和体育
12	Santo Antero	安泰罗
13	Secção poética	诗苑
14	Notas mundanas	照片新闻
15	28th May，1926	1926 年 5 月 28 日(英文)
16	Chapters on Trade in Macao	澳门贸易连载（英文）

表 18 《复兴杂志》1943 年 6 月号主要内容

序号	原文标题	标题译文
1	Educar	教育
2	Cenas de vida coimbrã	科英布拉生活写照
3	Os Jesuítas na Asia	亚洲的耶稣会士
4	A Influência do cosmografo Pablo del Pozzo Toscanelli	地球学者 Pablo del Pozzo Toscanelli 的影响

续表

序号	原文标题	标题译文
5	Os penedos de Camões	贾梅士石洞
6	O desporto e a gente portuguesa	葡萄牙人和体育运动
7	Frutas que se comem em Macau	澳门可食用的果实
8	Dialecto Portugues de Macau	澳门的葡语方言
9	A virtude da mulher ... na China	中国妇女的德行
10	Capitãis e Governadores de Macau, desde 1557-1770	1557—1770 年的澳门兵头和总督
11	Espírito e bom humor	精神与幽默
12	A arte europeia na corte de Kin-long	乾隆宫廷的欧洲艺术
13	Secção poética	诗苑
14	Camoens Gardens	贾梅士花园
15	Camoens Day	贾梅士日
16	A celebrated Gun-Foundry	名闻遐迩的铸炮技术（英文）
17	Indice do I volume da “Renascimento”	《复兴杂志》第一卷目录

从上面的目录可以看出，该期刊的内容主要涉及历史、语言、文学等社会科学范畴，尤其引人注意的是东西方关系史和汉学的研究。正如《复杂志兴》创刊号所说：

> 本刊将刊登历史研究成果、文学作品、科学著述、幽默小品、绘画插图等，以便真诚满足读者的广泛兴趣和爱好。①

从专题上看，有很多都是系列研究，说明学者研究的深度和高度，具有鲜明的计划性。报社的每一位编辑都负责相应的专题或者栏目，兢兢业业地不停笔耕。也就是说，每一位编辑每个月都要拿出一篇乃至数篇有学术价值的研究成果。这在当

① 见《复兴杂志》葡文版（*Renascimento*, Revista Mensal）影印本 1943 年第一卷（1 月至 6 月），澳门基金会、澳门教育暨青年司、澳门大学、澳门理工学院 1998 年，第 8 页.

时面对战争还需要以其他方式赚钱以维持最低生计的情况下是难以想象的。

毫无疑问，莱戈是杂志的创办人，当然也是杂志的灵魂。他本人亦负责一些专题和栏目，其中给人印象最深的是对封建制度下中国妇女的研究。他的题目为《中国妇女的德行》的研究专栏几乎出现在每期的目录中。他通过对中国社会及文化的了解和认识，从一个西方学者的角度深刻地分析了中国妇女的社会地位及其产生的社会、历史和文化原因，为西方学者中罕见。他还对澳门的妈祖文化进行了深入细致的研究。

高美士作为近代著名的汉学家，加之其对中国语言的掌握，使他对中国的研究更加令人钦佩。翻阅各期杂志，几乎所有关于中国风土人情、民俗传统、民间艺术、节庆活动等方面的研究都出自他的手笔。他还编译出很多中国的民间传说和故事，表现出极高的文学才能。高美士的另一个特点是出稿率特别高，在当时仅靠一支笔或者老式打字机的情况下，能在多次修改反复誊抄后迅速出稿是十分困难的。然而，从创刊至停刊，《复兴杂志》的每一期都有他一篇或数篇作品。他的许多作品还被刊登在《澳门消息报》上。目前澳门再版的许多著作都是高美士在那个时代的作品，然后汇集成册的。如《中国的传说》、《中国风》、《中国的节日》、《中国的艺术》等等。

从上面的6期目录中，可以看出每期最后有一些英文栏目，而这些都是由出生在香港的澳门土生葡人白乐嘉负责编辑的。他的作品中更多的是对分布在亚洲各地澳门葡裔社会的研究，特别是对香港葡裔社会的系列研究尤其深入。他的父亲若瑟·佩德罗·白乐嘉（José Pedro Braga）早期在香港办报时曾写了许多关于香港葡裔的文章，白乐嘉后来将这些文章整理成集出版，成为了解香港葡裔社会最重要的参考书之一。

另一位编辑巴雷罗斯是研究语言的专家。在上述6期杂志中，几乎所有关于澳门土生语言的文章都是由他撰写的。他不仅研究澳门土生人的巴图阿语，而且研究葡萄牙语在远东各地的各种变体。在这个意义上，他是最早系统研究葡萄牙东方克里奥语的学者之一，早于巴图阿语专家白妲丽女士差不多半个世纪。

英国学者博克塞是《复兴杂志》的主要撰稿人之一。他的研究成果频繁出现在1943—1944年的期刊上。从上面6期的目录中就可以看到他占有的《1557—1770年澳门兵头和总督》这个特殊的栏目。该系列文章还部分刊登在《澳门教区通讯》上，但全部系列文章却仅发表在《复兴杂志》上。文德泉神父高度评价这些研究，认为“仅仅这些研究就足以使《复兴杂志》名闻遐迩了”。①

《大西洋国》和《复兴杂志》月刊两种学术性期刊在澳门报业发展史上占有重要地位，这两种期刊在中国近代学术研究及汉学研究方面的作用不容低估。从澳门外报的发展过程来看，1899年的《大西洋国》意义更加重大，这是因为，如果说《中国蜜蜂报》开中国报业之先河，创造了“三个第一”，那么是否也可以说1899年的《大西洋国》也拥有了这样的地位：中葡关系史上第一种大型外文学术性期刊，西方第一种系统研究汉学的期刊，历史上第一种研究澳门史及东西方关系史的期刊。

① Pe. Manuel Teixeira, *A Imprensa Periódica Portuguesa no Extremo Oriente*, Instituto Cultural de Macau, 1999, p. 167.

第五章　澳门外报对近代中国的影响

一、澳门外报市场向港沪及远东其他地区的扩张

鸦片战争之前，欧洲报业已相当成熟，各界人士都看到报纸在社会中的巨大作用。因而西人都想在远东发展这一新鲜事物，扩大政治及经济影响。然而，在清政府闭关锁国的形势下，外报只能在澳门创办发行。甚至英国传教士秘密在广州创办的报纸，也不得不在澳门发行。于是以葡文报刊为主体的所有外报都集中在澳门这个面积仅有几平方公里的小半岛上。从1822年《中国蜜蜂报》创刊至鸦片战争前的近20年中，10多家外报拥挤在澳门，竞争激烈。但也正因为如此，这些外报取得了在文化迥然不同的东方办报的经验，特别是在这一期间完善了汉字印刷的设备，解决了中文印刷的难题。在这个意义上，澳门不啻为中国近代报刊的试验基地，在近20年的发展中积累了丰富的经验，为报业进一步向外扩张创造了条件。

19世纪中期，由于形势发生了变化，西方人终于叩开了中国的大门，中国更多港口开始向西方开放，使已经拥有办报经验的澳门报人看到报业发展的新市场及其大好前景，于是把目标首先盯向香港及新开埠的五个通商口岸。随着澳门葡裔居民向港沪等地的迁移，澳门外文报业市场开始向外埠扩张。

《南京条约》签订后不久，澳门葡裔居民即开始向香港这个

新开埠的通商口岸迁移，首批迁港人士是原设在澳门的英商机构葡裔职员，如怡和洋行等，接着是有能力的葡商去香港创业，而后是大批澳门土生居民赴香港上海的外商机构谋职。至19世纪后期已在香港和上海形成规模颇大的澳门葡裔土生社群。在葡人迁港的高峰时期，居港的葡裔土生人数甚至超过英国人。长期在澳门定居的经验以及历史积淀的特殊文化元素，使他们很快就适应了香港和上海的环境，在该等地区形成十分成熟而健全的葡裔社会。

在移民浪潮的带动下，当英国人忙于开埠经济建设，而远在欧洲的英国报人还没有弄清如何在一无所有的香港创办报纸的时候，澳门报人便很快就占领了香港的报业市场。甚至接管香港的英国政治人物也不得不在人才缺乏的无奈情况下，利用澳门葡人协助发展政府所需要的印刷工作。因此，以土生葡人为主体的新闻出版业在香港亦十分发达。在当时的香港，出版印刷行业基本上掌握在澳门土生人手中，甚至港英当局的官方政府公报都要由土生葡人的印刷公司来承印。与此同时，葡文报刊也大量出现，至清末共创办15种外文报刊，其中并未包括葡人创办的中文报刊《近事编录》。如果计算到20世纪中期，则前后共有25种各类外刊，在当时仅有几万人口而欧裔侨民仅有数千的香港，其规模可谓相当之大。为了满足讲英语或者学英语人士的需要，他们还创办了英文报刊。毫无疑问，土生葡人在香港创办发行的报刊，对开埠初期香港文化及新闻事业的发展起到了推动作用。对于英国人来说，把外报市场拱手让给澳门葡人实属无奈。开埠之初首先来到香港岛的是各地英商，这些人不是不知道报业的重要，而是有办报之心，无办报之力。据郭永亮研究，即使是英人创办的《德臣西报》、《东方地球》、《德臣公报》以及《孖剌西报》，其“主笔均为来自澳门的葡萄牙人”①。

同香港一样，上海也成为澳门葡裔居民争相前往的“新家

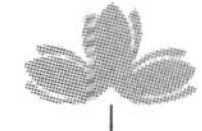

① 郭永亮：《澳门香港之早期关系》，“中央研究院”近代史研究所史料丛刊(9)，1990年，第122页。

园”。从19世纪中期开始，大批澳门土生葡人或经由香港或从澳门内港直接乘船迁居中国新兴城市上海。据当时驻上海的葡国领事统计，居沪葡裔居民人数最多时达三千多人①，因而在上海逐渐形成了一个以澳门土生族群为主体的葡裔小社会。为了满足居沪葡人了解信息及文化生活的需要，来自澳门的土生葡人在上海也创办了不少葡文报纸。据文德泉神父统计，从1867年至20世纪初，在上海先后出现过5种葡文报刊，对于居沪澳门土生族群文化生活的发展及捍卫该族群权益方面发挥了重要作用。

其实，上海的不少英文报纸也是澳门土生葡人创办的，由母语是葡语的土生葡人在英语是强势外语的上海创办英文报刊似乎有些令人费解，但事实确实如此。更加令人难以置信的是，上海的第一份英文晚报《晚差报》（1870年出版）和第一份法文报纸《上海新闻》周刊（1870年底出版）均为旅沪葡人罗萨里奥家族创办，并聘请英国人及法国人担任有关报刊的主笔。英法文报刊的出现受到当时公共租界和法租界外侨的热烈欢迎，有些人甚至对这些报刊提供资助和支持。至于澳门土生葡人在英文报刊中担任主笔或者编辑，或者充当撰稿人的情况就更加普遍了。②

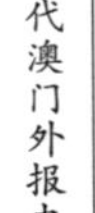

旅居上海的澳门土生葡人重视并创办英法文报刊充分表明：第一，澳门土生葡人在19世纪基本上控制了澳门、香港、上海以及福州等地的新闻出版业，甚至包括印刷行业；第二，澳门土生葡人拥有丰富的办报经验，成为19世纪在中国沿海各通商口岸创办各种新报纸的先驱和主力；第三，再一次说明澳门土生葡人具有掌握多种语言和文化的才能和优势；第四，新闻的生命力扎根于社会。作为双栖文化的传承者，在澳门栖息了数百年的土生葡人较欧洲人更加熟悉其世代生活的这片土地，因

---

① 据葡萄牙驻上海领事 Alfredo Casanova 于1910年致葡萄牙外交部的报告。参阅 Alfredo Dias 著 Alfredo Casanova：*As Revoltas de Um Cônsul*，载《澳门杂志》葡文版，系列 III，第9期，2002年。

② 熊月之、马学强、晏可佳选编：《上海的外国人（1842—1949）》，上海古籍出版社2003年，第224页。

而具有灵敏的新闻嗅觉，能够迅速而准确地认识并解读社会上发生的事件，并通过新闻形式传播开来。正是由于这些原因，虽然英法等语言并非他们的母语，但他们创办英法文报刊的条件和能力却大大优于新来乍到的欧洲人。

毫无疑问，澳门土生葡人在上海创办的这些报刊，是上海乃至中国内陆最早出现的一批近代意义上的新闻报刊。虽然华人并不十分了解这些报刊，但这类报刊对于近代中文报刊在上海的出现及发展产生了借鉴作用，并由此推向全中国。戈公振先生亦认为：

> 此种外国文报纸之发行，当然系供其本国人阅览，然外国人在华所设学校之中国学生及少数注意外事之华人，亦有购而读之者；同时亦能招致我国大商店及有关外人之广告，故不能谓其直接与华人无关系也。①

郑观应等华人在中国大陆自主创办的第一份报纸《汇报》，便是在这种形势下于 1874 年 6 月 16 日（同治十三年五月初三）在上海出现的。

澳门土生葡人不仅自己创办报刊，而且为其他国家或地区的报刊作主笔或撰稿人。比如出生于上海的马贵斯家族第六代土生葡人爱德华·马贵斯（Eduardo José Martins Marques）就为英国伦敦的《每日快报》（*Daily Express*）、《伦敦晚报》（*Evening Standard*）、《星期日快报》（*Sunday Express*）等报刊以及香港的《新闻报》（*C. B. S. News*）和《现代亚洲》（*Modern Asia*）等英文报刊撰稿。② 又如佩雷拉家族的曼努埃尔·佩雷拉（Ernesto Manuel António Rosa Pereira）同时为香港的《英文虎报》（*Hong Kong Standard*）和《香港通讯》（*Hong Kong News Letters*）等英文报刊撰稿。③

为了进一步说明这个问题，现将澳门葡裔报人在港沪两地

---

① 戈公振：《中国报学史》，上海古籍出版社 2003 年，第 93 页。

② 见若尔热·福尔加斯：《澳门土生家族》（第二卷），东方基金会、澳门文化司署 1996 年，第 582 页。

③ 见若尔热·福尔加斯：《澳门土生家族》（第二卷），东方基金会、澳门文化司署 1996 年，Pereira 家族有关章节。

创办外文报纸的情况介绍如下。

（一）澳门葡人在香港创办的外报

在香港出现的第一种葡文报刊是《澳门土生之声》报。《澳门土生之声》（*A Voz do Macaista*）是政治性周刊，1846年开始发行，创办人为澳门土生葡人曼努埃尔·佩加杜（Manuel Maria Dias Pegado）。该刊可视为居澳葡人在香港创办的第一份葡文报纸，阅读对象当然是鸦片战争后大量居港的澳门土生族群。令人深思的是，这时的澳门绝大多数报纸都已经停刊，从1822年开始形成的澳门报业蓬勃发展的局面已成为明日黄花。文德泉神父认为“当时澳门已无一份报纸”。① 《澳门土生之声》除刊登居港澳门土生族群的相关消息外，还开设版面报道澳门的政治及政府情况。《澳门土生之声》的出现带动了香港葡文报刊的发展，短期之内形成葡人在港办报高潮。

继《澳门土生之声》后，1850年在香港出现了另一种葡文报纸《进步之友》（*O Amigo do Progresso*）。据文德泉神父考证，该报很可能创办于1850年。从其内容看，该刊是一种文学刊物。

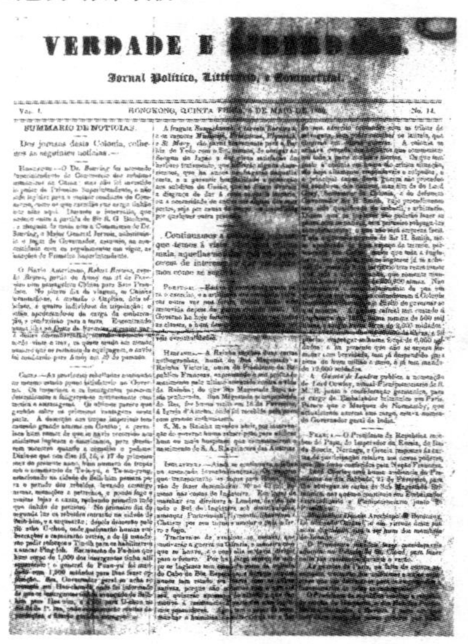
VERDADE E

SUMMARIO DE NOTICIAS.

1852年5月6日香港的葡文《真理与自由》报

1852年，葡文报刊《真理与自由》（*Verdade e Liberdade*）在香港发行。该报由当时颇有名声的葡人诺罗尼亚（Delfino Noronha）印字馆刊印发行。该报主编是在澳门出生的土生人若瑟·苏沙（José Maria da Silva e Sousa）。《真理与自由》

① Pe. Manuel Teixeira, *A Imprensa Periódica Portuguesa no Extremo-Oriente*, Instituto Cultural de Macau, 1999, p. 263.

是一份以澳门土生葡人为主要读者群的政治及历史性月刊。

接着，葡文报刊《人民回声报》(*O Echo do Povo*)于1858年开始在香港发行，至1859年停刊，发行1年。该报主编是澳门土生葡人苏沙家族的安东尼奥·施利华·苏沙（António José da Silva e Sousa)，报馆设在香港摩罗庙街（Mosque Street)。《人民回声报》设3个专栏，是一份新闻、政治、经济周刊，曾一度发行量较大，深受港澳两地葡商读者欢迎，并且填补了澳门本地在该时期没有报纸的空白。然而，不久该报如同其他葡文报刊一样，由于热衷于人身攻击而遭到港英政府指控，并为此而被迫停刊。

O Echo do Povo.

香港1859年4月3日的葡文《人民回声报》

1863年1月7日，在香港出现另一种葡文报纸《运动报》(*O Movimento*)，但同年3月12日即告停刊，发行仅3个月。该报主编及具体发行地点不详，但在商务印刷公司（Tipografia Mercantil，又译作孖近低印字馆）印刷。其主要撰稿人有埃内斯托·克鲁斯（Ernesto da Cruz)、阿杜·维加（Artur Veiga)、埃米里奥·卡瓦略（Emílio de Carvalho)、鲁希安诺·卡斯特罗（Luciano de Castro)、埃热尼奥·阿尔梅达（Eugénio d'Almeida)、阿尔明多·佩雷拉（Armindo M. Pereira)、佩德罗·维森特（Pedro Vicente）等人，其中多为澳门土生葡人。该刊是文学周刊，主要刊登文学作品，亦有一些关于居港葡人的新闻。

1864年，澳门土生报业及印刷业商人诺罗尼亚在香港创办中文报纸《近事编录》。该报似为日报，内容除商情、广告外，以刊载中外新闻为主，社会新闻占较大比例。同期出版的上海报纸经常转载其新闻稿。该报现已无存，详情难考。①

1865年10月1日，在香港又出现一种葡文文学期刊《文学脉搏》（*O Impulso às Letras*）。该刊亦仅有1年寿命，至1866年9月1日停刊。该报由曾主编《真理与自由》报的居港葡人若瑟·施利华·苏沙（José Maria da Silva e Sousa）创办，文学月刊，每期24至62页不等，共出版12期。前4期在联合印刷公司（Union Printing）印刷，其余在安东尼奥·施利华·苏沙的印刷所印刷。从该刊登载的文章来看，其主要目的是鼓励居港葡人热爱自己的语言，使古老的葡萄牙语能在香港葡裔居民中保存下去。

19世纪60年代末，澳门土生葡人在香港创办了另一份葡文报纸，即《澳门土生新闻报》（*O Noticiario Macaense*）。加布里埃尔·费尔南德斯（Gabriel Fernandes）认为该报发行至1869年，但文德泉神父则认为至少到1871年该报还存在，因为他发现在若瑟·施利华（José da Silva）于1871年散发的一个题为《七月的仙女还是恶魔的暴乱?》小册子中，摘录了1871年6月6日出版的《澳门土生新闻报》中的一段话。②

葡文报纸《独立报》（*O Independente*）原本是若瑟·施利华（José da Silva）在澳门创办的。1869年7月18日，该报主编被拘留，民事及政治权利被剥夺，报纸因而从该年起转移到香港出版。四年后，于1873年5月宣布停刊。该报在香港期间由费雷拉（E. Ferreira）在位于卑利街③（Peel Street）13号的商业印刷所（Mercantil Printing Office）印刷出版，由沙维斯（C. M. Chaves）任他的助手。

在教会方面，有费尔南多·加里扬（Fernando F. Carion）创办的《天主教报》（*O Catholico*）。《澳门新闻纸》（*Gazeta de*

---

① 陈玉申：《晚清报业史》，山东画报出版社2003年，第33页。

② Pe. Manuel Teixeira, *A Imprensa Periódica Portuguesa no Extremo-Oriente*, Instituto Cultural de Macau, 1999, p. 271.

③ 位于香港岛中西区，全长560米，由皇后大道中至半山区坚道的一条上坡道。街名来自英国1834年及1841年两度担任首相的罗伯特·皮尔爵士（Sir Robert Peel）。

Macau e Timor）在其 1872 年 11 月 19 日一期文章中说“《天主教报》是一份在香港发行的精心编辑的教会新闻性周刊”①。该报在圣萨尔瓦多学校（Collegio de S. Salvador）印刷所印行，是一份宗教及政治性报刊。

1884 年 7 月 19 日，葡文报纸《华声报》（*O Echo da China*）开始在香港发行。该报主编为澳门土生葡人安东尼奥·施利华·苏沙，他也是苏沙印字馆的老板。《华声报》是一份政治、文学及新闻性周刊。由于发行量很小，于 1885 年 9 月停刊。

《远东报》（*O Extremo Oriente*）在香港是一份政治、文学及新闻性周刊，逢周六出版。该报设 5 栏，由居澳葡人杜阿尔特·盖德斯（Florindo Duarte Guedes）在香港德己立街（Aguilar Street）5 号盖德斯印字馆（Guedes & Co.）发行。该报于 1885 年 12 月创刊，1897 年正式停刊。《远东报》在发行的 13 年中命运多舛，几经停刊：1889 年 7 月停刊，同年 8 月复刊；1892 年 1 月再停刊，1895 年再复刊。1895 年 5 月 30 日，《澳门土生人报》发布一条消息说：“停刊一段时间的《远东报》又复刊了。”② 1897 年由于其担保人乔治·拉莫特（George Lammert）去世而再度停刊，但同年又再次复刊。据里斯本的《世纪报》1898 年 1 月 10 日发布的消息说：“香港的《远东报》由于其最主要的编辑费尔南德斯·卡瓦略（Fernandes de Carvalho）先生退出而停刊。”③

《快乐香港》（*O Hong Kong Alegre*），于 1890 年在香港创刊，创办人及主编为雷梅久斯（J. D. dos Remédios）。该刊是幽默性周刊，报社地址设在香港皇后大道中 17 号。

《东方之星》（*Estrella Oriental*）是一种画报周刊，是香港最早出现的画刊之一。于 1891 年 2 月 2 日在香港创刊。考虑到不

① Pe. Manuel Teixeira, *A Imprensa Periódica Portuguesa no Extremo-Oriente*, Instituto Cultural de Macau, 1999, p. 272.

② Pe. Manuel Teixeira, *A Imprensa Periódica Portuguesa no Extremo-Oriente*, Instituto Cultural de Macau, 1999, p. 273.

③ Pe. Manuel Teixeira, *A Imprensa Periódica Portuguesa no Extremo-Oriente*, Instituto Cultural de Macau, 1999, p. 274.

同国籍人士的需要，特别是葡裔族群及菲律宾移民的需要，该刊用葡、英、西三种语言出版，以便争取更多读者。

《前景报》（*O Porvir*）是香港另一份较为重要的葡文报刊，于 1897 年 11 月 20 日创刊。报纸创办人是澳门土生商人利斯贝罗·沙维尔（Lisbelo Jesus Xavier）。利斯贝罗·沙维尔在居港葡裔族群中颇有影响和声望，曾任香港瓦斯科·达伽马协会主席和发现印度航路 400 周年纪念委员会主席。他在香港德己立街①（D'Aguilar Street）13—15 号拥有一间规模颇大的印刷厂，名为香港印刷公司（Hongkong Printing Press）。如同大多数葡文报刊一样，《前景报》亦卷入报纸的争斗之中，特别是同其同乡报纸《卢济塔尼亚报》（*Lusitano*）展开激烈论战，打口水仗。1901 年，该报还发起一场反对耶稣会的运动。1898 年，有 200 名菲律宾的西班牙修士到澳门避难，然而《前景报》极力反对这些教士，呼吁将这些人驱逐出境，严重侵犯了这些人神圣的居住权。现存收藏的该报最后一期是 1907 年 2 月 9 日出版的第 479 期。1901 年 11 月 2 日起担任该报主编的是刘易斯·沙维尔（Luiz M. Xavier）。

O PORVIR

HEBDOMADARIO

Estrictamente dedicado á propugnação do bem-estar dos portuguezes no Extremo-Oriente.

EDITOR RESPONSAVEL—LISBELLO J. XAVIER.

Redacção, Nos. 13 a 15, D'Aguilar Street, Hongkong.

No. 3 | SABBADO, 4 DE DEZEMBRO DE 1897. | Anno I.

ASSIGNATURAS. — ANNUNCIOS.

EXPEDIENTE.

SÃO AGENTES DO PORVIR:

O Porvir.

Data gloriosa.

Partilha do Celeste Imperio.

Rio d'Oeste.

1897 年 12 月 4 日香港出版的葡文《前景报》

在香港出版的《爱国者报》（*O Patriota*）是一份政治、文学及新闻综合性周刊，于 1902 年 7 月 23 日创刊，逢周三出版，

① 德己立街（D'Aguilar Street），早年称为德忌笠街，在皇后大道中 30 号娱乐行西，过威灵顿街入兰桂坊之后向东成曲尺形。一些人误为德己立街就是兰桂坊，因为它就是后者的主街。每当工余、黄昏、周末、假日前夕最热闹，夜越美丽。

至1904年4月10日出版第二卷第39期后停刊，发行近两年。《爱国者报》编辑部设在香港德辅道中41号，从1903年4月1日起迁至中环干诺道25号1楼。报纸在诺罗尼亚印刷所印刷发行。

《葡人报》（*O Português*），于1913年11月20日创刊，由安东尼奥·苏亚雷斯（António de Vasconcelos Soares）担任主编。该报创办伊始便具有明显的政治目的，在鸦片问题上猛烈抨击当时担任澳门总督的美兰德（Aníbal Sanches de Miranda）。毫无疑问，在当时情况下这样做的后果是显而易见的。1914年1月10日，该报在总督威胁之下不得不宣布停刊，在短短的一个多月中仅发行了7期。

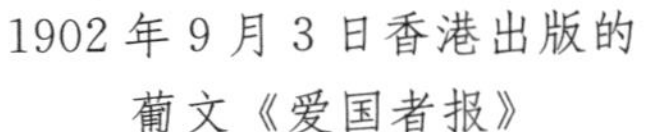

1902年9月3日香港出版的葡文《爱国者报》

《信仰与祖国》（*Religião e Pátria*）是一份葡文教会月刊，其宗旨是宣扬爱国主义，同时报道新闻事件。该报于1914年5月由澳门土生葡人若瑟·佩雷拉（José Maria Gonzaga Pereira）创办。该报在香港中环干诺道25号的诺罗尼亚印刷所印刷出版，而编辑部则设在跑马地坚道（Caine Road）19号地下。1927年11月28日若瑟·佩雷拉去世后，该报并入当时亦在香港出版的《肇庆使团之声报》。若瑟·佩雷拉曾留下一笔款项用于支持该报继续出版。1931年，该报迁回澳门。

《星期周刊》（*The Sunday Weekly*）是一种政治性周刊，用葡英双语发行，于1915年在香港由侨居上海的澳门土生葡人若瑟·苏沙（José de Sousa）创办，由澳门土生人埃利亚斯·戈麦斯（Elias Felix Gomes）担任主编。该报设有两个编辑组，分别是葡文编辑组和英文编辑组，于1917年停刊。

《为了祖国》(*Pro Pátria*)应该是一份政治性月刊，于1915年在香港出版发行。该刊由“阿丰素·科斯达共和中心”创办，1917年由于“共和中心”解散而停刊。“阿丰素·科斯达共和中心”于1911年成立，主要成员有阿道夫·若瑟·埃萨（Adolfo José de Eça)、马克西米安诺·贡塞圣（Maximiano da Conceição)、卡洛斯·里贝罗（Carlos Vieira Ribeiro)、奥斯卡·奥利维拉（Óscar de Oliveira）和恩里克·卡瓦略（Henrique de Madeira Carvalho）等人。阿丰素·科斯达（Afonso Costa）是葡萄牙著名政治家，科英布拉大学法律系毕业，他是坚定的共和派，并为此而奋斗终生。任葡司法部长时，使政府终于脱离宗教的约束，正式结束了葡萄牙历史上政教合一的局面。

葡文报刊《社会文摘》(*Notas Sociais*)，1918年在香港创刊，发行仅数月即告停刊。澳门葡裔人士佩德罗·洛博（Pedro José Lobo）任主编，英文编辑亦是葡裔人士维森特（Vicente Espina)，西班牙文编辑是圣地亚戈（Santiago)。《社会文摘》是半月刊，用葡文、英文、西班牙文三种文字发行。

《放逐者报》(*O Expatriado*)，月刊，于1920年在香港发行，1922年停刊，由澳门土生葡人阿戈斯蒂诺·阿尔梅达（Januário Agostinho Almeida）担任主编及总监。社长是科劳吉奥·科斯塔（Veríssimo Cláudio da Costa Gonsalves)。该报创办宗旨是捍卫定居远东各地的澳门土生葡人的利益。该报发刊时，澳门《自由报》曾称赞该报是“为该片土地儿女争取公义的新斗士”。[①] 这种崭新姿态吸引了不少读者及撰稿人。从澳门来到香港的葡裔报人马林曾与该报合作，但由于该报表现出极端的地方主义色彩，马林很快便退出合作，不再为其撰稿。据澳门的《自由报》1921年4月2日报道：“马林由于该报一些编辑及撰稿人表现出恶意的排外主义政策而退出合作”。[②]

---

① Pe. Manuel Teixeira, *A Imprensa Periódica Portuguesa no Extremo-Oriente*, Instituto Cultural de Macau, 1999, p. 279.

② Pe. Manuel Teixeira, *A Imprensa Periódica Portuguesa no Extremo-Oriente*, Instituto Cultural de Macau, 1999, p. 279.

《肇庆使团之声报》（*Ecos da Missão de Shiu-Hing*）是一份在香港出版的天主教会报刊，1925 年 1 月由来自葡萄牙白堡的若昂·拉马略（João de Deus Ramalho）神父创办，该神父后来任澳门主教。《肇庆使团之声报》为月刊，曾先后在港、沪、澳三地发行。从 1925 年至 1938 年在香港纳拉列（Narareth）印刷所印刷发行，从 1940 年 2 月至 1941 年 7 月在上海发行，从 1941 年 12 月起在澳门发行。1938 年底至 1940 年初由于抗日战争而被迫停刊，1941 年 12 月起由于太平洋战争再次停刊。该报与另一份教会报纸《信仰与祖国》（*Religião e Pátria*）有密切关系。《肇庆使团之声报》第一期即是由《信仰与祖国》出资出版的。在 1928 年 1—2 月号中就同时出现过两个刊物的名称。由于受到战争影响，该报出版很无规律，有时一年只出一期。另外，该报在香港印刷，但报纸负责人则长期住在肇庆传教会。

葡文《爆破》（*O Petardo*），月刊，于 1928 年 9 月在香港创刊，1929 年 9 月在香港政府压力下停刊。该报由澳门土生葡人伊西多罗·科斯塔（Isidoro Maria da Costa）担任主编。《爆破》在香港都爹利街（Duddel Street）3 号印刷，但编辑部实际上设在澳门，其原因是该报以抨击澳门总督巴波沙及其领导的政府为目的，在香港印刷出版是为了避免政治上的麻烦。然而，这样做并没有使该报摆脱关闭的命运。据文德泉神父研究，鉴于该报具有反澳葡政府性质，“香港警方于 1929 年 9 月对《爆破》刊物进行了调查，后来将调查结果通报葡萄牙驻港领事。伊西多罗·科斯塔在威胁之下不得不于该月停止出版该报，但继续在香港英文

O PETARDO

香港出版的葡文月刊《爆破》

《中国事实报》(*China Truth*)上抨击巴波沙总督，对其进行人身攻击，企图推翻澳门政府，并使葡萄牙在外国人面前威信扫地”。[①] 1929 年 12 月，香港警员突然搜查伊西多罗·科斯塔的住所，查封了他与其他人相互勾结串联的一批信件。

《社会报》(*A Comunidade*)，亦可译为《族群报》，月刊，香港葡侨联盟机关报，于 1935 年 7 月在香港创刊，1936 年 10 月停刊，主要撰稿人有葡萄牙驻香港领事奥瓦罗·拉波里诺(Álvaro Brilhante Laborinho)，卡洛斯·马沙多(Carlos Jacinto Machado)，香港葡侨联盟主席阿戈斯蒂诺·阿尔梅达(Januário Agostinho de Almeida)以及奥古斯托·施利华(Augusto Maria Marques da Silva)。《社会报》编辑部设在香港九龙北京道 41 号。该报宗旨为报道居港葡人社会消息，同时亦刊登关于远东各地葡裔族群的专稿。阿戈斯蒂诺·阿尔梅达最初在《社会报》上发表反耶稣会的文章，但晚年返回澳门后改变观点，成为热心虔诚的天主教徒。

A COMUNIDADE

I ANO JULHO DE 193? NUMERO 1

LIGA PORTUGUESA DE HONGKONG
41, Peking Road
Kowloon

O NOSSO PREITO DE HOMENAGEM

居港葡人创办的《社会报》

《香港葡人学会通讯》(*Boletim do Instituto Português do Hong Kong*)是一种文集式年刊，1948 年 7 月创刊，第 1 期 240 页，于 1955 年 6 月 4 日停刊，共出 5 期，至 1965 年仅见 4 期，最后一期 295 页。《香港葡人学会通讯》具年报性质，每年一辑。由葡萄牙驻港领事爱德华·布拉生(Eduardo Brazão)创办，其父亲是葡萄牙著名演员。香港葡人学会是生于 1947 年 11 月 2 日的爱德华·布拉主持成立的团体，澳门和香港总督均

① Pe. Manuel Teixeira, *Imprensa Periódica Portuguesa no Extremo Oriente*, Instituto Cultural de Macau, 1999, p. 283.

应邀出席了该社团的成立仪式。该组织的宗旨是在香港普及葡国文化，发展葡语教育事业。机构设于香港葡侨总会内，并设有图书馆。该团体还在九龙设立了贾梅士学校，有 15 名学生和 2 名教师。由于《香港葡人学会通讯》是一本文史类大型刊物，每期达数百页，内容含量大，涉及领域多，因而对于澳门历史及居港葡人社会的研究极具学术价值。该刊各期发行情况如下：

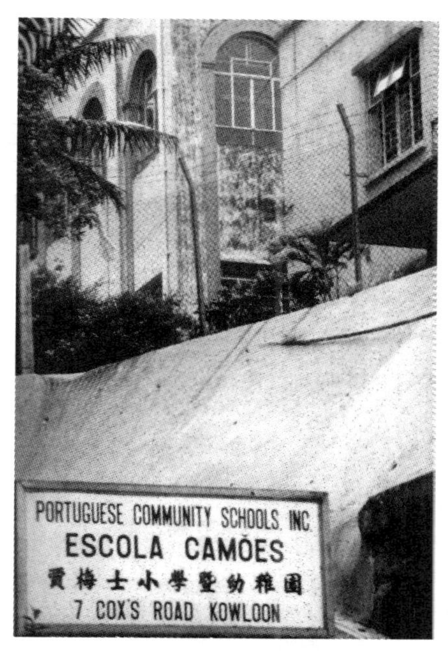

香港葡人学会设立的
贾梅士学校位于九龙觉士道

第 1 期：1948 年 7 月出版，其主要内容有：博克塞（C. R. Boxer）的《三位在亚

洲的葡萄牙史学家》；奥林多·苏沙（Olinto de Sousa）的《葡萄牙医药介绍》；斯洛兹（D. J. Sloss）教授的《一位英国绅士的葡萄牙之旅》，讲述 18 世纪贝克德（Beckord）访问葡萄牙的事；萨里纳斯·莫拉（Salinas de Moura）的《殖民地文学中的小说作品》；爱德华·布拉生（Eduardo Brazão）的《1667—1670 年曼努埃尔·萨安东出使中国的活动》等一系列有研究价值的文章。

第 2 期：1949 年 9 月出版，其主要内容包括：澳门著名土生史学家白乐嘉的文章《第一批西方人发现澳门始末》，后来专门出版了一本 214 页的单行本，并被翻译成法文刊登在越南西贡（现胡志明市）的《法国—亚洲》杂志上；乔布斯（R. E. Jobez）的《十八世纪末的澳门》；菲利普·瓦加斯（Philippe de Vargas）教授的《中西文化关系史》等文章。

第 3 期：1950 年 7 月出版，主要内容有：高美士的《葡萄牙和中国艺术》、安东尼奥·恩里克斯（Antonio Enriques）神

父的文章《保教权和捍卫葡萄牙利益》以及维森特·迪亚斯（Vicente Dias）的《马六甲的古代教堂》等学术性文章。

第4期：1955年6月出版，主要内容有：白乐嘉的《登陆中国，1513》，后出版125页的单行本；若瑟·拉莫斯（José de Ramos）的《柬埔寨和迪奥格·维略索》（Diogo Velloso），讲述历史上葡人同柬埔寨的关系；另外还有维森特·迪亚斯（Vicente Dias）一篇关于马六甲的文章。

（二）澳门葡人在广州及上海办报情况

广州是最靠近澳门的中国内地大都市，虽然居澳葡人同广州的联系密切，但历史上在广州定居的澳门土生葡人并不多。长期在广州居住的，主要是代表葡国的外交人员和个别商人，而且基本上集中在沙面租界。因此，葡人在广州创办的报刊很少。从能够查阅的史料中仅见有1852年4月15日创刊的《真理与自由》报。逢星期四在广州出版发行。这是一份政治、文学及商业性报刊。需要指出的是，该报的主编是若瑟·马利亚·

JORNAL POLITICO, LITTERARIO E COMMERCIAL.

Vol. I.　　CANTAO, QUINTA FEIRA, 15 DE ABRIL DE 1852.　　N. 11

SUMMARIO DE NOTICIAS.

1852年4月15日广州出版的葡文《真理与自由》报

苏沙（José Maria da Silva e Sousa）①。毫无疑问，该报的读者应该是澳门和香港的葡裔读者。更何况文德泉神父将其记录为香港发行的报纸。舍近求远在广州办报，可能是由于葡国限制新闻自由的“瓶塞法律”及总督阿马留建立的严格制度。因为该时期除《澳门政府公报》外已无任何报纸在澳门出版，正处于澳门报业发展的沉寂期。

上海是澳门葡人创办报纸的又一重要商埠。最先在上海出现的葡文报纸就是政治新闻性半月刊《东北风》（*O Aquilão*）。该刊于 1867 年 3 月 25 日在上海创刊，1868 年 3 月 18 日停刊，发行整一年。该报创办人是侨居上海的澳门土生葡人奥比诺·西尔维拉（Albino da Silveira），担任主编的是安东尼奥·迪尼斯（António José Diniz）。该报在上海山东路 13 号土生葡人罗萨里奥家族（C. do Rosário）开设的印字馆印刷出版，后迁至该路 71 号。《东北风》主要报道居沪澳门土生葡人族群的各类新闻，同时介绍澳门的最新情况。该报主要撰稿人有奥比诺·西尔维拉和恩加纳生（A. da Encarnação）等人。报纸发行一年后被葡国驻沪领事勒令停刊。

上海的《晚差报》（*Shanghai Evening Express*）是中国报业史中一份重要的报刊，被所有报业专家提及。该报 1867 年创刊，1869 年曾一度停刊，1871 年正式停刊，延续发行 4 年。但很少有人知道该报的创刊与发行是借助于居沪葡人的资本和人力资源，此报由澳门葡裔报人罗萨里奥家族的 F. P. 罗萨里奥发起同英人琼内斯（Tresure Jones）共同创办。报纸逐渐完善后方被英人完全控制。该报的意义在于它是上海的第一份英文晚报。

《上海差报》（*Shanghai Evening Courier*），1868 年创刊，1890 年停刊，发行 22 年。是一份对开埠后的上海影响较大的

---

① 若瑟·马利亚·苏沙（José Maria da Silva e Sousa）于 1818 年 8 月 9 日生于澳门，父亲是澳门土生苏沙（Sousa）家族的若昂·施利华（João José da Silva）。1843 年 2 月 23 日在澳门大堂区同土生女子克拉拉·弗朗西斯卡（Clara Francisca Franco）结婚。

报纸。该报的创办人依然是罗萨里奥家族的葡人 F. P. 罗萨里奥，次年由英人朗格（Hugh Lang）任主笔。在长达 20 多年的发行期里，该份英文晚报影响极大，中国读者也应该不少，该报有多种中文译名，如《晋源报》、《通闻西报》、《通闻晚报》等，说明受华人关注。戈公振先生等报业史研究者均提到该份报纸。

上海还有一种较为出名的英文报纸就是 1870 年创刊的《循环周刊》（*Cycle*）。该刊 1871 年停办，仅发行一年。戈公振先生在《中国报学史》中亦提到该报，但仅提到报纸主编是英国人詹美生（R. A. Jameson），给人的印象是该报由英国人创办。实际上报纸的创办人依然是葡人罗萨里奥家族的 F. P. 罗萨里奥和 C. 罗萨里奥，只不过聘请英人担任主笔。戈先生认为该报是上海海关机关报，专谈政治与文学，每周出版。[①] 为何是海关的机关报？主要是由于当时的中国海关任用了许多外籍人士做各种管理工作，甚至各地海关负责人都会聘用外籍人士，如中国海关总署的洛德。葡国谱系学专家若尔热·福尔加斯（Jorge Forjaz）编辑的《澳门土生家族》（*Famílias Macaenses*）一书中就记录了不少澳门土生葡人在汉口、海南等地担任海关官员的情况。所以，海关一般也是外侨比较集中的机构。在这种机构出现外刊也就不奇怪了。

《上海报界》（*Le Nouvelliste de Changhai*），1870 年底创刊，1872 年停刊，发行两年。该报的意义在于它是上海的第一种法文报刊。但鲜为人知的是，这一份法文报刊的创办人依然是葡人罗萨里奥兄弟。该报聘法国人比埃（H. A. Beer）为主笔，共出版 182 期。深受上海法侨欢迎，并得到法人资助。有关心该报的华人将其译作《上海新闻》。

上海的英文《晚报》（*Evening Gazette*），1873 年 6 月 2 日创刊，同年因火灾受损而停刊，1874 年初复刊。这也是葡裔人士创办的英文报纸，创办人为旅沪葡人佩德罗·陆芮罗（Pedro Loureiro），同时聘请英人巴尔福（F. H. Balfour）担任主笔。

---

① 见戈公振：《中国报学史》，上海古籍出版社 2003 年，第 102 页。

佩德罗·陆芮罗在上海创办的另一份英文报纸是《华洋通讯》，这是戈公振先生提到的唯一有葡人早期在上海创办报纸的情况，并且在其他资料中未见记载，因而十分珍贵。现引录如下：

> *The Celestial Empire*（原名《华洋通讯》）发刊于一八七四年，系葡人陆芮罗（Pedro Loureiro）所发行，后由巴尔福编辑，巴尔福所著之 *Waifs and Strays from the Far East*（译意《远东浪游》）即集此报与《上海差报》之论文成之者。①

居澳葡人在上海创办的另一种外报就是《进步报》（*O Progresso*）。该报是政治性葡文周刊，1888 年 10 月 6 日在上海出版，由设在上海圆明园路 15 号的盖德斯印字馆（Guedes & Ca.）印刷出版。于 1889 年 7 月停刊。该报创办人应该是澳门印刷业的东主之一弗罗林多·盖德斯（Florindo Duarte Guedes），其在香港亦设有印刷产业。主编是澳门土生葡人费尔南德斯·卡瓦略（M. Fernandes Carvalho）。报纸具有反（澳门）政府倾向，经常发表批评澳葡政府的文章。有研究价值的文章主要有施利华（P. F. da Silva）从 1888 年 10 月 20 日开始连载的关于“日本人”的系列文章及 1889 年 3 月 1 日开始连载的关于澳门流行霍乱的报告等系列文章。

O PROGRESSO

HEBDOMADARIO.

Vol. I. SHANGHAI SABBADO 27 DE OUTUBRO DE 1888 No. 4

ON SHOW.

CHINA NAVIGATION COMPANY, LIMITED.

SHANGHAI HORSE BAZAAR.

SYMONS, SEWJEE & Co.,

Harness-makers, and Saddlers,

HARNESS AND SADDLERY.

CARRIAGES FOR HIRE,

CENTRAL STABLES,

SHANGHAI HORSE BAZAAR.

1888 年 10 月 27 日上海出版的葡文《进步报》

葡文政治性新闻周刊《环岛》（*Rotunda*）于 1911 在上海

① 戈公振：《中国报学史》，上海古籍出版社 2003 年，第 99 页。

创刊，1914 年停刊，发行 3 年。主编是弗朗西斯科·布里托（Francisco Maria Brito），不久由澳门土生葡人卡洛斯·马沙多（Carlos Jacinto Machado）接替担任主编一职。卡洛斯·马沙多是一位很有文学和语言天分的居沪澳门土生人，著有《中国和中国人》一书及其他文学作品。1914 年，由著名澳门葡裔土生黎氏家族的图西德·兰杰尔（Tucídades Rangel）继任主编职务。该报的主要撰稿人有葡国驻上海领事加斯唐·圣地亚哥·弗雷达斯（Gastão Santiago Barjona e Freitas）、中国海关专员安东尼奥·若阿金·巴斯托（António Joaquim Basto Jr）、律师兼记者康斯坦修·施利华（Constâncio José da Silva）以及雅努阿里奥·阿戈斯蒂诺·阿尔梅达（Januário Agostinho de Almeida）等人。

葡文报纸《放逐者》（*O Expatriado*），政治新闻性周刊，于 20 世纪初在上海发行。主编是前述《环岛》的主要撰稿人卡洛斯·马沙多（Carlos Jacinto Machado）。该报宗旨为捍卫葡萄牙、澳门及居沪葡裔居民的权益，故订阅者甚多。该刊仅发行一年就停刊了。

《为了祖国》（*Pela Pátria*）是 1940 年 1 月 1 日在上海创办的外文月报，用葡英双语发行，1942 年由于战事而停刊，前后发行两年。创办人为葡萄牙驻沪总领事若瑟·奥古斯托·梅洛（José Augusto Ribeiro de Melo），因而受到葡官方支持。葡萄牙总领事若瑟·奥古斯托·梅洛还是该报的主要撰稿人，其他主要撰稿人还有莱维·施利华（Levy J. da Silva）、艾弗里达·巴拉达斯（Elfrida L. Barradas）女士、硕佐·穆托（Chozo Muto）、马里奥·费拉

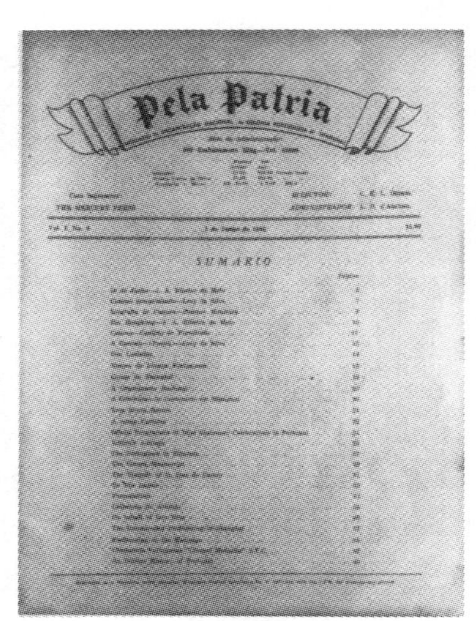
Pela Patria

SUMARIO

澳门报人 1940 年 6 月 1 日在上海出版的葡英文报纸《为了祖国》

斯（Mario A. Ferras）、若瑟·白乐嘉（José Maria Braga）、马利亚·科斯塔·罗戈（Maria da Costa Roque）、卡洛斯·安东尼奥·迪尼斯（Carlos António Diniz）等人，阵容颇为强大。该报亦有相当大的编辑规模。除担任社长的澳门土生葡人甘地多·洛佩斯·奥佐里奥（Cândido Emílio Lopes Ozório）外，还设有部门齐全的管理、编辑、发行系统，包括总监阿吉诺（L. O. d'Aquino）、业务经理卡瓦略（T. A. Carvalho）、美术编辑古特莱斯（M. H. Gutterres）、秘书巴拉达斯（E. L. Barradas）等。

报社社长甘地多·洛佩斯·奥佐里奥的父亲是澳门摩罗园业主，在澳门颇有名气。甘地多19岁时便赴上海创业，并卓有成果，创办了旅沪葡人的报纸《为了祖国》。该刊之所以拥有如此大的资源，是因为得到旅沪葡侨同乡会（ONCPX）的强大支持，实际上是该团体的月刊。该刊由于1942年1月远东战事而改为季刊，但不久即停刊。《为了祖国》由上海信使报新闻馆（The Mercury Press）印刷，后于1940年9月起由《上海时报》（*The Shanghai Times*）印刷。甘地多·洛佩斯·奥佐里奥还为其他在沪发行的报纸合作撰稿，包括《上海时报》（*Shanghai Times*）、《上海信使报》（*Shanghai Mercury*）、《中国周报》（*China Weekly*）和《天主教报》（*Catholic Review*）。《澳门之声报》于1940年2月3日发表文章说："《为了祖国》是甘地多·洛佩斯·奥佐里奥主办的旅沪葡侨同乡会葡英文月刊。"① 1941年，在厦门出生的澳门土生人蒂托·卡尔瓦略（Tito Augusto Carvalho）取代年迈的甘地多·洛佩斯·奥佐里奥（时年已74岁）担任报纸主编。②

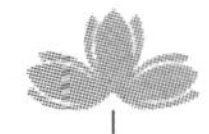

（三）远东葡人创办的报刊

其实，澳门近代报业的影响并不仅限于中国的香港和上海

① Pe. Manuel Teixeira, *Imprensa Periódica Portuguesa no Extremo Oriente*, Instituto Cultural de Macau, 1999, p. 293.

② 该段内容据 Pe. Manuel Teixeira 著 *Imprensa Periódica Portuguesa no Extremo Oriente* 及熊月之、马学强、晏可佳选编的《上海的外国人（1842—1949）》等整理。

等沿海大城市，19 世纪的居澳葡人十分活跃。在该世纪居澳葡人大迁徙浪潮中，不少人把目光盯上更远的地方，特别是澳门土生居民祖上曾经生活过的地区，如马六甲、日本等地。比如，在上海定居的葡裔居民中，就有人后来到日本的横滨和马来半岛的新加坡，以及美国的夏威夷等地创业发展，其中也包括葡裔报人。

一）新加坡

东南半岛是葡人在澳门定居之前最主要的居住地。马六甲在 16 世纪初至 17 世纪 40 年代曾是葡人在远东扩张的最近基地。虽然 17 世纪中期马六甲的陷落标志着葡人势力在马来半岛的退出，但在该地区定居了一个多世纪的葡裔居民并没有完全离开那里。马六甲至今依然保留着葡裔族群的村落和小区。因而，新加坡等地出现葡人创办的外文报刊是很自然的。

《呐喊》(*Rally*) 是天主教月刊，由新加坡及马六甲葡萄牙传教会于 1948 年创办，前后发行 17 年。在该刊正式发行前已由出生在新加坡的葡裔教士佩希瓦·阿拉乌茹（Percival Franck Araujo）以油印形式出版单页散发物。《呐喊》正式创刊后，由其继续担任主编。该期刊的正式创刊与发行同澳门报人有密切关系。当时澳门的文德泉神父于 1948 年 1 月被调往新加坡工作。文德泉神父在此前任《澳门教区通讯》的主编，对经营报刊经验丰富。文德泉神父抵埠后立即发现该刊的作用，于是建议将该刊改为新加坡及马六甲葡萄牙传教会的会刊，并面向青年人服务。从此，每期刊名下都会出现“新加坡及马六甲葡萄牙传教会会刊”的副标题。1948 年 6 月，新接任的主编瓦斯（L. J. Vaz）将副标题改为“天主教月刊”。该刊经常刊载世界各地的来信，因此影响颇大，到出版第 19 期时，世界各地的订户已达 3000 多人。文德泉神父曾在该杂志上发表许多文章。

《焦点周刊》(*Stop*, *Look*, *Come*)，是文德泉神父于 1953 年创办的教会通讯式的英文周刊，其目的主要是记录新加坡葡萄牙传教会的各种活动。文德泉神父主编该刊直到 1962 年 9 月回到澳门。

二）日本

历史上日本同澳门曾有过十分密切的关系。葡人在16世纪中期租借澳门半岛居住在很大程度上是为了同日本的贸易。希望在东来北上的过程中能在珠江口有一处休憩之地，等待合适的季风继续航行。这种关系维持了差不多一个世纪，直到日本当局开始驱逐澳门的传教士，从而使历史上的黄金贸易时代结束。

然而，毕竟澳门同日本有过百年的交往，这种情结一直延续至今。19世纪的澳门大移民潮中，就有不少葡裔居民直接或者从上海间接跨海东渡日本谋生，并且在那里定居。这其中具有代表性的人物就是曾担任过澳门港务局局长的海军军官文塞斯劳·莫拉斯（Wenceslau de Morais）。文塞斯劳·莫拉斯1854年5月30日生于里斯本，1929年7月1日殁于日本德岛（Tokushima）。早在1875年就毕业于葡国海军学校，1891年至1898年在澳门服役，担任港务总监并兼任澳门利宵中学教师。1899年被任命为葡萄牙驻日本横滨及大阪领事，他酷爱日本文化，于是在1913年辞去职务在日本定居。其一生中创作多部关于东方特别是日本的著述。

葡裔社区在日本东京、横滨等地的形成促进了葡文报纸的出现，而《新页报》（*Folha Nova*）就是19世纪末由上海迁居日本的澳门土生人波利多罗·施利华（Polidoro F. da Silva）在横滨创刊发行的。他在上海生活的几年中就曾为多家葡文报刊撰稿，他写的《泪水中的微笑》于1902年在香港利斯贝罗·沙维尔的印刷公司出版，引起葡裔社会极大轰动。关于《新页报》的情况目前仅见于1891年10月17日《使徒之声报》第252期发布的一条消息："…… 今收到波利多罗·施利华先生在横滨出版的《新页报》的第1期和第2期。"① 说明该报创刊于1891年。

20世纪初，旅日澳门葡裔社群还在东京创办了一种报刊

① Pe. Manuel Teixeira，*Imprensa Periódica Portuguesa no Extremo Oriente*，Instituto Cultural de Macau，1999，p. 300.

《葡日关系》，从刊名即可看出该刊注重澳门及日本两地关系的研究。相信在日本还有其他葡文报刊存在，有待学者进一步研究发掘，特别是同日本学者合作进行有关研究将会发现更多史料。

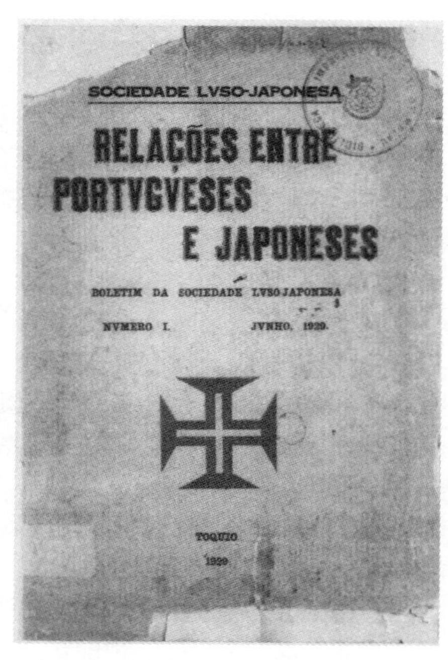

旅日澳门葡裔社团1929年6月在日本东京出版的《葡日关系》第1期

三）帝汶

虽然帝汶成为葡萄牙正式领地比较晚，但由于地缘的关系，帝汶在历史上与澳门关系十分密切，曾被葡萄牙划为同一省区。另外，帝汶在相当长一段时期里是澳门罪犯和不同政见者的流放地，“澳夷罪不至死者，遣戍之，终其身无一生还者”①。澳门政府公报就曾在一段时间冠名为《澳门、梭罗、地扪公报》。因此，两地之间的人员来往十分频密，而且在澳门与帝汶之间设有定期班船，“由澳而后达于地满，亦岁轮一舶往”②，方便双方人员来往。因此，相信会有澳门报人赴该殖民地创办报纸。但由于目前对该地区的研究尚不深入，早期报业情况并不十分清楚。目前仅知20世纪中期的几份报刊。

《联合报》（*Seara*），帝力教区通讯，月刊，1948年发行，由埃内斯·珀斯高（Pe. Exequiel Enes Pascoal）神父主编。

---

① 印光任、张汝霖著，赵春晨校注：《澳门纪略》之《澳蕃篇》（诸蕃附），广东教育出版社1988年，第58页。

② 印光任、张汝霖著，赵春晨校注：《澳门纪略》之《澳蕃篇》（诸蕃附），广东教育出版社1988年，第58页。

《帝汶之声报》(*A Voz de Timor*)，周刊，至 1960 年才发行，该报主编是曼努埃尔·佩雷拉（Manuel António Lourenço Pereira)。

《帝汶省报》（*A Província de Timor*)，军方通讯式周刊，但读者是所有居帝汶的葡裔人士。该刊并非工场印刷，而是油印刊物。

四）夏威夷

夏威夷位于太平洋中部水域，无论从地缘上看还是从族群流向上看，都不应该是大西洋东岸伊比利亚半岛的葡人定居的理想地方，因此葡人在夏威夷创办多种报纸是一个令人费解的现象，而且办报之多令人惊异。从办报人员中有人在葡文学校授课情况来看，在檀香山应该有一个不小的葡裔社群。其实，早在 1820 年，葡萄牙人就开始越洋跨海到檀香山定居。也许是对海岛生活情有独钟，到檀香山移民的葡人多为大西洋马德拉和亚速尔两个群岛的居民。他们漂洋过海穿过麦哲伦海峡从大西洋来到太平洋，寻找新的生活。“到 1887 年，已有 10113 名葡裔居民在夏威夷生活，当时该群岛仅有 85711 人”[①]。最初的移民多为渔民，后来大多数从事甘蔗种植业。檀香山葡人社区的形成，当然也会吸引路途较近的远东葡人前往。为满足檀香山葡人社区的需要，创办葡文学校，发行葡文报纸便应运而生。从 1885 年至 20 世纪初，葡人在太平洋中的这个群岛上共创办了 12 种报刊，主要有：

《夏威夷葡人报》(*O Luso Hawaiiano*)，1885 年创刊，1891 年停刊，发行 6 年。主编奥古斯托·巴基思塔（Augusto Jean Baptista)。

《夏威夷朝霞报》（*Aurora Hawaiiana*)，1889 年创刊，1891 年停刊，发行 2 年，主编曼努埃尔·弗雷塔斯（Manuel José de Freitas)，同时在夏威夷向葡裔学生教授英语。

《夏威夷葡侨联盟报》（*A União Lusitana Hawaiiana*)，

---

① 《夏威夷 1888 年年鉴》第 89 页，转引自 Pe. Manuel Teixeira，*Imprensa Periódica Portuguesa no Extremo Oriente*，Instituto Cultural de Macau，1999，p. 306.

1891 年创刊，1896 年停刊，发行 5 年。报纸主编是马贵斯（A. Marques）。

《哨所报》（*A Sentinella*），1892 年创刊，1896 年停刊，发行 4 年，报纸主编若昂·马贵斯·维瓦斯（João Marques Vivas），马德拉人，他同时还是檀香山的著名律师。早期曾在澳门服兵役，期满后回葡国学习法律，1889 年赴檀香山创业。

《葡侨报》（*O Luso*），1896 年创刊，1924 年停刊，发行 28 年。第一任主编若昂·拉莫斯（João de Sousa Ramos）是亚速尔人，在檀香山生活长达 30 多年；第二任主编戈多弗莱多·阿丰素（Godofredo Ferreira Afonso）是马德拉人；第三任主编曼努埃尔·施利华（Manuel A. Silva）也是马德拉人，于 1879 年抵檀香山定居；第四任主编是出生在英属圭亚那的葡人曼努埃尔·桑托斯（Manuel G. Santos），1900 年赴檀香山。

《权利报》（*O Direito*），1896 年创刊，1898 年停刊，发行 2 年。主编是出生于亚速尔群岛的莱戈（A. J. Rego），1881 年赴檀香山，曾多年从事木匠工作。

《好新闻报》（*As Boas Novas*），1896 年创刊，1905 年停刊，发行 9 年。先是由维埃拉（A. Vieira）担任主编，后来由出生于马德拉的埃尔内斯托·施利华（Ernesto Silva）担任主编。

《自由报》（*A Liberdade*），1900 年创刊，1910 年停刊，发行 10 年。主编加米洛·佩雷拉（Camilo Pereira）来自亚速尔群岛的圣米格尔，1882 年抵达檀香山。

《人民报》（*O Popular*），1911 年创刊，1913 年停刊，发行 2 年。主编是担任过前述檀香山《葡侨报》主编的拉莫斯（J. S. Ramos）。

《大众之声报》（*A Voz Pública*），1899 年创刊，1904 年停刊，发行 5 年。主编是桑托斯（G. F. Santos）。

《箭报》（*A Setta*），1903 年创刊，1921 年停刊，发行 18 年。第一任主编就是前面提到的《葡侨报》第四任主编曼努埃尔·桑托斯（Manuel G. Santos）；该报第三任主编奥古斯托·科斯塔（Augusto Sousa Costa）亦来自亚速尔群岛，1898 年赴檀香山。

《火炬报》（*O Facho*），发刊时间不详，主编是葡人安东尼奥·卡瓦略（António Carvalho）。

从以上情况看，19 世纪葡人在檀香山办报与葡人在澳门办报有许多相似之处。第一，报人大多数都是兼职的，除办报外都有其他职业作为谋生保障；第二，报纸种类多，但规模小，多数报刊发行期不长；第三，仅为当地葡裔族群服务，不参与社区以外的事务。

葡人在远东太平洋办报似与澳门报业发展无直接关系，但也给我们以下启示：

在 19 世纪新闻开放的世界大气候下，从 16 世纪最先展开海上大发现活动的葡萄牙人也最先在世界各地创办表达人们思想言论的报纸。这种情况尤其在其已经拥有的殖民地或者移居地表现明显。是否可以大胆提出这样的问题，由于他们的努力，世界上许多不发达地区的近代报业是否由他们发起？由于笔者没有做世界范围的报业史研究，不敢下此定论，但作为在英国、荷兰之前已经在东西两半球拥有殖民地的葡萄牙和西班牙，很有可能会在传播欧洲近代舆论手段方面再有创举。19 世纪初先后在印度果阿和中国澳门出现的《果阿周报》和《中国蜜蜂报》就是一例。

二、澳门外报与新文化的传播

（一）报纸广告的传播

关于广告，顾名思义是广而告之，通过宣告的形式向公众传播应该知道的必要信息。广告应该包括公益广告、旅游广告、商业广告等等。在商业上是指通过一定媒体对产品、服务或某种理念向公众进行的一切宣传。当使用报纸作为媒体进行上述宣传的时候，就成为报纸广告。

作为历史悠久的中国，是世界上最早出现广告的国家之一。据史料记载，早在西周时期，便出现了音响广告。《诗经》的《周颂·有瞽》一章里就有“箫管备举”的诗句。汉代郑玄注说："箫，编小竹管，如今卖饧者吹也。"唐代孔颖达也认为："其时卖饧之人，吹箫以自表也。"可见西周时，卖糖食的小贩就已经懂得以吹箫管之声招徕生意。当然，这与现代广告的理念相去甚远。

战国时期，继音响广告之后出现的则是"悬帜"广告。《韩非子·外储说》有这样的记载："宋人有沽酒者，升概甚平，遇客甚谨，为酒甚美，悬帜甚高。""悬帜"就是"悬旗"，这是我国酒家和酒旗最早的记载。酒店为了招徕过往顾客，便高悬一面酒旗，以吸引酒客注意，这应该是最早的视觉广告形式。这种形式后来不断演变，逐渐扩展到店铺食肆，而且形式多样，如饭店的灯笼、食幌，等等。这种招牌式的广告形式一直沿用至今。其他行业也有各种标志性的广告形式。据《费长房》① 一节说，"市有老翁卖药，悬壶于肆头"②。古代中药丹散一般是用葫芦收藏的，因而用葫芦作为药铺的象征性标志，悬挂于街头或药铺的门前。所谓"悬壶济世"就是行医送药为人治病之意。北宋时期的名画《清明上河图》就生动地描绘了北宋时期开封（汴梁）街市的繁华景象，悬挂式的布质旗幌随处可见。从画中就可以看出，即使在中国古代，广告的多寡是与商业的繁荣程度有密切关系的。无论是"悬旗"，还是"挂幌"，均给人以醒目的视觉效果，与当代的招牌广告作用相同。

中国是世界上最早出现报纸的国家，我国最早的报纸是唐代的《邸报》，但中国古代的所谓报纸都是内部传阅的"官报"，主要用来传达诏书政令，并非近代意义上的报纸，因而从来是不能刊登广告的。直到清朝咸丰八年（1858），才在香港创刊出

---

① 费长房，东汉名医，民间传说其得道于壶翁。壶翁，一称壶公，约公元 2 世纪人。一说"壶公谢元，历阳人，卖药于市。不二价，治病皆愈。语人曰：服此药必吐某物，某日当愈，事无不效。日收钱数万，施市内贫乏饥冻者。"可见壶翁是一位身怀医技、乐善好施的隐士医家。由于他诊病卖药处常悬一壶作为医帜，所以人称壶翁，民间许多有关于他的神话故事。壶翁曾将医术传授于费长房，故费长房亦被称为"壶翁费长房"。

② （南朝·宋）范晔撰《后汉书》卷八十二下，《方术列传下》，中华书局 1965 年，第二七四三页。

版的《中外新报》上首先出现中文广告。该报每日四开一张，三分之二的内容为各类广告。

以纸品作为媒介的广告大量应用应该始于西方。当印刷术在15世纪到16世纪的欧洲广泛运用时，真正意义上的现代广告便出现了。英国出现了世界上第一个纸介印刷广告，当时是用来宣传贩卖教会图书的。17世纪，广告开始出现在英国一些周刊或日报上。1666年，英国的《伦敦报》正式在报纸上开辟广告专栏，这是第一个报纸广告专栏，各报争相效法，并且在接下来的一个世纪中广泛流行，成为社会生活和商业经济中不可缺少的一部分。报纸广告从此占据了报纸的一角之地，并成为报业最重要的经济来源。到了19世纪末20世纪初，美国逐渐取代英国成为世界广告大国。

在中国，虽然1858年在香港的《中外新报》上首先出现了中文广告，但报纸广告并非在香港首开先河。既然目前大家公认《中国蜜蜂报》是中国境内第一份近代报纸，那么作为近代报纸特点之一的广告也一定首先出现在1822年创刊的《中国蜜蜂报》上。在这个意义上，《中国蜜蜂报》的广告也就是中国境内第一个报纸广告，尽管同现代的商业广告有很大不同。

《中国蜜蜂报》是应当时的澳门政治局势而出现的，因此不可能出现大量的广告。从现存各期报纸来看，主要有“船讯”和“告白”两类广告。“船讯”就是后来的“船期公报”。当时还没有航空运输，世界运输的主力是海上航运。无论是货运还是客运，都不是当日可达。少则数星期，多则数月。即使是从香港到上海，亦要数日时间。因此，报纸上公布的船期或货物运抵时间是经商人士首要关心的事情，以便商务出行、迎送宾客以及收发货物等。戈公振先生也说：

> 商业方面，日报之发生，与商业极有关系。其唯一之需要，即船期与市情之报告也。外货之推销，以广告为唯一方法，不胫而走，实报纸传播之力也。①

据程曼丽对《中国蜜蜂报》的研究，该报几乎每期都有一

① 戈公振：《中国报学史》，上海古籍出版社2003年，第138页。

条船讯消息。虽然是周报，但也说明当时澳门进出港口船只之频密。[①] 从此以后，“船期公报”成为所有报纸不可缺少的内容。在19世纪至20世纪的上海，“船期公报”尤为重要，所有大报必刊无疑。这种传统一直延续到新中国成立之后。20世纪70年代之前的中国主要报纸仍见“船期公报”。今天航空业日益发达，无论客货皆愿取空运快捷方式，船期公报才逐渐退出历史舞台。

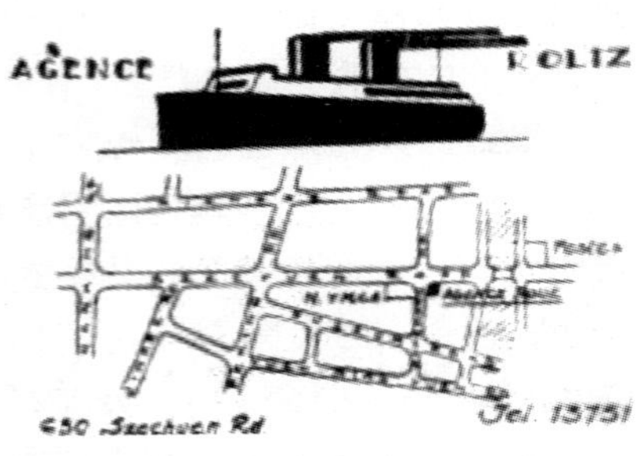

澳门土生罗里斯家族公司在上海刊登的商业广告

《中国蜜蜂报》的另一类广告是“通告”（Avizo）。从“通告”的词义看，仍不能算作是商业广告，但从其内容来看，却具有广告性质并达到了“广而告之”的效果。广告的发展有一个过程，在当时条件下，作为中国出现的第一份新闻报纸，能通过报纸向读者传递类似的简单商业信息已属不易。后来，这样的信息也出现在中文报纸上，取名“告白”。像后来的《镜海丛报》等中文报刊都有大量的“告白”。其实“告白”也就是“广告”。“告白”一词在早期出

SOCIEDADE DE ABASTECIMENTO DE ÁGUAS DE MACAU LIMITADA

Assim como os romanos guardavam seus aquedutos, a fim de conservar a pureza da água.

assim a “Watco” vela, dia e noite, pela segurança da água com que abastece a cidade.

“WATCO”

— Para servir-vos —

《复兴杂志》的公益广告

① 详细资料见程曼丽：《〈蜜蜂华报〉研究》，澳门基金会1998年，第148—150页。

现的中文报纸上随处可见，后来才逐渐演变成今天“广告”的说法。

翻阅《中国蜜蜂报》各期报纸，可以看到几乎每期都有“通告”出现。其内容多涉及房屋租赁、物品拍卖、商品出售、报纸征订、求职招聘等，其实这与今天港澳台等地许多报纸的分类广告无异，只不过所占篇幅不多，数量较少而已。但如果考虑到这是一份葡文报纸，读者仅仅是澳门几千名葡裔人士的话，其意义和重要性也就不言而喻，更何况这些都是第一批在中国出现的广告。今天的《澳门日报》每天就有许多这样的广告，每条 36 个字，只不过范围更加广泛，甚至包括修锁配匙、店铺转让、修厕通渠、家教补课、理发修脚、按摩推拿，等等。

《中国蜜蜂报》的做法为后来大多数报纸所采用，并且在后来刚开埠的香港、上海等地有了很大发展，从而形成了中国蓬勃发展的广告产业。可以毫不夸张地说，澳门的《中国蜜蜂报》的船期公报和商业通告对于中国广告业的出现和发展起到启迪和带头作用，功不可没。

（二）新文化新思维的传播

外报的出现为西方新文化及新思维的传播构建了平台，在 19 世纪中国社会转型的过程中，在中国近代新闻事业早期发展方面起到了重要作用。《中国蜜蜂报》之后的报纸越来越突显出这一特点。报纸使千百年来在封闭、麻痹、混沌状态中生活的中国人解放出来，社会通过报纸与他们更加接近了。所谓“秀才不出门，能知天下事”在新的社会形势下被赋予新的含义。“一心只读圣贤书”的文人们只有通过阅读各种报纸才能真正了解天下大事。于是报纸的叫卖声才会不绝于市井，街头巷尾茶余饭后手捧报纸一睹为快的景象蔚然成风。报纸以其消息新、发行快、便于携带、价钱低廉等特点，迅速成为民众认识世界了解社会的主要媒介，新思想和新文化得以广泛传播。

各种报纸的新闻通过传递来自世界各地的大量信息传播了新思想和新思维。以 1863 年创刊的《大西洋国》为例，这份仅有四至六版的周报便包括有《王国新闻》、《本地新闻》、《科学新闻》、《各类新闻》、《外国新闻》等栏目，将世界最新的消息迅速传到澳门。这些新闻及报道包含有丰富的知识和信息，代表欧洲最先进的思想和科学技术，这对于闭关自守的中国来说无异于思想启蒙的灵丹妙药。

由于19世纪海难频发，《大西洋国》还专为此开辟了《海难》专栏，及时发布消息。比如1865年1月12日的《大西洋国》就有这样的消息：

> 西班牙“吕宋号”蒸汽船在马尼拉附近海域沉没。据说该艘船只状态良好，是从厦门出发的。①

在一周后的另一期中又刊载了一艘从香港出发去印度马德拉斯（Madrasta）的英国运茶船沉没的消息。提到“该船在抵岸时遇狂风翻沉，但所运货物被紧急卸到岸上”。②

19世纪中期的报纸“船讯”比《中国蜜蜂报》时期更加详细，不仅指明船只抵达的时间和船名，而且公布船籍、船长姓名、排水量、来源地港口、中途停泊港口、目的地港口以及注明是否载有华人旅客等信息。该时期的报纸还刊登港口船只动态，指明每日进出港口船只的状况，通知所有民众，起到安全导航的作用。

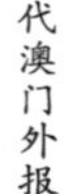

该时期大多数报纸还会刊登市场动态，特别是主要商品的交易价格。比如1865年2月9日的《大西洋国》就公布了当日茶叶、生丝、棉花、大米等商品的价格。这种贴近民生的作法受到民众的欢迎，也被后来的华文报刊所接受。

这时的广告也趋于多样化。不仅有官方通告，而且会推介新药。这对人们接受西药及认识西医很有帮助。比如治疗咳嗽的糖浆就是在19世纪中期通过澳门外报来传播的。上述《大西洋国》在广告中这样说：“建议服用次磷酸钙糖浆，对治疗咳嗽、夜间

---

① 《大西洋国》影印本1863—1866年册，教青司、澳门基金会1995年，第286页。

② 《大西洋国》影印本1863—1866年册，教青司、澳门基金会1995年，第290页。

盗汗、支气管炎等症状十分有效。”① 为了推广新药，一些医生还专门撰文介绍药物的治病原理及其功效，以体现解释的权威性。当时在澳门服役的葡萄牙海军主治外科医生莱皮内（J. Lepine）就在报纸上专门介绍法国巴黎新近研制的药丸及药浆。

澳门《复兴杂志》刊登了这样一则广告：“罗马士兵是如此保护他们的水道的，令水质永保清纯。澳门自来水公司亦日夜监测用水安全以供应市民。”该广告还附一幅图画，画中有一位身着罗马时代军人服装的士兵手持长矛守护古罗马水道。毫无疑问，该广告已含有公益广告的性质。无论是广告词的设计还是图案的编排都比以前有了很大的进步。

当时的澳门外报还收集世界上特别是欧洲的各种消息，使人们能及时了解世界上发生的大事。也许由于绝大多数办报者本身就是移民的缘故，澳门外报十分关注移民的消息。

《大西洋国》1865 年 9 月 7 日就援引瑞典报纸的消息介绍了欧洲移民的情况。指出“从 1840 年至 1860 年有 1546000 名德裔居民从德国移民到美洲。从 1851 年至 1853 年，有 24000 名瑞士人跨过大西洋移民到美洲”。② 1866 年 4 月 19 日又报道：“1865 年，抵达纽约的移民者有 214522 人，比 1864 年增加 18000 人。这些移民者中有 82454 名德国人、70338 名爱尔兰人、31610 名英格兰人、2037 名法国人、222 名西班牙人、2512 名瑞士人、729 名荷兰人、157 名挪威人、2337 名瑞典人、594 名意大利人、42 名葡萄牙人、727 名丹麦人、97 名比利时人、109 名南美人、36 名中国人、93 名俄罗斯人、5 名土耳其人和 9 名波兰人。”③ 引用消息十分详细。这些消息对小小的澳门半岛了解世界形势很有帮助，特别是有助于澳门土生人近代的迁徙活动。

① 《大西洋国》影印本 1863—1866 年册，教青司、澳门基金会 1995 年，第 304 页。

② 《大西洋国》影印本 1863—1866 年册，教青司、澳门基金会 1995 年，第 433 页。

③ 《大西洋国》影印本 1863—1866 年册，教青司、澳门基金会 1995 年，第 584 页。

三、澳门外报对中国报业的推动

（一）澳门外报与港沪英文外报的关系

中国近代报业的产生和发展与西人在中国创办各种外报不无关系。中国早期报人王韬就以西人办报为鉴，赞许说：

> 西国日报之设所关甚巨。主笔者得持清议于朝纲国政，颇得参以政权。阅之，足以知民情之向背，习尚之好恶，风俗之浇醇，国计之盈虚，时局之盛衰，兵力之强弱。①

正是因为如此，王韬才献身报业，在香港创办华文报纸《循环日报》，从而带动华人办报之风。近代报学史研究泰斗戈公振和方汉奇等先生也对外报促进中国近代报业的发展深信不疑。这已经是报学界的共识。但人们提到的外报对中国报业的影响是否也包括澳门的外报及报人呢？综观大多数研究中国外报史的著述，似乎都没有专门谈到这个问题，偶尔提到也是语焉不详，含含糊糊，最多会说到澳门的《中国蜜蜂报》（即《蜜蜂华报》）是中国境内第一份近代报纸，仅此而已。

中国近代报纸首先出现在澳门，已不容置疑，但是否澳门报纸带动了中国近代报业的发展，可能会仁者见仁，智者见智。多数持否定意见的人认为，澳门外报是葡文报纸，其影响力远不如后来的英文报刊，读者仅是澳门几千名懂葡文的居民，加之其与内地并无太密切的政治和商业来往，因而与后来中国的报业发展关系不大。这种看法有失偏颇。那么，真的如同《中国新闻事业通史》中所说的，葡文报刊“基本上在葡萄牙统治下的澳门出版与鸦片战争后形势的变化关系不大”② 吗？如果

① 王韬：《西国日报之盛》，载《循环日报》1874年2月12日。

② 方汉奇主编：《中国新闻事业通史》（第一卷），中国人民大学出版社1992年，第285页。

我们沿着澳门报纸的发展脉络去按图索骥的话，就会发现19世纪澳门外报及报人的作用并非那么简单。

要弄清这个问题，首先要理清外报与中国近代报刊之间的关系。能够说明这个问题的最有说服力的事例，就是上海的报业发展情况，因为在中国近代史上对中国社会经济和文化发展影响最大的城市莫过于鸦片战争后的上海。

《南京条约》签署之后上海即开埠，随着外国侨民的增多及租界的建立，外文报纸随之产生。据戈公振先生研究，上海开埠之后对社会产生影响最大的外文报纸有：《晚差报》（*Evening Expresso*），系“发刊于一八六七年十月一日，系《中国之友》主笔琼斯（C. Treasure Jones）所编辑”；《上海差报》（*The Shanghai Courier*），“发刊于一八六八年十月一日，系郎格（Hugh Long）所编辑，评论多出其手”；《上海锦囊与每周差报》（*The Shanghai Budget and Weekly Courier*），“发刊于一八七一年一月四日，一八七五年为《晚报》所并”；《晚报》（*The Evening Gazette*），发刊于一八七三年六月二日，购入《上海差报》（*The Shanghai Courier*）和《中国钞报》（*China Gazette*）后，由巴尔福编辑；《华洋通讯》（*Celestial Empire*），“发刊于一八七四年，系葡人陆芮罗（Pedro Loureiro）所发行”。①

戈先生将这几种报纸排在上海早期外报之首，说明这些报纸对上海影响之大。其实在许多报学史研究中，均将这些报纸列为上海开埠后最重要的外报。

在上述五种报纸中，除提到《华洋通讯》“系葡人陆芮罗（Pedro Loureiro）所发行”外，并没有提到其他报纸与澳门葡人有任何关系。这些报纸都是英文报纸，所出现的编辑也都是英文人名，加之上海开埠是中英鸦片战争的产物，最先进入上海的是大批英籍居民，人们自然会想到这些报刊都是英人创办的，对中国近代报业发展影响最大的当然也就是英美等国家的报人了。然而事实又是如何呢？

汪之成先生也对上海的近代外报做了研究，对照汪先生和

① 以上引号内文字均直接引自戈公振的《中国报学史》。

戈先生的研究，就会发现一个十分有趣但又令人难以理解的现象，来自澳门的土生葡裔报人竟然是上海外报创办的先锋和主力。在上述五种上海最早的外报中，有四种都是澳门葡裔人主办或者参与创办的。

据汪之成先生在熊月之等人编辑的《上海的外国人(1842—1949)》一书《葡萄牙人在上海》一章中介绍：

> 《晚差报》，又译《晚快报》(*Evening Expresso*) 是上海的第一份英文晚报，由英人特雷西·琼斯 (Tresure Jones) 与葡人罗扎里奥 (P. Rozario，本文译为罗萨里奥) 于1867年共同创办；《上海差报》，俗称《晋源报》，又译《通闻西报》或《通闻晚报》(*Shanghai Evening Courier*)，英文日晚刊，系罗扎里奥退出《晚差报》后，于1868年创办；1873年6月，葡人陆芮罗在沪创办英文日报《晚报》(*Evening Gazette*)，由英人巴尔福 (F. H. Balfour) 任主笔①。

这样，加上前面戈先生提到的葡人陆芮罗发行的《华洋通讯》，则在上海最早的五大外报中，有四种报纸的业主是来自澳门的报人。他们不仅是报纸的老板，而且雇用英人做编辑为他们服务。

其实，澳门葡人在上海创办的英文报刊并非这几种。另一种在当时上海颇有名气的英文《循环》周刊也是上述罗萨里奥创办的。据王之成先生研究：

> 1870年，罗扎里奥家族 (F. P. Rozario 和 C. do Rozario) 再次进入上海报界，创办了英文周刊《循环》(*The Cycle*)，由曾任《北华捷报》(*The North China Heerald*) 总编辑，后兼《字林西报》(*The North China Daily News*) 总编辑的英国著名新闻记者詹美生 (R. A. Jameson) 为主笔。②

---

① 熊月之、马学强、晏可佳选编：《上海的外国人(1842—1949)》，上海古籍出版社2003年，第224页。

② 熊月之、马学强、晏可佳选编：《上海的外国人(1842—1949)》，上海古籍出版社2003年，第224页。

除此之外，上海的第一种法文报刊亦是由澳门葡裔人士创办的。据汪之成先生研究：

> 1870年底，罗扎里奥兄弟又在沪创办了旅华外侨的第一份法文周刊《上海报界》（*Le Nouvelliste de Shanghai*），并聘比埃（H. A. Beer）为主笔。①

由此看来，上海开埠之后的主要报刊都有澳门报人涉足，加上前面提到的在上海创办的大量葡文报刊，说澳门报人在上海开埠初期独占报业鳌头似乎并不过分。

在香港，情况也大同小异。最近研究报业资料，又发现陈玉申先生提到的一条资料。其中说到：

> 1864年，英国商人罗朗也（即本文所译的诺罗尼亚 Noronha）在香港创设中文报纸《近事编录》。该报似为日报，内容除商情、广告外，以刊载中外新闻为主、社会新闻占较大比例。同期出版的上海报纸经常转载其新闻稿。该报现已无存，详情难考。②

如果这条信息可靠的话，则说明居港葡人早在1864年就直接参与创办了华文报纸，因为历史上确有罗朗也这个人，而且是报业大亨，但他并不是英国商人，而是从澳门迁港的土生葡裔商人。

据《香港报业百年沧桑》一书，香港从开埠至19世纪末的半个多世纪中共创办5种英文报刊，即《香港抄报》（*Hong Kong Gazette*）、《香港记录报》（*Hong Kong Register*）、《德臣报》（*China Mail*）、《孖刺报》（*Hong Kong Daily Press*）和《士蔑报》（*The Hong Kong Telegraph*）。③

郭永亮的统计数字也差不多，指出香港开埠之初有6种英文报刊。然而，很少有人知道，在同一时期澳门葡裔报人在香港创办了16种报刊，几乎是英文报刊的3倍。更何况在上述英

---

① 熊月之、马学强、晏可佳选编：《上海的外国人（1842—1949）》，上海古籍出版社2003年，第224页。

② 陈玉申：《晚清报业史》，山东画报出版社2003年，第33页。

③ 李谷城：《香港报业百年沧桑》（*A Comment on the Press of HK*），明报出版社有限公司2000年，第50—56页。

文报纸中，《香港记录报》是一份迁港报纸，其前身是《广州记录报》(*Canton Register*)。《广州记录报》虽然1827年由渣甸洋行悄悄在广州创办，但大部分时间在澳门白马行渣甸洋行总部的印刷所印刷出版，直到根据《南京条约》香港开埠才从澳门直接迁往香港。

另外，即使在上述英人创办的报纸中，亦有澳门葡人参与管理或担任主笔。著名澳门土生史学家白乐嘉的父亲佩德罗·白乐嘉（José Pedro Braga）就曾担任发行量颇大的《士蔑报》行政总监，并在报纸上撰写许多有价值的文章。这种情况应该不在少数。联想到许多澳门土生葡人在香港各商业机构普遍担任要职，甚至有人在港英政府作高官，这种情况就更加不奇怪了。

HONG KONG DAILY PRESS

PRETTY KOWLOON WEDDING

LEONARD--THAYER

At the Kowloon Union Church on Saturday Miss Maxine Carolyn Thayer, daughter of Mr. and Mrs. Guy U. Thayer, of Hollywood, California, was married to Mr. Royal S. Leonard, son of Mrs. Bertha Leonard and the late Mr. R. Leonard, of Glendale, and until recently, Marshal Chiang Kai-shek's pilot. The Rev. Mackenzie Dow, of the Union Church, Hong Kong, officiated.

The bride made a very pretty picture in a creation of white starched chiffon, made on Grecian lines, with short puffed sleeves with white mittens. She also wore a veil with a halo of rose point-lace. Her dress and veil were brought by the bride from America. She carried a bouquet of pink gladiolus and had pink flowers in her hair.

There were no bridesmaids but Mrs. Richard Rathmell was Matron of Honour and was dressed in pink lace with accessories to match. The bride was given away by Mr. Rathmell.

The reception was held at the Peninsula Hotel.

The guests honouring the charming American bride and groom were Mr and Mrs. A. B. Tyrrell, Mr. and Mrs. A. Matti, Mr. O. L. Cherychain, Mr. C. B. Burnood, Mrs. O. C. Wilke, Mrs. C. A. Weir, Mr. C. H. Schneider, Mr. C. A. Wagner, Mr. and Mrs. W. B. Greenough, and many other well-wishers paid honour and gave greetings to held happy couple.

PICTURE TAKEN after the wedding at the Kowloon Union Church on Saturday between Mr. Royal Leonard, personal pilot of Generalissimo Chiang Kai-shek, and Miss Maxine Thayer, of Los Angeles, California.—(Photo, A.C.P.).

MONDAY'S MENU

BREAKFAST

Applesauce
Cereal
Pork Sausages
and
Buckwheat Cakes

Mrs. Ellen Li — Socialite

TAKING ACTIVE PART IN NEXT CHINESE PLAY

The Hong Kong Women's Soldiers' Relief Association are presenting a play entitled "The Romance of the Western Chamber" at the Queen's

《孖刺报》

人们不禁要问，为何在香港这块英国殖民地有如此之多的葡文报刊，甚至有土生葡人能控制或创办英文及华文报刊，给人以“喧宾夺主，反客为主”的印象。这就不能不涉及报刊受众的问题了。香港开埠伊始，首先涌入香港的大批移民是来自澳门的葡裔族群，特别是澳门土生人。在澳门葡人迁港的高峰时期，居港葡人人口竟占欧裔人口总数中的首位，甚至多于居港的英籍人口。这种情况看来有些不可思议，但事实确实如此。从《英国议会文书》的资料，即看出居港葡裔人士之多：

> 早期来港的葡萄牙人绝大多数在澳门土生土长。其先辈于16世纪自葡萄牙迁居澳门后，因不断与异族通婚，家世嬗变，到他们这一代已很少欧洲血统。除少数人讲葡萄牙语外，一般都操英语或粤语，或者两种语言并用，但他们取葡萄牙姓氏，信仰天主教，有

别于其它居民。1848 年，其人数为 321 人，仅次于英国人，到了 1897 年已达 2263 人，略多于英国人，约占欧籍人口的 38%①，其中 55%于香港出生，41%来自澳门。②

从上述数据中可以看出，1897 年居港"欧美人口"总数为 5532 人，但来自澳门的葡人就有 2263 人，而英籍人为 2213 人，比葡人少 52 人。由此，人们就不难理解为何葡文报刊多于英文报刊了。

居港葡人对香港开埠的建设作出了卓越贡献，在开埠之初香港人力资源极度匮乏，特别是英商管理阶层人力不足的情况下，是来自澳门的葡裔族群促进了香港的发展。这当然不是本文研究的范畴，但澳门葡裔在香港开埠之初报业发展方面的作用则是不容否认的。

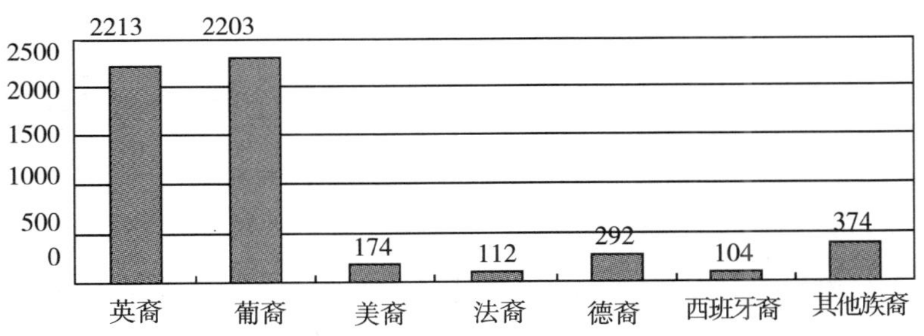

图 1　1897 年得法欧美裔人数

当然，香港毕竟是英国殖民地，香港的报业后来也确实有了很大的发展，从而使"香港报业在中国报业史上占有重要的地位"③，并且"中国近代化报刊的孕育、诞生和发展，都和香

① 根据当年欧美总人数为 5532 人计算，英国议会提出的 2263 名葡人应占总数的 41%，而英人占 40%。

② 参阅《英国议会文书》，第 34 卷第 512 页，《1897 年香港殖民地人口调查报告》，C. O. 131，1897 年第 26 号第 468 页。转引自余绳武、刘存宽主编：《十九世纪的香港》，中华书局 1994 年，第 354—355 页。

③ 李谷城：《香港报业百年沧桑》（*A Comment on the Press of HK*），明报出版社有限公司 2000 年，第 72 页。

港有密切的关系”。①

然而，香港报业的成长壮大，是与澳门土生报人的努力分不开的。尤其是香港开埠初期，移居香港的澳门土生报人白手起家，建立报馆，开办印厂，在短短的几年中迅速成为香港报业发展的主力军，甚至香港政府的官方政府公报及其他英文法律文件和典籍都要由澳门土生人诺罗尼亚的印刷所印制发行。澳人的努力可见一斑。澳门土生史学家白乐嘉曾这样形容赴港创业的澳门葡裔人士：

> 居香港之葡人，生活极为艰苦，日间工毕，无娱乐去处，夜里又因城内歹徒横行，不敢外出。他们皆为安分守己，努力工作的人。晚上唯与亲朋团聚在家，共叙天伦，以消磨时间。对外界事，除非必要，则无理睬。此等初期香港的澳门葡人，对开发香港成为要港，居功至大。②

移居上海的澳门土生报人亦是如此，从 1867 年至辛亥革命的 1911 年共创办了 9 种外文报纸，其中包括上海的第一种英文报纸《晚差报》（*Shanghai Evening Express*）和第一种法文报纸《上海报界》（*Le Nouvelliste de Shanghai*）。汪之成说：

> 与其它通商口岸一样，随着上海各国侨民人数的增加，对文化的需求也与日俱增，各种外文报刊因运而生。外侨报刊之产生与存在，均依赖于其本国侨民社区的支持。故某一国侨民在上海有特殊的势力扩张，则其报刊亦必随之而特别发展。③

从 18 世纪中期至民国初年，来自澳门的葡裔居民一直在居沪外侨中占相当大的比例，因而葡裔报人不仅是上海创办外报的先锋，而且是创办外报的主力。毫无疑问，是来自澳门的报

---

① 李谷城：《香港报业百年沧桑》（*A Comment on the Press of HK*），明报出版社有限公司 2000 年，第 72 页。

② José Maria Braga，*Hong Kong and Macao*：*A Record of Good Felowship*，Graphic，Press Limited，Hong Kong：Graphic Press Limited，1960.

③ 熊月之、马学强、晏可佳选编：《上海的外国人（1842—1949）》，上海古籍出版社 2003 年，第 223 页。

人带动了上海报业的发展。

其实，澳门葡人办报还不仅限于港沪两地。在中国新开埠的其他城市亦有他们的足迹。有史料证实澳门土生罗萨里奥家族在福州也创办报纸并开设印馆。据《澳门土生家族》记载：澳门土生人多林杜·罗萨里奥（Dorindo do Rosário）在福州创办了葡文《福州回声报》和福州印字馆。他的5名子女均在福州出生，其中多人到上海发展。他本人于1894年9月在福州去世。①

根据上面的分析，是否可以用下面的示意图说明澳门报业与中国近代报业发展之间的关系：

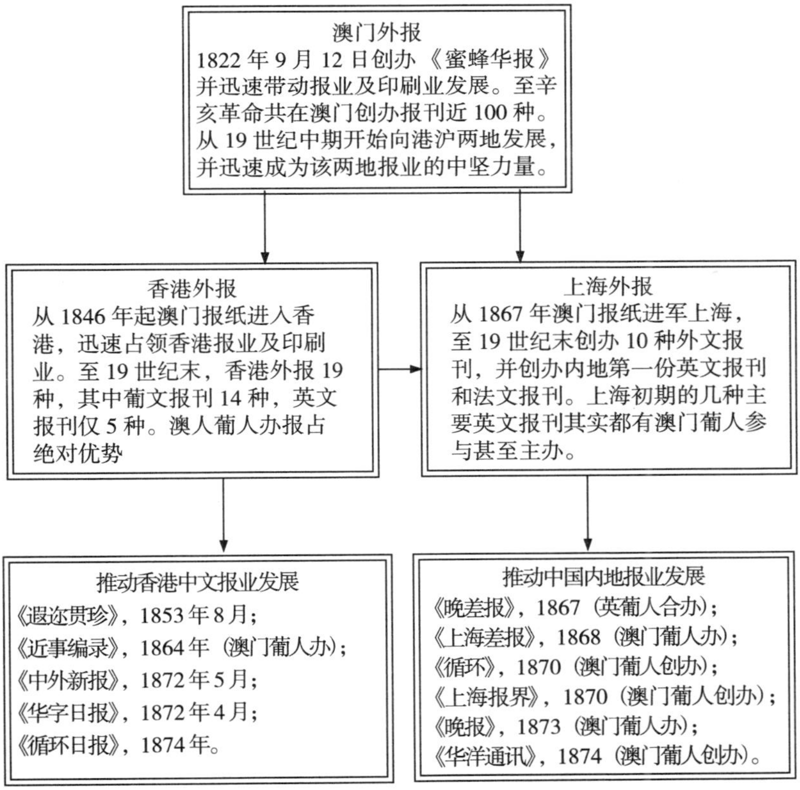

澳门外报
1822年9月12日创办《蜜蜂华报》并迅速带动报业及印刷业发展。至辛亥革命共在澳门创办报刊近100种。从19世纪中期开始向港沪两地发展，并迅速成为该两地报业的中坚力量。

香港外报
从1846年起澳门报纸进入香港，迅速占领香港报业及印刷业。至19世纪末，香港外报19种，其中葡文报刊14种，英文报刊仅5种。澳人葡人办报占绝对优势

上海外报
从1867年澳门报纸进军上海，至19世纪末创办10种外文报刊，并创办内地第一份英文报刊和法文报刊。上海初期的几种主要英文报刊其实都有澳门葡人参与甚至主办。

推动香港中文报业发展
《遐迩贯珍》，1853年8月；
《近事编录》，1864年（澳门葡人办）；
《中外新报》，1872年5月；
《华字日报》，1872年4月；
《循环日报》，1874年。

推动中国内地报业发展
《晚差报》，1867（英葡人合办）；
《上海差报》，1868（澳门葡人办）；
《循环》，1870（澳门葡人创办）；
《上海报界》，1870（澳门葡人创办）；
《晚报》，1873（澳门葡人办）；
《华洋通讯》，1874（澳门葡人创办）。

图2　澳门报业与中国近代报业关系图

① Jorge Forjaz，*Famílias Macaenses*，Vol. III，pp. 449-450.

以上情况说明，除非认定外报对中国近代报业发展无任何影响，如果认为有影响，承认中国近代报刊的发展与西方在中国创办的报刊有密切关系，那就绝对不能否认澳门外报的作用。

（二）华文报纸的出现

早在鸦片战争之前，中国的有识之士就注意到澳门外报的作用及其发展，并模仿而为之。据《中国新闻业史》说：

> 国人自办的近代报刊，以1857年在香港创刊的《中外新报》为始。在创办《中外新报》之前，民族英雄林则徐（1785—1850年）为对付外国殖民主义者的侵略和禁止鸦片贸易，曾于1839年2月写信给广东巡抚怡良，说他已组织人员编译出版《澳门新闻纸》。《澳门新闻纸》中的材料经过林则徐亲自选择后，编成《澳门月报》。据此了解以英国为首的西方列强侵略中国的企图和动向，以便采取相应对策，作好反侵略战争准备。①

戈公振也说：

> 鸦片之役，两广总督林则徐延通西文者翻译外报，故于英人动静，了如指掌。尝将外报所论中国、茶叶、军事、鸦片四端，附奏进呈。又编成《华事夷言录要》一书，见两江总督裕谦奏折中。时客林幕者为魏源（默深），倡议译报最力。②

正是在这种情况下，林则徐的《澳门新闻纸》应运而生。《澳门新闻纸》是我国最早的文摘式译报。是林则徐在虎门销烟时，接受魏源的建议而创设，开中国译报之先河。该报于1839年7月（道光十九年六月）在珠江口的虎门创刊，由总督衙门抄送给各有关官员传阅。从内容上看，该刊主要是翻译澳门出版的外国新闻，大部分内容是反映外国人对中国禁烟运动所采

---

① 《致怡良函》，载《林则徐书札》，见《中国新闻业史》，广西人民出版社1984年，第47页。

② 戈公振：《中国报学史》，上海古籍出版社2003年，第116—117页。

取的态度和行动，以便广东方面能够及时了解“夷情”。后因林则徐被诬革职而停办。

有的学者认为，《澳门新闻纸》只是译文的抄报，不能算作译报。但无论如何，它是一种传递各种信息的刊物。该报现存1—6册，最后一册为1840年11月7日抄出。南京大学图书馆藏有该报原件。

林则徐到广州禁烟不久，便开始注意到澳门外报的作用。他深深感到与夷人接触越多，就越是感到对其了解不够。在这种情况下，他专门招聘懂西文者翻译外报内容，并编辑成《澳门新闻纸》和《新加坡新闻纸》等，以探悉夷情，了解形势。这些编译的内部“小报”内容多涉及鸦片生产和销售，以及西方对中国禁烟的反应等用于调研的各种信息和资料。林则徐为抵抗英人入侵，对外部世界的历史、地理、制造等各方面的兴趣也越来越浓。他通过对夷情及国际形势的了解和认识，已经隐约感觉到有比鸦片更为重要的东西，那就是西方先进的科学技术。应该说，虽然《澳门新闻纸》和《新加坡新闻纸》等仅仅是供内部阅读的“参考消息”，但已具报纸性质无疑。林则徐创办《澳门新闻纸》至少可以说明以下几个问题：

第一，林则徐是1839年组织汇编《澳门新闻纸》的，而当时鸦片战争尚未爆发，更谈不上香港割让的问题。清政府对外开放的商埠仅有澳门，外报只能出现在澳门，连马礼逊等人的新教英文报纸及英商的一些出版物也只能在澳门印刷出版发行。因此，林则徐研究的外报只能是澳门的报纸。正因为如此，才将报名定为《澳门新闻纸》。

第二，虽然澳门葡文报纸的读者仅为葡裔人士，但林则徐组织人员进行编译，其中就包括澳门近代著名新教徒梁发之子梁进德等人。据《中华印刷通史》引文，林则徐“近年雇有翻译之人，因而辗转购得新闻纸，密为译出”，并且说“其中所得夷情实为不少”。[①] 有人认为林则徐于1839年组织汇编的《澳

① 张树栋、庞多益、郑如斯等著：《中华印刷通史》，第十七章第二节，印刷出版社1999年，电子版第707页。

门新闻纸》和《澳门月报》是中国境内最早出现的近代中文报刊。如果此论断确实能够成立的话，则中国近代中文报纸始于澳门外报无疑。笔者认为，虽然此二报系属参考消息性质的官方内部报纸，且不公开发行，但从报纸的功能来讲，已属于报纸范畴，至少类同于内地 20 世纪 80 年代以前内部订阅的“参考消息”。除了发行环节外，该报所刊载的内容及其形式、性质、目的和作用完全符合现代报刊的要素。

第三，即使认为 1857 年香港出版的《中外新报》才是第一份真正意义的中文近代报刊，① 但也是澳门土生报人在香港开埠之初大办报纸催生的产物。方汉奇指出：

> 中国近代化报刊的孕育、诞生和发展，都和香港有密切的关系。中国最早的一批近代报刊和最早的一批日报当中，就有不少是在香港创刊的。②

此言不差。但被人忽视的是，香港报业的发展与澳门报人 19 世纪中期开始的迁港热潮及大规模创办各种报纸不无关系。前几章中所提供的诸多数据和资料都充分说明了这一问题。

从以上的分析可以看出，澳门外籍报人尝试直接参与或者以合作形式创办中文报纸，在办报过程中将西方现代的办报方法和技术逐渐融入到中文媒体中去，从而催生出独立的华文报纸。澳门的《镜海丛报》和香港的《中外新报》都是很好的例子。

如果说中国近代报刊的出现与发展同在华外报有密切关系的话，澳门外报及澳门葡人在港沪等地创办的外报所发挥的作用不可忽视。关于澳门外报及澳门报人与华文报纸的关系可否从以下几个方面进行分析：

首先，近代中国知识分子于 19 世纪外报在中国存在的数十年中，越来越意识到兴办华文报纸的重要性，特别是报界仅有

① 张树栋、庞多益、郑如斯等著：《中华印刷通史》第十七章第二节，印刷出版社 1999 年，第 707 页。

② 方汉奇：《香港报业春秋·序言》，载钟紫主编：《香港报业春秋》，广东人民出版社 1991 年，第 1 页。

的西文报纸会在纷乱的中外关系方面形成一家之言。戈公振先生就说：

> 外人之在我国办报，自别有其作用。昔之有识者，已慨乎其言之。①

澳门实业家兼报人郑观应亦在《盛世危言》中说：

> 中国通商各口，如上海、天津、汉口、香港等处，开设报馆，主之者皆西人。每遇中外交涉，间有诋毁当轴，蛊惑民心者。②

也就是说，面对西方报纸独霸报坛的形势，华人应该有自己的声音。这是华文报纸产生的必要性。

再者，戈公振先生在《中国报学史》中说：

> 吾前不云乎：我国人民所办之报纸，在同治末已有之，特当时只视为商业之一种，姑试为之，固无明显之主张也。其形式既不脱外报窠臼，其发行亦多假名外人。③

所谓“假名外人”，就是中文报纸要借外国人的名义创办。这在华文报纸创办初期非常普遍。之所以这样做，一是因为晚清政府虽然对外卑躬屈膝，但对内部舆论还是控制得非常严厉，华人出面办报不易成功；二是华人办报初期还需要借助于外报的资源和经验，有一个学习的过程。所以，在香港和上海，初期的华文报纸多为西报的副刊或译摘。连在澳门的中文《镜海丛报》，也是作为葡文《澳门回声报》（又译作《澳门土生回声报》）的副刊由土生葡裔飞南第先生出面创办的。《盛世危言》亦认为：

> 近通商日久，华人主笔议论持平，广州复有《广报》，《中西日报》之属，大抵皆西人为主，而华人之主笔者，亦几摈诸四夷矣。今宜于沿海各省，次第仿

① 戈公振：《中国报学史》，上海古籍出版社2003年，第128页。

② 戈公振：《中国报学史》，上海古籍出版社2003年，第128页。

③ 戈公振：《中国报学史》，上海古籍出版社2003年，第121页。

行，概用华人执笔；而西人报馆，止准用西字报章。[1]

说明当时的形势是西人办报，华人执笔。故此戈先生才说“其发行亦多假名外人”。然而，在澳港沪等地外报几乎全被澳门葡人控制的情况下，这“外人”中的大多数应该是澳门葡裔报人。“假名外人”是中文报业产生发展必须经历的一个过程，而这个过程即使从港沪两地开埠算起也差不多有二三十年。

当华人与西人共同办报积累了足够经验及真正拥有资源后，真正意义上的中文报纸才能脱离外报独立存在。在香港，王韬也是买下西人的英华书院印字馆后才能独立创办《循环日报》，而在澳门，康有为、梁启超二人也只能在商人何廷光的资助下才能创办独立的华文报纸《知新报》。

在澳港沪三地外报的影响之下，华人中的有识之士逐渐认识到报纸在传播思想方面的重要性，因而华文报纸首先开始在这些地区出现。

（三）澳门的早期华文报纸

郑观应在澳门生活的时期，正是澳门西文“新闻纸”蓬勃发展的时期。他亲眼目睹了新闻报刊在启迪民众思想的过程中所发挥的作用，提出了“今如欲变法自强，宜令国中各省、各府、各州县俱设报馆”的思想[2]，并且指出办报的主要目的是“通民隐，达民情”。他认为中国古代的官谏制度并未能真正做到“民隐悉通，民情

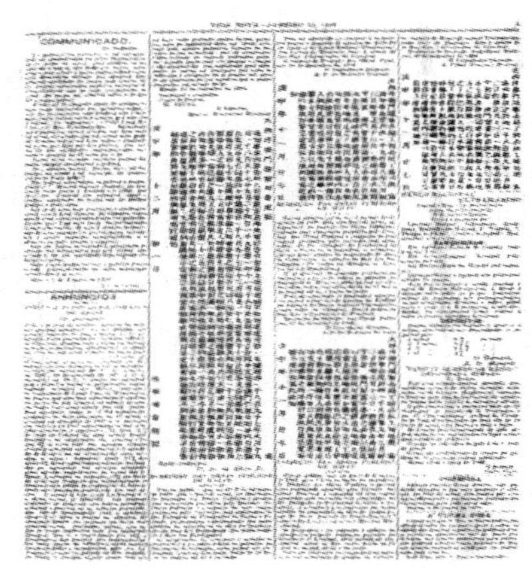

1909年1月葡文《澳门新镜报》上已出现中文新闻

① 戈公振：《中国报学史》，上海古籍出版社2003年，第121页。

② 郑观应：《盛世危言》卷六《日报下》，上海古籍出版社2008年，第464页。

悉达”。而“欲通之达之，则莫如广设日报矣”，以便“宏日报以广言路”。① 毫无疑问，郑观应的这些思想会对在澳门行医的孙中山先生产生影响。而且郑孙两人是忘年之交，关系十分密切。郑观应的传世之作《盛世危言》于1891年收入孙中山的两篇时论《农功》和《商战》，以及郑观应致函盛宣怀，帮助孙中山上书李鸿章这两件事即可证明。

CHING-HAI TSUNG-PAO.

鏡海叢報

第十六號

大清光緒廿一年乙未九月二十日

西紀壹千八百九拾五年十一月初六日

目錄

澳门葡裔报人飞南第创办的华文报纸《镜海丛报》

1893年7月18日（光绪十九年六月初七）澳门华文报纸《镜海丛报》与其母报葡文《澳门土生回声报》同时创刊并在澳门出版。东主兼督印人是澳门土生报人飞南第。报馆设在澳门下环正街3号。该报为周刊，分葡、中文两个版本。葡文版《澳门土生回声报》每星期二出版，每月收费五毫；中文版《镜海丛报》每星期三出版，每期一张半，共六版，每月收费三毫。其内容有《社论》、《国内新闻》、《外电及广东新闻》、《澳门新闻》、《杂俎》及《广告》等栏目。第五、六版刊有孙中山的“医药问答”及经孙中山治愈的病人刊登的鸣谢和揄扬孙中山医道的广告。1895年1月23日（光绪二十年十二月二十八日）中文版停刊。

有人认为该报系由孙中山先生与澳门土生葡萄牙人飞南第等合作创办，有待进一步考证。至今能证明该报同孙中山有关

① 郑观应：《盛世危言》之卷五《日报上》，上海古籍出版社2008年，第453页。

系者，仅有两方面内容。一是孙中山与飞南第是好朋友，飞南第在几度关键时刻都为孙中山提供了及时而宝贵的帮助；二是《镜海丛报》经常刊登有关孙中山先生的消息。至于孙中山先生直接参与办报的史料，至今未见公布。说明孙中山参与创办该报纯属推测。以孙中山当时的财力和精力以及留澳时间之短①，不可能参与合办报刊。退一步讲，即使是合办，孙中山先生也仅是占一块版面，以便刊登“医药问答”。报纸的管理和编务肯定是以澳门土生葡人飞南第为主，因为飞氏家族是澳门报业大户，拥有办报的丰富经验和较为雄厚的财力，同时也拥有当时澳门最先进的印刷技术。连澳门政府也要对其刮目相看。

虽然该报发行时间不长，但已成为发表华文政见的重要阵地。飞南第受孙中山先生的影响，经常刊登言论较为激烈的抨击清政府的“论说”（即今日之社论）。由于《镜海丛报》远销广东、香港、厦门、上海、北京各地以及吕宋、旧金山、葡国、帝汶等地，因而在传播反清思想鼓吹革命方面起到了不可代替的作用。

以上事实说明，居澳葡人从一开始就参与了华文报纸的创办活动。是澳门葡文外报直接影响华人报纸出现的最好实例。

澳门良好的办报环境和基础条件也为内地有识之士所注意。在清政府的严格舆论控制下，力主改革的维新派人物认为澳门是创办报刊、宣传改革思想的理想之地。1897 年 2 月 22 日，康有为和梁启超等人在澳门创办了《知新报》。《知新报》的出现正值戊戌变法推行维新运动的时期。该报由康有为亲自筹划出版，梁启超兼理笔政，澳门商人何廷光出资，何穗田和康广仁负责具体运作创办。《知新报》社址位于澳门大井头四号。该报原来拟以上海《时务报》模式创办，后来经梁启超斟酌后定名为《知新报》。其办报宗旨在其题为《知新报缘起》的发刊词中可见一二。该文指出：

① 孙中山 1892 年 7 月毕业于香港西医书院，9 月来澳门，同年 12 月在澳门设中西药局，1893 年秋即离开澳门赴广州行医，而《镜海丛报》于 1893 年 7 月才创刊。

不慧于目，不聪于耳，不敏于口，曰盲、聋、哑，是谓三病。而“报者，天下之枢铃，万民之喉舌也，得之则通，通之则明，明之则勇，勇之则强，强则政举而国立，敬修而民智”①。

澳门的《知新报》于 1897 年 2 月 22 日（清光绪二十三年正月二十一）创刊，创办之初为 5 日刊，每月 6 期。自 20 册起，改为旬刊。直至 1900 年 2 月 14 日，《知新报》再改为半月刊，每期约 60 余页，册装。在 1898 年（清光绪二十四年）的百日维新失败后，《知新报》仍继续出版。1899 年 7 月 20 日，康有为在加拿大创立“保救大清皇帝会”后，更将《知新报》与《清议报》定为该组织的“机关报”。《知新报》延续至 1901 年 1 月 20 日（清光绪二十六年十二月初一日）停刊，前后发行 4 年，共出版了 133 期。

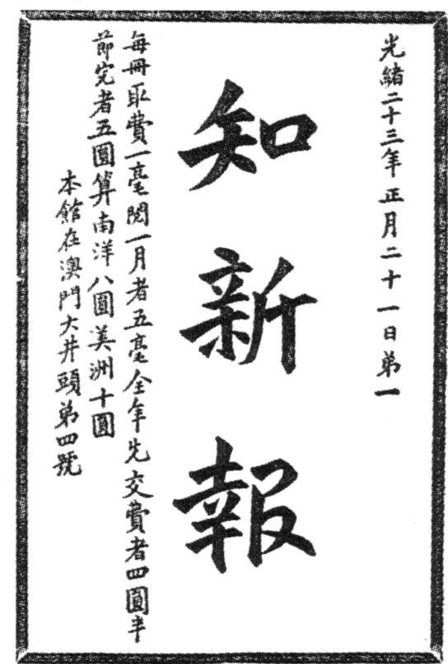

光緒二十三年正月二十一日第一

知新報

每冊取費一毫閱一月者五毫全年先交費者四圓半

節究者五圓算南洋八圓美洲十圓

本館在澳門大井頭第四號

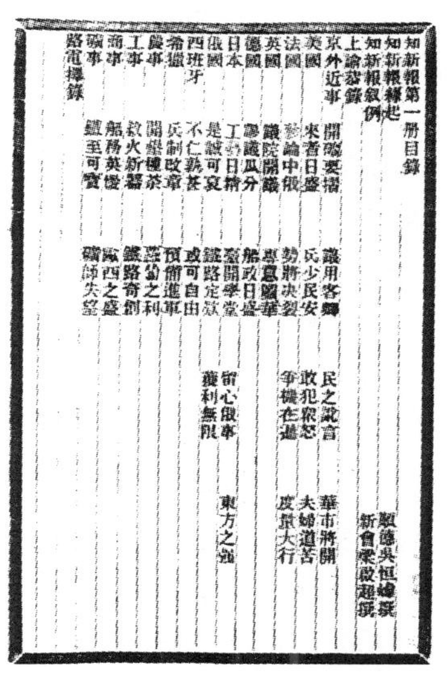
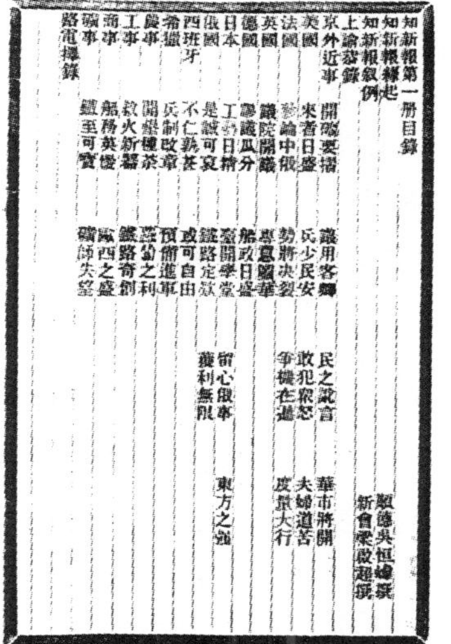

知新報第一冊目錄

知新報緣起

知新報敘例　新會梁啟超撰

上諭恭錄

京外近事

美國

法國

英國

德國

日本

俄國

西班牙

希臘

農事

工事

商事

礦事

路電擇錄

澳门《知新报》1897 年 2 月 22 日创刊号

《知新报》以宣传变法维新、君主立宪的改良主义为宗旨，尤其重视政论，经常刊登外国政情和最新技术发展的文章，成

① 《知新报》创刊号《知新报缘起》。

为中国南部宣传维新变法的重要阵地。[①] 这与70多年前反对专制鼓吹宪政的葡文《中国蜜蜂报》有异曲同工之妙。由于澳门环境特殊，《知新报》言论较内地报纸尖锐，影响力甚大，深受海内外欢迎。但《知新报》仅出版了四年，至1901年1月自动停刊。[②]

《知新报》宣传维新派的变法方针，强调废科举、兴学校、育人才、重科学。希望清政府能通过这些办法提升国力，达到国家强盛、民众安居乐业的目的。该报主要栏目有：《京外近事》、《政论》、《上谕恭录》、《农学》、《矿学》、《工事》、《商事》、《路透电音》等。不仅传递信息和政论，而且会引用西方通讯社的最新消息和信息。除了评论时局的严肃政论和批判文章外，《知新报》还选取了具有时效性和趣味性的西方报刊译文，对启蒙教育和教化民众起到很大作用。在这个意义上，仍未脱离华文报纸初期译报的雏形。在当时条件下这也是介绍西方情况的唯一方法，因为在澳门尚未出现天马行空的远程采访记者和越洋跨国的通讯设备。只能通过翻译将人们关心的重大西方新闻传播出去。尽管如此，这也在传播西方新文化新思维方面发挥了重要作用。《知新报》所涵盖的知识范围十分广泛，而且顾及所有领域和层面。从世界大事到国计民生，以至生活习惯、衣食住行、街头趣闻、个人卫生无不涉及，以满足各个层次读者的口味和需要。需要指出的是，为《知新报》作葡中新闻翻译的就是当时著名的澳门土生翻译员宋次生（Carlos Augusto Corrêa Paes d'Assumpção）。[③]

依照当时华人办报的水平来看，《知新报》在当时华文报纸中可谓十分出色。与此同时，《知新报》与上海的《时务报》南北相互配合，遥相呼应，发表维新言论，宣传变法思想，表现出极大的爱国救国热情。《知新报》除畅销华南地区外，更远销日本、越南、新加坡、美国等地，为昔日影响中国华南风气的

① 林昶：《澳门中文报业在两岸交流中所扮演的角色》，新华网。

② 林昶：《澳门中文报业在两岸交流中所扮演的角色》，新华网。

③ 见本书第三章的《澳门土生报人的出现》一节有关宋次生的介绍。

大报。即使在百日维新失败后，其他维新派的报刊被迫停刊，而《知新报》仍继续出版，成为当时中国唯一仍鼓吹维新变法的最后堡垒。之所以能够如此，亦得益于其在澳门出版发行的特殊优势。

《知新报》在当时情况下不仅代表了变法人物的主张和社会思潮，而且激发了后人对国家民族的热情。由于《知新报》在葡萄牙管治之下的澳门发行，晚清政府鞭长莫及，独特的政治背景使该报言论得以自由表达，不受约束，在中国南方起到了舆论先锋的作用，因而可以言《时务报》所不敢言。所以，《知新报》在中国报业及新闻史中占有重要地位。

接着，在康有为的积极鼓励和支持下，何穗田先生又创办了《濠镜报》。何穗田是当年澳门富商，曾经支持孙中山先生的革命活动，亦是力邀孙中山在澳门行医的几位知名绅商之一。[①]《濠镜报》也是维新派在澳门创办的报纸。该报 1898 年（光绪二十四年）在澳门创刊出版。担任主编的是卢雨川、黄式如、陈子韶等人。至 1901 年 1 月自行停刊，共出 133 期。[②]

1899 年 2 月（光绪二十五年元月初），《澳报》创刊并在澳门出版。该报为日刊。主笔李应、吴瑞生等人。报馆设在澳门南湾花园 1 号。《澳报》为小型报纸。《孙中山全集》开卷第一篇《致郑藻如书》，原来就发表在《澳报》上。除在澳门发行外，还远销海防、东京、横滨、神户、新加坡、三藩等华人聚集的地区。该报发行两年后于 1901 年停刊。

从以上情况可以看出，澳门中文报刊多出于 19 世纪末，而且数量极少，在以外报特别是以葡文外报为主的澳门报坛可谓形影孤单。然而，这几种报纸却是中国早期最重要的中文报纸。每一种都有其特殊意义，同时也可隐约看出华文报纸发展的脉络及其受外报的影响。

下图展示清末澳门共创办各种报刊 44 种，其中外报有 40 种，而外报中葡文报刊 34 种，英文报刊 6 种，总共占报刊总数

---

① 林昶：《澳门中文报业在两岸交流中所扮演的角色》，新华网。

② 周佳荣：《澳门报刊的历史和现状》，载香港浸会大学历史系《当代史学》。

的 91%，而中文报刊有 4 种（未包括 19 世纪前期的中英文双语刊物《依泾杂说》），仅占报刊总数的 9%。数字虽小，但可看出其中的某些含义。

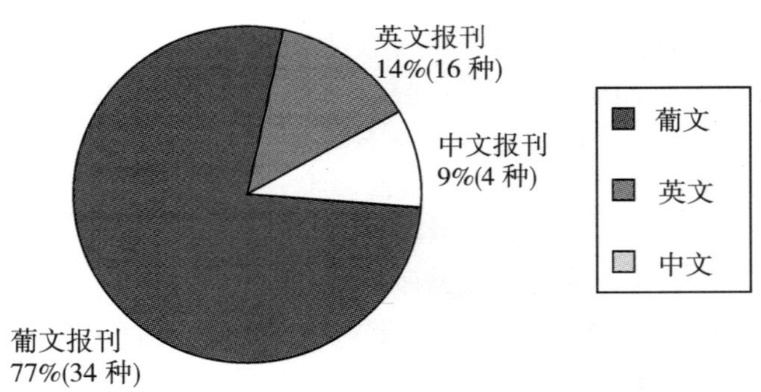

图 3　清末澳门报刊文种情况

澳门中文报刊大都产于 19 世纪末，问世较晚，同时又处在外报的包围之中，这说明澳门的中文报纸是在外报的影响及孕育下产生的。澳门地域狭小，华洋杂居，不同族群之间的相互影响无日不存。外报出现之初，华人可能视其为它物，熟视无睹。然而随着社会的进步及中国形势的变化，报纸的作用也越来越被华人所认识，继而产生阅读报刊的需求和渴望。对于居澳葡人，特别是澳门土生人来说，在 19 世纪纷乱的情况下亦有通过报刊同华人社会沟通的必要。澳葡政府于该时期专门设立了处理华人事务的华政衙门，及在该时期专门设立培训翻译人才的机构①，就是为了加强同华人社会的沟通，并通过此种办法加强对华人的管理。以上两方面的需求，创造了澳门中文报刊产生的社会基础及有利条件。

① 1865 年，葡萄牙海事及海外部部长班德拉（Marquês de Sá da Bandeira）发布 12/07/1865 号法令，要求设立一个华语翻译培训机构，附属于华人事务理事官公署，即后来的华务司。该机构运作 40 年后，葡萄牙王室于 1905 年颁布了 7 月 22 日法令，决定将上述培训机构升格为正式的翻译学校，专事培训政府需要的翻译人才。而上述 40 年，也是从澳门外报出现个别汉字到独立创办中文报刊的过程。

从1822年澳门出现第一种外文报刊《中国蜜蜂报》，到澳门土生葡人飞南第1893年创办第一种中文报刊《镜海丛报》，这一过程历时70年。其过程大体如下：

首先，在葡文报刊风行半个世纪后，部分葡文报刊于19世纪中后期取用中文报名印在报头醒目位置，如《澳门新镜报》（即《新生活报》）、《豪镜新报》（即《澳门土生报》）、《中国新闻纸》（即《澳门帝汶报》）等。虽然这种做法在更多情况下是对报刊的一种点缀，但无形中也是对华人的一种宣传，至少使华人知道那些洋人们每天悠然自得地坐在藤椅上阅读的是什么东西。

接着，澳门宪报开始出现部分中文内容，将需要华人知晓的政府文告及命令译成中文。同时，部分葡文报刊亦开始将华人关心的重要社会新闻译成中文刊载，最初是译文，后来则出现请华人捉笔撰写的告白、启示、短文等，甚至出现翻译的文学作品。

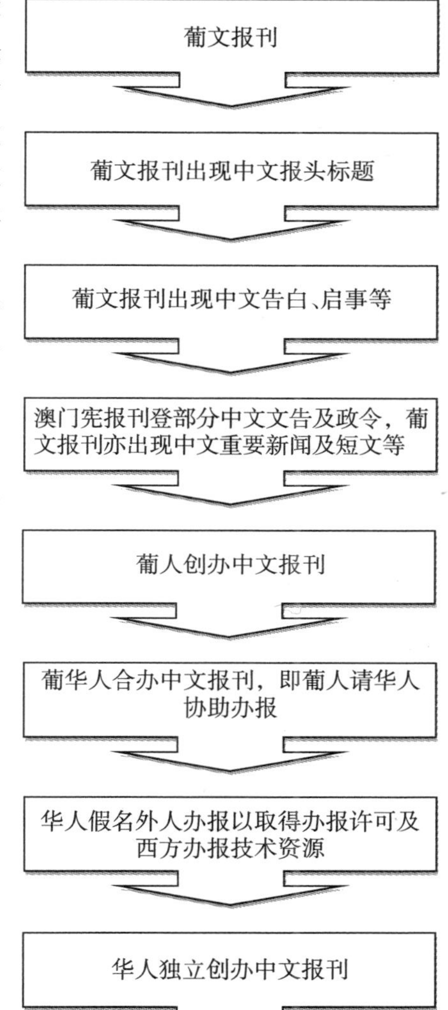

图4　澳门报业从外报到中文报纸的发展过程

接近19世纪末，开始出现葡人创办的中文报纸，如飞南第于1893年创办的《镜海丛报》及诺罗尼亚在香港创办的《近事编录》等。

辛亥革命之后，澳门中文报业更加蓬勃发展，多份报纸应运而生。先后有1913年创刊的《澳门通报》，1916年创刊的《澳门时报》，1917年创刊的《澳门日报》，1920年创刊的《濠镜晚报》，1924年创刊的《平民报》、《民生报》等。这些报纸都具有相当规模，而且由于制版技术的提高，在版面编排等方面亦有了新的改进，开始采用西文报纸早已采用的分栏编排方式。报纸文章容量增加，行文亦渐趋白话，接近现代报纸。从此，澳门华文报纸进入了蓬勃发展时期。

（四）港沪早期华文报纸

在先是澳门，后来是香港外报的影响下，华文报刊在香港出现。经不少专家研究考证，最早在香港创办的华文报纸有以下几种：

《遐迩贯珍》（*Chinese Serial*）。据李谷城先生研究，香港第一份中文报刊是1853年8月1日创刊的《遐迩贯珍》，该刊由马礼逊教育会创办，英文书院印刷。[①] 戈公振先生说该报“自咸丰三年起（一八五三年）每月发行于香港，每册十二页至二十四页。初由麦都思为主笔；次年由奚礼尔为主笔；咸丰六年（一八五六年）改由理雅各布为主笔。旋即停刊”。[②] 从以上记录看，该报是有教会背景的月刊，而且内容不多，故不为人所重视。

人们公认在香港影响最大的最早华文报纸是《香港中外新报》，即《中外新报》，是英商《孖剌报》的中文版，1872年5月4日创刊。由于是香港出现最早的华文日报，故在华人社区影响颇大。该报前身是《香港船头货价纸》，于1857年11月3日创刊。从刊名可以看出该报具商业性质，主要刊载商品贸易的各种信息，包括各种商品的交易价格。这亦是该报在华人中

① 李谷城：《香港报业百年沧桑》，明报出版社有限公司2000年，第56页。
② 戈公振：《中国报学史》，上海古籍出版社2003年，第79页。

产生影响的原因之一。

《香港华字日报》，其前身为《中外新闻七日报》，又称《华字日报》。所谓七日报即周刊，是英商《德臣报》的中文副刊。1894 年报馆火灾后脱离《德臣报》独立门户。《香港华字日报》1934 年 9 月曾出版一种《华字日报七十一周年纪念刊》，封面右侧印有“本报创办于清同治三年”字样。如果是这样，则说明该报创刊于 1864 年。卓南生先生根据最新资料，认定该报创于 1872 年 4 月 17 日。

《循环日报》是香港较为重要的华文报刊，被称为是国人自办报纸最先获得成功的。该报于 1874 年 2 月 4 日创刊，主笔是近代著名报人王韬。《循环日报》与其他近代华文报刊的最大区别，在于其业主不再是西人。不仅主笔及主要编辑人员是华人，报馆业主亦为华人。《循环日报》为日报，每期两张四版。该报特别注重发行工作，“省会市镇及别府州县并外国诸埠凡我华人所驻足者，皆有专人代理”①。从而深受国人欢迎，名闻遐迩，远播海外。这亦说明了该报已有健全的发行机制。

循環日報

週年價銀五員

光緒八年歲次壬午四月十五日

香港《循环日报》

① 见《循环日报》1874 年 2 月 12 日的《本局布告》。

上海与香港差不多同时开埠，1843 年（道光二十三年）设立上海通商口岸。接着，英租界（1845 年）、美租界（1848 年）和法租界（1849 年）先后辟设，西方侨民大量涌入。随着工商业的发展，人口迅速膨胀，来自全国各地特别是广东人纷纷到上海谋生，不消数年，这个富庶的江南小镇便成为百万人口的大城市。在外文报刊的带动下，华文报刊开始出现。

上海位于中国文化发达地区，其开埠后的繁荣程度远远胜于香港。由于文化底蕴深厚，文人墨客聚集，华文报纸出现虽不及香港早，但发展迅速，影响深远。至民国成立的 1911 年，全国共出现华文报刊 1753 种，其中有 460 种是在上海出版的，占 26.24%。如同香港一样，上海华文报刊的出现亦需借助西人力量，后来逐渐转为华人独立创办。上海早期的华文报纸主要有以下几种：

《上海新报》是最早在上海出现的华文报纸，1861 年 11 月 9 日由英商字林洋行创办、由美国传教士伍德担任主编。《上海新报》由英文《北华捷报》报社出版，初为周刊，后为周三刊，最后变为日刊，是上海近代第一种中文报纸。

该报发刊词说："大凡商贾贸易，贵乎信息流通。本行印此新报，所有一切国政军情、市俗利弊、生意价值、船货往来，无所不载。"①《上海新报》是一种商业性报纸，将传播商业信息置于首位，认为"上海地方，五方杂处，为商贾者，

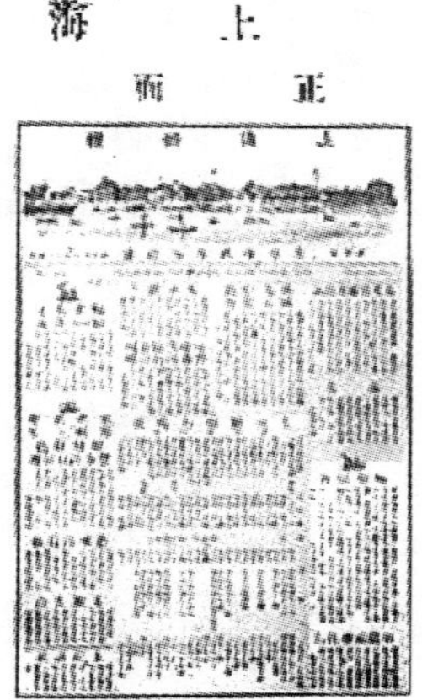

《上海新报》

① 方汉奇主编：《中国新闻事业通史》（第一卷），中国人民大学出版社 1992 年，第 216—217 页。

或以言语莫辨，或以音信无闻，以致买卖常有阻滞。观此新报，即可知某行现有某货，定于某日出售，届时亲赴看货面议，可免经手辗转宕延以及架买空盘之误”。①

虽然《上海新报》重点在于传递商业资讯，但亦刊载社会大众关切的时事新闻。比如创刊初期正值太平天国军队夺取苏杭直逼上海之时，该报发表的许多战讯就很受读者关心。然而该报政治立场反动，对时局的分析评论有为清政府出谋划策之嫌，更为镇压太平天国起义军的外国雇佣军歌功颂德。

《上海新报》在创刊后的10年中独树一帜，无任何竞争者，经济效益可观。然而1872年《申报》创刊成为《上海新报》的强劲竞争对手。不到一年时间，《上海新报》便在激烈竞争中落败，于1872年12月31日宣布停刊。

《申报》（*Shun Pao*）为近代中国发行时间最长、社会影响最为广泛的华文报纸。该报原先全称《申江新报》，创刊于1872年4月30日（清同治十一年三月二十三日）。创办人为英商美查（Ernest Major）。上海解放后于1949年5月27日停刊。前后经营共78年。《申报》是一种以赢利为主要目的之商业性报纸，其创办借鉴香港经验，美查于创刊前曾专门派人赴香港考察，参照香港的做法将报纸的编辑工作交由华人蒋芷湘、钱昕伯等人主理。在中国境内由外人创办的报刊中，《申报》是第一家由中国人主持笔政的报纸。

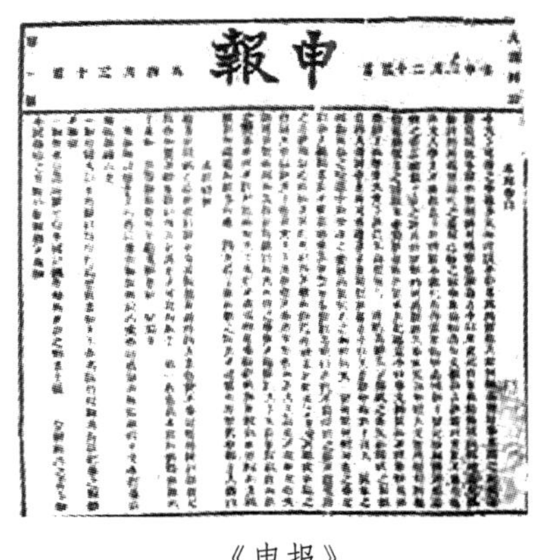
申報

《申报》

《申报》之所以能在激烈竞争中击败昔日报坛霸主《上海新报》，与其勇于开拓创新的改革策略不无关系。

首先，《申报》注重发表政论文章，打破《上海新报》不发表论文的惯例。这对于关

① 1861年11月9日《上海新报》发刊词《本报谨启》。

心时局的民众来讲，无疑具有很大吸引力。《申报》的时论文章内容丰富，对苛政陋规敢于批判，对科学民主敢于鼓吹，在启发民智上起到积极作用。

其次，《申报》改革新闻报道，重视新闻的真实及时效。比如1874年5月日本兴兵入侵台湾省时，美查及时派人赴台采访，发表《台湾军事实录》等生动的战地通讯，开上海华文报纸战地报道先河，亦是《申报》重视新闻时效的具体反映。1873年11月，浙江余杭发生轰动朝野的杨乃武冤案，《申报》从1874年1月开始连续三年报道该案进展情况，直至1877年冤案大白于天下。《申报》的跟踪报道形成强大社会舆论压力，对冤案的最终解决起到积极作用。

再次，自《申报》始出现专题版面，公开征集、发表文艺性作品，特别是语言通俗、音调轻快的竹枝词更受广大读者欢迎，符合当时知识分子及市民的兴趣和需求。这一创造性的举措，为后起的《字林沪报》、《新闻报》所效仿，成为华文报纸副刊的样板。

《彙报》（*News Collector*），1874年6月16日由粤籍人士容闳和唐廷枢合办，近代著名买办实业家郑观应亦有参与。上海开埠后，最早受西方影响的广东人大举入沪。除经商发展实业外，亦十分重视舆论，故投资创办《彙报》。该报意在主持舆论公正，与英人创办《申报》相抗衡。《彙报》是居沪华人自办的最早报纸。其创办动因似与《申报》对京剧演员杨月楼案报道有关。《申报》在披露该案时，曾污蔑香山人轻浮，使居沪粤人极为恼火，亦使其意识到报纸舆论的重要性。于是，同为香山县人士的招商局总办唐廷枢、上海知县叶廷眷、著名归国留学生容闳、买办郑观应等人共同筹备创办了《彙报》。该报名义上以英人葛理（Grey）为主笔，实则以常州人管才叔为主笔，广东人黄子帏、南京人贾季良为编辑。1875年《彙报》更名为《益报》，以体现“自宜求有益华之事而言之”的办报方针。《彙报》于1875年12月4日停刊，历时一年半，时间虽短，但为华人首创报纸，意义重大。

《沪报》，1882年（光绪八年）4月2日由英商字林洋行创办，因而也是西人出资的买办报纸。该报创办事出偶然。据戈公振考证，《字林西报》“主笔巴尔福氏（Frederic Henry Balfour）见馆中存有全副中文铅字，置之不用，以为可惜，乃商得该行同意，延戴谱笙、蔡尔康等为主笔，重振旗鼓，续出《沪报》。”① 说明《沪报》是由于“中文铅字，置之不用，以为可惜”才创办的。该报新闻多译自英文《字林西报》，同时自创文学专栏《野叟曝言》、《玉琯镌新》等以吸引读者。该报后改名《字林沪报》，并于 1897 年 11 月 24 日出版副刊《消闲报》，被认为是中国最早的文艺副刊。后来，该报经营每况愈下，不得不于 1898 年 5 月转售予“协记”商号②。后于 1899 年辗转出让给日商上海东亚同文书会，易名为《同文沪报》。由于“中文铅字，置之不用，以为可惜”才创办的《沪报》能够经营 7 年，实属不易。

字林滬報

《字林沪报》

《强学报》，康有为于 1895 年 10 月离开北京后，与梁鼎芬、黄遵宪、汪康年、张謇等人共同发起组建上海强学会。根据康有为起草的《上海强学会章程》，上海强学会的机关报《强学报》于 1896 年 1 月 12 日创刊，由康有为的学生徐勤、何树龄任主编。由于该报政治色彩浓郁，故并非每日出报，而是每 5 日出刊，免费赠阅。毫无疑问，《强学报》托古改制、倡导变法、明定国是、开设议院的政治主张为清政府所不容，出版不久即遭到毁灭性打击。1 月 20 日北京强学会和《中外纪闻》遭查禁，5 天后两江总督张之洞下令解散上海强学会。在这种情况下，《强学报》昙花一现，第 3 期还未及发行就被迫停刊。

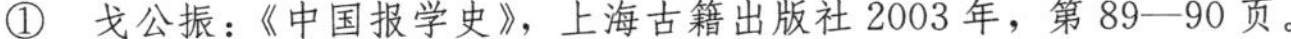

① 戈公振：《中国报学史》，上海古籍出版社 2003 年，第 89—90 页。

② 1898 年 5 月 21 日《字林沪报》之《本报馆由协记接办告白》。

《新闻报》，1893 年 2 月 17 日创办，初期由中外商人合资经营，共同组织公司。该报主要出资者是华人张叔和，以英国人丹福士为董事长，斐礼思为总经理，蔡尔康为主笔。1899 年，由于公司经营不善，报纸股权被美国人富凯森（John. C. Ferguson）购得，转而聘汪龙标（汉溪）为总经理，金煦生、李浩然等相继任总编辑。该报以经济新闻特别是商业新闻为重点，以工商业者为主要读者，并以低廉订阅及零售价格与《申报》竞争。《新闻报》的策略十分奏效，发行量大增。没过几年便成了《申报》的强劲对手。戈公振亦认为“故中国报纸之能经济独立者，以《新闻报》为最早”①。后《新闻报》经历民国、日伪、内战等时期，于 1949 年 5 元上海解放时停刊，历时半个多世纪。

新聞報

上海《新闻报》

至 19 世纪末，上海报坛终于形成“申、新、沪”三报鼎立的局面。上海在报业发展方面后来居上，逐渐取代澳门和香港，成为全国繁荣发达的报业中心。

① 戈公振：《中国报学史》，上海古籍出版社 2003 年，第 91 页。

结 语

“我国现代报纸之产生，均出自外人之手”①。近代中国报刊的出现是清末西风东渐的产物，特别是鸦片战争之后，西方人在华办报形成高潮。20 世纪 20 年代，戈公振先生首先开始了对中国近代报刊的研究。他于民国初年即开始报学研究。其于 20 年代中期发表的《中国报学史》对中国早期近代报纸展开系统研究，对于中国近代报刊的产生及发展过程做了详细的梳理和深入的分析，指出中国近代报业的产生与发展源于外国人首先在中国创办各种报纸。然而，回首近百年的报学研究，感觉到报学的研究重点一直是教会创办的各种报刊，似乎看不到其他民办外报的重要性，更谈不上澳门报业对近代中国有什么影响，这实在是一个很大的误区。

许多学者都认为，中国早期近代报刊始于教会，并且在早期近代报刊中占很大比例，甚至指其“十之六系教会报”②，因而教会办报成为学者争相研究的重点。“万国公报”、“六合丛谈”、“遐迩贯珍”等报名成为报学研究中出现率最高的词汇，而林乐知、裨治文、马礼逊等当时并不为人所知的外国人名亦因报学研究而在学界“家喻户晓”。这种重教会而忽视民间其他报刊的研究在很大程度上与长期以来的政治和意识形态的影响有关。从鸦片战争以来差不多一个多世纪的时间里，宗教一直

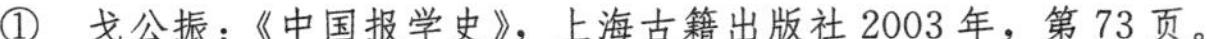

① 戈公振：《中国报学史》，上海古籍出版社 2003 年，第 73 页。

② 李提摩太：《中国各报馆始末》，《时事新论》卷一，上海广学会 1898 年。

被视为麻醉人民的精神鸦片，而西方的传教士亦被认为是西方列强侵略中国的特务或者密探，因而他们创办的报刊一定是为了刺探中国情报，或者为西方侵略作舆论准备。

由于百多年来这一直是一个时髦的话题，因此对教会报刊的研究可以说是硕果累累，似乎给人的印象就是在中国境内的早期外报绝大多数都是反华的教会机构创办的。然而，通过本项研究在前面的分析不难看出，不仅中国境内第一份近代报纸不是教会创办的，而且19世纪的教会报纸也并未占主导地位。确实，教会办报在西学东渐的过程中历史悠久，教会势力对中国的影响也颇为强大，但作为西方的宗教，无论是早期的天主教，还是后来的新教，始终没有成为中国社会生活的主导。相反，对近代中国影响最大的反而是鼓吹西方民主自由思想的各种民办外报。而中国民间外报的发端则始于1822年在澳门创刊的《中国蜜蜂报》。

然而，《中国蜜蜂报》的出现绝非偶然，它与当时的葡萄牙及澳门的形势密切相关。19世纪的澳门极不稳定，不仅粤澳关系紧张，澳门社会内部也矛盾重重。即使是葡人社会也受到西方社会变革的强烈影响，内部斗争十分激烈。正是在这样的形势下，才首先在澳门出现了办报的条件，而且活跃着一群特殊的报人。正是这些人在澳门创办了第一份报纸《中国蜜蜂报》，进而带动了其他报纸的出现；鸦片战争后，又是他们首先进军刚刚开埠的香港，并在那里掌控了最初的新闻及印刷行业；上海开埠之后，又是他们，大量移民上海并首先在那里创办报纸。这个在中国向西方开放的沿海城市中极其活跃的人群，就是澳门土生葡人，俗称“澳门土生”。

澳门土生葡人是澳门社会中一个特殊的群体，其形成及发展的过程十分漫长而复杂。简而言之，澳门土生葡人是葡萄牙东来的五个世纪中，欧洲人从印度到远东与一系列亚洲国家不同族群联姻而产生的后裔，并且最后在澳门定居繁衍发展。具体地讲，在澳门生活了四个半世纪的澳门土生族群主要由四部分人组成：一是纯血统的葡人后裔，这在土生人中占极少数，而且其中多数是近百年来移居澳门的葡人；二是葡人与华人血缘混杂而产生的后裔，这种人在土生族群中占绝大多数；三是纯血统的华人，但已在祖上归化葡国，认同葡国文化，在人群中亦占极少数；四是其他种族血缘混杂后产生的后裔。

澳门地域狭小，居澳葡人不过数千，然而他们却能创办如此之多的外文报刊并且将报业及出版印刷业推向港沪两地，这充分证明了澳门土生葡人的文化水平和经商能力。澳门土生族群中真正文化精英的出现是18世纪末以后的事，特别是19世纪由于交通和信息的改善推动了文化事业的发展，从而促进了大批知识分子的出现。思想及文化的活跃与欧洲法国大革命后的变革不无关系。

其实，澳门土生知识分子群体的形成过程有其自身的特点，从而构成了他们思维及文化上的两重性。这种两重性特点当然也会在他们创办的报刊中反映出来。澳门土生人的祖先来自16世纪的欧洲旧大陆，但在葡亚裔形成后的近三个世纪里，他们同欧洲的传统文化联系已经出现很大断层。因此，当19世纪的欧洲民主之风吹向亚洲时，对于已经形成自身文化模式的澳门土生族群来说，亦是一种新的文化碰撞。毫无疑问这种碰撞对他们也会产生“新鲜感”，也会引发内心的激荡。这时的他们，会以“外人”的心态对待西方的新思潮；另一方面，他们由于自身的血统渊源而对西方产生“亲切感”，从而又产生“自家人”的心态。两种情结的交融，就转变成创办平面媒体的强大动力和近乎疯狂的办报热情，希望能在距葡国万里之外然而仅有数平方公里的中国澳门土地上建立起欧洲式的“民主社会”。

在这种情结的驱使下，澳门土生族群中的知识分子便在文化上出现“回归西方”的趋势，同时，社会生产力的发展，特别是交通和信息的发展也为这种回归创造了条件。其后果是，使近代澳门土生族群在文化方面反而比他们的祖辈更加带有西方特点。比如居澳土生葡人东来过程中形成的特殊语言“帕图阿”语，便由于语言的回归而逐渐被废弃，无人再使用。这样一来，澳门土生人在西学东渐及近代中国社会变革及发展的过程中，就会不同程度地发挥自己的作用，虽然有时这种作用在大多数情况下是间接的。

另外，应该看到，在澳门葡裔社会中占绝大多数的澳门土生人是双栖文化甚至多栖文化的真正传承者，从而使他们成为两个迥然不同社会之间实质性的联系纽带。因此，作为天主教徒，能操不同语言，继承双栖文化传统的澳门土生人"一方面需要争取并获得同那些如匆匆过客般（来自葡国京城）的殖民一族一样的特殊待遇和王室特权；另一方面，他们也是最有机会的'中国'商人和劳动阶层"。[①] 这种具有"双重"身份的特殊族群特征使澳门土生葡人在19世纪中国门户开放，西方列强纷纷进入的情况下自然会成为东西方文化交流的媒介。一方面，他们要努力使西方的民主制度在澳门及港沪等地能够实现，使在东方生存了几个世纪的"西方人"享有"祖国"所处的欧洲普遍实行的自由生活；另一方面又要顽强地保留几个世纪以来逐渐"异化"了的多元文化传统和生活方式，特别是面对宗主国权势者的傲慢和歧视而奋力抗争。这种特殊而复杂的心态促使他们努力争取在舆论上的话语权。而对当时社会影响最大的，就是澳门土生人在澳、港、沪三地大办报纸。

澳门是鸦片战争前中国对外开放的窗口之一，也是中国当时联络欧洲的重要通道。不仅西方的先进科学技术通过澳门传入中国，西方的民主思想亦须通过这块弹丸之地才能影响到中国。欧洲发生的重大事件都会在具有欧洲血统的澳门土生族群中首先得到反应。这是该族群掌握舆论话语权的有利条件。这种优势使得澳门在18至19世纪相当长一段时间里，一直是中国观察了解欧洲形势的晴雨表。

毫无疑问，传教士从16世纪起在中西文化交流方面发挥了重要作用。然而以耶稣会为代表的传教士从一开始进行的就是高层次的交流，他们通过与明清两朝宫廷及中国士大夫的接触不仅传播了教义，而且引进了西方先进的自然科学技术和理学。

---

① José de Aquino Guimarães e Freitas, *Memórias sobre Macau*, Real Imprensa da Universidade, Coimbra, 1828, p. 14. 由 Geoffrey C. Cunn 在其著作 *Ao Encontro de Macau-Uma Cidade-Estado Portuguesa na Periferia da China, 1557-1999* 中引用。该书由葡萄牙海上大发现委员会澳门地区委员会和澳门基金会1998年联合出版，第75页。

传入的西学被少数中国知识分子所接受，然后通过他们把这些知识变成推动社会向前发展的生产力。但是，人们在研究历史时却往往忽略另一种重要的文化交流形式，那就是民间层面的文化交流。这种交流往往是自发的，无意识的，以潜移默化形式进行的。一般来说，这种交流不会被人们所重视，但久而久之，这种交流就会对人们日常生活产生深远影响。澳门在相当长的历史时期内充当中国对外开放的重要窗口，因此，居澳土生族群就会不自觉地担当起民间交流的任务。从各种史料中可以看出，澳门土生族群在中西文化的碰撞中不仅成为中华文化的接受者，同时也成为西方文化的传播者。

在传播西方民主思想方面，传媒的作用不容低估。随着欧洲民主思潮的发展以及澳门公民社会的崛起，各种思想十分活跃，新闻事业也得到迅速发展。正因为如此，中国现代意义上的报纸才会首先在澳门出现，而诸多澳门报人创办的报刊在港沪两地才会“一纸风行”。

中国近代的有识之士十分关心这一新生事物，从一开始就敏锐地感受到澳门出现的新闻报纸在传播思想方面的重要作用，认为“夷人刊印之新闻纸，系将广东事传至该国，并将该国事传至广东，彼此互相知照”①。

从19世纪初至20世纪初的一百年中，在澳门占主导地位的出版物是葡文报刊，包括用葡文公布的《政府公报》。除此之外，还有许多中文和英文刊物。后来的英国人在叩开中国大门之前亦看到在澳门创办报刊的有利条件，将诸多刊物的编辑、印刷和出版机构及设施安在澳门。

通过前面的分析，人们可以得出这样的结论：近代中国新闻传媒的出现不能不归功于澳门土生人，是他们在中国的土地上率先办起了各种报纸。1822年，他们在澳门出版了第一份报纸《中国蜜蜂报》，20年后的1842年，香港才有了第一份报纸，1857年，报纸在上海的外国租界出现。

---

① 见《林则徐奏稿·公牍·日记补编》，中山大学出版社1985年，第101页。

以1822年创刊的《中国蜜蜂报》为先导，澳门的新闻业开始蓬勃发展，在当时还不知报纸为何物的东亚地区一枝独秀。据巴西学者若昂·欧维斯·内维斯（João Alves das Neves）研究，在分布于三大洲的葡属领地中，报业发展最蓬勃迅速的是亚洲的果阿和澳门两个地区。从19世纪初开始，面积不大的果阿在葡萄牙统治时期曾有过327种报刊①。澳门半岛面积亦不过数平方公里，葡裔人口不过数千，然而，在《中国蜜蜂报》问世后的100年时间里，居澳葡人竟然在澳、港、沪三地创办了117种各类报纸杂志，其中绝大多数是澳门土生人创办或者担任主笔的报纸，这不能说不是中国近代史上的一个奇迹。②

在澳门的近代报业发展过程中，参与办报的有各种机构及各阶层人士。在诸多报刊及出版物中，不仅有政府的官方刊物，也有民间的各种报刊；不仅有教会的，也有世俗的。从报刊内容上看，也是包罗万象，涉及各个领域，其中许多出版物都注重文化的传播。从形式上看，有报纸，也有杂志。从体裁上看，有新闻政治性刊物，也有文学艺术性刊物，甚至有专门为儿童读者服务的刊物。多种刊物的出现在澳门的新闻舆论界形成一种百花齐放、百家争鸣的局面。然而，无论其种类如何之多，形式如何不同，这些报刊都有一个共同的特点，即绝大多数报刊的创办人及主编或者主笔都是澳门土生葡人，有的人甚至担任几份报刊的主笔。这一事实充分说明了澳门土生葡人是当时发展新闻业的中坚力量。

19世纪后期已在香港形成了规模颇大的澳门土生族群社会。在葡人迁港的高峰时期，居港的葡裔土生人数甚至超过英

① 见João Alves das Neves，*A Imprensa de Macau e as Imprensas de Língua Portuguesa no Oriente*，Instituto Cultural de Macau，1999.

② 据Gabriel Fernandes研究，澳门至1888年创办25种报刊。文德泉神父曾整理出一份报刊名单，其中收录了近代101种报刊（其中包括13种英文报刊及1种中文报刊）；著名澳门土生学者高美士认为至20世纪中期澳门有100种报刊（其中包括6种英文期刊）及另外158种出版物（包括30种年鉴、15份澳门政府预算报告、7份政府年度报告以及其他出版物）。见João Alves das Neves，*A Imprensa de Macau e as Imprensas de Língua Portuguesa no Oriente*，澳门文化司署1999年。

国人。长期在澳门定居的经验以及历史积淀的特殊文化元素使他们很快就适应了香港的环境，形成一个十分成熟而健全的葡裔社会。因此，以土生葡人为主体的新闻出版业亦十分发达。在开埠初期的香港，出版印刷行业基本上掌握在澳门土生人手中，甚至港英当局的官方政府公报都要由土生葡人诺罗尼亚的印刷公司来承印。与此同时，为了满足居港葡人的需要，葡文报刊也大量出现，前后共创办了 26 种报纸杂志，在当时仅有几万人口的香港可谓规模相当之大。为了满足讲英语或者学英语人士的需要，使其尽快融入主流社会，他们还创办了英文报刊。毫无疑问，土生葡人在香港创办发行的报刊，对开埠初期香港文化及新闻事业的发展起到了推动作用。据郭永亮研究，即使是英人创办的《德臣西报》、《东方地球》、《德臣公报》以及《孖剌西报》，其“主笔均为来自澳门的葡萄牙人”①。

由于从 19 世纪中期开始有大批澳门土生葡人迁居中国新兴城市上海，人数最多时达三千人，因而在上海公共租界和法租界逐渐形成了数个以澳门土生族群为主体的葡裔社区。为了满足居沪葡人文化生活的需要，于是在当时的上海创办了不少外文报刊。从 1867 年至 20 世纪初，葡人在上海先后创办了 5 种葡文报刊及 6 种英法报刊，对于居沪澳门土生族群文化生活的发展及捍卫该族群权益方面发挥了重要作用。

移居上海的澳门土生葡人在创办英文报刊方面亦发挥了重要作用。上海的第一份英文晚报《晚差报》（1870 年出版）和第一份法文办纸《上海新闻》周刊（1870 年底出版）均为旅沪澳门葡人罗萨里奥创办，并聘请英国人及法国人担任有关报刊的主笔。

澳门土生葡人在上海创办的这些报刊是上海乃至中国内陆最早出现的一批近代意义上的新闻报刊。郑观应等华人在中国大陆自主创办的第一份报纸《汇报》便是在这种形势下于 1874 年 6 月 16 日（同治十三年五月初三）在上海出现的。澳门土生葡人不仅自己创办报刊，而且为其他国家或地区的报刊作主笔

① 郭永亮：《澳门香港之早期关系》，“中央研究院”近代史研究所史料丛刊（9），1990 年，第 122 页。

或者撰稿人。

澳门新闻业的蓬勃发展对于近代中国具有重大意义。香港和上海这两个中国近代史上的重要城市在新闻业方面的发展均得益于澳门。是澳门新闻业的发展以及澳门土生报人在香港及上海的活动为上述两地提供了经验，同时也为上述两地提供了最早的新闻人才。香港的第一份华文报纸《中外新报》于1858年在香港创刊，这是中国人自己办的第一份近代报纸①，但澳门土生族群在香港的第一份报纸《澳门土生之声报》（*A Voz do Macaísta*）在1846年就出现了；郑观应于1874年参与创办的《汇报》（*News Collector*）是国人在上海自主创办在上海的第一份近代报纸②，但澳门土生葡人在上海的第一份报纸《东北风》（*O Aquilão*）则于1867年就出版了，甚至早于美国传教士林乐知于1868年9月创办的《教会新报》。

① 尹德刚：《郑观应与中国近代新闻事业》，载于《纪念郑观应诞辰一百六十周年学术研讨会论文集》，澳门历史文物关注协会、澳门历史学会2003年，第271页。

② 尹德刚：《郑观应与中国近代新闻事业》，载于《纪念郑观应诞辰一百六十周年学术研讨会论文集》，澳门历史文物关注协会、澳门历史学会2003年，第271页。

附录一　19 世纪初至 20 世纪中期在澳门出版的外报

报纸名称	创刊时间	停刊时间	出版者/主编	性　质
Abelha da China（中国蜜蜂报）	1822 年 9 月 12 日	1823 年 12 月 27 日	Paulino da Silva Barbosa 中校	政治性周刊。
Gazeta de Macau（澳门周报）	1824 年 1 月 3 日	1826 年 12 月	António José da Rocha	前身为《中国蜜蜂报》。
The Canton Register（广州记录报）	1827 年 11 月 8 日	—	William W. Wood	商业及社会性刊物。
依泾杂说	1828 年	—	不详	中英文合刊。
The Canton Miscellany（广州杂文报）	1831 年 6 月	1832 年 5 月	John F. Davis 和 C. Majoriebanks	文学性月报，英国东印度公司在澳门创办。
Chinese Courier(Canton Gazette)（中国差报与广州钞报）后改名《中国差报》	1831 年 7 月 28 日	1833 年 9 月 23 日	William W. Wood	时事评论。
The Chinese Repository（中国丛报）	1832 年 5 月 31 日	1852 年 8 月	裨治文(Elijah Coleman Bridgman)，后来是卫三畏(Samuel Wells Williams)主编	文学及历史月刊（1842—1844 年在澳门印刷）。
The Evangelist and Miscellanea Sinica《澳门杂文编》	1833 年 5 月 1 日	1833 年 8 月 1 日	John Morrison	月刊(共出版 6 期)。
Chronica de Macao（澳门杂论）	1833 年 10 月 12 日	1836 年 11 月 18 日	—	半月刊（共出版 45 期）。

续表

报纸名称	创刊时间	停刊时间	出版者/主编	性　质
The Canton Press（广州新闻报）	1835年11月12日	—	Franklyn，后来是E. Molher	英文周刊。
O Invariavel（恒定报）	1834年8月	—	—	月刊，从第3期起改为半月刊。
O Macaista Imparcial（澳门土生公正报）	1836年6月9日	1838年7月5日	Félix Feliciano da Cruz	政治及新闻性综合双周刊。
Boletim official do Governo de Macau（澳门政府公报）	1838年9月5日正式出版	延续至今	Carlos José Caldeira（1850）和António Feliciano Marques Pereira（1860—1862）	该刊由澳门印刷公司印刷出版，后由官印局出版。
O Correio Macaense（澳门土生邮报）	1838年10月	1839年3月	—	政治文学月刊，仅出6期。
O Verdadeiro Patriota（真正爱国者）	1838年	1839年	—	共出10期。
O Commercial（商报）	1838年	1842年	—	—
Commercial Price Current（商业行情报）	1839年	1844年3月	—	附属广州新闻报。
Gazeta de Macau（澳门周刊）	1839年1月17日	1839年8月29日	Manuel Maria Dias Pegado	周刊，共出32期。
O Portuguez na China（葡萄牙人在中国）	1839年9月2日	1843年	M. M. Dias Pegado	新闻政治性刊物。
O Farol Macaense（澳门土生灯塔报）	1841年7月23日	1842年1月14日	Félix Feliciano da Cruz	亚美尼亚印刷公司出版。
A Aurora Macaense（澳门土生曙光报）	1843年1月14日	1844年	Félix Feliciano da Cruz	政治新闻刊物，亚美尼亚印字馆印刷。
O Solitário na China（中国孤独者）	1844年	1844年	F. C. Barradas	周刊。

续表

报纸名称	创刊时间	停刊时间	出版者/主编	性　质
O Procurador dos Macaístas（澳门土生代言者报）	1844 年 3 月 6 日	1845 年 9 月 2 日	M. M. Dias Pegado	文学政治周刊。
Ta-Ssi-Yang-Kuo（大西洋国）	1863 年 10 月 8 日	1866 年 4 月 26 日	José Gabriel Fernandes	新闻历史文学周刊。
O Independente（独立报）	1868 年 8 月	1898 年	José da Silva	政治新闻半月刊，1874 年改为周刊。
O Noticiário Macaense（澳门土生新闻报）	1869 年 1 月 11 日	1870 年 2 月 24 日	Miguel Aires da Silva	政治周刊。
O Oriente（东方报）	1869 年 10 月 10 日	1879 年 1 月 21 日	Dr. Francisco da Silva Magalhães	政治周刊。
Gazeta de Macau e Timor（澳门帝汶周报），该报自译名“澳门新闻纸”	1872 年 9 月 20 日	1874 年 3 月 20 日	Francisco de Sousa Placé，由作家 Pedro Gastão Mesnier 任主编	新闻政治周刊，由澳门商业印刷公司出版。
O Imparcial（大公报）	1873 年 4 月 5 日	不详	—	—
Jornal de Macau（澳门报）	1875 年 4 月 1 日	1876 年 3 月 8 日	—	政治性报刊。
O Macaense（澳门土生报）	1882 年 2 月 28 日		Manuel José Maria Gonçalves da Silva，	政治新闻文学周刊。
O Correio de Macau（澳门邮报）	1882 年 10 月 15 日	1883 年 8 月 5 日	Manuel Joaquim dos Santos	政治新闻文学周刊。
O Correio Macaense（澳门土生邮报）	1883 年 9 月 2 日	—	António Gomes da Silva Teles	政治新闻文学周刊，每周四出版。

续表

报纸名称	创刊时间	停刊时间	出版者/主编	性　质
A Voz do Crente (使徒之声报)	1887 年 1 月 1 日	1894 年 12 月 29 日	António Borges	天主教周刊，由圣若瑟修道院印刷。
A Liberdade (自由报)	1890 年 7 月 19 日		José Cesário da Silva	—
O Oriente Portuguez (葡萄牙东方报)	1892 年 4 月 20 日	1893 年底或 1894 年初	—	—
Echo Macaense (澳门土生回声报)	1893 年 7 月	1899 年 9 月 24 日	Francisco Hermenegildo Fernandes 主编 Pedro Nolasco da Silva	政治新闻文学周刊。
Jornal Único (唯独报)	1898 年 5 月	仅出一期	—	纪念达伽马发现印度航路 400 周年特刊，飞南第和诺罗尼亚印字馆联合印刷。
O Lusitano (卢济塔尼亚报)	1898 年 8 月 28 日	1899 年 12 月	出版人为 Elísio Fernandes das Neves Tavares	持独立观点、周刊。
Boletim Eclesiástico da Diocese de Macau (澳门教区通讯)	1903 年 7 月		Francisco Xavier dos Remédios，教士 João Clímaco do Rosário	澳门教区刊物，圣若瑟修道院印刷。
A Verdade (求实报)	1908 年 11 月 19 日	1911 年 4 月	Constâncio José da Silva	周刊。
Vida Nova (新生活周报)，该报自译名“澳门新镜报”	1909 年 1 月 3 日	1910 年 11 月 27 日	Dr. Luiz Gonzaga Nolasco da Silva	新闻政治周刊，逢星期日出版，共出 100 期。
O Português (葡人报)	1913 年 11 月 20 日	1914 年 1 月 10 日	—	—
O Progresso (进步报)	1914 年 9 月 6 日	1918 年 7 月 28 日	Dr. Luiz Gonzaga Nolasco da Silva	独立倾向周刊。
Religião e Pátria (信仰与祖国)	1914 年 5 月	多次停刊。1927 年 12 月停刊，后改《肇庆使团之声报》。1965 年彻底停刊。	José Maria Gonzaga Pereira	天主教爱国新闻月刊，在香港出版。

续表

报纸名称	创刊时间	停刊时间	出版者/主编	性　质
Oriente (东方月报)	1915年1月	1915年12月	高若瑟(José da Costa Nunes)神父主编后为澳门主教及罗马枢机主教	教会月刊。
O Oriente Portuguez (葡萄牙东方报)	1915年7月23日	—	Dr. Carlos de Melo Leitão César de Andrade	持独立观点周报,该报创办目的为议会参选。
A Colónia (殖民周报)	1918年5月4日	1919年4月26日	Rodrigo Marin Chaves,同年8月为António Martins da Silva	周报。
Macau (澳门报)	1918年12月16日	1919年10月5日	Humberto Severino de Avelar(利宵中学教师)	艺术、文学、社会周报。
A Juventude (青年半月刊)	1919年1月1日	1919年7月1日	Artur Cordeiro	圣若瑟修道院学生报。
O Liberal (自由报)	1919年5月3日	1921年11月20日	António Martins da Silva	独立共和派周报。
O Macaense (澳门土生周报)	1919年5月11日	1921年1月30日	Damião Maximiano Rodrigues	共和派周报。
O Patriota (爱国者)	1919年7月1日	1919年9月16日	Artur António Tristão Borges	半月刊。
O Echo do Povo (人民回声报)	1919年8月11日	1924年8月23日	Rodrigo Marin Chaves	季刊,赠阅。
A Academia (学术报)	1920年10月5日	1921年6月	Pedro Correa da Silva	利宵中学学术性校刊。
A Opinião (舆论周报)	1921年11月24日	1922年5月25日	João Jacques de Lima Gracias	政治新闻周刊。
Nun'Alvares (欧华利)	1921年12月8日	1923年8月15日	António de Morais Sarmento(教士)	文学宗教半月刊。
A Pátria (祖国报)	1924年7月1日	1928年4月30日	Francisco Xavier dos Remédios	教士团体周刊,圣若瑟修道院主编。

续表

报纸名称	创刊时间	停刊时间	出版者/主编	性　质
O Combate（战斗报）	1923年12月6日	1927年7月24日。其间或断或续	Domingos Gregório da Rosa Duque（上尉）	政治及新闻性周刊。
Diário de Macau（澳门日报）	1925年9月1日	1925年11月29日	Correa Mendes、António Maria de Morais Sarmento（教士）José Maria Braga	新闻文学历史刊物。共出65期。
A Verdade（事实报）	1927年7月31日	1929年4月23日	Domingos Gregório da Rosa Duque上尉	独立双日刊，从1927年10月4日起改为隔日刊。共出231期
Idea Nova（新概念报）	1928年9月6日	1929年3月31日	军队司令 João Gregório Fernandes	半月刊。
Jornal de Macau（澳门报）	1929年5月2日	1931年8月29日	João Gregório Fernandes	前身为《事实报》。
Arquivos de Macau（澳门档案报）	1929年6月	1931年7月，1941年1月复刊	Dr. Telo de Azevedo Gomes，复刊后主编为A. M. Morais Sarmento教士，史学家白乐嘉为主要撰稿人	政府月刊，专门刊载殖民地历史档案。
The Macao Review（澳门视界报）	1929年12月	1930年11月	由史学家白乐嘉创办，主编 Henrique Nolasco da Silva	葡英双语刊物，白乐嘉负责英文版面，Sarmento教士负责葡文版面。
A Voz de Macau（澳门呼声报）	1931年9月1日	1947年8月16日	Henrique Nolasco da Silva，主编 Rosa Duque（上尉）	共和派报纸，隔日出版，1931年10月1日改为日报。

续表

报纸名称	创刊时间	停刊时间	出版者/主编	性　质
O Eco Macaense（澳门土生回声报）	1931年10月3日	1932年10月10日	社长 Adolfo Adroado Jorge，澳门土生人，主编 João Correia Pais d'Assumpção 律师，总监 Fernando de Sena Fernandes Rodrigues	澳门印刷公司印刷的周刊。共53期。
Macau Filatélico（澳门集邮）	1933年4月	1938年8月	Pedro Paulo Ângelo	澳门国际邮品收藏学会会刊。
Tio Tareco（达列古叔叔）	1936年1月15日	1938年12月15日	D. João Carlos da Costa de Sousa de Macedo Mesquitela	儿童半月刊。
La Revue Illustrée de Macao（澳门画报）	1937年10月	1938年4月	Francis Vetch	葡、法、汉三语画报月刊，不定期出版，仅出三期。
O Desporto（体育运动）	1940年11月13日	1941年12月13日	社长 António Maria da Conceição	《澳门呼声报》体育副刊。
Renascimento（复兴杂志）	1943年1月	1945年9月	主编 Francisco Palmeira de Carvalho e Rêgo，编辑 José Palmeira de Carvalho e Rêgo，白乐嘉，高美士和 Leopoldo Danilo Barreiros	月刊。
Renascimento（复兴报）葡文	1945年2月19日	1947年5月28日	社长及出版人 D. João da Costa de Souza Macedo，主编 Francisco Palmeira de Carvalho e Rêgo，总监高美士	新闻副刊。

续表

报纸名称	创刊时间	停刊时间	出版者/主编	性　质
Renascimento（复兴周报）英文	1945 年 7 月 1 日	—	社长及主编 D. J. Villa Franca，总监高美士	逢星期日出版，每期 8 版。
Macau Herald（澳门先驱周报）英文	1943 年 2 月 21 日	同年 6 月停刊	Duarte C. Baptista 和 M. P. dos Remédios	A Voz de Macau《澳门呼声报》副刊，每周一期，读者为二战期间香港难民。
The Macau Tribune（澳门论坛报）英文	1943 年 7 月 11 日	1945 年 1 月 16 日	该报社论多由英国驻澳门领事 John Pownell Reeves 和白乐嘉撰写	《澳门呼声报》英文版副刊，每周日出版。
The Clarion（号角报）英文	1943 年 6 月 20 日	1945 年 6 月 24 日	出版者 Louis Romeroy	"Religião e Pátria"（宗教与祖国）的英文副刊，爱尔兰耶稣会创办。
O Clarim（号角报）葡文	1943 年 6 月	至今	文德泉神父创办	澳门教会刊物。
União（联盟周报）	1944 年 1 月 1 日	1945 年 5 月 26 日	社长 António Maria da Conceição	澳门民族联盟机关报，具民族主义性质周刊。
Educação Física（体育）	1944 年 8 月 15 日	1945 年 10 月	社长 Henrique Nolasco da Silva（药剂师），创办者及主编 Veríssimo Francisco Xavier do Rosário Junior	月刊，由 "Rosário" 体育学校编辑出版。
Ilustração Cómica（幽默画刊）	1945 年 4 月	—	业主 Francisco Xavier Maria Pacheco Jorge da Silva，出版人 Armando Florêncio de Oliveira Hagatong	为《号角报》文艺副刊。

续表

报纸名称	创刊时间	停刊时间	出版者/主编	性　质
Jornal de Notícias（新闻报）	1945 年 5 月 1 日	1945 年 9 月 9 日	社长 Adelino Barbosa da Conceição	前身为《澳门呼声报》。
Notícias de Macau（澳门新闻报）	1947 年 8 月 25 日	—	业主 Hermano Machado Monteiro，社长 Cassiano Carlos de Castro Fonseca，总监 José Soares	日报。
Revista de Macau（澳门杂志）	1949 年 6 月 15 日	1949 年 10 月 30 日	由澳门政府负责经济的官员罗保博士创办	经济社会研究半月刊，仅出 10 期。

资料来源：据文德泉神父著 *Imprensa Periódica Portuguesa no Extremo Oriente*，方汉奇编《中国新闻事业通史》及澳门中央图书馆有关资料整理。

附录二　澳门土生葡人在香港出版的外报

报纸名称	创刊时间	停刊时间	出版者/主编	性　质
A Voz do Macaista（澳门土生之声报）	1846年	—	Manuel Maria Dias Pegado	政治性周刊，香港第一份葡文报纸，对象为居港澳门土生族群。
O Amigo do Progresso（进步之友）	1850（?）年	—	—	文学刊物。
Verdade e Liberdade（真理与自由）	1852年	—	José Maria da Silva e Sousa	月刊，土生葡人政治及历史性刊物，在诺罗尼亚印字馆印刷。
O Echo do Povo（人民回声报）	1858年	1869年	António José da Silva e Sousa	新闻、政治、经济周刊。
O Movimento（运动）	1863年1月7日	同年3月12日停刊	出版人不详，主要撰稿人有 Ernesto da Cruz, Artur Veiga, Emílio de Carvalho, Luciano de Castro, Eugénio d'Almeida, Armindo M. Pereira, Pedro Vicente 等	文学周刊，主要刊登文学作品，亦有一些关于居港葡人的新闻。由商务印刷公司印刷。
O Impulso às Letras（文学脉搏）	1865年10月1日	1866年9月1日	社长 José Maria da Silva e Sousa	文学月刊，每期24至62页，共出版12期。

续表

报纸名称	创刊时间	停刊时间	出版者/主编	性　质
O Noticiario Macaense(澳门土生新闻报)	1871 年以前	—	—	—
O Independente (独立报)	澳门创刊	至 1869 年 7 月 18 日停刊，从 1869 年起转至香港出版。1873 年 5 月	José da Silva	—
O Catholico (天主教报)	—	—	Fernando F. Carion	教会宗教及新闻周刊。
O Echo da China (华声报)	1884 年 7 月 19 日	1885 年 9 月	António José da Silva e Sousa	政治、文学及新闻性周刊，发行量很小。
O Extremo Oriente (远东报)	仅知第 5 期于 1885 年 12 月出版	1897 年	Florindo Duarte	政治、文学及新闻性周刊，周六出版。
O Hong Kong Alegre (快乐香港)	1890 年	—	业主及出版人为 J. D. dos Remédios	幽默周刊。
Estrella Oriental (东方之星)	1891 年 2 月 2 日	—	葡、英、西三种文字出版	画报周刊。
O Porvir (前景报)	1897 年 11 月 20 日	可查阅到的最晚一期是 1907 年 2 月 9 日出版的第 479 期	出版商为 Lisbelo Jesus Xavier，1901 年 11 月 2 日起担任责任编辑的是 Luiz M. Xavier。	该刊具有反宗教性质。
O Patriota① (爱国者报)	1902 年 7 月 23 日	1904 年 4 月 10 日	—	政治文学及新闻性周到，逢周三出版。
O Português (葡人报)	1913 年 11 月 20 日	1914 年 1 月 10 日	由 António de Vasconcelos Soares 出版。	该报出版宗旨是抨击澳门总督美兰德在鸦片问题上的立场。

① 报社位于香港德辅道中 41 号，从 1903 年 4 月 1 日起迁至中环干诺道 25 号 1 楼。

续表

报纸名称	创刊时间	停刊时间	出版者/主编	性　质
Religião e Pátria（信仰与祖国）	1914年5月	1927年11月28日	José Maria Gonzaga Pereira 创办	天主教爱国新闻月刊，后该报并入《肇庆使团之声报》。
The Sunday Weekly（星期周刊）	1915年	1917年	由 José de Sousa 创办，由 Elias Felix Gomes 主编	政治性周刊，葡英双语。
Pro Pátria（为了祖国）	1915年	1917年	该刊由“阿丰素·科斯达共和中心”创办	月刊，由于“共和中心”解散而停刊。
Notas Sociais（社会文摘）	1918年	发行仅数月即停刊	Pedro José Lobo 创办，英文编辑 Vicente Espina，西班牙文编辑 Santiago	半月刊，葡英西三种语言。
O Expatriado（放逐者报）	1920年	1922年	社长 Veríssimo Cláudio da Costa Gonsalves，Januário Agostinho Almeida 创办并管理。	月刊。
Ecos da Missão de Shiu-Hing（肇庆使团之声报）	1925年1月	曾于1938年底至1940年初由于中日战争停刊，从1941年12月起由于太平洋战争再次停刊	João de Deus Ramalho 神父创办，后来任澳门主教	月刊。
O Petardo（爆破）	1928年9月	1929年9月在香港政府压力下停刊	主编 Isidoro Maria da Costa	月刊，该报实际在澳门编辑，其目的是抨击澳门总督巴波沙及其领导的政府。

续表

报纸名称	创刊时间	停刊时间	出版者/主编	性　质
A Comunidade①（社会报）	1935 年 7 月	1936 年 10 月	主要撰稿人有葡驻港领事 Álvaro Brilhante Laborinho, Carlos Jacinto Machado,香港葡裔联盟主席 Januário Agostinho de Almeida 以及 Augusto Maria Marques da Silva	月刊，香港葡裔联盟机关报，该报具有反耶稣会倾向，但后来改变看法。
Boletim do Instituto Português do Hong Kong（香港葡人学会通讯）②	1948 年 7 月创刊，240 页	1955 年 6 月 4 日，最后一期 295 页	由葡萄牙驻港领事 Eduardo Brazão 创办	—

资料来源：据文德泉神父著 *Imprensa Periódica Portuguesa no Extremo Oriente* 及澳门中央图书馆有关资料整理。

① 社址设在香港九龙，该报宗旨为报道居港葡人社会消息，同时亦刊登关于远东各地葡裔的专稿。

② 第 1 期：1948 年 7 月；第 2 期：1949 年 9 月；第 3 期：1950 年 7 月；第 5 期：1955 年 6 月。

附录三　澳门土生葡人在广州出版的外报

报纸名称	创刊时间	停刊时间	出版者/主编	性　质
Verdade e Liberdade（真理与自由）	1852 年 4 月 15 日星期四	—	主编 José Maria da Silva e Sousa	政治、文学及商业性报刊，主要在广州香港两地发行。

资料来源：据文德泉神父著 *Imprensa Periódica Portuguesa no Extremo Oriente* 及澳门中央图书馆藏报整理。

附录四 澳门土生葡人在上海出版的外报

报纸名称	创刊时间	停刊时间	出版者/主编	性 质
O Aquilão（东北风）	1867年3月25日	1868年3月18日	创建人 Albino da Silveira，主编 António José Diniz	政治新闻半月刊，刊载居沪葡裔族群新闻，山东路13号土生葡人 C. do Rosario 印字馆印刷出版。
O Progresso（进步报）	1888年10月6日	1889年7月（?）	创办人 Florindo Duarte Guedes，主编 M. Fernandes Carvalho	政治性周刊，经常批评葡政府，由设在上海圆明园路15号的 Guedes & Ca. 公司印刷出版。
Rotunda（环岛）	1911年	1914年	出版人及第一任主编 Francisco Maria Brito，第二任主编 Carlos Jacinto Machado，第三任主编 Tucídedes Rangel	政治新闻周刊。
Pela Pátria（为了祖国）	1940年1月1日	1942年	创办人为葡驻沪总领事 José Augusto Ribeiro de Melo。社长 Cândido Emílio Lopes Ozório，总监 L. O. d'Aquino，业务经理 T. A. Carvalho，美术编辑 M. H. Gutterres，秘书 E. L. Barradas	旅沪葡侨同乡会（ONCPX）月刊。因1942年1月远东战事改为季刊，不久停刊。由 *The Mercury Press* 印刷，后于1940年9月起由上海时报（*The Shanghai Times*）印刷。

续表

报纸名称	创刊时间	停刊时间	出版者/主编	性　质
O Expatriado（放逐者）	—	—	主要编辑是卡洛斯（Carlos Jacinto Machado）	政治新闻周刊。该报宗旨为捍卫葡萄牙、澳门及居沪土生族群权益，故订阅者甚多。
Shanghai Evening Express（晚差报）	1867年	1869年曾一度停刊，1871年正式停刊	英人Tresure Jones和葡人F. P. Rozário共同创办	上海第一份英文晚报。
Shanghai Evening Courier（上海差报）	1868年	1890年停刊	创办人为葡人F. P. Rozário，次年由英人朗格（Hugh Lang）任主笔	英文晚刊，俗称《晋源报》，又译作《通闻西报》或《通闻晚报》。
Cycle（循环周刊）	1870年	1871年停刊	创办人为罗萨里奥家族的F. P. Rozário和C. do Rozário创办，英人R. A. Jameson任主笔	上海海关机关报，该机构为外侨集中的单位。
Le Nouvelliste de Shanghai（上海报界）	1870年底	1872年	创办人为旅沪葡人罗萨里奥（Rozário）兄弟，聘法国人比尔（H. A. Beer）为主笔，共出版182期	上海第一份法文周刊，又译作《上海新闻》，深受上海法侨欢迎，并得到法人资助。
Evening Gazette（晚报）	1873年6月	同年火灾停刊，1874年初复刊	创办人为旅沪葡人Pedro Loureiro（陆芮罗），英人巴尔福（F. H. Balfour）任主笔	—
The Celestial Empire（华洋通讯）	1874年	—	Pedro Loureiro（陆芮罗），后由巴尔福编辑	—

资料来源：据文德泉神父著 *Imprensa Periódica Portuguesa no Extremo Oriente*，戈公振著《中国报学史》及熊月之、马学强、晏可佳选编的《上海的外国人（1842—1949）》等资料整理。

附录五 葡萄牙近代报刊名录

11 de Agosto de 1829，O
17 de Julho
1º de Dezembro，O
24 Horas
28 de Novembro
28，O
31 de Janeiro，O（创刊于 1891 年）
31 de Janeiro，O（创刊于 1893 年）
8 de Maio，O
Açafate da Costura，O
Açor，O
Açoreano Oriental，O
Açores（创刊于 1944 年）
Açores，Os（创刊于 1879 年）
Açoriano Ocidental，O
Açoriano，O
Açoute dos Periodiquistas，O
ABC do Commercio
Abelha da China，A
Abelha de Bombaim，A
Abelha do Meio-dia
Abelha Portuguesa，A

Abelha，A（创刊于 1836 年）
Abelha，A（创刊于 1856 年）
Abelha，A（创刊于 1885 年）
Abelha，A（创刊于 1894 年）
Abrantes（创刊于 1892 年）
Abrantes，O（创刊于 1894 年?）
Abrantino
Académico Farense，O
Académico Ilustrado，O
Académico，O（创刊于 1836 年）
Académico，O（创刊于 1860 年）
Académico，O（创刊于 1878 年）
Académico，O（创刊于 1881 年）
Académico，O（创刊于 1884 年，丰沙尔）
Académico，O（创刊于 1884 年，瓜尔达）
Académico，O（创刊于 1884 年，里斯本）
Académico，O（创刊于 1885 年）
Académico，O（创刊于 1886 年）
Académico，O（创刊于 1892 年，安格拉多埃罗依斯姆）
Académico，O（创刊于 1892 年，波尔达莱格列）
Académico，O（创刊于 1895 年）
Académico，O（创刊于 1896 年）
Academia（创刊于 1879 年）
Academia de Coimbra，A
Academia Portuguesa
Academia，A（创刊于 1866 年）
Academia，A（创刊于 1884 年）
Academia，A（创刊于 1890 年）
Academia，A（创刊于 1891 年）
Academia，A（创刊于 1893 年）
Academia，A（创刊于 1897 年）
Acção Realista

Actor，O
Actual，O（创刊于 1888 年）
Actualidade（创刊于 1896 年）
Actualidade（创刊于 1897 年）
Actualidade，A（创刊于 1874 年）
Actualidade，A（创刊于 1891 年）
Actualidade，A（创刊于 1903 年）
Actualidades（创刊于 1895 年）
Actualidades（创刊于 1897 年）
Adesivo，O（创刊于 19 世纪末）
Adolescente，O
Aduaneiro，O
Advogado dos Logistas，O
Aerolito
Afonso Henriques
Africano，O
Agapito，O
Agente Commercial，O
Agitador，O
Agricultor Madeirense，O
Agricultor Português，O
Agricultura Moderna
Agricultura Nacional，A
Agricultura Portuguesa，A
Aguedense，O
Aguiarense，O
Agulha Médica
Alarme，O（创刊于 1891 年）
Alarme，O（创刊于 1895 年）
Alarme，O（创刊于 1898 年）
Alarme，O（创刊于 1904 年）
Alavanca do Trabalho，A

Albergariense，O
Albicastrense，O
Alcacerense，O
Alcance，O
Alcobacense
Alcyon
Aldeão na Cõrte，O
Aldeão，O
Aldegalense，O
Alemquerense，O
Alentejano，O（创刊于 1866 年）
Alentejano，O（创刊于 1884 年）
Alentejano，O（创刊于 1890 年）
Alentejano，O（创刊于 1893 年）
Alentejano，O（创刊于 1897 年）
Alentejo，O（创刊于 1888 年）
Alentejo，O（创刊于 1891 年）
Alentejo，O（创刊于 1917 年）
Alfacinha，O
Alfageme，O
Alfinete，O（创刊于 1883 年）
Alfinett，O（创刊于 1889 年）
Alfinete，O（创刊于 1889 年，波尔图）
Alfinetes
Algarve e Alentejo
Algarve Ilustrado，O
Algarviense，O
Algarvio，O
Algazarra
Aliança（创刊于 1892 年）
Aliança（创刊于 1899 年）
Aljubarrota

Alma Nova（创刊于 1895 年）
Alma Nova（创刊于 1897 年）
Alma Nova，A（创刊于 1893 年）
Alma Velha，A
Almadense，O
Almeidense，O
Almocreve com Petas，O
Almocreve de Petas
Alto Alentejo，O
Alto-Douro，O
Alvaiazerense，O
Alvião，O
Alvicareiro，O
Alvorada（创刊于 1896 年）
Alvorada（创刊于 1897 年）
Alvorada，A（创刊于 1870 年）
Alvorada，A（创刊于 1885 年）
Alvorada，A（创刊于 1892 年）
Alvorada，A（创刊于 1893 年）
Alvorada，A（创刊于 1899 年）
Alvoradas do Sul，As
Amador de Livros，O
Amador Dramático，O（创刊于 1884 年）
Amador Dramático，O（创刊于 1888 年）
Amador Dramático，O（创刊于 1894 年）
Amador Dramático，O（创刊于 1895 年）
Amarantino，O
Amarelo，O
Amarense，O
América，A
Amigo da Carta，O
Amigo da Infância，O

Amigo da Justiça, O
Amigo da Juventude, O
Amigo da Ordem, O
Amigo da Pátria, O
Amigo da Religião, O（创刊于 1866 年）
Amigo da Religião, O（创刊于 1888 年）
Amigo de Dom Pedro, O
Amigo do Estudo, O
Amigo do Povo
Amigo do Povo（创刊于 1850 年）
Amigo do Povo（创刊于 1897 年）
Amigo do Povo, O（创刊于 1823 年）
Amigo do Povo, O（创刊于 1860 年）
Amigo do Povo, O（创刊于 1870 年）
Amigo do Povo, O（创刊于 1877 年）
Amigo do Povo, O（创刊于 1878 年）
Amigo do Povo, O（创刊于 1891 年）
Amigo do Povo, O（创刊于 1896 年）
Amigo dos Católicos, O
Amigo dos Portugueses, O
Anais da Marinha e Ultramar
Anais da Propagação da Fé
Anais da Sociedade Jurídica
Anais das Ciências Médicas
Anais de Ciências Naturais
Anais de Estatística
Anais do Município de Lisboa
Anais do Notariado Português
Anais Tauromáquicos
Analista Portuense, O
Anúncio Constitucional, O
Anfião（创刊于 1881 年）

Anfião（创刊于 1884 年）
Angelo Pitou
Anglo Lusitano
Angrense，O
Anona ou Misto-Curioso
Antagonista dos Abusos
António Maria，O
Anti Jesuita，O
Anti-jacobino，O
Antiquário Conimbricense，O
Antonomico，O
Anunciador Comercial（创刊于 1882 年）
Anunciador Comercial，O（创刊于 1890 年）
Anunciador de Fafe
Anunciador do Alentejo，O
Anunciador do Povo，O
Anunciador Literário（创刊于 1880 年）
Anunciador Literário，O（创刊于 1855 年）
Anunciador Universal
Anunciador，O（创刊于 1851 年）
Anunciador，O（创刊于 1870 年）
Anunciador，O（创刊于 1877 年）
Anunciador，O（创刊于 1879 年）
Anunciador，O（创刊于 1882 年）
Anunciador，O（创刊于 1888 年）
Aos Mutilados de Sacavem
Apóstolo da Verdade，O
Appendice ao Padre Amaro
Arauto Africano
Arauto Portuense，O
Arauto，O（创刊于 1854 年）
Arauto，O（创刊于 1867 年）

Arauto，O（创刊于 1886 年）
Arauto，O（创刊于 1888 年）
Arauto，O（创刊于 1896 年）
Arauto，O（创刊于 1898 年）
Arauto，O（创刊于 1913 年）
Arbitrador Judicial，O
Arbitrador，O
Archivo Eborense
Archivo Lisbonense
Archivo Municipal de Lisboa
Archivo Precioso，O
Archivo Rural
Archivo Viannense
Archote，O
Arcoense，O
Argo，O
Argonauta
Argos Lusitano（创刊于 1823 年）
Argos Lusitano（创刊于 1826 年）
Argus
Aria Bandu
Armaria Portugueza
Arqueologia Artística
Arquivista，O（创刊于 1839 年）
Arquivista，O（创刊于 1850 年）
Arquivo Açoriano
Arquivo Académico，O
Arquivo Aduaneiro
Arquivo Bibliográfico
Arquivo Comercial
Arquivo Contemporâneo（创刊于 1865 年）
Arquivo Contemporâneo（创刊于 1869 年）

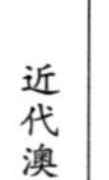

Arquivo do Povo, O
Arquivo dos Açores
Arquivo Dramático, O
Arquivo Familiar, O
Arquivo Farmacêutico
Arquivo Fotográfico
Arquivo Histárico de Portugal
Arquivo Jurídico
Arquivo Literário（创刊于 1862 年）
Arquivo Literário（创刊于 1863 年）
Arquivo Literário（创刊于 1865 年）
Arquivo Literário（创刊于 1875 年）
Arquivo Literário（创刊于 1880 年）
Arquivo Médico da Índia
Arquivo Pitoresco
Arquivo Popular（创刊于 1837 年）
Arquivo Popular（创刊于 1871 年）
Arquivo Português（创刊于 1838 年）
Arquivo Português（创刊于 1848 年）
Arquivo Romântico
Arquivo Rural, O
Arquivo Universal
Arquivo, O（创刊于 1875 年）
Arrieiro, O
Arte（创刊于 1895 年，科英布拉）
Arte da Moda, A
Arte Dramática, A
Arte Fotográfica, A
Arte Musical, A（创刊于 1890 年）
Arte Musical, A（创刊于 1899 年）
Arte Palmarica
Arte Portuguesa（创刊于 1895 年）

Arte Portuguesa，A（创刊于 1882 年）
Arte Tipográfica，A
Arte，A（创刊于 1879 年）
Arte，A（创刊于 1885 年）
Arte，A（创刊于 1887 年）
Arte，A（创刊于 1895 年，波尔图）
Arte，A（创刊于 1896 年）
Arte，A（创刊于 19 世纪末）
Artes e Letras（创刊于 1872 年）
Artes e Letras（创刊于 1875 年）
Artes Reunidas，As
Artilheiro，O（创刊于 1835 年）
Artilheiro，O（创刊于 1886 年）
Artista，O（创刊于 1847 年）
Artista，O（创刊于 1880 年）
Artista，O（创刊于 1885 年）
Artista，O（创刊于 1891 年）
Artista，O（创刊于 1893 年）
Asmodeu，O
Asnibero Desasnador
Assemblea Litterária，A
Assunto，O
Astro da Juventude，O
Astro da Lusitânia
Astro da Lusitânia（创刊于 1820 年）
Astro，O
Atalaia（创刊于 1872 年）
Atalaia（创刊于 1892 年）
Atalaia Católica（创刊于 1854 年）
Atalaia Católica（创刊于 1888 年）
Atalaia de Besteiros
Atalaia do Minho

Atalaia do Vez
Atalaia Nacional dos Theatros
Atalaia，A（创刊于 1893 年）
Atelier，O
Ateneu（创刊于 1859 年）
Ateneu Artístico-Literário，O
Ateneu Comercial，O
Ateneu，O（创刊于 1850 年）
Ateneu，O（创刊于 1880 年）
Ateneu，O（创刊于 1887 年，安格拉，即安哥拉）
Ateneu，O（创刊于 1887 年，波尔达莱格列）
Ateneu，O（创刊于 1890 年）
Atlântico，O（创刊于 1863 年）
Atlântico，O（创刊于 1880 年）
Atleta，O（创刊于 1838 年，里斯本）
Atleta，O（创刊于 1838 年，波尔图）
Atleta，O（创刊于 1880 年）
Atleta，O（创刊于 1886 年）
Atleta，O（创刊于 1898 年）
Atleta，O（创刊于 1899 年）
Audiência，A
Aurora（创刊于 1867 年）
Aurora（创刊于 1889 年）
Aurora Académica（创刊于 1874 年）
Aurora Académica（创刊于 1890 年）
Aurora Bibliográfica
Aurora Comercial（创刊于 1876 年）
Aurora Comercial（创刊于 1888 年）
Aurora da Liberdade
Aurora da Revolução
Aurora de Estremoz，A
Aurora de Gaia

Aurora de Goa
Aurora de Lamego
Aurora de Lisboa
Aurora de Sintra
Aurora do Ave
Aurora do Cávado（创刊于 1873 年）
Aurora do Cávado（创刊于 1899 年）
Aurora do Lima，A
Aurora do Liz
Aurora do Minho
Aurora do Tâmega，A
Aurora do Tejo（创刊于 1875 年）
Aurora do Tejo（创刊于 1884 年）
Aurora do Vouga
Aurora dos Açores，A
Aurora Farmacêutica
Aurora Liberal，A
Aurora Lisbonense
Aurora Literária（创刊于 1861 年）
Aurora Literária（创刊于 1875 年）
Aurora Literária（创刊于 1886 年）
Aurora Macaense
Aurora Pernambucana
Aurora Recreativa，A
Aurora Regenerada，A
Aurora Tirsense
Aurora，A（创刊于 1831 年）
Aurora，A（创刊于 1837 年）
Aurora，A（创刊于 1845 年）
Aurora，A（创刊于 1852 年）
Aurora，A（创刊于 1855 年）
Aurora，A（创刊于 1879 年）

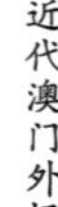

Aurora，A（创刊于 1884 年）
Aurora，A（创刊于 1886 年）
Aurora，A（创刊于 1894 年）
Autonomia
Autonomia dos Açores
Autonomia Portugueza，A
Auxiliar de Escritório，O
Avante!（创刊于 1919 年）
Avante!（创刊于 1934 年）
Avô dos Periódicos，O
Ave Azul
Ave，A
Ave，O
Avenida，A
Avisador Lisbonense，O
Aviso，O（创刊于 1846 年）
Aviso，O（创刊于 1899 年）
Avisos Semanaes
Azagaia
Azambujense，O
Azemel Vimaranense，O
Azorrague，O（创刊于 1839 年）
Azorrague，O（创刊于 1881 年）
Azorrague，O（创刊于 1885 年）
Azorrague，O（创刊于 1899 年）
À Volta do Mundo
África Illustrada
África Oriental
África Portuguesa
Águia do Ocidente，A
Águia，A
Águia，A（创刊于 1934 年 7 月）

Álbum（创刊于 1891 年）
Álbum Artístico
Álbum Artístico de Portugal
Álbum Biographico
Álbum Caldense
Álbum da Plebe
Álbum das Glórias
Álbum de Artistas
Álbum do Clero
Álbum do Minho
Álbum do Serralheiro
Álbum dos Symphronios
Álbum Escolar
Álbum Legitimista
Álbum Literário（创刊于 1863 年）
Álbum Literário（创刊于 1866 年）
Álbum Literário（创刊于 1875 年）
Álbum Literário（创刊于 1878 年）
Álbum Literário（创刊于 1885 年）
Álbum Literário（创刊于 188? 年）
Álbum Militar
Álbum para Todos
Álbum Teatral
Álbum，O（创刊于 1869 年）
Álbum，O（创刊于 1877 年）
Ás de Copas，O
Átila，O（创刊于 1858 年）
Átila，O（创刊于 1863 年）
Átomo（创刊于 1888 年）
Átomo，O
Átomo，O（创刊于 1893 年）
Época，A（创刊于 1902 年）

Época，A（创刊于 1919 年）
Bairrada，A
Baixa，A
Baixo Clero，O
Balas de Papel
Balão，O（创刊于 1878 年）
Balão，O（创刊于 1884 年）
Bandarra，O
Bandeira Branca
Bandeira do Povo
Bandeira Nacional，A
Bandeira Portuguesa
Bandeira，A
Baratíssimo，O
Barbeiro，O（创刊于 1837 年）
Barbeiro，O（创刊于 1882 年）
Barca do Salvador，A
Barcelense，O
Barcelos Regenerador
Barco da Carreira
Barco da Carreira dos Tolos
Bardo，O
Barrete Frígio
Barricada，A（创刊于 1890 年）
Barricada，A（创刊于 1896 年）
Barrosão
Batalha（创刊于 1896 年）
Batalha，A（创刊于 1891 年）
Batalha，A（创刊于 1919 年）
Bébé，O
Beija-Flor，O
Beira Agrícola，A

Beira Baixa，A（创刊于 1891 年）
Beira Baixa，A（创刊于 1899 年）
Beira e Douro
Beira Mar（创刊于 1890 年）
Beira Mar（创刊于 1894 年）
Beira Post，The（Correio da Beira）
Beira，A（创刊于 1892 年）
Beira，A（创刊于 1898 年）
Beirão，O
Bejense，O
Belém
Belisário Cavacos das Caldas
Bem Público
Benaventense，O
Beneficência，A
Berço da Monarquia，O
Berimbau（Birimbau）
Berlinda，A（创刊于 1888 年）
Berlinda，A（创刊于 1896 年）
Besouro，O（创刊于 1849 年）
Besouro，O（创刊于 1877 年）
Besouro，O（创刊于 1880 年）
Besouro，O（创刊于 1882 年）
Besouro，O（创刊于 1886 年）
Bespa，A
Besta Esfolada，A
Biógrafo，O（创刊于 1838 年）
Biógrafo，O（创刊于 1880 年）
Bibliófilo，O（创刊于 1849 年）
Bibliófilo，O（创刊于 1885 年）
Bibliografia
Biblioteca das Senhoras

Biblioteca de O Pimpão
Biblioteca dos Pobres
Biblioteca Instrutiva
Biblioteca Lusitana, A
Biblioteca Recreativa
Biblioteca Universal
Bicicleta, A
Bico de Gás, O
Bijou de Anúncios
Bijou, O（创刊于 1883 年）
Bijou, O（创刊于 1886 年）
Bijou, O（创刊于 1889 年）
Bijou, O（创刊于 1891 年）
Binóculo, O
Binóculo, O（创刊于 1870 年）
Binóculo, O（创刊于 1876 年）
Binóculo, O（创刊于 1882 年）
Binóculo, O（创刊于 1886 年）
Binóculos, Os
Biscuit, O
Bisnaga, A
Bisturi, O（创刊于 1885 年）
Bisturi, O（创刊于 1897 年）
Bisturi, O（创刊于 1899 年）
Boa Nova, A
Boémia Nova
Boémia Velha
Boémia, A
Boémio, O（创刊于 1888 年）
Boémio, O（创刊于 1891 年）
Boémios
Bocage（创刊于 1865 年）

Bocage（创刊于 1867 年）
Bocage（创刊于 1877 年）
Bocage em Camisa
Bocage，O（创刊于 1888 年）
Boccacio
Bofetadas（创刊于 1894 年）
Bofetadas（创刊于 1896 年）
Bola，A
Boletim
Boletim Anunciador
Boletim Cartista
Boletim Colonial
Boletim Comercial
Boletim Crítico do Porto
Boletim da Farmácia
Boletim da Farmácia Morais
Boletim da Guarda Fiscal
Boletim da Livraria Bertrand
Boletim da Moda
Boletim da Semana
Boletim da U. P. E. C.
Boletim de Coimbra
Boletim de Lisboa，O
Boletim de Sanidade Marítima
Boletim Diocesano
Boletim do Centenário
Boletim do Correio，O
Boletim do Foro Português
Boletim dos Tribunais
Boletim Estatístico
Boletim Indiano
Boletim Judicial（创刊于 1875 年）

Boletim Judicial（创刊于 1877 年）
Boletim Judicial（创刊于 1880 年）
Boletim Militar do Ultramar
Boletim Musical
Boletim Oficial（创刊于 1847 年）
Boletim Oficial（创刊于 1894 年）
Boletim Oficial de Braga
Boletim Oficial de Coimbra
Boletim Oficial do Porto
Boletim Postal，O
Boletim Telégrafo-Postal
Boletim Telegráfico，O
Bom Conselheiro，O
Bom Senso（创刊于 1883 年）
Bom Senso，O（创刊于 1873 年）
Bombeiro de Lisboa，O
Bombeiro Municipal，O
Bombeiro Português，O
Bombeiro Voluntário，O
Bombeiro，O（创刊于 1877 年）
Bombeiro，O（创刊于 1889 年）
Borboleta（创刊于 1826 年）
Borboleta Constitucional
Borboleta Constitucional
Borboleta dos Campos Constitucionais，A
Borboleta Duriense
Borboleta，A（创刊于 1876 年）
Borboleta，A（创刊于 1887 年）
Borboleta，A（创刊于 1896 年）
Bordadeira，A
Bordalo，O
Borga，A（创刊于 1894 年）

Borga，O（创刊于 1894 年）
Bota Abaixo
Boudoir
Bouquet de Angeja，O
Bouquet，O
Bracarense，O（创刊于 1855 年）
Bracarense，O（创刊于 1899 年）
Brado Indiano
Brados Literários
Branco e Negro（创刊于 1896 年）
Branco e Negro，O（创刊于 1899 年）
Brasa，A
Brasil Portugal
Brasil，O
Brasileiro em Lisboa，O
Brazões Portugueses，Os
Brás Tizana
Brejeiro，O
Bric-a-Brac
Brigantino，O
Brisa，A（创刊于 1886 年）
Brisa，A（创刊于 1892 年）
Broca，A
Cabra，A（创刊于 1894 年）
Cabra，A（创刊于 1897 年）
Cabrion
Cabrion（创刊于 1860 年）
Cabrion，O（创刊于 1873 年）
Cabrion，O（创刊于 1889 年）
Caixeiro Português，O（创刊于 1888 年）
Caixeiro Português，O（创刊于 1897 年）
Caloiro，O（创刊于 1863 年）

Caloiro, O（创刊于 1881 年）
Caloiro, O（创刊于 1883 年）
Caloiro, O（创刊于 1897 年）
Camões（创刊于 1880 年，里斯本）
Camões（创刊于 1880 年，波尔图）
Camões, O（创刊于 1860 年）
Camões, O（创刊于 1880 年 Porto）
Camões, O（创刊于 1887 年）
Campeão das Províncias（创刊于 1859 年）
Campeão das Províncias（创刊于 1898 年）
Campeão Liberal（创刊于 1864 年）
Campeão Liberal, O（创刊于 1872 年）
Campeão Português, O
Campeão, O（创刊于 1878 年）
Campeão, O（创刊于 1894 年）
Campeão, O（创刊于 1897 年）
Campeão, O（创刊于 1899 年）
Campo de Ourique, O（创刊于 1872 年）
Campo de Ourique, O（创刊于 1898 年）
Capital, A（创刊于 1886 年）
Capital, A（创刊于 1910 年）
Carapuça, A（创刊于 1851 年）
Carapuça, A（创刊于 1879 年）
Caricatura, A（创刊于 1837 年）
Caricatura, A（创刊于 1890 年）
Caridade, A（创刊于 1878 年）
Caridade, A（创刊于 1883 年）
Caridade, A（创刊于 1886 年）
Cartão de Visita, O（创刊于 1885 年）
Cartão de Visita, O（创刊于 1886 年）
Cartão de Visita, O（创刊于 1891 年）
Católico, O（创刊于 1842 年）

Católico, O（创刊于 1851 年）
Católico, O（创刊于 1873 年）
Católico, O（创刊于 1880 年）
Câmara Óptica
Chacota, A
Charivari
Chiado, O
Chrónica Constitucional de Lisboa
Cidade, A（创刊于 1921 年）
Cidade, A（创刊于 1927 年）
Civilização, A（创刊于 1856 年）
Civilização, A（创刊于 1869 年）
Civilização, A（创刊于 1875 年）
Civilização, A（创刊于 1878 年）
Civilização, A（创刊于 1882 年）
Clamor Africano
Colyseu, O
Comércio do Fayal, O
Comércio do Porto Colonial, O
Comércio do Porto, O（创刊于 1854 年）
Comércio do Porto, O（创刊于 1921 年）
Combate, O（创刊于 1909 年）
Combate, O（创刊于 1919 年）
Commercio de Lourenço Marques, O
Commercio de Portugal
Commercio Michaelense, O
Constitucional, O
Correio Braziliense
Correio da Horta
Correio da Madeira
Correio da Manhã（创刊于 1910 年）
Correio da Manhã（创刊于 1921 年）

Correio da Noite（创刊于 1881 年）
Correio da Noite（创刊于 1906 年）
Correio da Noite（创刊于 1924 年）
Correio das Damas，O
Correio de Santarém
Correio de Setúbal
Correio do Minho
Correio do Norte（创刊于 1906 年）
Correio do Norte（创刊于 1910 年）
Correio do Sul
Correio dos Açores（创刊于 1908 年）
Correio dos Açores（创刊于 1920 年）
Correio Michaelense
Correio Nacional
Correio，O
Correspondente Constitucional
Crónica Cinematográfica
Creanças，As
Debate，O（创刊于 1903 年）
Debate，O（创刊于 1919 年）
Debate，O（创刊于 1920 年）
Democracia do Sul
Democracia，A（创刊于 1910 年）
Democracia，A（创刊于 1921 年）
Despertar，O
Dia，O（创刊于 1887 年）
Dia，O（创刊于 1904 年）
Dia，O（创刊于 1924 年）
Diabo，O（创刊于 1899 年）
Diário ABC
Diário As Beiras
Diário D'Évora，O

Diário da Madeira
Diário da Manhã（创刊于 1914 年）
Diário da Manhã（创刊于 1931 年）
Diário da Noite（创刊于 1932 年）
Diário da Tarde（创刊于 1898 年）
Diário da Tarde（创刊于 1911 年）
Diário da Tarde（创刊于 1913 年）
Diário da Tarde（创刊于 1921 年）
Diário da Tarde（创刊于 1925 年）
Diário de Angra
Diário de Aveiro
Diário de Beja
Diário de Coimbra（创刊于 1913 年）
Diário de Coimbra（创刊于 1930 年）
Diário de Leiria
Diário de Lisboa（创刊于 1896 年）
Diário de Lisboa（创刊于 1921 年）
Diário de Notícias（创刊于 1865 年）
Diário de Notícias（创刊于 1876 年）
Diário de Portalegre
Diário de Setúbal
Diário de Sport
Diário de Viseu
Diário do Alentejo
Diário do Algarve
Diário do Comércio（创刊于 1921 年）
Diário do Comércio，O（创刊于 1896 年）
Diário do Comprador
Diário do Governo
Diário do Minho
Diário do Norte（创刊于 1913 年）
Diário do Norte（创刊于 1949 年）

Diário do Porto（创刊于 1912 年）
Diário do Porto（创刊于 1926 年）
Diário do Povo
Diário do Ribatejo
Diário do Sul
Diário dos Açores
Diário Económico
Diário Feminino
Diário Ilustrado
Diário Ilustrado（创刊于 1872 年）
Diário Ilustrado（创刊于 1925 年）
Diário Informador
Diário Insular
Diário Liberal
Diário Lisbonense
Diário Marítimo
Diário Mercantil
Diário Nacional（创刊于 1907 年）
Diário Nacional（创刊于 1916 年）
Diário Nacional（创刊于 1947 年）
Diário Popular（创刊于 1897 年）
Diário Popular（创刊于 1907 年）
Diário Popular（创刊于 1911 年）
Diário Popular（创刊于 1925 年）
Diário Popular（创刊于 1929 年）
Diário Popular（创刊于 1942 年）
Diário Regional
Diário，O（创刊于 1902 年）
Diário，O（创刊于 1912 年）
Direito，O
Distrito de Setúbal，O
Dois Mundos，Os

Doutrina Constitucional
Dragão, O（创刊于 1836 年）
Dragão, O（创刊于 1887 年）
Duende
Eco da Lusitânia
Eco Musical
Eco, O
Ecos do Minho
Educação Nacional
Engeitados da Fortuna, Os
Era Nova
Espectador Portuense, O
Espectro, O
Espreitador do Novo Mundo, O
Estremocense, O
Euronotícias
Europeu
Facho Literário
Farpas, As
Fayal, O
Fayalense, O
Federação, A
Fiel Inimigo, O
Fim do Século
Folha d'Elvas, A
Folha da Noite（创刊于 1904 年）
Folha da Noite（创刊于 1912 年）
Folha da Tarde（创刊于 1912 年）
Folha da Tarde（创刊于 1919 年）
Folha do Povo, A（创刊于 1879 年）
Folha dos Curiosos
Folha Nova, A

Folha Popular，A
Folha，A/Tribuna，A
Futuro，O（创刊于 1908 年）
Futuro，O（创刊于 1911 年）
Gabinete de Leitura
Gatos，Os
Gazeta de Almada
Gazeta de Lisboa
Gazeta de Lisboa（创刊于 1820 年）
Gazeta de Lisboa（II série）
Gazeta de Macau e Timor
Gazeta de Pharmacia
Gazeta do Rio de Janeiro
Gazeta Musical
Gazeta Oficial
Gazeta，A
Grande Charivari
Greve，A
Guarda Avançada，A
Hércules Lusitano，O
Heraldo da Madeira（创刊于 1904 年）
Heraldo da Madeira-英文版（创刊于 1905 年）
Heraldo，O
Hinos e Flores
Hoje
Hospital do Mundo
Idade de Ouro
Ideia Nacional，A（创刊于 1920 年）
Ideia Nacional，A（创刊于 1927 年）
Ilha，A
Ilustração Moderna，A
Ilustração Portuguesa

Imparcial，O（创刊于 1901 年）
Imparcial，O（创刊于 1910 年）
Imparcial，O（创刊于 1920 年）
Imparcial，O（创刊于 1921 年）
Imparcial，O（创刊于 1927 年）
Imprensa da Manhã，A（创刊于 1920 年）
Imprensa da Manhã，A（创刊于 1921 年）
Imprensa de Lisboa，A
Imprensa Livre
Imprensa Nova，A（创刊于 1922 年）
Imprensa Nova，A（创刊于 1925 年）
Imprensa，A
Independência，A
Independente，O
Informação，A（创刊于 1926 年）
Informação，A（创刊于 1931 年）
Ingleses em Portugal，Os
Instruçãoe o Povo，A
Insular
Intransigente，O
Investigador Português em Bombaim，O
Investigador Português em Inglaterra，O
Janeiro，O
Jogo，O
Jornal Açoreano
Jornal da Madeira
Jornal da Noite（创刊于 1914 年）
Jornal da Noite，O（创刊于 1903 年）
Jornal da Tarde（创刊于 1918 年）
Jornal de Angra
Jornal de Notícias
Jornal do Caso República

Jornal do Comércio
Jornal do Meio-Dia
Jornal do Porto
Jornal do Povo/Folha do Povo
Jornal dos Açores
Jornal Novo
Jornal，O（创刊于 1906 年）
Jornal，O（创刊于 1915 年）
Jornal，O（创刊于 1919 年）
Jornal，O（创刊于 1921 年）
Jornal，O（创刊于 1927 年）
Jornal，O（创刊于 1929 年）
Jornal，O（Jornal da Madeira — 创刊于 1932 年）
Jornal，O
Jornal，O/Jornal da Manhã，O（创刊于 1902 年）
Justiça（创刊于 1910 年）
Justiça（创刊于 1911 年）
L'Ami du Timbrophile
Lanterna，A
Liberal，O（创刊于 1902 年）
Liberal，O（创刊于 1916 年）
Liberal，O（创刊于 1918 年）
Liberal，O（创刊于 1922 年）
Liberdade（创刊于 1914 年）
Liberdade，A（创刊于 1901 年）
Liberdade，A（创刊于 1908 年）
Lisbon Post
Luso，O
Luta Popular
Luta，A（创刊于 1900 年）
Luta，A（创刊于 1906 年）
Manhã，A

Marselhesa，A
Mensageiro Escolar，O
Monarchia，A
Montanha，A
Mundo，O
Nação，A
Nacional，O
Noite，A（创刊于 1920 年）
Noite，A（创刊于 1926 年）
Noite，A（创刊于 1939 年）
Norte，O（创刊于 1900 年）
Norte，O（创刊于 1914 年）
Norte，O（创刊于 1918 年）
Norte，O（创刊于 1920 年 — II Série）
Norte，O（创刊于 1922 年）
Notícia，A（创刊于 1914 年）
Notícia，A（创刊于 1928 年）
Notícias D'Évora
Notícias da Madeira
Notícias da Tarde（创刊于 1921 年）
Notícias da Tarde（创刊于 1923 年）
Notícias de Lisboa
Novidades（创刊于 1885 年）
Novidades（创刊于 1923 年）
Opinião，A（创刊于 1906 年）
Opinião，A（创刊于 1916 年）
Ordem，A（创刊于 1916 年）
País，O（创刊于 1905 年）
Palavra，A（创刊于 1872 年）
Palavra，A（创刊于 1922 年）
Página Um
Pátria，A（创刊于 1899 年）

Pátria，A（创刊于 1905 年）
Pátria，A（创刊于 1909 年）
Pátria，A（创刊于 1911 年）
Pátria，A（创刊于 1917 年）
Pátria，A（创刊于 1920 年）
Pátria，A（创刊于 1925 年）
Pátria，A（创刊于 1929 年）
Público
Popular，O（创刊于 1896 年）
Popular，O（创刊于 1911 年）
Popular，O（创刊于 1920 年）
Porto da Horta
Porto，O（创刊于 1903 年）
Porto，O（创刊于 1909 年）
Portugal（创刊于 1906 年）
Portugal（创刊于 1907 年）
Portugal（创刊于 1917 年）
Portugal（创刊于 1921 年）
Portugal（创刊于 1926 年）
Portugal Hoje
Povo，O（创刊于 1911 年）
Povo，O（创刊于 1925 年）
Povo，O（创刊于 1928 年）
Povo，O（创刊于 1931 年）
Primeiro de Janeiro，O
Primeiro de Maio
Progresso，O（创刊于 1900 年）
Progresso，O（创刊于 1905 年）
Província，A（创刊于 1885 年）
Província，A（创刊于 1915 年）
Radicais，Os
Radical，O（创刊于 1908 年）

Radical，O（创刊于 1911 年）
Radical，O（创刊于 1920 年）
Raio，O
Razão，A
Rebate，O（创刊于 1913 年）
Rebate，O（创刊于 1922 年）
Record
Reforma（创刊于 1921 年）
Reforma（创刊于 1924 年）
Reforma Social，A
Repórter，O
República Portuguesa（创刊于 1927 年）
República Portuguesa，A（创刊于 1910 年）
República，A（创刊于 1908 年）
República，A（创刊于 1911 年）
República，A-I Série（创刊于 1911 年）
República，A-II Série（创刊于 1930 年）
República，A/A Voz Pública（创刊于 1890 年）
Restauração，A（创刊于 1914 年）
Restauração，A（创刊于 1921 年）
Revolução
Revolução de Setembro
Revolução Nacional（创刊于 1934 年）
Revolução Nacional，A（创刊于 1926 年）
Rir，A
Século Ilustrado
Século XX，O
Século，O（创刊于 1881 年）
Século，O-晚报，（创刊于 1914 年）
Semanário
Setubalense，O（创刊于 1896 年）
Setubalense，O（创刊于 1916 年）

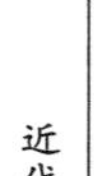

Situação，A（创刊于 1918 年）
Situação，A（创刊于 1927 年）
Situação，A-晚报，（创刊于 1918 年）
Socialista，O
Sol（创刊于 1926 年）
Tal e Qual
Voz do Povo

附录六　果阿 19 世纪至 20 世纪中期发行的报刊名录

1. Gazeta de Goa—周刊，1821 年 12 月 22 日创刊，1826 年 8 月停刊；

2. Chronica Constitucional de Goa—周刊，1835 年 6 月 13 日创刊，1837 年 11 月 30 日停刊；

3. Echo de Lusitânia—周刊，1836 年 1 月 7 日创刊，1837 年 3 月 5 日停刊；

4. Boletim do Governo do Estado da Índia—印度政府公报，1837 年 12 月 7 日创刊；

5. O Vigilante—周刊，1838 年 7 月 13 日创刊，1838 年 10 月 22 日停刊；

6. A Biblioteca de Goa—1839 年 1 月创刊（仅出一期）；

7. O Observador—半月刊，1839 年 2 月 15 日创刊，1840 年 10 月 31 日停刊；

8. O Encyclopedico—1841 年 7 月创刊，1842 年 6 月停刊；

9. O Compilador—月刊，1843 年 10 月 7 日创刊，1847 年 12 月 31 日停刊；

10. O Correio de Nova Goa—周刊，1844 年 1 月 4 日创刊，1844 年 9 月 24 日停刊；

11. Appenso ao Boletim do Governo—周刊，1844 年 5 月 22 日创刊，1844 年 12 月停刊；

12. A Voz dos Povos da Índia—周刊，1845 年 7 月 3 日创刊，1846 年 3 月 3 日停刊；

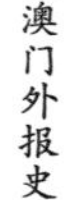

13. Jornal da Santa Igreja Lusitana do Oriente—周刊，1846年1月创刊，1849年3月停刊；

14. Gabinete Literário das Fontainhas—月刊，1846年1月15日创刊，1848年12月停刊；

15. O Mosaico—月刊，1848年1月创刊，1848年6月停刊；

16. O Defensor da Ordem e da Verdade—半月刊，1852年8月24日创刊，1853年8月31日停刊；

17. O Defensor do Real Padroado—月刊，1853年9月创刊，1854年3月停刊；

18. Revista Ilustrativa—月刊，1854年11月6日创刊，1855年7月16日停刊；

19. O Ultramar—双周刊，1859年4月6日创刊，1941年11月停刊；

20. A Índia Portuguesa—周刊，1861年1月4日创刊，1921年11月26日停刊；

21. A Phoenix de Goa—周刊，1861年4月6日创刊，1862年12月30日停刊；

22. A Harmonia—周刊，1862年4月12日创刊，1864年10月27日停刊；

23. A Aurora de Goa—周刊，1863年1月6日创刊，1865年7月1日停刊；

24. A Sentinella da Liberdade—周刊，1864年10月7日创刊，1869年12月31日停刊；

25. Jornal de Notícias—周刊，1868年10月1日创刊，1869年4月30日停刊；

26. A Imprensa—周刊，1870年10月18日创刊，1876年4月停刊；

27. A Gazeta de Goa—周刊，1872年7月16日创刊，1873年12月30日停刊；

28. O Mensageiro—周刊，1872年8月16日创刊，1873年11月12日停刊；

29. O Paiz—周刊，1873 年 2 月 4 日创刊，1874 年 10 月 27 日停刊；

30. O Progresso—周刊，1873 年 4 月 7 日创刊，1873 年 6 月 21 日停刊；

31. Opinião Pública—周刊，1873 年 7 月 2 日创刊，1875 年 12 月 22 日停刊；

32. O Oriente—周刊，1874 年 3 月 7 日创刊，1874 年 11 月 27 日停刊；

33. Gazeta de Bardêz—周刊，1874 年 10 月 17 日创刊，1884 年 1 月 22 日停刊；

34. Nova Goa—周刊，1876 年 5 月 4 日创刊，1878 年 3 月 12 日停刊；

35. A Cruz—周刊，1876 年 7 月 15 日创刊，1882 年 7 月 26 日停刊；

36. A Pátria—周刊，1877 年 1 月 10 日创刊，1894 年 12 月 14 日停刊；

37. A Civilização—周刊，1877 年 2 月 6 日创刊，1878 年 11 月 28 日停刊；

38. O Imparcial—1878 年 7 月 1 日创刊，1899 年 8 月停刊；

39. A União—周刊，1878 年 9 月 5 日创刊，1880 年 10 月 18 日停刊；

40. A Semana—周刊，1880 年 3 月 4 日创刊，1880 年 9 月 10 日停刊；

41. A Verdade—周刊，1882 年 7 月 16 日创刊，1885 年 12 月 31 日停刊；

42. O Echo Popular—周刊，1883 年 1 月 7 日创刊，1884 年 8 月 7 日停刊；

43. O Correio da Índia—周刊，1883 年 8 月 7 日创刊，1892 年 12 月 28 日停刊；

44. O Correio de Goa—周刊 1883 年 8 月 7 日创刊，1888 年 4 月 14 日停刊；

45. O Crente—周刊，1883 年 8 月 9 日创刊，1928 年停

刊；

46. Periódico do Povo—周刊，1883 年 10 月 25 日创刊，1886 年 12 月 11 日停刊；

47. O Progresso de Goa—周刊，1883 年创刊；

48. The Times of Goa—周刊，1885 年 9 月 21 日创刊，1889 年停刊；

49. A Discussão—周刊，1886 年 8 月 12 日创刊，1889 年停刊；

50. A Convicção—周刊，1887 年 1 月 15 日创刊，1895 年停刊；

51. Farpas—周刊，1887 年 9 月创刊；

52. O Repórter da Índia—周刊，1888 年 10 月 3 日创刊，1889 年 3 月 22 日停刊；

53. Archivo Portuguez Oriental—1857 年创刊，1866 年停刊；

54. O Patriota—1858 年创刊，1874 年停刊；

55. O Recreio—1859 或 1860 年创刊，1865 或 1866 年停刊；

56. Tirocínio Literário—1862 年创刊，1863 年停刊；

57. Jornal de Pharmacia e Sciencias Médicas da Índia Portugueza—1862 年创刊，1863 年停刊；

58. Revista Médico Militar da Índia portuguesa—1862 年创刊，1864 年停刊；

59. Recreio das Damas—1863 年创刊；

60. O Periódico Militar do Ultramar Portuguez—1863 年创刊；

61. Ilustração Goana—1864 年创刊，1866 年停刊；

62. Archivo de Pharmacia e Sciencias Accessorias da Índia Portugueza—1864 年创刊，1871 年停刊；

63. Harpa do Mandovy—1865 年创刊；

64. O Chronista de Tissuary—1866 年创刊，1869 年停刊；

65. Goa Sociavel—1866 年创刊；

66. O Ramalhetinho—1866 年创刊，1870 年停刊；

67. O Oriente Catholico—1867 年创刊，1870 年停刊；

68. Instituto Vasco da Gama—1872 创刊，1875 年停刊；

69. Jornal de Pharmacia，Chimica e Historia Natural Medida—1872 年创刊，1873 年停刊；

70. Album Litterario—1875 年创刊，1880 年停刊；

71. Dexâssudhârânetxo（葡语及马拉他语出版）1876 年创刊，1880 年停刊；

72. Estreia Litteraria—1877 年创刊；

73. Goamitra—1882 或 1883 年创刊；

74. Jornal das Novas Conquistas—1882 年创刊，1886 年停刊；

75. O Arya－Bondir—1885 年创刊，1886 年停刊；

76. O Goa Pancha—1885 年创刊，1889 年及 1890—1892 年停刊；

77. Cavaco Instructivo—1887 年创刊；

78. Sudarxana—1888 年创刊；

79. A Democracia—周刊，1888 年 10 月 11 日创刊，1889 年 10 月 3 日停刊；

80. Ortigas—周刊，1889 年 1 月 1 日创刊（仅出一期）；

81. O Niaya Chacxu—1889 年创刊，1890 年停刊；

82. Mandovy—周刊，1890 年 7 月创刊，1890 年 10 月 27 日停刊；

83. Gomantac—1890 年创刊，1892 年停刊；

84. O Vinte e Um de Setembro—周刊，1890 年 10 月 28 日创刊，1892 年 12 月 29 日停刊；

85. A Voz do Povo—周刊，1890 年 11 月 7 日创刊，1907 年停刊；

86. Correspondência de Goa—周刊，1891 年创刊；

87. Gazeta de Perném—1893 创刊，1894 年停刊；

88. Gazeta da Índia—周刊，1893 年 2 月 1 日创刊，1894 年 8 月 18 日停刊；

89. O Investigador—半月刊，1894年1月29日创刊，1894年7月21日停刊；

90. O Indispensável—1894年4月1日创刊，1895年12月停刊，1909年12月28日至1915年7月复刊，英文版1913年1月至1914年1月；

91. Divan Litterario—1894年创刊；

92. Archivo Medico da Índia—1894年8月创刊，1896年4月停刊；

93. Notícias—1894年9月1日创刊，1937年停刊；

94. O Brado Indiano—周刊，1894年12月15日创刊，1895年12月停刊；

95. O Liberal—月刊，1895年1月创刊，1895年10月停刊；

96. O Paiz—半月刊，1895年1月1日创刊，1895年10月停刊；

97. A Evolução—周刊，1895年1月2日创刊，1895年11月13日停刊；

98. Bibliotheca de Notícias—月刊，1895年8月3日创刊，1895年11月停刊；

99. A Era Nova—周刊，1897年11月3日创刊，1903年4月30日停刊；

100. O Portuguez—周刊，1897年12月16日创刊，1901年11月16日停刊；

101. O Atheta—周刊，1899年创刊，1906年12月22日停刊；

102. O Heraldo—日报，1900年1月22日创刊，至今；

103. O Bardezano—周刊，1904年2月4日创刊，1906年12月22日停刊；

104. O Índio—周刊，1904年2月9日创刊，1908年4月6日停刊；

105. O Nacionalista—周刊，1904年10月11日创刊，1910年12月12日停刊；

106. O Oriente—周刊，1905 年 3 月 9 日创刊，1905 年 12 月 22 日停刊；

107. Echo da Índia—1905 年 9 月 9 日创刊，1907 年 6 月 28 日停刊；

108. A Reforma—周刊，1905 年 10 月 16 日创刊，1906 年 1 月 1 日停刊；

109. Diário de Goa—1905 年 10 月 16 日创刊，1906 年 2 月 22 日停刊；

110. O Imparcial—周刊，1906 年 3 月 5 日创刊，1906 年 8 月 18 日停刊；

111. O Pygmeu—日报，1908 年 2 月 4 日创刊，1909 年 12 月 31 日停刊；

112. Heraldo—日报，1908 年 5 月 21 日创刊，至今；

113. O Ariano—周刊，1908 年 7 月 16 日创刊，1911 年 12 月 27 日停刊；

114. O Futuro—周刊，1909 年 4 月 11 日创刊，1917 年 1 月 12 日停刊；

115. O Commercio—日报，1909 年 10 月 1 日创刊，1912 年 12 月 30 日停刊；

116. O Debate—周刊，1911 年 4 月 3 日创刊，1921 年 2 月 16 日停刊；

117. O Popular—周刊，1911 年 10 月 4 日创刊，1912 年 5 月 20 日停刊；

118. O Povo—双周刊，1912 年 7 月 26 日创刊，1913 年 2 月 12 日停刊；

119. Students' Progress—1912 年 9 月 12 日创刊，1914 年 8 月停刊；

120. Jornal da Índia—周刊，1913 年 3 月 14 日创刊，1913 年 8 月 26 日停刊；

121. Boletim do Commercio—周刊，1913 年 3 月 29 日创刊，1915 年 3 月 29 日停刊；

122. A Pátria—周刊，1913 年 8 月 6 日创刊，1914 年 10

月 29 日停刊；

123. Rebate—周刊，1913 年 10 月 1 日创刊，1914 年 6 月 12 日停刊；

124. Vida Nova—周刊，1913 年 11 月 17 日创刊，1917 年 9 月 22 日停刊；

125. Jornal do Povo—周刊，1914 年 7 月 14 日创刊，1918 年 10 月 10 日停刊；

126. A Lanterna—周刊，1914 年 10 月 1 日创刊，1916 年 12 月 2 日停刊；

127. A Terra—三日刊，1916 年 1 月 1 日创刊，1932 年停刊；

128. O Liberal—周刊，1916 年 10 月 5 日创刊，1919 年 3 月 12 日停刊；

129. O Progresso—周刊，1917 年 3 月 10 日创刊，1919 年 11 月 15 日停刊；

130. Opinião—周刊，1917 年 11 月 12 日创刊，1919 年 3 月 29 日停刊；

131. O Português—周刊，1919 年 6 月 8 日创刊，1919 年 9 月 26 日停刊；

132. Nacional—周刊，1919 年 11 月 3 日创刊，1920 年 3 月 9 日停刊；

133. Diário da Noite—日报，1919 年 12 月 1 日创刊，至今；

134. A Tribuna—周刊，1920 年 1 月 2 日创刊，1925 年停刊；

135. Provincia—周刊，1920 年 6 月 7 日创刊，1922 年 3 月 27 日停刊；

136. O Bharat—1920 年创刊，1949 年停刊；

137. Boletim Geral de Medicina e Farmácia—1921 年 3 月创刊；

138. Gazeta da Relação de Nova Goa—周刊，1921 年创刊，1932 年停刊；

139. A Época—1924年创刊，1930年停刊；

140. Boletim do Instituto Vasco da Gama—1926年创刊；

141. Sandalcalo，（不详）

142. Lubadhe—周刊；

143. Arquivos da Escolas Médico-cirurgica de Nova-Goa—1927年6月创刊，至今；

144. Pracasha—1928年创刊，1937年停刊；

145. Correio de Bardez—周刊，1928年创刊，1948年停刊；

146. Filha，Mãe e Esposa—1928年创刊，1938年停刊；

147. Esplendores da Religião—1928年创刊，1930年停刊；

148. Vem. Padre José Vaz—月刊，葡文版1928年5月创刊，贡加尼文版1929年7月10日创刊，英文版1931年1月创刊；

149. Ariavidnyana—周刊，1929年创刊；

150. Estado da Índia；（不详）

151. Pradipa—1929创刊，1930年停刊；

152. Amchó Gão—周刊，1929年创刊，1933年停刊；

153. Niz Bhavarti—周刊，1930年1月创刊；

154. Voluntário—周刊，1930年创刊；

155. Porjecho Adar—1930年创刊，至今；

156. Diário da Tarde—1931创刊，1933年停刊；

157. A Voz de S. Francisco Xavier—周刊，1931年创刊，1942年停刊；

158. Índia—月刊（英文），1931年10月创刊；

159. Correio de Bicholim—周刊，1931年创刊，1932年停刊；

160. Vaisha—1931年创刊；

161. Patita Pavana—季刊，1931年创刊；

162. O Tempo—周刊，1931年创刊，1951年停刊；

163. Índia—（英文副刊），1932年8月创刊；

164. Mascote—周刊，1933 年创刊，1936 年停刊；

165. A Luta—1933 年创刊，1937 年停刊；

166. Bharat-Mitra—月刊，1933 年创进刊至今；

167. Jornal da Índia—1933 年创刊，1945 年停刊；

168. O Médico—月刊，1934 年 1 月创刊，至今；

169. O Independente—周刊，1933 年 12 月 25 日创刊，1946 年 9 月 9 日停刊；

170. Vauraddeanchó Ixtt（工人之友）—1933 年 12 月创刊，至今；

171. Jornal das Comunidades—周刊，1934 年创刊，1937 年停刊；

172. Boletim da Comissão de Arqueologia—1935 年 10 月创刊；

173. O Clínico—月刊，1938 年 12 月 11 日创刊，发行至今；

174. A Vida—日报，1938 年 9 月 15 日创刊，至 1963 年停刊；

175. O Esculápio—1940 年 11 月创刊，1941 年 5 月停刊；

176. Boletim Eclesiástico da Arquidiocese de Goa（果阿主教区通讯）—月刊，1942 年 7 月创刊，至今；

177. Ala—年刊，阿布克尔克国立中学杂志，1944 年创刊；

178. Oratório Salesiano de D. Bosco—1946 年 3 月创刊，至今；

179. A Voz da Índia—1946 年创刊，1950 年停刊；

180. Avante—1946 年 10 月创刊；

181. Aitarachem Vachop—半月刊，1947 年创刊，至今；

182. India—月刊，1950 年 1 月创刊，1964 年停刊；

183. Notícias do Estado da Índia—1950 年 8 月创刊，1961 年停刊；

184. Luz da Infância—月刊，1951 年 10 月 13 日创刊，1959 年停刊；

185. Portuguese India—半月刊，1952年1月创刊；

186. Diário de Goa—1953年2月1日创刊，1961年停刊；

187. Revista Farmacêutica—季刊，1954年1月创刊，1959年停刊；

188. Vanguarda—1954年10月创刊，1961年停刊；

189. Heraldo-ed. 英文周刊，1956年4月31日创刊，1962年停刊；

190. O Heraldo 果阿贡加尼文出版—1956年2月2日创刊，至今。

（资料来源：*Anuário Internacional de Comunicação Lusófona*，2004，pp. 104—107）。

附录七　19世纪非洲葡属殖民地创办的报刊（至1885年）

安哥拉

Aurora（《朝霞报》，文学期刊）—1855年创刊于罗安达；

Boletim official do governo da provincia de Angola（《安哥拉省政府公报》，宪报）—1845年创刊于罗安达；

Boletim da sociedade propagadora dos conhecimentos geographicos africanos（《非洲地理知识传播学会通讯》，科学文学期刊）—1881年创刊于罗安达；

Civilisação (A) da África portugueza（《葡属非洲文明报》，政治商业新闻性期刊）—1866年创刊于罗安达；

Commercio (0) de Loanda（《罗安达商报》，政治文学新闻性期刊）—1867年创刊于罗安达；

Correspondência de Angola（《安哥拉通讯报》，政治性期刊）—1875年创刊于罗安达；

Cruzeiro (0) do Sul（《南十字报》，政治性期刊）—1873年创刊于罗安达；

Echo (0) de Angola（《安哥拉回声报》，政治新闻性期刊）—1882年创刊于罗安达；

Futuro (0) de Angola（《安哥拉前景报》，政治性期刊）—1882年创刊于罗安达；

Gazeta de Angola（《安哥拉周报》，政治性期刊）—1881年创刊于罗安达；

Jornal de Loanda（《罗安达报》，政治性期刊）—1878年创

刊于罗安达；

Jornal de Mossamedes（《莫萨梅德斯人报》，政治性期刊）—1882年创刊于莫萨梅德斯；

Mercantil (O)（《商报》，政治性期刊）—1869年创刊于罗安达；

Meteoro（《流星报》，文学性期刊）—1873年创刊于罗安达；

Noticiário de Angola（《安哥拉新闻报》，政治新闻性期刊）—1880年创刊于罗安达；

Pharol (O) do Povo（《人民灯塔报》，政治性期刊）—1883年创刊于罗安达；

Ultramar (O)（《海外报》，政治性期刊）—1882年创刊于罗安达；

União (A) Africo-Portugueza（《葡裔非洲人联合报》，政治性期刊）—1882年创刊于罗安达；

Verdade (A)（《真理报》，政治性期刊）—1882年创刊于罗安达。

佛得角

Boletim Official do Governo da Provinda de Cabo Verde（《佛得角省政府公报》，宪报）—1842年创刊于普拉亚；

Correio de Cabo Verde（《佛得角差报》，政治新闻性期刊）—1879年创刊于普拉亚；

Echo de Cabo Verde（《佛得角回声报》，政治新闻性期刊）—1880年创刊于普拉亚；

Imprensa（《新闻报》，商业贸易新闻性期刊）—1880年创刊于普拉亚；

Independente（《独立报》，政治性期刊）—1877年创刊于普拉亚；

Protesto (O)（《决心报》，政治性期刊）—1883年创刊于普拉亚。

葡属几内亚（几内亚比绍）

Boletim Official do Governo da Província da Guiné（《几内

亚省政府公报》，宪报）—1880 年创刊于波拉马；

Fraternidade (A)（《博爱报》，文学性期刊）—1883 创刊于几内亚。

莫桑比克（旧译名莫三鼻给）

África Oriental（《东非报》，政治性期刊）—1872 年创刊于当时的首都莫三鼻给岛[①]；

Africano (O)（《非洲人报》，政治新闻性期刊）—1878 年创刊于吉里马内；

Boletim Official do Governo da Provincia de Moçambique（《莫桑比克省政府公报》，宪报）—1854 年创刊于莫三鼻给（市）；

Gato (O)《猫报》—1880 年创刊于莫三鼻给岛；

Jornal de Moçambique（《莫桑比克报》，政治新闻性期刊）—1873 年创刊于莫三鼻给岛；

Noticiário de Moçambique（《莫桑比克新闻报》，政治新闻性期刊）—1872 年创刊于莫三鼻给岛；

Progresso（《进步报》，政治性期刊）—1868 年创刊于莫三鼻给岛；

Quilimanense (O)（《吉里马内人报》，政治新闻性期刊）—1882 年创刊于吉里马内；

Verdade (A)（《真理报》，政治文学新闻性期刊）—1880 年创刊于莫三鼻给岛；

Vigilante (O)（《守卫者报》，政治文学性期刊）—1883 年创刊于吉里马内。

圣多美和普林西比

Boletim Official do Governo da Provincia de S. Thome e Principe（《圣多美和普林西比省政府公报》，即宪报）—1857

① 莫三鼻给岛（Ilha de Mozambique），位于莫桑比克南布拉省沿海的小岛。达伽马于 1498 年抵达该岛后成为葡萄牙在南印度洋的重要商埠，并被定为葡属东南非洲（莫桑比克）的第一个首都。现莫桑比克国名即源于该岛。1898 年洛伦索马贵斯（现名马普托）成为首都及重要商埠后，莫三鼻给岛便失去其重要性。

年创刊于圣多美；

Equador (O)（《赤道报》，文学农业科学性期刊）—1870年创刊于圣多美；

Jornal de S. Thome e Príncipe（《圣多美和普林西比报》，政治性期刊）—1883 年创刊于圣多美。

（资料来源：Brito Aranha，*Subsídios para a História do Jornalismo nas Províncias Ultramarinas Portuguezas*，*Sociedade de Geographia de Lisboa*，1885.）

参考书目

中文书目

古籍文献

1. （明）杨士奇：《东里文集》，中华书局 1998 年。

2. （清）暴煜：《（乾隆）香山县志》，中山文献丛书本。

3. （清）陈兰艺：《岭海名胜记》，乾隆十五年刊本。

4. （清）顾炎武：《天下郡国利病书》，敷文阁聚珍版本。

5. （清）林则徐：《林则徐集》，中华书局 1963 年。

6. （清）林则徐：《林则徐奏稿》，中山大学出版社 1985 年。

7. （清）利类思：《不得已辨》，天主教东传文献本。

8. （清）陆希言：《澳门记》，法国国家图书馆藏康熙刻本。

9. （清）《清实录》，中华书局影印本 1986 年。

10. （清）屈大均：《广东新语》，中华书局 1985 年。

11. （清）《清代外交史料》（嘉庆朝），故宫博物院民国 20 年刊本。

12. （清）阮元：《（道光）广东通志》，同治甲子重刊本。

13. （清）申良翰：《（康熙）香山县志》，中山图书馆藏康熙十年抄本。

14. （清）王之春编著：《清朝柔远记》，中华书局 1989 年。

15. （清）徐继畬辑：《瀛寰志略》，道光二十八年刊本。

16. （清）袁永伦：《靖海氛记》，道光十年碧萝山房本。

17. （清）印光任、张汝霖著，赵春晨校注：《澳门纪略》，广东教育出版社 1988 年。

18. （清）赵翼编著：《檐曝杂记》，中华书局 1982 年。

19. （清）张廷玉等编：《明史》，中华书局 1974 年。

20. （民国）历式金：《香山县志续编》，民国 12 年刊本。

21. 刘芳辑，章文钦校：《清代澳门中文档案汇编》，澳门基金会 1999 年。

22. 汤开建、吴志良编：《澳门宪报中文资料辑录（1850—1911）》，澳门基金会 2002 年。

23. 王慎之、王子今辑：《清代海外竹枝词》，北京大学出版社 1994 年。

24. 《唯独报》1898 年 5 月出版，纪念瓦斯科・达・伽马发现印度航路 400 周年特刊。

25. 中国第一历史档案馆、暨南大学古籍所合编：《明清时期澳门问题档案文献汇编》，一至六卷，人民出版社 1999 年。

26. 中国第一历史档案馆、北京大学、澳门理工学院编：《清代外务部中外关系档案史料丛编——中葡关系卷》，中华书局 2004 年。

著　述

1. 陈昌凤：《香港报业纵横》，法律出版社 1997。

2. 陈鸣：《香港报业史稿（1841—1911）》，光华报业有限公司 2005 年。

3. 陈玉申：《晚清报业史》，山东画报出版社 2003 年。

4. 陈周棠主编：《中国近代史》，广东高等教育出版社 1986 年。

5. 程曼丽：《〈蜜蜂华报〉研究》，澳门基金会 1998 年。

6. 戴逸主编：《简明清史》，人民出版社 1980 年。

7. 戴裔煊：《明史・佛朗机传笺正》，中国社会科学出版社 1982 年。

8. 邓开颂、吴志良、陆晓敏：《粤澳关系史》，中国书店出版社 1999 年。

9. 杜文凯：《清代西人交闻录》，中国人民大学出版社 1985 年。

10. 方汉奇：《中国近代报刊史》，山西教育出版社 1981 年。

11. 方汉奇主编：《中国新闻事业简史》，中国人民大学出版社 1995 年。

12. 方汉奇主编：《中国新闻事业通史》（第一卷、第二卷），中国人民大学出版社 1992 年。

13. 方豪：《中西交通史》，岳麓书社 1987 年。

14. 方积根、胡文英：《海外华文报刊的历史与现状》，新华出版社 1989 年。

15. 方积根、王光明编著：《港澳新闻事业概观》，新华出版社 1992 年。

16. 费成康：《澳门四百年》，上海人民出版社 1988 年。

17. 费成康：《孙中山和镜海丛报》及该报 1895 年 11 月 6 日文《是曰邱言》，载《镜海丛报》（影印本），澳门基金会、上海社会科学院出版社 2000 年。

18. 高添强编著：《香港今昔》，三联书店（香港）有限公司 1994 年。

19. 戈公振：《中国报学史》，上海古籍出版社 2003 年。

20. 郭永亮：《澳门香港之早期关系》，“中央研究院”近代史研究所丛刊（9），1990 年。

21. 韩德：《一种特殊关系的形成》，复旦大学出版社 1993 年。

22. 黄启臣：《澳门通史》，广东教育出版社 1999 年。

23. 黄庆华：《中葡关系史》，黄山书社 2006 年。

24. 姜义华：《镜海丛报序》，载《镜海丛报》（影印本），澳门基金会、上海社会科学院出版社 2000 年。

25. 金贡男、续建宜主编：《世界近代史纲要》，蓝天出版社 1996 年。

26. 金国平:《西力东渐》，澳门基金会 2000 年。

27. 金国平、吴志良：《东西望洋》，澳门成人教育学会 2002 年。

28. 金国平、吴志良：《镜海飘渺》，澳门成人教育学会 2001 年。

29. 赖光临:《中国近代报人与报业》，(台湾）商务印书馆 1979 年。

30. 赖光临:《中国新闻传播史》，（台湾）三民书局 1992 年。

31. 老冠祥、谭志强等:《变迁中的香港、澳门大众传播事业》，台湾“行政院”新闻局 1996 年。

32. 李彬:《中国新闻社会史（1815—2005)》，上海交通大学出版社 2007 年。

33. 李谷城：《香港报业百年沧桑》（*A comment on the press of Hong Kong*），明报出版社有限公司 2000 年。

34. 李瞻主编:《外国新闻史》，(台湾）学生书局 1980 年。

35. 李长森:《明清时期澳门土生族群的形成发展与变迁》，中华书局 2007 年。

36. 李明水:《世界新闻传播发展史》，大华晚报发行 1985 年。

37. 李楠：《晚清民国时期上海小报》，人民文学出版社 2006 年。

38. 李向玉：《澳门圣保禄学院研究》，澳门日报出版社 2001 年。

39. 李洵、薛虹主编：《明清史》，辽宁人民出版社 1985 年。

40. 林友兰:《香港报业发展史》，世界书局 1977 年。

41. 马松柏：《香港报坛回忆录》，（香港）商务印书馆 2001 年。

42. 牟安世:《鸦片战争》，上海人民出版社 1982 年。

43. 潘玉田、陈永刚:《中西文献交流史》，北京图书馆出版社 1999 年。

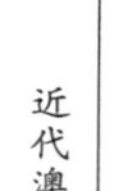

44. 戚印平：《日本早期耶稣会史研究》，商务印书馆 2003 年。

45. 乔志强主编：《中国近代社会史纲》，山西高校联合出版社 1992 年。

46. 桑咸之：《晚清政治与文化》，中国社会科学出版社 1996 年。

47. 苏精：《马礼逊与中文印刷出版》，（台湾）学生书局 2000 年。

48. 施福康主编：《上海社会大观》，上海书店出版社 2000 年。

49. 汤开建、陈文源、叶农主编：《鸦片战争后澳门社会生活记实—— 近代报刊澳门资料选粹》，花城出版社 2001 年。

50. 谭好哲、王汉川主编：《宗教与文化》，山东大学出版社 2002 年。

51. 田英杰：《香港天主教掌故》，香港天主教教区出版 1981 年。

52. 汪春、谭美玲编：《澳门土生文学作品选》，澳门大学出版中心 2001 年。

53. 王杰、邓开颂主编：《纪念郑观应诞辰一百六十周年学术研讨会论文集》，澳门历史文物关注协会、澳门历史学会 2003 年。

54. 王林：《西学与变法——万国公报研究》，齐鲁书社 2004 年。

55. 吴义雄：《在宗教与世俗之间：基督教新教传教士在华南沿海的早期活动研究》，广东教育出版社 2000 年。

56. 熊月之、马学强、晏可佳选编：《上海的外国人(1842—1949)》，上海古籍出版社 2003 年。

57. 杨光辉等：《中国近代报刊发展概况》，新华出版社 1986 年。

58. 元邦建、袁桂秀：《澳门史略》，中流出版社 1998 年。

59. 余绳武、刘存宽主编：《十九世纪的香港》，中华书局 1994 年。

60. 张海峰等主编：《鸦片战争与中国现代化》，中国社会科学出版社 1991 年。

61. 张隆栋、傅显明：《外国新闻事业史简编》，中国人民大学出版社 1988 年。

62. 张隆栋主编：《大众传播学总论》，中国人民大学出版社 1993 年。

63. 张秀民：《中国印刷史》，上海人民出版社 1989 年。

64. 章文钦笺注：《澳门诗词笺注》（1－4 卷），澳门特别行政区政府文化局、珠海出版社 2003 年。

65. 赵永华：《在华俄文新闻传播活动史（1898—1956）》，中国人民大学出版社 2006 年。

66. 郑贞铭：《世界百年报人》，复旦大学出版社 2006 年。

67. 郑天挺主编：《明清史资料》，天津人民出版社 1980 年。

68. 周佳荣：《澳门报刊的历史和现状》，香港浸会大学《当代史学》。

69. 周景濂：《中葡外交史》，商务印书馆 1991 年。

70. 赵永新：《论胡文化“汉化”与传教士“儒化”》，载《澳门日报》2003 年 12 月 28 日。

71. 陈文源：《1725－1849 年澳门贸易额船探析》，载《中国经济史研究》，2003 年第 2 期。

72. 林昶：《澳门中文报业在两岸交流中所扮演的角色》，新华网。

73. 林玉凤：《澳门葡文报章发展的特点（1822—1999）》，载《澳门研究》第 10 期，澳门基金会 1999 年。

74. 谭志强、吴志良：《中国领土上的第一份外文报纸：澳门葡文〈蜜蜂华报〉（1822—1823）》，载《新闻学研究》第 57 期，1998 年。

75. 叶农、严忠明：《鸦片战争后移居香港的澳门葡人》，载《澳门历史研究》第 5 期，澳门历史文化研究会 2006 年。

译 著

1. ［意］金尼阁著，何高济等译：《利玛窦中国札记：1583—1610》，中华书局 1983 年。

2. ［葡］J. H. 萨拉依瓦：《葡萄牙简史》，中国展望出版社 1988 年。

3. ［苏］格·尼·科洛米耶茨，南京师范学院译：《葡萄牙现代史概要》，江苏人民出版社 1973 年。

4. ［美］爱德华·麦克诺尔·伯恩斯著，罗经国等译：《世界文明史》，商务印书馆 1987 年。

5. ［葡］白妲丽著，崔维孝译：《澳门语·历史与现状》，澳门《文化杂志》中文版第 20 期，1994 年。

6. ［美］查·爱·诺埃尔著，南京师范学院教育系翻译组译：《葡萄牙史》，商务印书馆（香港分馆）1979 年。

7. ［葡］卡洛斯·高美士·贝萨著，澳门理工学院译：《澳门与共和体制在中国的建立》，澳门基金会 1999 年。

8. ［瑞典］龙思泰著，吴义雄、郭德焱、沈正邦译，章文钦校注：《早期澳门史》，东方出版社 1997 年。

9. ［葡］潘日明神父著，陈清译：《百年华人区》，澳门《文化杂志》中文版，第 7—8 期合刊，澳门文化司署 1988 年。

10. ［葡］若昂·哥德斯著，北风译：《孙逸仙与澳门和革命》，澳门《文化杂志》第 17 期，1993 年。

11. ［葡］潘日明著，吕平义译：《亚婆井——寻找澳门的同一性》，澳门《文化杂志》第 20 期，1994 年。

12. ［葡］潘日明著，苏勤译：《殊途同归——澳门的文化交融》，澳门文化司署 1992 年。

13. ［葡］施白蒂著，姚京明译：《澳门编年史》19 世纪卷，澳门基金会 1998 年。

14. ［葡］施白蒂著，金国平译：《澳门编年史》20 世纪卷，澳门基金会 1999 年。

15. ［葡］文德泉神父：《澳门土生葡人——澳门》，官印局 1965 年。

16. ［美］泰勒·丹涅特著，姚曾廙译：《美国人在东亚》，商务印书馆 1959 年。

17. ［葡］徐萨斯著，黄鸿钊、李保平译：《历史上的澳门》，澳门基金会 2000 年。

18. 张天泽著，姚楠、钱江译：《中葡早期通商史》，中华书局（香港分局）1988 年。

外文书目

1. *A Abelha da China*, edição da Universidade de Macau e Fundação de Macau, Macau, 1994.

2. ABREU, Alzira Alves de. *A Modernização da Imprensa* (*1970-2000*). Rio de Janeiro: Jorge Zahar, 2002.

3. BAHIA, Juarez. *Jornal*, *História e Técnica*, *vol. I-História da Imprensa Brasileira*. São Paulo: Ática, 1990, 4.ª ed.

4. BALZAC, Honoré de. *Os Jornalistas*. Rio de Janeiro: Ediouro, 1999.

5. BARBOSA, Marialva. *Os Donos do Rio-Imprensa*, *Poder e Público* (1880-1920). Rio de Janeiro: Vício de Leitura, 2000.

6. BELLANGER, Claude (org.). *Histoire Générale de la Presse Française*. Paris: PUF, 1969.

7. BRAGA, J. M. *Hong Kong and Macao*: *A Record of Good Felowship*. Hong Kong: Graphic Press Limited, 1960.

8. BRAGA, J. M. The Beginning of Printing at Macau, Separata de Studia, Lisboa, 1963.

9. BRAGA, J. P. Pioneires Portugueses de Hong Kong, Instituto Cultural de Macau, 1987.

10. CAPELATO, Maria Helena R. *Imprensa e História no Brasil*, São Paulo: Contexto/EDUSP, 1988.

11. CASTRO, Leo de Almada e. *Some notes on the Portuguese in Hong Kong*, Macau: Imprensa Nacional, 1949.

12. CUNHA, António Maria da. *A Índia Antiga e*

Moderna. Nova Goa, 1935.

13. GUNN, Geoffrey C., *Ao Encontro de Macau-Uma Cidade-Estado Portuguesa na Periferia da China, 1557-1999*, Macau, CTMCDP, 1998.

14. DARNTON, R. e ROCHE, D. (org.). *Revolução Impressa-a Imprensa na França 1775-1800*. São Paulo: EDUSP, 1996.

15. GARGUREVICH Juan. *Historia de la Prensa Peruana (1594-1990)*. Lima: La Voz, 1991.

16. GOMES, Luís Gonzaga. *Bibliografia Macaense*. Macau: Instituto Cultural de Macau, 1987.

17. GOMES, Luís Gonzaga (trad.). *Ou-Mun Kei-Leok, Monografia de Macau de Tcheong U Lam e Iam Kuong Iam*. Macau: Imprensa Oficial, 1950.

18. IPANEMA, Marcelo de & IPANEMA. Cybelle de. *Estabelecimento da Tipografia e origens do Jornalismo no Brasil. in: Revista Brasileira de Comunicação*. Brasília: Março e Junho de 1968.

19. JESUS, Montalto de. *Historic Macau*. Hong Kong: Kelly & Walsh Limited, 1902.

20. LESSA, Almerindo. *L' Histoire et les Hommes de la Première République Démocratique del' Orient. Anthropobiologie et Anthropossociologie de Macau*. Toulouse, 1974.

21. LJUNGSTEDT, Andres. *An Historical Sketch of the Portuguese Settlements in China and of the Roman Catholic Church and Mission in China and Description of the City of Canton*. Hong Kong, 1.ª ed., 1836.

22. MATTELART, Armand. *Comunicação-Mundo: história das técnicas e das estratégias*. Petrópolis: Vozes, 1994.

23. MELLO E SOUZA. Cláudio, *Impressões do Brasil*. São Paulo: Grupo Machline, 1986.

24. MELO, José Marques de (org.). *Imprensa Brasileira-personagens que fizeram história*. São Paulo: Imprensa Oficial do

Estado de São Paulo e Universidade Metodista de São Paulo, 2005.

25. MENDES, Manuel da Silva. *Colectânea de artigos de Manuel da Silva Mendes*, comp. Luís Gonzaga Gomes. Macau: Notícias de Macau, 1964.

26. NEVES, João Alves das, *A Imprensa de Macau e as Imprensas de Língua Portuguesa no Oriente*, Instituto Cultural de Macau, 1999.

27. NOWELL, Charles E. *Portugal and the Partition of Africa*, *Journal of Modern History*, XIX, 1947.

28. PEDRO, José. *The Portuguese in Hong Kong and China: their beginning, settlement and progress during one hundred years*, *Boletim do Instituto Luís de Camões*, Macau, 12 (1-2) Primavera-Verão 1978.

29. RANGEL, Jaime. *A Imprensa em Goa*. Bastorá-Goa: Tipografia Rangel, 1956.

30. RIBEIRO, Ana Paula Goulart. *Imprensa e História no Rio de Janeiro dos Anos* 50. Tese de Doutorado. Rio de Janeiro: ECO-UFRJ, 2000.

31. RIZZINI, Carlos. *O Livro, o Jornal e a Tipografia no Brasil*. Rio de Janeiro: Kosmos, 1945.

32. SEABRA, Manuel de & DEVI Vivala. *Literatura Indo-Portuguesa*. Lisboa: Junta de Investigações do Ultramar, 1971.

33. SILVA, *Beatriz Basto da*, *Cronologia da História de Macau*, *século XIX*, DSEJ, 1995.

34. SILVA, Henrique Rola da, Informação Portuguesa de Macau, GCS, 1992.

35. SIMÕES, Rui, *A Língua Portuguesa e a Educação dos Portugueses de Hong Kong*, in *O Ensino da Língua Portuguesa em Hong Kong*. Macau: DSEJ, 1997.

36. SODRÉ, Nelson Werneck. *História da Imprensa no Brasil*. Rio de Janeiro: Civilização Brasileira, 1966.

37. SUBRAHMANYAM, Sanjay. *The Portuguese Empire in Asia* (1500-1700). *A Political and Economic History*. Londres, 1993.

38. TEIXEIRA, Pe. Manuel. *Galeria de Macaenses Ilustres do Século Dezanove*. Macau: Imprensa Nacional, 1942.

39. TEIXEIRA Pe. Manuel. *Imprensa Periódica Portuguesa no Extremo Oriente*. Macau: Instituto Cultural de Macau, 1999.

40. TEIXEIRA, Pe. Manuel. *Macau através dos Séculos*. Macau: Imprensa Nacional, 1977.

41. TEIXEIRA, Pe. Manuel. *Os Macaenses*. Macau: Centro de Informação e Turismo, 1965.

42. TEIXEIRA, Pe. Manuel. *Toponímia de Macau*, 2 vols. Macau: Instituto Cultural de Macau, 1997.

后　　记

2007年3月澳门特区政府文化局批准本人申请的澳门外报史研究项目，经过一年的努力，在2008年初完成了对澳门《中国蜜蜂报》以来的澳门近代外报研究工作，之后对研究报告作了几个月的修订和补充，形成了目前这部近40万字的书稿《近代澳门外报史稿》。在作完最后一次校对收笔掩卷之际，回首进行研究的那一年，不禁唏嘘。那一年的研究，是我有生以来最紧张的一段工作。记得研究之初，认为按要求写出12万字的研究报告就可以了。没想到进入实际研究之后，随着资料的收集及补充，兴趣愈发浓郁，一发而不可收。最终在一年内完成近30多万的研究文字，中间曾三易其稿，几度修改，连本人都不能相信怎会以平均每月三万字的速度完成工作，更何况该期间由于身体不适做手术而休息了两个多月。但细想起来，能够在短时间内完成如此大部头的研究工作，还是有其道理的。

首先，本人在进行澳门土生葡人研究的时候，就萌生了对澳门外报进行研究的想法。在收集关于澳门土生族群资料的过程中，有两方面的情况令我印象深刻，颇有感触。一是发现这个族群在19世纪创办了大量报刊，其数量之多令人吃惊。一个仅有几千人的族群在仅有几平方公里的小地方竟然创办那么多的报刊，这究竟是为什么？二是在澳门土生人中有许多人都热衷于创办报纸开设印馆，这又是什么原因？继而在研究澳门土生人向港沪两地大举迁徙的这段历史时，又发现他们是两地最早创办报刊的一群人。为什么以前会对此一无所知，甚至没有听到过这方面的任何信息？带着这些疑问，我开始查阅关于报业研究的各种著述，竟然发现没有任何人对中国近代史中的这种罕见现象作过系统研究。答案没有，就要自己去探寻，于是有了研究近代澳门外报的初步想法。

其次，是一种使命感促使自己努力完成这项工作。澳门土生葡人在创办各种新闻报刊的过程中发挥了重要作用，出现了一大批十分活跃的报人。他们不仅在澳门办报，而且足迹遍布港、粤、沪等鸦片战争后最先向西方开放的商埠。从澳门葡人创办的百多种报刊中，可以看出其中绝大多数报人及主笔都是澳门土生人，甚至报纸的印刷也多由土生葡人开设的印刷公司承担。然而，应该说在以往的研究中这一点被学者们所忽视。澳门外报研究之所以被忽视，其中最主要的原因是澳门外报多为葡文。想要研究的人由于语言障碍而无从入手。本人从 20 世纪 60 年代学习葡语至今已 40 余年，有研究澳门外报的有利条件。在这种情况下，自然而然产生一种研究澳门外报的使命感，想以自己的特长为澳门史的研究多作一些工作。

再次，从 1970 年至 1993 年，本人一直在新闻传媒机构工作，20 多年的记者生涯不仅使我对传媒有一种亲切感，而且对这个行业十分熟悉。

最后，本人对澳门土生族群历时三年的研究工作的完成，以及 50 多万字《明清时期澳门土生族群的形成发展与变迁》的出版，使本人对澳门史有了更深刻的了解和认识。同时熟悉了澳门史的研究方法和途径。在研究澳门土生族群的过程中，已经掌握及涉猎不少有关澳门报业史的资料和线索，这对于本人进一步开展研究打下了良好基础。

由于上述原因，才使本人不仅有了研究的动力，而且具备了研究的条件，从而使自己能在短短的一年时间内一气呵成完成如此繁重的研究工作。当然，其中的辛苦也是不言而喻的，但今天能够看到这样的成果，一切也就烟消云散了。

本不想在后记中再写感谢词，因为觉得像“八股”一样有些俗套。然而，将感激之情憋在心里也确实不是滋味，如此“烦恼”数日，觉得还是写出来好，不吐不快。因为在当今世界，任何成果都不可能与社会或者集体无关，更何况在研究过程中得到各方的热情关注和真诚帮助。

首先，感谢澳门特区政府文化局给本人提供了这次宝贵的研究机会，并于第一时间将研究成果选送广东人民出版社安排出版，这种关注和信任对本人未来的学术研究无疑是一种鼓励。当然，这中间朋友和家人的鼓励和支持亦十分重要，特别是患病期间得到他们的细心照顾和关心，使自己能很快康复，从而争取到宝贵的研究时间。当完成这部沉甸甸的研究成果时，不能不真诚地向他们表示我的谢意。汤开建教授对本人的此项研究十分关注，他在阅读第一次清样时就提出十分宝贵的修改意见，在本书即将付梓之际，又指出书中的几处错误，对提升本书的参考价值和学术价值实属重要。这使本人对汤教授严谨的治学态度更加敬重，在此亦表示真诚的谢意。还要感谢澳门报业研究的先驱吴志良、程曼丽、林玉凤等人，虽然其中有些人未曾谋面，但他们的研究对本人有很大启迪。只有将本书同他们的研究结合起来，才能构成澳门外报研究的整体。感谢广东人民出版社的赵殿红、韦羽、张贤明等编辑，他们的努力为保障本书的学术严谨性和出版质量至关重要。尤其是在一年内写出数十万字的书稿，定会有许多细微之事注意不到或者来不及在结项之前处理。幸亏出版社的编辑们极其认真，在编校过程中发现许多问题，并提出修改意见。

尽管如此，本人依然认为这是一次粗浅的研究。当我一连数日坐在澳门历史档案馆胶片机前检索查阅澳门外报史料的时候，又一次感到澳门史料的浩瀚与神秘，澳门史的研究仍待深入，远没有结束。仅澳门外报中所载资料，就能展现一幅长长的历史画卷。任重而道远！

需要向读者说明的是，虽然本书有数十万言，但毕竟是有时间限制的项目研究，全书架构及主要内容均在不到 10 个月的时间内完成。尽管后来做了数次修改及增补，将研究报告变成书稿，内容亦扩充到近 40 万字，但由于近代澳门外报的种类实在太多，其产生及发展的社会背景实在太复杂，故欲通过一本书来解决所有问题是不可能的，这也是本人的遗憾。另外，澳门外报资料浩瀚繁杂，研究时间又显紧迫，因而一定会有许多瑕疵甚至谬误之处，在此谨向读者表示歉意，并欢迎提出宝贵意见，以便将来能有机会修改，臻于完善。这也是本人将书名定为“史稿”的原因之一。总之，澳门外报是研究澳门乃至中国近代史的丰富资源，尚待开发。同时也是一个人的力量所不能完成的。如果本书能起到抛砖引玉的作用，吸引更多学者重视并投身到澳门外报研究中去，便达到本书目的了。

到 2009 年 12 月 20 日，澳门回归祖国整整 10 年了。“以史为鉴，可以知兴替”。在赌场林立的今天，四个半世纪历尽沧桑的小半岛已今非昔比。百舸争流的“十字门”已是过往烟云，铜钟长鸣的“三巴寺”也已成为明日黄花。面积不大的澳门历史城区已逐渐淹没在现代豪华的摩天大楼包围之中。显得越来越矮小的松山灯塔在毗邻大厦阴影的缝隙中挣扎着向远方射出最后的微弱光芒。当“希腊神话”、“法老王宫”、“巴比伦”、“阿拉丁”这些与澳门传统文化没有任何关系但已成为澳门人引以自豪的时尚名词的时候，人们似乎已经忘记这个半岛往日的“辉煌”。希望失忆的内容中并不包括澳门在中国近代报业发展中所起到的作用，因为这才是澳门真正值得骄傲的地方，虽然他是非物质的“陈年往事”，不会发出老虎机吐出钱币的叮当声响！

李长森

2010 年 2 月于澳门远洋嘉园